国家卫生健康委员会"十三五"规划教材
全国高等学校教材
供本科应用心理学及相关专业用

咨询心理学
Counseling Psychology

第 3 版

主　编　杨凤池

副 主 编　张曼华　刘传新　王绍礼

编　者　（按姓氏笔画排列）

王绍礼（北京大学回龙观临床医学院）　　武雅学（北京大学回龙观临床医学院）

刘传新（济宁医学院）　　　　　　　　　庞晓华（长治医学院）

孙正海（齐齐哈尔医学院）　　　　　　　姜长青（首都医科大学附属北京安定医院）

孙春云（北京大学回龙观临床医学院）　　祝亚丽（蚌埠医学院）

李　梅（北京建筑大学）　　　　　　　　夏艳梅（大庆市第三医院）

杨凤池（首都医科大学）　　　　　　　　高新义（潍坊医学院）

张　辉（首都医科大学）　　　　　　　　陶勑恒（南京晓庄学院）

张曼华（首都医科大学）

人民卫生出版社

图书在版编目（CIP）数据

咨询心理学 /杨凤池主编 . —3 版 . —北京 : 人民卫生出版
社 , 2018（2025.1重印）

全国高等学校应用心理学专业第三轮规划教材

ISBN 978-7-117-26926-1

Ⅰ. ①咨…　Ⅱ. ①杨…　Ⅲ. ①咨询心理学 - 高等学校 -
教材　Ⅳ. ①C932

中国版本图书馆 CIP 数据核字（2018）第 130569 号

人卫智网　**www.ipmph.com**	医学教育、学术、考试、健康，购书智慧智能综合服务平台	
人卫官网　**www.pmph.com**	人卫官方资讯发布平台	

咨询心理学
第 3 版

主　　编：杨凤池
出版发行：人民卫生出版社（中继线 010-59780011）
地　　址：北京市朝阳区潘家园南里 19 号
邮　　编：100021
E - mail：pmph @ pmph.com
购书热线：010-59787592　010-59787584　010-65264830
印　　刷：天津善印科技有限公司
经　　销：新华书店
开　　本：850×1168　1/16　　印张：18　　插页：8
字　　数：483 千字
版　　次：2007 年 7 月第 1 版　2018 年 8 月第 3 版
　　　　　2025 年 1 月第 3 版第 12 次印刷（总第 28 次印刷）
标准书号：ISBN 978-7-117-26926-1
定　　价：59.00 元

打击盗版举报电话：**010-59787491**　**E-mail：WQ @ pmph.com**
（凡属印装质量问题请与本社市场营销中心联系退换）

全国高等学校应用心理学专业第三轮规划教材

修订说明

全国高等学校本科应用心理学专业第一轮规划教材于 2007 年出版，共 19 个品种，经过几年的教学实践，得到广大师生的普遍好评，填补了应用心理学专业教材出版的空白。2013 年修订出版第二轮教材共 25 种。这两套教材的出版标志着我国应用心理学专业教学开始规范化和系统化，对我国应用心理学专业学科体系逐渐形成和发展起到促进作用，推动了我国高等院校应用心理学教育的发展。2016 年经过两次教材评审委员会研讨，并委托齐齐哈尔医学院对全国应用心理学专业教学情况及教材使用情况做了深入调研，启动第三轮教材修订工作。根据本专业培养目标和教育部对本专业必修课的要求及调研结果，本轮教材将心理学实验教程和认知心理学去掉，增加情绪心理学共 24 种。

为了适应新的教学目标及与国际心理学发展接轨，教材建设应不断推陈出新，及时更新教学理念，进一步完善教学内容和课程体系建设。本轮教材的编写原则与特色如下：

1. 坚持本科教材的编写原则　教材编写遵循"三基""五性""三特定"的编写要求。

2. 坚持必须够用的原则　满足培养能够掌握扎实的心理学基本理论和心理技术，能够具有较强的技术应用能力和实践动手能力，能够具有技术创新和独立解决实际问题的能力，能够不断成长为某一领域的高级应用心理学专门人才的需要。

3. 坚持整体优化的原则　对各门课程内容的边界进行清晰界定，避免遗落和不必要的重复，如果必须重复的内容应注意知识点的一致性，尤其对同一定义尽量使用标准的释义，力争做到统一。同时要注意编写风格接近，体现整套教材的系统性。

4. 坚持教材数字化发展方向　在纸质教材的基础上，编写制作融合教材，其中具有丰富数字化教学内容，帮助学生提高自主学习能力。学生扫描教材二维码即可随时学习数字内容，提升学习兴趣和学习效果。

第三轮规划教材全套共 24 种，适用于本科应用心理学专业及其他相关专业使用，也可作为心理咨询师及心理治疗师培训教材，将于 2018 年秋季出版使用。希望全国广大院校在使用过程中提供宝贵意见，为完善教材体系、提高教材质量及第四轮规划教材的修订工作建言献策。

第三届全国高等学校应用心理学专业教材评审委员会

教材目录

序号	书名	主编	副主编
1	心理学基础（第3版）	杜文东	吕 航 杨世昌 李 秀
2	生理心理学（第3版）	杨艳杰	朱熊兆 汪萌芽 廖美玲
3	西方心理学史（第3版）	郭本禹	崔光辉 郑文清 曲海英
4	实验心理学（第3版）	郭秀艳	周 楚 申寻兵 孙红梅
5	心理统计学（第3版）	姚应水	隋 虹 林爱华 宿 庄
6	心理评估（第3版）	姚树桥	刘 畅 李晓敏 邓 伟 许明智
7	心理科学研究方法（第3版）	李功迎	关晓光 唐 宏 赵行宇
8	发展心理学（第3版）	马 莹	刘爱书 杨美荣 吴寒斌
9	变态心理学（第3版）	刘新民 杨甫德	朱金富 张 宁 赵静波
10	行为医学（第3版）	白 波	张作记 唐峥华 杨秀贤
11	心身医学（第3版）	潘 芳 吉 峰	方力群 张 俐 田旭升
12	心理治疗（第3版）	胡佩诚 赵旭东	郭 丽 李 英 李占江
13	咨询心理学（第3版）	杨凤池	张曼华 刘传新 王绍礼
14	健康心理学（第3版）	钱 明	张 颖 赵阿勐 蒋春雷
15	心理健康教育学（第3版）	孙宏伟 冯正直	齐金玲 张丽芳 杜玉凤
16	人格心理学（第3版）	王 伟	方建群 阴山燕 杭荣华
17	社会心理学（第3版）	苑 杰	杨小丽 梁立夫 曹建琴
18	中医心理学（第3版）	庄田畋 王玉花	张丽萍 安春平 席 斌
19	神经心理学（第2版）	何金彩 朱雨岚	谢 鹏 刘破资 吴大兴
20	管理心理学（第2版）	崔光成	庞 宇 张殿君 许传志 付 伟
21	教育心理学（第2版）	乔建中	魏 玲
22	性心理学（第2版）	李荐中	许华山 曾 勇
23	心理援助教程（第2版）	洪 炜	傅文青 牛振海 林贤浩
24	情绪心理学	王福顺	张艳萍 成 敬 姜长青

配套教材目录

序号	书名	主编
1	心理学基础学习指导与习题集（第2版）	杨世昌 吕 航
2	生理心理学学习指导与习题集（第2版）	杨艳杰
3	心理评估学习指导与习题集（第2版）	刘 畅
4	心理学研究方法实践指导与习题集（第2版）	赵静波 李功迎
5	发展心理学学习指导与习题集（第2版）	马 莹
6	变态心理学学习指导与习题集（第2版）	刘新民
7	行为医学学习指导与习题集（第2版）	张作记
8	心身医学学习指导与习题集（第2版）	吉 峰 潘 芳
9	心理治疗学习指导与习题集（第2版）	郭 丽
10	咨询心理学学习指导与习题集（第2版）	高新义 刘传新
11	管理心理学学习指导与习题集（第2版）	付 伟
12	性心理学学习指导与习题集（第2版）	许华山
13	西方心理学史学习指导与习题集	郭本禹

主编简介

杨凤池，首都医科大学教授、博士生导师，中国心理学会首批注册心理督导师；中国心理卫生协会特殊职业群体委员会主任委员、北京心理卫生协会理事长；全国心理卫生学科首席科学传播专家，中央电视台《心理访谈》特邀专家主持。2014年获得"全国优秀科技工作者"荣誉称号，2015年荣获中国心理卫生协会突出贡献奖。

副主编简介

张曼华，女，教授，博士生导师，首都医科大学卫生管理与教育学院医学人文系主任，心理学科负责人，多年来一直从事医学心理学的教学、科研、心理咨询与治疗工作。对临床各种心身疾病、家庭青少年心理行为问题、医务人员情绪压力与管理都有较深入的研究。近年主持国家科技支撑项目、教育部人文社科项目、北京市社科基金重点项目、北京市教育科学规划重点项目、联合国人口基金等多个课题的研究，发表科研论文50余篇，主编编写教材论著10余部。北京市中青年骨干教师，中国心理卫生协会理事，中国心理卫生协会特殊职业群体专委会副主任委员，中国高等教育学会理事，中国心理卫生协会优秀工作者等。

刘传新，男，教授，主任医师，医学博士，司法精神病学博士后，硕士研究生导师，济宁医学院科研处副处长，山东教育先进工作者，学校中青年学术骨干学术带头人培养对象。主要从事生物精神病学、司法精神病及临床心理研究工作。参加国家"十五"科技攻关项目"难治性抑郁症优化治疗方案"及多项国家新药临床试验研究，并进行了综合医院就诊患者与抑郁焦虑共病的研究。主持和参与国家自然科学基金2项、省自然基金3项、厅局级项目7项、其他项目6项。发表科研论文40余篇，被SCI收录20余篇。主编、参编人民卫生出版社规划教材、高等教育出版社规划教材、中国医药科技出版社规划教材等教材和专著20部，获得科技成果二等奖3项，三等奖5项。指导研究生10余位。

副主编简介

王绍礼，男，汉族，北京回龙观医院副院长。中国中西医结合学会第七届精神疾病专业委员会副主任委员；中华精神科杂志第五届编委；中华医学会精神医学分会第六届委员会社会精神医学学组委员；世界中医药学会联合会神志病专业委员会第一届理事会理事；中国健康促进基金会心脑血管疾病防治专家委员会委员；北京医师协会精神科医师专家委员会委员；北京医学会精神病学分会第十届常委；北京健康教育协会第三届会员代表大会理事；北京市继续医学教育委员会第四届学科组专家；北京健康科普专家。

1989年毕业于山东医科大学医疗系，2000年获首都医科大学精神病与精神卫生硕士学位，主任医师。

1989年10月参加工作，一直在北京回龙观医院从事精神病学临床、科研、教学及医疗管理工作。发表各类论文30余篇。参编著作8部，承担局级以上科研项目6项。

前　言

改革开放促进了我国经济社会的跨越式发展，人们的内心也在经受着深刻的洗礼。人民群众对咨询心理学服务的社会需求与日俱增，教育和培训的规模不断扩大。许多高等院校都开设了应用心理学或心理咨询专业，越来越多的学生学习咨询心理学、投身于心理咨询专业的实践活动。为了满足广大学习者的需求，咨询心理学教材的完善已经成为我们持续努力的目标。自2007年第1版教材出版后，2013年修订出版了《咨询心理学》（第2版），得到了众多学习者的认可和好评，也收到了新的反馈意见。此次修订，我们在技术表述方面采纳了一线教师提出的建议，听取了学生对教材内容的意见，经过反复推敲和论证，我们对第2版教材再次进行了修改，并且根据教学和咨询的新需求增加了实践性内容。

本版教材编者都是长期从事心理咨询的理论和实践、具有丰富经验的一线专家和教授。本教材力求反映国内外心理咨询理论与技术的新发展和新成果，且尽量结合实际操作和临床案例呈现教学内容。本教材不仅注重理论知识的系统性与严谨性，而且努力体现理论联系实际的实践性，有以下3个特点：一是科学性。本教材遵循咨询心理学的规律，按照培养高素质心理咨询师的要求选择教学内容；二是实践性。以心理咨询师工作的实际需要为出发点，对心理咨询的各个环节和各个方面提供具体的理论与技术指导，并在个别章节提供相应的典型案例；三是探索性。将心理咨询理论与我国民众的需求有机地结合起来，进行本土化心理咨询实践模式的探索。

本教材可作为高等院校应用心理学专业学生及心理咨询工作者的教材，也可供临床医学、心理学、教育学专业学生和社会工作者参考使用，其他专业对心理学有兴趣的读者也可以闲来阅读。由于我国咨询心理学发展的历史不长，加之编者自身能力和水平的局限，尽管作者在修订中力求完美，付出了很大的努力，但是本书与我们的编写初衷还有一定的距离。欢迎学术界同道继续给予批评指正，以便在今后不断完善。

在本书的修订过程中，许多专家提出了很好的建议，全体编者在繁忙的工作之余废寝忘食、夜以继日地工作，副主编和学术秘书对初稿进行分工审阅，保证了教材内容的科学性、系统性和完整性。在此，我对他们表示衷心的感谢。同时还要感谢所参阅的大量国内外文献资料的作者，正是他们的著述让我们获益匪浅。

杨凤池

2018年5月

目 录

第一章　　绪　　论

咨询心理学（counseling psychology）是研究心理咨询活动及其规律的科学，是应用心理学的一个重要分支。美国《哲学百科全书》中介绍了咨询心理学的特征：主要针对正常人；为人们生活各方面提供有效帮助；强调个人的力量与价值；强调认知因素，尤其是理性在选择和决定中的作用；研究个人在制订总目标、计划以及扮演社会角色方面的个性差异；充分考虑情景和环境的因素；强调人对于环境资源的利用以及必要的改变。心理咨询的要素包括接受过专业训练的心理咨询师、寻求帮助的来访者、建立在良好咨访关系基础上的咨询过程。心理咨询的目标不仅是协助来访者摆脱困境，增进心理健康，更重要的是促进来访者自我探索、自我接纳、自我成长，达成自我实现。

第一节　心理咨询的概念

一、心理咨询的定义

心理咨询的英文为 counseling，原词字面上并无"心理"二字，在我国台湾地区一般译作"咨商"，在香港地区译作"辅导"或"咨询"。counseling 是一个内涵很广的概念，涉及职业指导、教育辅导、心理健康咨询、婚姻家庭咨询等诸多方面。由于咨询心理学的发展历史短暂，相关的研究正在逐步深入，不同的专家对心理咨询的定义及规定性存在着不同的观点。

美国著名心理学家罗杰斯（C.R.Rogers）认为：心理咨询是一个过程，心理咨询师与来访者之间的关系能给予后者一种安全感，使他可以从容地开放自己，甚至可以正视自己曾否定的经验，然后把那些经验融合于已经转变的自己。罗杰斯提示心理咨询是一种人际关系，强调心理咨询必须建立良好的人际关系，让来访者感到咨询师对他的同情、理解和尊重，从而愿意敞开心灵的大门，相互理解、相互信任、真诚交流。

威廉森（E.G. Williamson）等将心理咨询广义地解释为：A、B 两个人在面对面的情况下，由受过心理咨询专门训练的 A 向心理适应方面出现问题并企求解决问题的 B 提供援助的过程。这里的 A 就是咨询者，B 就是来访者。它更加突出心理咨询是一种手段或一个过程。在这一过程中，心理咨询师运用心理学方法，凭借语言、文字等沟通形式，帮助来访者提高自我认识、增强自助能力、解决其心理问题以促进其适应和发展。

伯克斯和斯蒂弗洛（Burks & Stefflre）认为，心理咨询指的是一个受过专业培训的心理咨询师和来访者之间的职业关系。这种关系通常采用一对一的形式，尽管有时也可能两人以上。它的目的在于帮助来访者能够理解和分辨他们对生活的看法，并且通过为他们提供有意义的、成熟的选择建议，或者通过帮助他们解决情感和人际关系问题，从而使他们学习去实现自己设定的人生目标。它着重强调咨询师与来访者之间的"专业性"关系以及"自我

笔记

设定"目标的重要性。

国内学者江光荣则认为心理咨询是现代社会中一项独特的专业化了的人际帮助活动，旨在使受助者克服心理困难，达到更好地适应和发展。更强调心理咨询是在心理治疗理论及人格心理学、变态心理学等基础理论的指导下开展的活动。

1984 年美国出版的《心理学百科全书》肯定了心理咨询的两种定义模式——教育模式和发展模式。该书认为："咨询心理学始终遵循着教育的模式，而不是临床的、治疗的或医学的模式。咨询对象不是患者，而是在应付日常生活中的压力和任务方面需要帮助的正常人。咨询心理学家的任务就是教会他们模仿某些策略和新的行为，从而能够最大限度地发挥其已经存在的能力，或者形成更为适当的应变能力。"该书还指出："咨询心理学强调发展的模式，它试图帮助咨询对象得到充分的发展，扫除其成长过程中的障碍。"

综上所述，尽管对心理咨询的定义有各不相同的解释，但并无严重的分歧和对立。相反，他们强调的心理咨询特点却有如下诸多共同之处：

1. **心理咨询体现着心理咨询师对来访者进行帮助的过程**　这一过程建立在良好的咨访关系基础之上，咨询师运用专业技能及其所创造的良好咨询气氛，帮助来访者学会以更为有效的方式对待自己和周围环境，促进个人的成长与发展。

2. **心理咨询是一系列心理活动的过程**　心理咨询师在咨询过程中帮助来访者更好地理解自我，更有效地生活，这其中包含有心理咨询师一系列的心理活动。同时，来访者在咨询过程中需要接受新的信息、学习新的行为、学会调整情绪和解决问题的技能等，使自己在心理、行为方面积极改变，这也都涉及一系列的心理活动。

3. **心理咨询是由专业人员从事的一项特殊服务**　心理咨询师必须受过严格的专业训练，拥有这项服务所必需的知识和技能，其中包含对来访者的关注、倾听，对来访者问题的分析与评估，以及在心理学有关原理的指导下，能够运用各种心理咨询技术如行为矫正、心理分析等技能帮助来访者。

4. **心理咨询的服务对象是心理正常的人群**　心理咨询的来访者不是有精神病、严重人格障碍、智力低下或脑器质性病变的患者，而是有一些心理问题或在发展过程中需要得到帮助的正常人。

5. **心理咨询有独特的目标**　咨询师在咨询过程中要助人自助，帮助来访者认识自己、确定目标、作出决定、解决难题，最终达到充分发挥自身的潜能，更好地适应社会发展的目标。

对这些共同点加以概括，我们尝试给心理咨询做如下定义：心理咨询是指经过严格培训的心理咨询师运用咨询心理学的理论与技术，通过良好的咨访关系，帮助来访者依靠自我探索来解决其心理问题，提高适应能力，促进个人成长以及潜能的发挥。

二、心理咨询的对象和任务

（一）心理咨询的对象

1. **从社会因素和人口统计学变量看心理咨询的对象**　目前许多研究着力于探索来访者的某些社会因素和人口统计学变量对心理咨询的影响，这包括社会地位、经济情况、种族、性别、年龄、婚姻状况等。研究结果表明，这些因素对于判断来访者的求助动机大小有较明显的预测力。例如，社会地位较高、经济情况较好的人在遇到心理困境的时候，更能主动地寻求心理咨询师的帮助；西方人比东方人尤其是中国人对于寻求心理帮助更为积极；女性较男性更容易寻求心理帮助。

有趣的是，尽管社会因素和人口统计学变量与人们寻求心理咨询的动机有肯定的关联，但研究表明，这些因素对来访者从心理咨询中获益的预测力很低。譬如性别、年龄、社会经济地位和教育程度等因素都跟咨询效果没有显著的相关。因此，影响心理咨询效果的，可能是一些更具有心理学意义的个人特点。

2. 从心理健康的灰色理论看心理咨询的对象　目前，仍然有很多人对心理咨询的对象认识很模糊。这主要关系到对心理正常与否的理解。长期以来，人们过于简单地判断一个人的心理状态正常与否，即非黑即白，而忽视了正常人与精神异常者之间的连续性。

国内学者张小乔提出一种灰色区的概念，即人的心理正常与否无明显的界限，它是一个连续变化的过程。具体来说，如果将人的心理正常比作白色，精神病患者比作黑色，那么，在白黑之间存在一个很大的中间区域——灰色区，大多数人都散落在这一灰色区域内。这其中包括由于各种原因而产生的心理冲突与障碍者以及更严重一些的人格异常者。这些问题不同程度地干扰了自己和他人的正常学习、工作和生活。灰色区可进一步划分为浅灰色与深灰色两个区域。处于浅灰色区域的人有心理问题，但是其人格结构相对完整，主要表现为其主观感觉自己的心理、行为不适而无人格障碍，例如各种一般性心理问题和神经症性格。而处于深灰色区的人其心理问题相对比较严重，人格结构有某些缺陷，主要表现在其人格特征与正常人存在较大差异，且对自己心理问题的自我觉察能力较差，如各种人格障碍。从图 1-1 中，可以看出心理咨询的对象是处于"浅灰色"和部分"深灰色"的人群。因为浅灰色区与深灰色区之间也无明确界限。

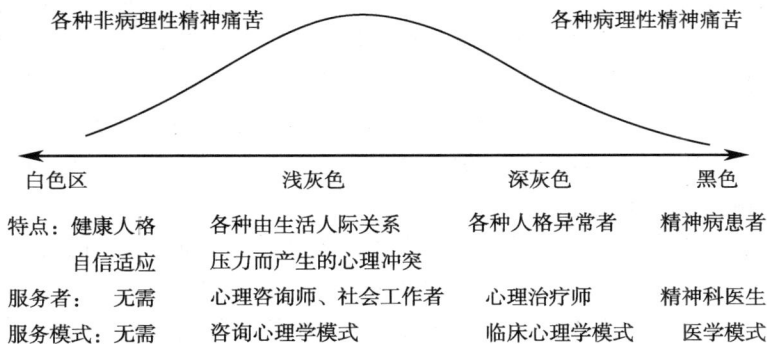

	各种非病理性精神痛苦		各种病理性精神痛苦	
	白色区	浅灰色	深灰色	黑色
特点：	健康人格 自信适应	各种由生活人际关系 压力而产生的心理冲突	各种人格异常者	精神病患者
服务者：	无需	心理咨询师、社会工作者	心理治疗师	精神科医生
服务模式：	无需	咨询心理学模式	临床心理学模式	医学模式

图 1-1　灰色理论与咨询对象关系示意图

3. 从心理咨询的类型看心理咨询的对象

（1）心理障碍咨询：所谓心理障碍咨询是指对存在程度不同的非精神病性心理障碍、心理生理障碍者的咨询，以及某些早期精神病患者的评估、干预或康复期精神病患者的心理指导，帮助来访者挖掘病源、寻找对策、去除或控制症状、预防复发。从事这类咨询的人员需要受过充分的精神医学和临床心理学训练，咨询的地点一般为专门的心理卫生机构、综合性医院下设的心理咨询机构、社区心理卫生机构以及由专业人员开设的私人诊所等。

（2）心理适应和发展咨询：所谓心理适应和发展咨询是指这类心理咨询的对象基本健康，但生活中有各种烦恼、心理有矛盾。咨询的目的是帮助来访者更好地认识自己和社会、减轻心理压力、提高适应能力、充分开发潜能、提高生活质量、促进人的全面发展。发展性咨询的内容十分广泛，凡是在人生各时期出现的各种心理问题都可以属于咨询的范围，如工作、学习、恋爱、婚姻、职业选择等。从事这类咨询的人员除了有坚实的心理学基础外，还要具有哲学、社会学、教育学、文化人类学等方面的广博知识。咨询的地点一般为非医疗机构，如学校、社区、企业等。

需要指出的是：第一，心理障碍咨询与心理发展咨询是相互联系的，去除心理障碍为心理适应和发展奠定了基础，而良好的心理适应和发展将减少心理障碍的发生。第二，在具体实施时，有时很难将两者完全割裂开来，有些咨询既属于障碍咨询，也属于适应和发展咨询。

（二）心理咨询的任务

心理咨询最终应该达到怎样的效果？也就是说，心理咨询的任务是什么？

概括地说，心理咨询的任务是应该帮助来访者发现和处理现实问题及内心冲突；帮助来访者更全面地认识自我与社会，启发来访者发现曾被忽视的情感体验，逐渐改变消极的应对方式，形成新的人生经验或提高社会适应能力。心理咨询的具体任务包括以下几个方面：

1. 建立和体验新的人际关系　心理咨询过程首先是咨询师和来访者建立一种新型的人际关系的过程。这种咨询关系是真诚、相互理解、彼此信任的人际关系。在这种关系里，咨询师总是以善意而尊重的态度与来访者沟通，不仅表达出对来访者的理解，还鼓励来访者积极的自我表达。而来访者在体验到足够的安全感后，就可以与咨询师充分地交流，甚至可以做出过度的反应，而不必担心为冒险和失败付出代价。当咨询师以职业的态度去回应来访者时，就为来访者提供了一种体验良性人际互动关系的机会。这不仅可以促进来访者的自我理解，增进来访者的自尊、自信和独立自主精神，而且能够让来访者把这种人际关系经验逐步地应用于现实生活中的人际关系中去，利用咨询中学到的知识和方法，更有效地处理现实生活中的人际互动问题。

2. 认识内部冲突　许多来访者在寻求心理咨询师的帮助时，往往将导致自己产生心理问题的原因归咎于外部，习惯从别人身上找原因，例如来访者的配偶、亲友或同事等。因此，心理咨询的任务之一就是帮助他们意识到心理问题主要源于来访者自身尚未解决的内部冲突。来访者与周围环境之间或与他人之间的问题，正是内部冲突的外部表现。最终，咨询师要让来访者知道解决问题的关键主要在于自己，并且让他们逐渐认识到内部冲突产生的原因，找到解决问题的办法。

3. 纠正不合理观念　很多来访者都会有不同性质的不合理观念，而正是这些不合理观念导致了各种心理问题的产生。来访者常常确信自己对事物的观察和理解是正确的，而实际上并非如此。通过心理咨询，咨询师需要启发和引导来访者进行自我反思，逐步让他们意识到自己的不合理观念导致了生活中的困境，进而形成正确的观念。

4. 采取有效行动　来访者心理问题解决的关键往往在于其是否能把咨询心得有效地付诸行动。咨询师在咨询过程中应该通过启发、鼓励、引导、支持来访者采取未曾尝试过的、有效的行动去改变与外界格格不入的思维、情感和反应方式，并学会与外界相适应的方式。一旦来访者感受到这种新的行动所带给他的积极的体验，他就真正开始了自助，为自己创造新的生活。

最后要说明的一点是，心理咨询是咨询师和来访者之间的合作过程。也就是说，心理咨询任务的完成取决于咨访双方相互作用的质量。一方面，心理咨询师应从来访者的实际情况出发，调动来访者积极参与，而不是一厢情愿地推动来访者；另一方面，心理咨询能否取得最后的成功，心理咨询师起着重要的主导作用。

三、心理咨询与心理治疗的关系

心理咨询和心理治疗是常见并列使用的概念，两者既相似又有区别，明确心理咨询与心理治疗之间的关系，对临床心理学工作者具有重要意义。

（一）心理治疗的定义

心理治疗（psychotherapy）如同心理咨询一样，也有多种定义。

《美国精神病学词汇表》将心理治疗定义为："在这一过程中，一个人希望消除症状，或解决生活中出现的问题，或因寻求个人发展而进入一种含蓄的或明确的契约关系，以一种规定的方式与心理治疗师相互作用。"

沃尔勃格（L.R.Wolberg）认为，心理治疗是针对情绪问题的一种治疗工作。由一位经过专门训练的治疗师以慎重考虑的态度与来访者建立起一种业务性的联系，运用心理学的方法治疗与患者心理有关的问题，试图消除和调节心理症状和异常行为，促进积极的人格上的成长和发展。

陈仲庚认为，心理治疗是治疗者与来访者之间的一种合作努力的行为，是一种伙伴关系；治疗是关于人格和行为的改变过程。

曾文星、徐静认为，心理治疗是应用心理学的原则与方法，通过治疗者与被治疗者之间的相互关系，治疗患者的心理、情绪、认知与行为有关的问题。治疗的目的在于解决患者所面对的心理困难，减少焦虑、抑郁、惊恐等精神症状，改善患者的非适应行为，包括对人对事的看法、人际关系，并促进人格成熟，能以较有效且适当的方式来处理心理问题及适应生活。因其治疗过程主要依赖心理学的方法来进行，所以称之"心理治疗"，以便与药物治疗或其他物理方法治疗的"躯体治疗"相区别。

在理解上述各种观点的基础上，本书提出心理治疗的定义如下：心理治疗是在良好的治疗关系基础上，经由受过严格专业训练的心理治疗师，根据对患者的心理病理评估，运用心理治疗的有关理论和技术，通过持续的人际互动，消除或缓解患者的心理障碍，促进其人格向健康的方向发展。

（二）心理咨询与心理治疗的异同点

心理咨询与心理治疗的概念是经常被各种文献和教科书使用的概念，临床心理学者也有不同观点。有人认为可以清楚地在两者之间作出区分，因为心理治疗代表着一种针对心理障碍较严重患者的更深入的治疗方法；另一些人则坚持认为心理咨询师与心理治疗师从事的工作基本一致，运用着相同的理论和技术，只不过是因他们所供职的机构的要求而使用不同的名称而已。《精神卫生法》对心理咨询与心理治疗分别作出了不同的规定，所以有必要将两者加以区分。通过阅读文献结合专家的看法，将心理咨询与心理治疗的异同点分述如下：

1. 心理咨询与心理治疗的相似点

（1）心理咨询和心理治疗的整个过程都注重建立和维持施助者与受助者之间良好的人际关系，都认为这是帮助受助者改变和成长的必要条件。

（2）在工作目的上，二者是相似的，都希望通过施助者和受助者之间的互动，达到使受助者改变和成长的目的。

（3）二者进行工作的对象常常是相似的。例如：心理咨询师与心理治疗师都可能会面对因人际关系问题、情绪障碍、婚姻问题而来寻求帮助的来访者。

（4）两者所遵循的指导理论和采用的方法技术常常是同源的。例如：心理动力学取向的心理咨询师与心理治疗师对来访者开展工作时，从理论到技术应该是一样的，并不存在本质区别。

2. 心理咨询与心理治疗的不同之处

（1）工作的对象不同：心理咨询的工作对象主要是正常人、心理问题较轻或已康复的患者；心理治疗则主要是针对症状较重或有心理障碍的患者进行工作。

（2）处理的问题不同：心理咨询所着重处理的是正常人所遇到的各种问题。主要问题有日常生活中人际关系的问题、职业选择方面的问题、教育求学过程中的问题、恋爱婚姻方面的问题、子女教育方面的问题等；心理治疗的适应范围则往往是某些神经症、某些性心理障碍、心理障碍、行为障碍、心理生理障碍、心身疾病及康复中的精神病患者等。

（3）所需的时间不同：心理咨询所需的时间较短，一般为咨询一次至数次，少数可达十几次；而心理治疗则往往费时较长，常需数次、数十次不等，有的需要数年方可完成。

笔记

（4）涉及意识的深度不同：心理咨询涉及的意识深度较浅，大多在意识层面进行，更重视其教育性、支持性、指导性工作，焦点在于找出存在于来访者自身的内在因素，并使之得到发展，或在对现状进行分析的基础上促进其成长；而心理治疗会触及到无意识层面的心理病灶，重点在于患者的人格。

（5）目标不同：心理咨询是更为直接地针对某些有限的、具体的目标而进行的工作，其目标往往比较直接、明确；而心理治疗的目标往往是着眼于症状的改善、行为矫正并聚焦于人格结构方面的工作。

（6）工作场所不同：心理咨询的工作场所相当广泛，包括门诊、学校、社区、职业培训部门等；而心理治疗工作主要在医疗环境或私人诊所进行。

（7）称谓不同：在心理咨询过程中，帮助者被称为咨询师（counselor），来访者被称为来访者或咨客（client）；在心理治疗过程中，帮助者被称为治疗师（therapist），来访者则多被称为病人或患者（patient）。

心理咨询与心理治疗的异同一直是许多人争论的问题。然而，随着现代社会的发展，生活节奏的加快等各种原因，越来越多的人倾向于两者并没有本质不同的观点。

第二节　心理咨询的发展历程

从远古的时候起，人类就开始了摆脱心灵痛苦的探索，每当人们遇到困惑需要有人答疑解惑时，只能求助于酋长或长者。到了早期文明时代，人们就常从哲人、圣经的旧约全书以及巫医那里得到劝告和帮助。比如，古希腊时代的大哲学家苏格拉底，以他睿智幽默的诘问法，帮助人们认识生活和自我。再如，我国先秦道家的代表之一庄子，以他充满智慧的语言，为人们解除心病，史称"庄子之言犹药也，可以医人之病。"也许，这些思想家可以说是最早的"心理咨询师"了。但是，这种原始的指导活动与现代的心理咨询活动相去甚远，作为一门应用科学的心理咨询是以一定的理论研究和实践活动为背景得以形成的，这只有一百年的历史。因此，心理咨询有一个漫长的过去和短暂的历史。

一、现代心理咨询的发展概况

（一）现代心理咨询的起源

20 世纪初美国职业指导运动、心理测量技术和心理卫生运动的兴起被认为是现代心理咨询产生的三个直接根源。

1. 职业指导运动　现代的专业咨询服务一般以帕森斯（F.Parsons）的工作为发端且最具影响。他于 1908 年在美国波士顿创立了一家具有公共服务和培训性质的职业局，并于次年出版《职业选择》一书，对人们在择业方面常遇到的问题，提供了若干有价值的建议。帕森斯认为，一个人的职业必须与其本人的兴趣、能力、个性特点和客观要求相结合。只有正确认识自身素质、专长和潜在资质，同时对个人的局限和自身条件有客观评估，才能实现人与职业的合理匹配，并作出恰当的职业选择。帕森斯的功绩在于：他在青少年中实施心理咨询活动；将心理咨询理解为一种学习过程；发表了心理咨询人员的培养计划；理顺了学校教育、咨询服务和社会发展的关系；为心理咨询的社会性服务功能打下基础；奠定了现代心理咨询的基石。

2. 心理测量技术　在帕森斯成立职业局并开展职业指导工作之前，即 1905 年，比内（A.Binet）与西蒙（T.Simon）合作发表了比内 - 西蒙量表。这个量表是世界上第一个儿童智力量表，它是按照能够通过的健全儿童的不同年龄分类而成的，并提出了心理年龄的概念。由此，这个量表就从简单地确定智力障碍、迟钝儿童的工具，变成为测量儿童智力的一般工具。

随后，各种类型的心理测验纷纷涌现，形成了以心理测验为基础的咨询模式。

3. **心理卫生运动**　比尔斯（C. M. Beers）曾因其兄患癫痫，唯恐这种病遗传给自己，在恐惧、焦虑的状态下，终因精神失常而住进精神病院。在 3 年的住院生活中，他不仅亲眼目睹了精神病院的恶劣环境，还与其他住院患者遭到了种种非人的待遇。出院后，他立志将自己的余生贡献给改善精神病患者待遇的事业。他四处奔走，呼吁改善精神病院的医疗条件，改革对心理疾病患者的治疗方法和手段，并从事预防精神病的活动。1908 年，他以生动的文笔写了《一颗发现自我的心灵》（*A Mind That Found Itself*, 或译为《自觉之心》）一书，此书出版后受到了社会各界的高度评价。在社会各方面的鼓励和赞助下，比尔斯于 1908 年5 月成立了"康奈狄克州心理卫生协会"，这是世界上第一个心理卫生组织。此协会工作的目标有 5 个：①保持公众的心理健康；②防止心理疾病；③提高精神病患者的待遇；④普及对于心理疾病的正确认识；⑤与心理卫生的有关机构合作。经比尔斯和同行们的努力，于1909 年 2 月成立了"美国全国心理卫生委员会"。比尔斯的贡献在于使精神病学家、心理学家乃至全社会在观念上发生了深刻变化，发起美国乃至全世界心理卫生运动，他本人也被视为心理咨询的先驱者之一。

（二）现代心理咨询的发展历程

随着心理咨询成为一种专门的职业，其服务对象和工作范围及所运用的理论和方法等，都在历史的发展演进过程中逐渐变化和丰富起来。

第一次世界大战期间，美国政府为了提高军队战斗力、发现特殊人才，开发了一系列心理测量工具，其中包括著名的军队 A 型和 B 型智力测验。在军队中的成功尝试推动了其他行业对各种测验的使用，心理测量学家不断设计适用于各种情况的新测验。随后测量兴趣、态度和能力的技术逐步发展起来，使职业指导拥有了更具有说服力、更为"科学的"职业身份。

从 1930 年开始，以人格为焦点的心理咨询逐步发展，包括职业选择、社会适应、情感调适、身心健康、家庭生活、医疗卫生和经济生活等诸多方面，很多学校和医院设立了心理咨询机构。进入 20 世纪 40 年代，由于政治、经济、文化各方面的急剧变化，给人们的生活带来了巨大的冲击，人们越来越渴望在社会适应和情绪调整、人际关系改善上得到咨询心理学家的帮助。这就促使心理咨询开始向更广阔的方向发展并逐渐深入到人们的日常生活之中。作为这一时期的代表人物罗杰斯，他的著作《心理咨询与心理疗法》（1942）的出版及"非指示的方法"的提出，为心理咨询的发展作出了巨大的贡献。他的工作第一次将心理治疗与心理咨询联系在一起。

20 世纪 50 年代是心理咨询发展历史上最为辉煌的时期。1952 年，美国心理学会（American Psychological Association）设立第 17 分会"心理咨询·指导分会"，并于 1953 年改名为"咨询心理学分会"。这样，咨询心理学作为应用心理学的一个部门而获得了独立。而且，从事这一专门职业的工作人员被称为"咨询心理学者"。同年，美国心理学会咨询心理学分会规定了正式的心理咨询专家培养标准。次年，由 20 余名心理学家发起创办了《咨询心理学杂志》，该刊物成为心理咨询的专业杂志。1955 年，美国心理学会开始正式颁发心理咨询学者执照。至此，咨询心理学家与临床心理学家、精神科医生、社会工作者密切合作，在广泛的领域内开展工作，学科和专业队伍获得迅猛发展。据美国心理学会 20 世纪 80 年代初的统计，当时咨询心理学家人数在各心理学分支中仅次于临床心理学家。

（三）现代心理咨询的发展趋势

20 世纪 60 年代以后，心理咨询开始走出美国，在世界范围内发展，例如欧洲、日本、东欧和前苏联都相继引入或独立发展起自己国家或地区的心理咨询。各国心理咨询得到迅速发展，并逐渐呈现出以下趋势：

笔记

1. 心理咨询模式逐步从单一的心理模式向生物 - 心理 - 社会综合模式发展。咨询心理学者改变过去把心理问题仅仅归结为心理因素影响的倾向，重视生物因素与社会环境的作用，注意改善个体与群体、社会的相互关系。

2. 在心理咨询过程中，更加强调来访者的自我成长，突出认知因素的作用。

3. 心理咨询的新理论、新技术不断产生，各种方法的整合成为总体趋势。

4. 在心理咨询内容上，不断向广度和深度发展。心理咨询的发展越来越受到重视。开发人的潜能，增进身心健康，提高生活质量，实现自我完善，成为心理咨询的宗旨。

二、我国心理咨询的发展历程

在中华人民共和国成立以前，我国已有一批心理学者、教育学者开始从事与心理咨询相关的心理测验的编制、修订和测查工作，但这些工作并没有发展成为现代意义的心理咨询活动，而且也未形成较大的规模。中华人民共和国成立以后，心理咨询事业既有曲折、停滞，也有兴旺、发展。钟友彬 1991 年根据对国内公开发表研究论文的统计分析，把我国心理咨询与心理治疗的发展分为：空白阶段（1949 年以前和 1949—1978 年）、准备阶段（1979—1985 年）和初步发展阶段（1986—1990 年）。因此可以说，20 世纪 70 年代末以前，我国的心理咨询领域几乎是一个空白，几乎没有科学的心理咨询服务。20 世纪 70 年代末以后，我国心理咨询工作开始起步和发展。进入本世纪，我国的心理咨询工作开始进入职业化发展阶段。

（一）心理咨询工作起步阶段（1979—1985 年）

1978 年我国实行改革开放政策，为心理咨询事业的起步创造了良好的条件。这一时期有关心理咨询和心理治疗的文章开始在专业杂志上发表，虽然发表的数量不多，但毕竟是一个好的开端。这一时期还出版了一批西方著名心理治疗专家的著作，如弗洛伊德、荣格、弗洛姆、霍妮等人的著作。

1979 年，中国心理学会成立医学心理学专业委员会。该专业委员会成立之初，就开始积极组织医学心理学学术会议。在每次学术会议上都有心理咨询和心理治疗方面的临床报告、经验交流和研究探讨，这对全国心理咨询工作信息的推广起到了积极的作用。在这一阶段，全国一些城市和地区开始举办不同规模的心理咨询与心理治疗讲习班。西方一些国家的行为治疗家及心理分析学者也被邀请前来访问并讲学。这些讲习班、培训班大多属于启蒙性质，传授内容多为某些治疗的基础理论及基本技巧，且时间较短。但这种启蒙教育使参加培训者开阔了眼界，为其进一步的学习与实践打下了基础。

20 世纪 80 年代初，一些精神病院和综合性医院精神科以及上海、北京的一些高校相继开展了心理咨询工作。虽然从整体上来看，心理咨询工作的开展还不够普及，工作水平也有限，但仍在心理学界、精神病学界产生了一定的影响，为下一步发展打下了良好的基础。个别有识之士如钟友彬、鲁龙光等已开始进行心理治疗中国化的努力，他们不断探索与中国国情相结合的心理分析和疏导的治疗方法。

（二）心理咨询工作初步发展阶段（1987—2000 年）

1987 年以后，我国心理咨询事业有了长足的进步，相继成立了若干全国性的学术组织。1990 年 11 月，中国心理卫生协会在北京成立了自己的下属分支——心理治疗与心理咨询专业委员会。1991 年初，中国心理卫生协会中的又一分支——大学生心理咨询专业委员会成立。这些组织成立后，积极举办国际性、全国性学术交流与合作研究，组织撰写高水平的学术著作，培训从业人员，开展形式多样的科普工作，有力地推动了我国心理咨询事业的发展。

与此同时，心理咨询与心理治疗专业期刊相继问世。中国心理卫生协会于 1987 年创办了《中国心理卫生杂志》。5 年之后，又于 1993 年创办了《中国临床心理学杂志》和《健康心理学杂志》。这三个专业杂志的相继问世，促进了心理卫生领域的信息交流、学术研究、科学普及工作，推动了我国咨询心理学和临床心理学的发展。在此三本期刊公开发表的有关心理咨询的论著在数量和质量上有了较大幅度的提高。钱铭怡曾对《中国心理卫生杂志》《中国临床心理学杂志》和《健康心理学杂志》这三个专业杂志中的文章进行过统计，1994 年和 1998 年先后两次出现发表数量的高峰。而且这些专业杂志所发表的文章的主题与内容的变化也反映了这一领域新的进展，出现了对心理咨询和心理治疗中影响疗效的因素等讨论的论文。这一现象反映了我国心理咨询与心理治疗专业工作者水平的提高及研究工作的深化。

1987 年以后，除了翻译出版国外心理咨询与心理治疗方面的名著以外，由我国专家自己撰写的有关著作也陆续问世。尤为引人注目的是钟友彬所著的《中国心理分析——认识领悟心理疗法》(1988) 和鲁龙光所著的《疏导心理疗法》(1989)，这两本书为建立适合我国国情的心理咨询与心理治疗的模型方面起到了开拓性作用。

在这一阶段中，全国性的心理咨询与心理治疗培训班和研讨会不仅数量增多，而且质量也有提升。例如，中德心理治疗讲习班以欧洲心理治疗培训的标准进行教学，于 1988 年和 1990 年分别在昆明和青岛举行。这两届中德心理治疗讲习班都得到了德国汉堡科学与文化基金会的资助，以此为基础在 1997 年形成了著名的"中德高级心理治疗师连续培训项目"，简称中德班。1992 年 9 月，中国心理卫生协会组织的全国首届森田疗法研讨会在天津召开，成为第一个单独举办的有关某一种治疗方法的学术会议。此外，中国心理卫生协会心理治疗与心理咨询专业委员会从 1991 年起在北京组织了心理治疗个案讨论会，定期召开，每次就一个个案进行较深入的讨论，提高了自身的专业水平。

（三）心理咨询工作职业化发展阶段（2001 年至今）

进入 21 世纪，中国社会的发展对心理咨询的需求大大增加。心理咨询事业出现了逐渐走向专业化、职业化的发展趋势。2001 年 4 月，劳动部职业技能鉴定中心、中国心理卫生协会推出《心理咨询师国家职业标准》，同时《心理咨询师国家职业资格培训教程》完成编写、审定及出版工作。2002 年 7 月，国家职业资格心理咨询师全国统一培训鉴定工作正式启动。教育部也从 2001 年 9 月 1 日始每年举办两期"全国普通高校大学生心理健康教育工作骨干培训"，总学时为 100 学时，学习的课程包括基础心理学、变态心理学、咨询心理学、心理卫生学、临床心理评估。

2012 年 10 月 26 日，第十一届全国人大第二十九次会议通过《中华人民共和国精神卫生法》，指出：各级人民政府和县级以上人民政府有关部门应当采取措施，加强心理健康促进和精神障碍预防工作，提高公众心理健康水平。突发事件应急预案，应当包括心理援助的内容。发生突发事件，履行统一领导职责或者组织处置突发事件的人民政府应当根据突发事件的具体情况，按照应急预案的规定，组织开展心理援助工作。各级各类学校应当对学生进行精神卫生知识教育；配备或者聘请心理健康教育教师、辅导人员，并可以设立心理健康辅导室，对学生进行心理健康教育。学前教育机构应当对幼儿开展符合其特点的心理健康教育。发生自然灾害、意外伤害、公共安全事件等可能影响学生心理健康的事件，学校应当及时组织专业人员对学生进行心理援助。心理咨询人员应当提高业务素质，遵守执业规范，在政府资助之下为社会公众提供专业化的心理咨询服务。心理咨询人员不得从事心理治疗或者精神障碍的诊断、治疗。心理咨询人员发现接受咨询的人员可能患有精神障碍的，应当建议其到符合本法规定的医疗机构就诊。心理咨询人员应当尊重接受咨询人员的隐私，并为其保守秘密。综合性医疗机构应当按照国务院卫生行政部门的规定开设精神科门诊或者心理治疗门诊，提高精神障碍预防、诊断、治疗能力。《精神卫生法》的颁布实施标

笔记

志着我国心理咨询职业化走上了法制轨道。

三、对目前我国心理咨询的思考及展望

我国的心理咨询起步于 20 世纪 70 年代末期。作为一个新生事物，自然受到人们的广泛关注和热心探讨，一度出现心理咨询热。但是，我们必须清醒地看到我国心理学科及心理咨询事业的发展与发达国家相比仍然存有较大的差距。为了促进心理咨询在中国规范而健康的发展，我们应该对目前存在的问题进行深入反思并努力改进。

（一）心理咨询从业人员培训的系统化和规范化

在一些心理咨询服务比较成熟的发达国家，对于心理咨询从业人员是有高标准的专业学历要求的。如美国要求从业人员必须具有临床心理学博士、哲学博士或教育学博士的学位。在日本，心理咨询人员需要具备相关专业学位并通过严格的考试并获得"临床心理师"资格认定以后，才能从事心理咨询和心理治疗工作。应该看到，我国心理咨询从业准入门槛过低、专业训练严重不足。有些心理咨询人员在获得职业资格之前，既没有系统地学习过心理学的专业知识，也没有接受过咨询心理学专业技能的培训。很多心理咨询活动既不科学，也不规范，不能达到帮助来访者的目的。2017 年 9 月 12 日，人力资源和社会保障部颁布 68 号文件，心理咨询师职业资格已经从职业资格目录中取消，这可能成为心理咨询人员培训规范化的重要转折点。目前看来，在学历教育的基础上进行心理咨询职业的规范化培训和认证是未来发展的必然趋势。应该在大学开设咨询心理学专业，精心设计咨询心理学课程，制订规范的教学计划，培养高水平的专业学生。在此基础上，由行业组织制定心理咨询师资格考核、认定、审查的评价标准，将心理咨询工作纳入规范化管理的轨道。

（二）加强国内外咨询心理学学术交流

在心理咨询的理论、技术和人才培养方面，发达国家有很多经验值得我们学习。我们应该通过与国外专家的学术交流，学习对我们有益的经验，提高我们的心理咨询的工作水平。同时，也应加强国内同行在心理咨询方面的协作和交流，如创办学术刊物、举办研讨会和各种形式的心理咨询讲习班等，以便心理咨询工作者了解国际、国内心理咨询的新进展和交流经验。这将有助于心理咨询专业人员业务水平的提高，部分弥补专业训练的不足。

（三）完善心理咨询工作的督导机制

所谓督导（supervision）通常是指在心理咨询师培训的实习阶段，由有经验并具备一定资历的咨询师对初学者的专业状况加以监督、指导和评估的过程。督导的概念包括专业督导和个人体验两方面，专业督导帮助受督导者提高专业工作水平，个人体验帮助受督导者处理个人问题。这不仅仅对于提高受督导者的专业水平及解决其自身的枯竭等问题十分有益，而且可以间接帮助受督导者更有效地服务于来访者。国外近 20 年来形成了完整的督导培训体系，心理咨询师的培养经验表明，督导是保证咨询师培养质量最重要的环节之一。虽然我国心理学界已经注意到了督导的作用，开始加强督导工作，但总体来说还存在很多问题。例如，缺乏足够数量的合格督导师，没有统一的督导制度，对督导工作的研究不足等。因此，督导制度的建立和完善是一个急需解决的问题。

（四）促进社会各界对心理咨询工作的理解

目前，社会上有很多人对心理咨询存在着歪曲的理解，不利于心理咨询事业的发展。相当一部分人把寻求心理咨询帮助的人与具有严重精神疾病的人同等看待，而不了解心理咨询对所有人的心理健康和人格发展都会起到促进作用；有些对心理咨询持接纳态度的人对心理咨询效果期望过高。一些发达国家的心理咨询事业，也曾面临过相似的困难，这是与社会发展水平相关的问题。因此，努力提高心理咨询专业工作水平，利用大众传播媒介普及心理咨询知识是改变现状的重要途径。

（五）继续探索本土化心理咨询理论与技术

现代心理咨询发源于西方国家，至今已有一百年的历史。我国心理咨询工作的起步是从学习和借鉴西方心理咨询的理论和方法开始的。但是，中国是一个拥有 13 亿人口、文明史长达五千年之久的东方大国，在底蕴深厚的文化思想中包含着丰富的心理学思想、心理健康理念和心理治疗方法，西方心理咨询模式不可避免地与中国文化和社会现实存在某种矛盾。因而在我国心理咨询的发展和实践过程中，绝不能简单套用或机械照搬西方心理咨询模式，应该在吸收国外经验的同时，注意挖掘、整理我国古已有之的理念和方法，结合当前的实际加以扬弃和发展，逐步建立起适应国情和民族特点的心理咨询模式。

第三节　心理咨询的基本原则

心理咨询作为一种特殊的助人活动，要遵循心理咨询工作的规律开展工作。许多咨询心理专家在工作实践中反复探索，对得失加以概括，形成了一些原则。心理咨询师能否坚持这些原则决定着咨询工作的成败。心理咨询师遵循咨询的原则开展实践活动，就能更好地把握心理咨询的方向。综合学者们的看法和实际情况，我们认为心理咨询的基本原则主要有四条。

一、保密原则

保密原则是心理咨询工作中最为重要的原则，它要求心理咨询师要尊重和尽可能地保护来访者的隐私。需要明确地甚至反复地说明和解释，使之确信你是会替他保守秘密的。这既是建立和维持心理咨询信任关系的前提，也是咨询活动顺利开展的基础。因为只有为来访者保密，才能使他们感到心理上的安全，愿意敞开心扉，打消心中顾虑。

保密性原则涉及的内容很多。比如，除特许的本部门的专业人员以及有关司法部门人员外，不得将在咨询场合下对方的隐私随意泄露给任何人或机关；在发表有关文章时，如果必须使用特定来访者的有关个人资料，一定要对来访者的一般情况做必要的技术性处理，充分保护来访者的隐私，使其不被他人对号入座等。但是，保密原则并不是无限度、无条件的。这需要咨询师有敏锐的觉察力和智慧的判断力。有两种情况可以突破不公开当事人身份的原则：一是有明显自杀意图者，应与有关人士联系，尽可能加以挽救；二是存在伤害性人格障碍或精神病患者，为避免别人受到伤害，也应做好一些预防工作。

二、助人自助原则

心理咨询帮助来访者的根本目标是促进来访者成长、自强自立，使之能够自己面对和处理个人生活中的各种问题。咨询师应该相信来访者不仅仅有获得心理健康的愿望，而且本身都具有获得健康的能力。因此，咨询师应该在咨询过程中更多地启发、调动来访者自身的积极性、创造性，激发来访者主动投入心理自助的过程，而不是将来访者看作一个被动的服务对象。

首先，咨询师应该及时发现来访者自身积极的心理因素，使他们看到自身的潜能，从而调动和激发他们自己解决问题的信心和动力，最大限度地发挥他们的自助能力。其次，当来访者面临问题的抉择时，咨询师不应以权威姿态告诉来访者应做什么、不应做什么；而应该帮助来访者分析其自身对此事的感受，从来访者角度出发，在和谐的氛围中逐步引导来访者找到适合自己的解决办法。再次，在随后的咨询进程中，咨询师应对来访者的积极行动给予及时、适当的肯定和鼓励，不断强化自助信念和行动。咨询师应该随时觉察自己的态度和语言表达，保持一种态度镇静，表达自信的形象，同时不随意地给来访者空洞的或者夸大的承诺，例如"你的问题我一定能解决"。

在实际的咨询工作中，许多来访者是迫于他人的要求前来咨询。对此，咨询师不能以来访者缺乏求助意愿而简单拒绝。应该看到，来访者的主观意愿虽然不是特别充分，但毕竟是自己来到咨询室的。简单地拒绝他的求助，也违背了来访者的意愿。当然，面对这类来访者，咨询师要用更多的精力来打破他的自我封闭和被动、抵制的心态，启发他的求助动机。

三、价值观中立原则

价值观中立原则要求心理咨询师尽量不干预来访者的价值观。具体说来，是指在心理咨询过程中，心理咨询师要尊重来访者的价值观，不要轻易地以自己的价值准则，对来访者的行为进行武断、任意的价值判断，并且迫使来访者接受自己的观点和态度。诚然，绝对的价值中立是理想化的追求。但是，当来访者的价值观与咨询师自己或社会的价值观相冲突的时候，咨询师应以一种非评判性的态度去理解、接纳来访者。在此基础上，进行分析、比较，引导来访者自己去判断是与非，最终作出自己的理性选择。为了在心理咨询实践中更好地处理来访者的价值观问题，我们有必要参考西方心理咨询实务中处理价值干预问题的若干公认和通行的原则：

1. 咨询师应对自己的价值观有高度的警觉，对咨询中的价值问题有高度的敏感。因为只有知道自己的价值取向才有可能在面对价值问题的时候保持警觉；只有敏感于来访者的价值选择，才会意识到自己的价值观可能对来访者产生什么样的影响。

2. 承认多元化价值取向存在的权利，但这种承认不是漫无边际的。对于某些在来访者所属文化的主流中属于反社会或者边缘性的价值取向，咨询师应该保持警觉。

3. 当涉及价值问题的时候，鼓励咨询师公开、清晰地和来访者讨论，同时注意不要有意无意地将自己的价值观强加于来访者。咨询师有责任与来访者讨论，向来访者提供其他的替代性选择的可能性，然后把最后决策的权利留给来访者，让来访者享有选择和决定的自由。

4. 咨询师在作价值判断时，必须遵循具有相对普遍意义的价值：尊重人的生命，尊重真理，尊重自由和自主，信守诺言和义务，关心弱者、无助者，关心人的成长和发展，关心不让他人遭到损害，关心人的尊严和平等，关心感恩和回报，关心人的自由。

四、综合性原则

人类心理困扰的形成是多因素作用的结果，帮助人摆脱痛苦需要多元的思考和多方面措施的干预。心理咨询的综合性原则有以下两重含义。

（一）三因素的综合

每个人都是生理、心理和社会的综合体，引起来访者心理问题的原因也应该是这三因素交互作用的结果。人的心理和生理是相互作用、互为因果的。心理问题往往会伴有许多躯体化表现，而生理状况又经常是导致心理问题出现的原因。同时，一个人的心身状态又受到社会环境的影响和制约。因此，心理咨询师要在咨询过程中对来访者身心之间、来访者与社会环境之间的关系状况和相互影响保持高度的敏感性。心理咨询师对来访者的分析、评估、干预也都应该从这三个角度出发。而且，影响原因就像一个立方体结构，既有横向诸因素的作用，即共时态原因；又有纵向诸因素的作用，即历时态原因，并且这两者是互相交叠在一起的。这就要求咨询员能透过现象看本质，透过表面原因看到深层原因。例如，来访者目前的心身状态往往导致不良情绪，情绪障碍常常涉及人际交往方面的困难，而目前人际交往方面的问题往往又是来访者原生家庭不良互动模式的重现。

（二）方法的综合

在咨询过程中，心理咨询师综合地运用各种方法通常比单一的方法更有效。当然，咨询师要针对特定的来访者，将这些方法有机地结合起来，以发挥它们的最大效能。综合的方法往往针对人心理的各个方面和不同层面的心理需求。比如，面对一个急性应激障碍的来访者，心理咨询师可以在采取支持疗法的基础上，运用叙事疗法和焦点解决的咨询技术；对于某些处于较严重抑郁状态的来访者而言，请医生配合使用抗抑郁药可以有效地控制症状，使咨询更容易进行。值得注意的是，心理咨询方法的综合运用是建立在做出正确评估和掌握干预技术的基础上的，切忌盲目地轮番使用各种方法。

五、灵活性原则

灵活性原则在心理咨询中具有重要意义。它要求咨询师在不违反其他咨询原则的前提下，根据具体情况灵活地运用各种咨询理论、方法，以便取得最佳的咨询效果。

（一）不同的问题应选择不同的方法

根据来访者所求助问题的性质和程度，考虑使用不同的主要咨询方法。例如，系统脱敏疗法比来访者中心疗法也许更适用于恐惧症；对于神经症，可能最有效的疗法是心理动力学治疗；如果心理问题源于一次未完成事件，则格式塔方法的实施可能会更加快速有效。

（二）不同的阶段可实施不同的方法

来访者在咨询过程中的不同阶段，其心理问题的主要矛盾不同，故应考虑采用不同的方法。例如，在咨询初期，针对来访者情绪不稳、心理混乱的心理状态，咨询师工作主要采用心理支持法；情绪稳定后，可开始用心理分析法，探讨心理症状，予以指点；接着，便可以采取行为疗法，帮助来访者改善行为方式。

（三）不同的对象采用不同的方法

根据来访者的年龄、性别、个性、文化背景等选择最适宜的方法。例如，对抑郁个性者，语气要温和、充满同情和关切；对具有强迫症状的来访者，咨询师应适时地将咨询的焦点从讨论症状逐渐转移到分析症状背后的原因上；对依赖性过强者，应让对方多发表看法，激发他的自主性。总之，要充分考虑到对象的特殊性。

第四节　心理咨询对专业人员的要求

美国心理咨询教育家艾鲍（Appell）认为，在心理咨询过程中，咨询师能够使用的最有效的工具就是他自己。因此，心理咨询工作对于专业人员的素质和能力有着很高的要求。若要成为一名有效的心理咨询工作者，不仅要接受严格的专业教育和训练，掌握较高的专业技能，而且应具备此项职业所必需的个性品质以及其他方面的个人要求。可以说，心理咨询过程是心理咨询工作者知识、技能、心理品质、职业道德、价值观、人性观等多方面的展示，这直接决定了心理咨询的效果。下面将从上述几个方面来阐明从事心理咨询这项特殊助人行业的从业要求。

一、专业知识、技能方面的要求

心理咨询是一项专业性很强的工作，需要靠科学的专业知识和技术帮助来访者解决心理困扰，维护其心理健康。因此，心理咨询师必须要达到一定的资格要求，而达到资格要求的途径主要是通过接受专业教育和技能训练来实现的。

（一）国外心理咨询工作对从业者专业知识、技能方面的要求

发达国家心理咨询工作对从业者专业知识和技能有严格的要求。在美国，各个州都

笔记

对职业心理咨询者有严格的从业要求，他们若要成为一名国家级资格认定的心理咨询者（NCC），必须通过成立于1983年的"国家咨询者资格认定委员会"（以下简称NBCC）制定的标准化考试，获取相应的开业执照。美国的心理咨询工作者，至少要获得心理咨询硕士学位，并在相应的专业领域完成规定的实习内容和实习时间。这些领域有：健康心理咨询、学校心理咨询、职业心理咨询、婚姻与家庭心理咨询、组织心理咨询等。他们的资格通常由NBCC加以认定，并由各州或NBCC公布名单。NBCC确定了心理咨询者应该了解和掌握的八个主要的知识领域：①人类成长与发展；②社会与文化基础；③如何建立助人的关系；④小组活动；⑤生活形态和职业发展；⑥鉴定；⑦研究与评价；⑧职业适应。

美国的心理咨询人员由两个主要的专业领域加以培养：咨询心理学（counseling psychology）和咨询者教育（counselor education）。"咨询心理学"的人才培养模式，由美国心理学会（APA）及其下属的咨询心理学分会加以制定。为了保证教育质量，APA和咨询心理学分会对专业人才培养的标准、提供专业教育的机构、教师所应具备的条件与技能提出了详细的规定。其中专业课程至少要达到3年全日制注册学生的课程量，课程的内容必须包含科学与职业道德规范、研究设计和方法学、统计和心理测量学、行为的生物基础、行为的认知和情感基础、行为的社会基础、个体行为等特殊学科的课程。专业教育必须包含专业实习及现场或实验室训练，实际操作的最少时间为300小时，其中至少有200小时的直接服务经验和50小时有督导的正规实习，实习期必须有一年的全日制工作量或至少1500小时的实习经验。"咨询者教育"专业的培养模式，由美国"咨询及相关教育项目资格认定委员会"（CACREP）制定，该模式有硕士和博士两个层次。涉及社区咨询、心理健康咨询、学校咨询、高校学生人事服务、婚姻与家庭咨询等专业。

（二）我国对心理咨询工作从业者专业知识、技能方面的要求

我国心理咨询事业由于起步较晚，在相当长的一段时间里缺乏较系统正规的专业要求和训练，导致从业人员的专业水平普遍不高，这非常不利于心理咨询的健康发展。国家劳动和社会保障部于2001年8月颁布了《心理咨询师国家职业标准》，对心理咨询从业人员的任职资格及程序，对每一等级的活动范围、工作内容、技能要求、知识水平、晋级培训、资格鉴定等都做了明确规定；其中要求掌握的基础知识包括普通心理学、社会心理学、发展心理学、心理健康与心理障碍、心理测验学、咨询心理学、与心理咨询相关的法律知识等。晋级培训期限：心理咨询员不少于720标准学时，心理咨询师不少于520标准学时，高级心理咨询师不少于320标准学时；资格鉴定方式包括理论知识综合考试和实际能力考核两项内容，理论知识综合考试采用闭卷笔试，实际能力考核采用专家组面试评定的方式进行，内容包括心理评估、案例分析、咨询方案制定和交谈技巧等。这些规定和要求如果真正得到执行并且能够与学历教育相衔接，对从业者接近职业要求很有帮助。

二、职业道德方面的要求

职业道德规范是鼓励或禁止从业人员从事某些专业活动的根本原则，也是保证从业人员做好本职工作的必要条件。所有专业都有自己的道德标准体系，规定专业人员与公众及他们之间恰当的行为方式。心理学在逐步走向专业化的过程中也形成了自己的道德原则。

（一）美国对心理咨询职业道德的要求

美国《心理师道德原则》于1953年由美国心理学会第一次公布，在随后广泛征集心理学家意见的基础上，归纳总结出了一些纲领性条文，这些条文经修订后于1963年正式实施，后来又几经修订，直至目前使用的1989年的版本。它涵盖了心理学活动的所有主要方面。其规定如下：

1. 心理师应向大众提供最高标准的服务，承担因自己的行动带来的任何后果。

笔记

2. 为了大众和整个行业的利益，心理师应具有高水平的业务能力，对自己能力的界限及治疗技术的局限性有充分的认识，只使用接受过专业训练或检验过的治疗技术向公众提供服务。在明确标准的条件下，要格外谨慎以保护患者的利益，随时掌握与所从事专业领域有关的科学及专业研究的新动态。

3. 心理师自身行为应受社会公认标准的规范与约束，唯有如此才能保证其服务质量，履行其职责，增强公众对心理学及心理师的信任。

4. 心理服务的公开声明、通知、广告及心理师的宣传活动均应能帮助公众作出全面的判断和选择，应准确、客观地反映有关心理师及机构、组织的专业资格和功能，向公众提供心理专业信息或意见，或者向公众宣传心理产品、出版物及服务时应尊重科学事实。

5. 心理师有责任保守当事人的隐私，除非征得本人同意或特殊需要，不得泄露出去，必要时可告知当事人保守秘密的法律限度。

6. 心理师应维护与之合作者的尊严，保护其利益。如当事人和雇用他们的机构之间发生冲突，应向当事人说明自己的责权范围，随时告知各方作出的承诺。他们应向顾客详细说明评估、治疗、教育或训练程序的目的和性质，公开向参与研究的患者、学生或其他人员说明，他们完全有自由选择参与研究与否的权利。

7. 尊重心理学界或其他行业同行的需要、特殊权限及责任义务，尊重这些同事所属机构或组织的权利及责任义务。

8. 研究、发表及使用心理评估技术时，应努力为当事人谋福利。当事人有权知道评估的结果、解释及作出结论和提出建议的依据，对此应予以尊重。心理师应努力保证测验及其他评估技术安全可靠，不违反有关法律的规定。

9. 决定以人为被试进行科学研究时，应考虑能否为心理科学和人类利益作出最大的贡献。进行研究工作时，应尊重参与人员的尊严和利益，遵守联邦及州的有关规定。

美国所有的心理咨询从业者都必须遵守有关法律和所属专业组织所明文规定的、具体的道德准则，违反这些准则将导致失去专业组织的成员资格、吊销执照和法律诉讼。

（二）精神卫生法对心理咨询师职业道德的要求

2012 年颁布的《中华人民共和国精神卫生法》第二十三条也对心理咨询师的职业道德作了如下要求：

1. 心理咨询人员应当提高业务素质，遵守执业规范，为社会公众提供专业化的心理咨询服务。

2. 心理咨询人员不得从事心理治疗或者精神障碍的诊断、治疗。

3. 心理咨询人员发现接受咨询的人员可能患有精神障碍的，应当建议其到符合本法规定的医疗机构就诊。

4. 心理咨询人员应当尊重接受咨询人员的隐私，并为其保守秘密。

三、心理品质方面的要求

帕特森（Patterson）曾指出："咨询的关键不是咨询师做些什么，而是他是谁。故此，咨询师应该关注的不是要为来访者做些什么，而是自己是个怎样的人。咨询的方法和技巧与其使用者及他的性格是无法分割的。"由此可见，作为一名专业的助人者，心理咨询师不仅要掌握心理咨询的理论和技术，而且更应该不断地自我觉察、完善自己的人格特征、提高个人修养。因为咨询师的个人因素对咨询效果有直接的影响。那么一个有效的心理咨询师应该具备哪些心理品质呢？

考米尔（W.Cormier）认为，最为有效的心理咨询师是那些可以把自己的人格因素和理论方法加以完美结合的人，换句话说，就是可以在人际关系上和咨询技术上寻求平衡的人。

他提出一个优秀的心理咨询师应具备6项心理品质：

1. **智力**　对新知识具有强烈的学习愿望与能力。

2. **精力**　咨询者在咨询过程中充满活力与感染力。

3. **适应力**　可以根据当事人的需要采用适当的理论和方法，而不是只限于某一特殊的理论和方法。

4. **支持与鼓励**　支持当事人自己作出决策，帮助他们发挥自己的潜力，避免强制行为。

5. **友善**　以良好的意愿去帮助当事人重新构筑新的生活方式或行为方式，促进当事人的独立性。

6. **自我意识**　对自己的知识结构、态度与情感有明确的认识，并能认识到对这些情感和态度产生影响的因素。

钱铭怡认为，除了需有助人之心、敏感性及洞察力和良好的心理健康与态度之外，作为心理咨询师需要在三个方面提高认识：一是对自己的认识，这包含对自己作为一个人的认识和对自己作为专业人员的能力的认识等两个方面；二是对治疗过程中治疗者与来访者交互影响关系的认识；三是对自己专业职责及专业道德的认识。

综合国内外学者的看法，根据我国心理咨询实践的具体情况，我们提出一个有效的心理咨询师应具备以下心理品质：

1. **较高的心理健康水平**　一个有效的心理咨询师应该是一个心理健康的人，他应具有真诚、善良、自信、坚忍、耐心、对人宽容、乐于助人、有强烈的责任感等优秀品质。只有这样，才能给予来访者更多的支持和希望。

2. **敏锐的观察力**　具有敏锐观察力的心理咨询师能够察言观色，从来访者细微的表现中发现一般人不易发现或容易忽略的东西，从而会更全面、准确地洞察来访者的内心世界。

3. **敏锐的感受性**　一个具有敏锐感受性的心理咨询师能够从与来访者的互动中获取大量的信息。这包括对来访者和自己的内心活动以及发生在双方之间的行为反应所引发的情绪体验。这种感受性包括：理解能力、学习能力、表达能力、人际沟通能力以及自我控制能力、自我心理平衡能力、交往控制能力。

4. **较强的语言表达能力**　心理咨询主要是通过咨访双方的会谈来进行的。因此，具备较强的语言表达能力就显得尤为重要。咨询师需要恰当、准确、适时地表达自己想要沟通的信息，有较为丰富的表达手段，并且便于来访者理解。此外，咨询师要避免使用专业术语，应该用来访者所熟悉和理解的语言习惯来传递信息，用准确、鲜明、形象、生动的语言提高交流的效率。

5. **清晰的自我意识**　这主要表现在对自己个性心理品质、需要和兴趣、知识结构、专业技能、人生经验、人性观、价值观、职业道德水准、心理健康状况等方面的自我认识，也要对这些影响因素及它们对心理咨询工作可能产生的积极或消极影响等有着比较清醒、准确的认识。

第五节　心理咨询的种类与形式

按照不同的标准可以将心理咨询划分为不同的形式。以咨询途径为划分标准，可有门诊咨询、电话咨询、网络咨询、信件咨询、专栏咨询、现场咨询；以咨询人数为划分标准，可分为个体咨询、家庭咨询和团体咨询。

一、以咨询途径为标准划分

（一）门诊咨询

门诊咨询是心理咨询中最常见、最主要的形式。目前在国内一些精神卫生中心、综合医院、大专院校和社区都设立了心理咨询门诊。心理咨询师通过与来访者面对面的交流，对来访者的信息进行全面了解，并作出准确的分析、判断和评估，从而能够随时调整对策，深入的为来访者提供有效的帮助。其主要的优越性在于：①针对性强，咨询师能对来访者的具体问题提供有针对性的服务；②了解信息全面，咨询师不仅可以听到来访者叙述的内容，还可以观察其表情动作、情绪反应等非言语信息，从而作出更为准确的判断；③保密性强，来访者从咨询师那里获得的安全感可以使他更容易将自己的烦恼、焦虑、不安和困惑充分详尽地倾诉给咨询师，便于咨询的更加深入。

（二）电话咨询

电话咨询是心理咨询师通过电话对来访者进行心理学帮助的咨询形式，主要特征为较为方便又迅速及时。在 20 世纪 50 年代，一些发达国家开始开展电话咨询，它在防止由于心理危机而酝酿的自杀与犯罪方面起到了良好的作用。目前，我国许多城市也开设了各种"心理咨询热线"，除了处理各种心理危机，也为其他心理问题提供服务。当一个人由于一时冲动而准备采取某种冒险行为的时候或当他苦恼至极、痛不欲生的时候，心理咨询师就可以通过咨询电话给他意想不到的关怀和温暖，在心理上给以开导和慰藉，甚至能把他从死神手中拯救出来。因此，电话咨询常被称为"希望线""生命线"。但电话咨询也有不利之处，由于通话时间有限，通过电话传递的信息也有限，因此心理咨询师要反应敏锐，能给对方以信任感，能控制局面；否则，咨询很难奏效。

（三）网络咨询

网络咨询是指心理咨询师借助互联网对来访者进行心理帮助的过程。它是随着网络技术平台的发展而逐渐开展起来的一种新型的心理咨询方式。因为网络有很强的保密性、隐蔽性和快捷性，所以来访者能够通过网络毫无顾忌地倾诉自己的隐私，暴露自己的问题，从而使咨询师能够尽快地掌握来访者的基本情况，做出适时的分析评估，给以及时恰当的引导及处理。这对于那些由于个人身体条件、地域环境的限制而不能直接、方便地求助于心理咨询师，以及由于个人生活风格或认知习惯、不愿意面对咨询师的人们来说，网络咨询显示出其独特的优势。但是，网络咨询也有其不足，例如双方真实身份不易识别、咨询师如何弥补不在现场所造成的非言语信息的不足、如何避免因信息交流不充分而引起的误会等问题都需要我们进一步研究和思考。

（四）信件咨询

信件咨询是一种通过书信交流进行心理帮助的咨询方式。来访者来信提出自己要求解决的问题，咨询师根据其描述的具体情况解答疑难，疏通引导。这种方式的优点是简单方便，不受居住条件限制，并且容易被一些有心理问题但又羞于面见咨询师的来访者接受。但信件咨询也有不足之处：一方面，由于双方不能直接面谈，来访者的情况不全面或欠准确，因而咨询师不易深入了解情况，只能给一些原则性的疏导意见，很难深入具体的指导；另一方面，咨询效果会受来访者的书面表达能力、理解力和个性特点的影响。

（五）专栏咨询

专栏咨询是指通过报刊、杂志、广播、电视等大众传媒形式对公众关心的一些较为普遍的心理问题进行专题讨论、答疑和现场访谈。这种咨询形式目前在我国比较普遍。事实证明，一个好的专栏或节目往往受到成千上万人的关注，具有帮助与预防并重的功能。专栏咨询既能帮助当事人，又能高效率地普及心理健康知识，这是其他咨询形式难以实现的。

（六）现场咨询

现场咨询是指心理咨询师深入到基层单位现场，例如学校、机关、企业、部队、城乡社区、家庭等，为广大来访者提供多方面现场服务的一种咨询形式。在我国，由于心理咨询服务尚未构成合理的组织体系，心理咨询专业人员严重不足。为了满足广大群众的需要，扩大心理健康服务工作的影响力,专业人员适当的开展现场咨询是非常必要的。

二、以来访者人数为标准划分

(一)个体咨询

个体心理咨询是心理咨询最常见的形式。一般情况下,人们提到的心理咨询就是指个体心理咨询,一对一的面谈是心理咨询最主要的方式。当然,个体心理咨询也可以通过电话、信件或互联网等其他途径来进行。个体咨询的优点:一方面保密性好,来访者一般顾虑较少,可以无保留地表达自己的真实思想,倾吐内心的秘密;另一方面针对性强,咨询师能够准确地了解和分析来访者的心态,并给予及时的指导和帮助。

(二)团体咨询

团体咨询,亦称小组咨询,是相对于个体咨询而言的。团体咨询是将具有同类问题的来访者组成小组或较大的团体,进行共同讨论、分享、引导或干预。团体咨询的产生基于这样一种背景,即实际生活中,人类的许多适应或不适应、心理健康或障碍往往起源、发展、转变于人际关系中。因而,咨询师可以帮助来访者在团体中发现他在社会中带给自己困扰的思维方式和行为模式,进而通过团体人际交互作用的方式,通过团体动力来促进个体的自我觉察和自我成长。

团体咨询有许多优点。首先,团体咨询是一种多向性的交流,当事人看到其他人有着与自己类似的痛苦时,可以提高自我认识、互相慰藉、获得接纳,当看到别人的进步时,可以相互支持、以人为镜、模仿学习;其次,团体咨询效率高、咨询成本低,对某些心理问题的解决效果明显优于个别咨询。例如,对帮助那些具有害羞、孤独的人际交往障碍者,有其特殊的功效。当然,团体咨询也有不足之处,主要是个人深入的问题不易暴露,而且往往难以兼顾每个个体的特殊性。目前,团体咨询已在学校、家庭、医院、企业、军队等众多的社会领域中得到广泛的应用,是一种有特色、有前途的咨询方式。

(杨凤池)

第二章　　咨询心理学的理论基础

在咨询心理学理论体系的形成和发展过程中，不同发展阶段的心理学家对心理咨询的含义、原理、方法等有不同的理解，有关心理咨询的理论也就被分成了不同流派，其中精神分析、行为主义、人本主义和认知学派被认为是咨询心理学的经典理论。随着时代的发展和科学研究的深入，又出现了一些各具特色的现代咨询理论和后现代思潮影响下的后现代心理咨询理论。现代心理咨询理论主要有客体关系理论、家庭心理咨询理论和交互分析理论；后现代心理咨询理论则主要以焦点解决短期心理咨询、叙事心理咨询为代表。

第一节　经典心理咨询理论

一、经典精神分析理论

精神分析（psychoanalysis）产生于 19 世纪末 20 世纪初，在奥地利发展起来的一个重要的心理学派别。它不是从传统的心理学理论发展而来，而是在医疗实践中创立的一种独特的理论，在目的、对象和方法上都有其独到之处。至今，精神分析的学术思想仍然是心理学理论体系中最重要的部分之一。

精神分析理论的创始人西格蒙德·弗洛伊德（Sigmund Freud，1856－1939），毕业于维也纳大学医学院，获得医学博士学位。1885 年弗洛伊德师从于法国著名的神经病学家夏柯（Charcot），1886 年回国后作为私人医生在维也纳开业。他在长期的医疗实践中创建了"宣泄""自由联想""释梦"等治疗方法，并不断完善成为精神分析的理论体系。

（一）潜意识理论

弗洛伊德提出的潜意识理论是精神分析理论的基石。他把人的心理分为潜意识、前意识和意识三个部分。

1. **潜意识**　潜意识（unconscious）有两层含义：一是指人们对自己的一些行为的真正原因和动机不能意识到；二是指人们在清醒的意识下面还有一个潜在进行着的心理活动。潜意识的内容中包含了那些为人类社会、伦理道德、宗教所不容许的、原始的、目无法纪的动物性本能冲动，以及幼年期的经验、被压抑的欲望和动机等。正常人的大部分心理活动是在潜意识里进行的，大部分的日常行为是受潜意识驱动的，它是人类心理活动的原动力所在，遵循的是享乐原则，不顾及社会的道德规范、法律等的约束。因此，潜意识活动的内容、观念、欲望如果要进入意识，就要受到社会标准的检验而被拒绝；但是如果不进入意识，就得不到满足。为了使这些被压抑的观念和欲望能够出现在意识中，得到满足，就只能乔装打扮，变相出现而获得间接的满足。梦就是一种满足这种愿望的形式。

2. **前意识**　前意识（preconscious）是介于意识与潜意识间的心理活动，它是曾经属于意识的观念思想，因与目前的实际关系不大或无关，被逐出意识的园地，但可以较快地、较容易地闯入到意识领域。潜意识的观念首先进入前意识才能到达意识界。前意识的作用就是保持对欲望的需求和控制，使其尽可能按照外界现实规范的要求和个人道德来调节，是意识和潜意识之间的缓冲。

3. **意识**　意识（conscious）指人能知觉到的东西，是人当前注意到的心理活动、感知外界的各种刺激，是与语言（即符号系统）有关的部分心理活动。意识活动是遵循现实原则来行事的，也就是说只有合乎社会规范和道德标准的各种观念才能进入意识界。

被压抑在最深处、最底层的潜意识是最活跃、最不安分的分子，它们千方百计地想表现出来，但由于社会礼教、风俗习惯、伦理道德等社会标准的作用，意识作为最高统治者发挥着它的威力，控制着潜意识使其留在最底层，不允许其表现和满足。弗洛伊德认为，人的心理活动中有一种保持意识层面不受干扰、不受潜意识侵犯的压抑作用，强迫那些潜意识的冲动留在原处，并一次又一次地打回或顶回企图来犯的潜意识。

（二）人格结构理论

弗洛伊德将人格结构分为本我、自我和超我。当三者关系协调，人格则表现出健康状况；当三者关系冲突，就会产生心理疾病。

1. **本我**　本我（id）是与生俱来的动物式的活动，相当于潜意识内容，它服务于快乐原则（principle of pleasure），它不看条件、不问时机、不计后果地寻求本能欲望的即时满足和紧张的立即释放。本我中的需求产生时，个体要求立即满足，从而支配人的行为。比如，婴儿感到饥饿时立即要求吮奶，绝不考虑母亲有无困难。弗洛伊德称本我中的基本需求为"生之本能"，它的成分是人类的基本需求，比如摄食、饮水、性等这些基本生理需要。生之本能是促进个体求生活动的内在力量，这种内在力量被称为"力必多"（libido）。本我内除了由基本需要形成的生之本能之外，也包括攻击与破坏两种原始性的冲动，这种冲动称"死之本能"。弗洛伊德分别以希腊神话中爱神的名字爱洛斯（Eros）代表生之本能；以死神的名字萨那托斯（Thanatos）代表死之本能。

2. **自我**　自我（ego）是现实化的本能，它是个体出生后在现实环境中由本我中分化发展而产生的，代表着理性和审慎，由本我而来的各种需求，如不能在现实中立即获得满足，就必须迁就现实的限制，并学习如何在现实中获得需求满足。因此，自我服从于现实的原则（principle of reality），配合现实和超我的要求，延迟转移或缓慢释放本我的能量，对本我的欲望给予适当的满足。

3. **超我**　超我（superego）是道德化了的自我，它是长期社会生活过程中，将社会规范、道德观念等内化的结果，类似于人们通常讲的良心、理性等，为人格的最高形式和最文明的部分，多属于意识。超我中有两个重要的组成部分：一个是自我理想（ego-ideal），是要求自己的行为符合自己理想的标准，当个体的所作所为符合自己的理想标准时，就会感到骄傲；另一个是良心（conscience），是规定自己不犯错误的标准，如果自己的所作所为违反了自己的良心，就会感到愧疚。超我服从于至善原则（principle of perfect），它一方面负责对违反道德标准的行为施行惩罚，另一方在确定道德行为标准。

本我在于体现自我的生存，追求本能欲望的满足，是必要的原动力。超我在于监督、控制和约束自己的行为，不至于违反社会道德标准，以维持正常的人际关系和社会秩序。而自我对上要符合超我的要求，对下要吸取本我的力量，并处理、调整本我的欲望，对外要适应现实环境，对内要保持心理平衡。如果一个人的本我、自我、超我三者彼此交互调节、和谐运作，就会形成一个发展正常、适应良好的人；如果三者调节失衡，或者彼此长期冲突，往往就会导致个体社会适应困难，甚至演变成心理异常。

（三）焦虑及自我防御机制理论

在人格发展过程中，本我、自我、超我之间产生冲突时，个体就可能产生焦虑。弗洛伊德描述了三种类型的焦虑：现实性焦虑、神经性焦虑和道德性焦虑。例如一个歹徒追赶我们，引起的是现实性焦虑，因为恐惧来自外部世界。相反，神经性焦虑和道德性焦虑是由个体内部的威胁造成的，当个体担心不能控制自己的情感或本能而作出将会引来权威者惩罚的事情时，神经性焦虑就会出现；当个体担心会违反父母或社会的标准时，道德性焦虑就会出现。焦虑使自我感受到危险的逼近，这时自我就要采取行动。

为了使自我能够应对焦虑，这时就需要防御机制。无论是健康人、神经症或者精神病患者，都在无意识地运用心理防御机制。当自我心理防御机制启用适当时，它们帮助我们减少压力，增强适应能力。但是，如果被过多地使用，这种使用就成了病态的，而个体也就发展出一种回避现实的风格。自我心理防御机制最初是由弗洛伊德本人提出，之后安娜对它们进行了系统的归纳和整理，后来的心理学家们又对心理防御机制进行了补充和修改。下面介绍十种常见的自我心理防御机制：

1. **压抑（repression）** 是一种最基本的防御机制，也是其他防御机制的基础。压抑将那些危险的或令人痛苦的想法和感受排除在知觉范围之外。它常常是焦虑的来源。在人生前五年中发生的心理创伤性事件一般会被压抑为无意识。而被压抑的冲动和欲望并未消失，它仍在无意识中积极活动，寻求满足。

2. **否认（denial）** 否认现实也许是所有自我防御机制中最简单的一个，它让人们有意识或无意识地拒绝使人感到焦虑痛苦的事件。例如，拒绝承认亲人的死亡。

3. **反向形成（reaction formation）** 人们通过采取与令人不安的欲望相反的有意识的态度和行为，从而避免自己去面对无法接受的冲动，使自己无需去应对本应出现的焦虑。这种表现可能是个体会用虚假的爱来隐藏自己的恨。例如，一个恨丈夫的妻子，可能在行动上过分地爱和献身于丈夫，以此来避免因不喜欢丈夫而导致的对婚姻的威胁。

4. **投射（projection）** 即把自己产生的无法接受的情感或意念归因于他人。当个体感受到强烈的性驱力、破坏驱力或道德律令的威胁时，他可能不会容忍相应的焦虑，而是把自己的情感投射到他人身上。我们其实也经常这么做，因此我们常常困惑不已，为什么别人的行为和我们那么相似。

5. **置换（displacement）** 当个体感到焦虑时，他可能不把自己的冲动、情感发泄到危险的物或人身上，而把它转移到更安全的物或人身上。例如，在公司受了老板责骂的老实人，回家可能把愤怒转嫁到自己孩子身上。

6. **升华（sublimation）** 是一种较为积极的防御机制。它把内驱力改造成社会可接受的行为。例如，最常见的形式就是把攻击性的欲望转化为体育竞技。体育运动为身体攻击性的表达提供了一个更被接受的发泄渠道，力比多与攻击驱力经常在不被个体觉知或意识到的情况下得以表达出来，并且还可能得到额外的奖励——称赞。

7. **合理化（rationalization）** 某个已经发生而不被个体所接受的糟糕的、失败的行为或观念，人们就找出看似合理正当的理由来解释它，从而缓解自己的焦虑和失望感。例如，伊索寓言里吃不上葡萄的狐狸说葡萄是酸的。

8. **退行（regression）** 是指倒退到一个早期的人格发展阶段。面对强大的压力、焦虑时，个体可能会采取过去适宜，但是现在已经不成熟的行为。例如，成年人在内心焦虑时可能不自觉地咬手指等。

9. **认同（identification）** 通过呈现出他人的特征，人们可以减少自己的焦虑及其他消极情感。例如认同一位成功的企业家、运动员等。人们能通过认同成功的因素来提升自己在他人眼中的价值，从而提高个体的自尊感，并使个体摆脱失败感。认同是发展过程的一部分，儿童可以通过认同习得性别角色的行为，同时它也可能成为过度自卑者的防御反应。

10. **理智化（intellectualization）** 不直接应对情感的问题，而采用抽象思维间接地处理。例如，某人被公司降职了，但他却貌似超然地说事情本来可能会更糟。

（四）性心理发展阶段理论

弗洛伊德把性作为潜意识的核心问题，他认为潜意识中被压抑的欲望可归结为人的性欲冲动，人的性本能是一切本能中最基本的东西，是人的行为的唯一重要动机。他把这种本能的能量称之为"力比多"（libido），力比多是驱使人追求快感的一个潜力。人成长的不同时期，"力比多"附着的部位是不一样的。按照这个理论，人的心理发展被分为以下五个时期：

1. **口唇期**（oral stage，0～1岁） 这一时期婴儿原始欲望的满足，主要是靠口腔部位的吸吮、咀嚼、吞咽等活动来完成的。婴儿的快乐也多来自口腔的活动。如果这一时期口腔的活动受到限制，就会给将来的生活带来不良影响。成年人中有些人被称为"口腔性格者"，可能就是口唇期发展不顺利导致的，他们在行为上主要表现为贪吃、酗酒、吸烟、咬指甲等，甚至有些性格的表现，如自卑、依赖及洁癖等也被认为是口腔性格的特征。

2. **肛门期**（anal stage，1～3岁） 这一时期原始欲望的满足主要靠排泄和控制大小便时所产生的刺激快感而获得满足。这个时期是对婴幼儿进行卫生习惯训练的关键时期。如果管制得过严，也会给将来的生活带来不良影响。成年人中有些人表现出冷酷、顽固、刚愎自用、吝啬等，被弗洛伊德称为"肛门性格"，可能就是这一时期发展不顺利的结果。

3. **性器期**（phallic stage，3～6岁） 这一时期原始欲望的满足主要集中于性器官的部位。此时，幼儿喜欢触摸自己的性器官，幼儿在这个时期已经可以辨别男女性别，并且以父母中的异性作为自己的"性爱"对象，于是男孩以自己父亲为竞争对手而爱恋自己的母亲，这种现象被称为恋母情结（oedipus complex）。同理，女孩以自己的母亲为竞争对手而爱恋自己的父亲的现象被称为恋父情结（electra complex）。按弗洛伊德的说法，当男童发现女童的性器官与自己不同时，他可能假想甚至怀疑是被他父亲割掉了，因而产生恐惧，弗洛伊德称这种现象为阉割恐惧（fear of castration）或阉割情结（castration complex）。像这种爱恋母亲、畏惧父亲的男童心理冲突，以后会自行逐渐消失，从原来的敌对转变为以父亲为楷模，向他学习、看齐，这种现象被称为认同。类似的心理历程也会在女童身上发生。由于她发现自己的性器官与男性不同，她怀疑自己原来的性器官被别人割掉了，这种爱恋父亲却又对男性心怀嫉妒的现象被弗洛伊德称为阳具嫉妒（penis envy），并认为女性这种情结直到成年结婚生子才会真正得到化解。

4. **潜伏期**（latency，6岁到12～13岁） 6～7岁以后的儿童，兴趣扩大，注意力由对自己的身体和父母的感情转变到周围的事物，因此原始的欲力呈现出潜伏状态。这一时期的男女儿童之间，在情感上比以前疏远，团体活动多呈男女分离的趋势。

5. **两性期**（genital stage，青春期以后） 青春期的开始时间，男性一般在13岁左右，女性一般在12岁左右。此时，个体的性器官逐渐成熟，生理与心理上所显示的特征，使两性差异开始显著。在这个时期以后，性的需求转向相似年龄的异性，并且有了两性生活的理想，有了婚姻家庭的意识。至此，性心理的发展已趋于成熟。根据弗洛伊德的精神分析理论，每个人在早期发展阶段中都会出现问题，因为冲突和固着是不可避免的，不适宜行为是普遍和必然的。而异常症状不仅取决于冲突和固着首先发生的那个心理性欲阶段，还取决于在这一阶段中为了应付随冲突而起的焦虑所采用的防御机制。焦虑的程度由自我、本我和超我的斗争决定。长期的警觉和防御使自我的力量衰退，而允许力比多退行到早年的固着点，导致孩子气、自恋或者道德败坏等。在极端情况下还可能失去控制本我的能力，导致精神病的产生。精神分析治疗通常会采用自由联想、解释、释梦、移情分析、阻抗分析等技术，帮助人们把无意识中的内容变为意识，让他们深刻领悟痛苦的原因，并鼓励来访者把新的领悟用于日常生活体验中。精神分析理论用于心理咨询与治疗的目标是：①将无意识的内容带进意识；②增强自我的力量，使个体的行为更立足于现实，而不是受本能的驱使或非理性内疚的影响。

精神分析是产生于医疗实践并始终和医疗实践密切联系的心理学思想，它在精神病学和医学心理学领域作出了历史性贡献。有人认为弗洛伊德是生物 - 心理 - 社会医学模式的先驱，他为后来心身医学的发展作出了一定的贡献。精神分析的研究成果已在社会学、人类学、医学、法学等领域广泛应用。

二、行为主义心理学

行为主义心理学于 20 世纪初期诞生在美国，它彻底放弃了传统心理学主张研究意识等主观性概念，认为所有行为都是外部环境因素引起的，主张研究可观察的行为。依据其历史发展脉络，本节主要从经典性条件反射理论、操作性条件反射理论、社会学习理论三个领域来介绍行为主义理论。

（一）经典性条件反射

在 20 世纪初，俄国生理学家伊万·巴甫洛夫（Ivan Petrovich Pavlov，1849—1936）在研究狗的消化作用时发现了条件反射。他的条件反射学说被公认为是发现人和动物学习各种行为的最基本的生理机制理论。

1. **基本实验**　巴甫洛夫及其助手把狗用一副套具固定住，并用一个连接在狗颚外侧的管道来收集狗的唾液，管道再连接到一个装置上，该装置既可以测量狗腺体分泌唾液的总量，也可以记录分泌唾液的滴数。

巴甫洛夫和他的助手把各种可食用和不可食用的东西放入给狗喂食的容器里，在放入和不放入食物的同时，结合相应的铃声、脚步声观察不同情况下狗分泌唾液的情况。在实验中，他发现给狗呈现喂食的容器也能够引起狗分泌唾液；或是狗听到铃声和喂狗人的脚步声同样会分泌唾液等。

2. **理论观点**

（1）在上述实验条件下，狗的唾液分泌称为"反射"，即是一种对特定刺激自动发生的反应，不需要意识控制或学习。对人来说，唾液分泌也是一种纯粹的反射。假如你饿了，看到面前有诱人的食物，你就会有唾液分泌。

（2）在实验中，狗把一些不是食物的"信号刺激"和食物联系起来，并且作出唾液分泌的反应。由此，巴甫洛夫认为存在两种类型的反射即条件反射（conditioned reflex）和无条件反射（unconditioned reflex）。其中无条件反射指有机体生来固有的对保存生命有重要意义的反射，例如食物吃到嘴里引起唾液分泌的生理反应，此时的食物就是无条件刺激，引起的分泌唾液反应就是无条件反射；而条件反射是通过在有机体大脑皮质上建立起暂时神经联系来实现的，是有机体在无条件反射基础上后天习得的反射，例如研究助手的脚步声本来不会引起狗分泌唾液，但是当脚步声和食物多次配对、重复后，狗听到脚步声（或铃声）就会分泌唾液，脚步声（或铃声）就成为条件刺激，而引起的分泌唾液反应就成为条件反射。

（3）在实验中，中性刺激和无条件刺激的多次重复出现研究中，巴甫洛夫提出了强化和消退、泛化和分化概念，这些概念在行为心理治疗中是非常重要的。

强化（reinforcement）和消退：条件刺激与无条件刺激在时间上的结合称为强化，强化的次数越多，条件反射就越巩固。然而，当条件刺激不被无条件刺激所强化时，就会出现条件反射的消退。例如，对以铃声为条件刺激而形成唾液分泌条件反射的狗，只给铃声而不用食物强化，多次以后，铃声引起的唾液分泌量将逐渐减少，甚至完全不能引起分泌，即出现了条件反射的消退情况。

泛化（generalization）和分化（discrimination）：泛化指的是在条件反射形成初期，除条件刺激本身外，那些与该刺激相似的刺激也或多或少具有条件刺激的效应，引起条件反射。例如，狗形成了对三声铃声的条件反射（分泌唾液）后，就会对一声或两声作出反应，新刺激与原来的条件刺激越类似，泛化的现象越容易发生。与泛化互补的是分化过程，是指对事物的差别反应。例如，通过选择性强化或者消退会使得狗只对三声铃声作出反应。

（4）人类的许多复杂行为，仅有条件反射是形成不了的，也就是说，有机体可以在已有的条件反射的基础上建立更新的、更复杂的条件反射。巴甫洛夫条件反射学说可以解释和说明人类的许多行为，人们的日常生活极其复杂，但人可以随机应变，这主要在于人由于条件反射的存在而处于一种半自动化的状态，节省了很多资源来应付其他的事情。但是，条件反射也会带来一些负面作用，例如恐惧症是从何而来，为何焦虑和不安，你为何不喜欢某种食物，什么是你情绪的来源，这些问题在咨询和治疗中可以使用条件刺激给以清除和击退。

（二）华生的恐惧实验及其理论观点

行为理论的代表人物华生（John Broadus Watson，1878—1958）指出，情绪反应是我们对环境中某种特定刺激的条件反射，也就是说，人的情绪反应是习得的。他相信所有人类行为都是学习和条件反射的产物，正如他在 1913 年的著名研究报告中宣称的："给我 12 名健全的婴儿和我可用以培育他们的特殊世界，我就可以保证，对随机选出的任何一名婴儿，我都可以把他训练成为我所选定的任何类型的特殊人物，如医生、律师、艺术家、商界领袖、乞丐或小偷等。"

1. **基本实验**　实验的被试是一名 9 个月大的心理和生理健康的孤儿艾尔波特 (Albert)，为了解艾尔波特是否害怕某种特定刺激，实验者做了周密的实验。首先选用了一些不引起恐惧的东西作为中性刺激，然后用锤子敲击铁棒，发现巨大的声音会引起他的害怕和哭泣，作为无条件刺激。如图 2-1 所示。

实验开始时，研究者向艾尔波特同时呈现白鼠和令人恐惧的声音，一开始，艾尔波特对白鼠很感兴趣并试图触摸它。在他正要伸手时，突然敲响铁棒，突如其来的响声使艾尔波特十分惊恐，这一过程重复了 3 次。一周后，重复同样的过程。在白鼠

图 2-1　艾尔波特实验

和声音的配对呈现 7 次以后，不出现声音，单独向艾尔波特呈现白鼠时，艾尔波特对白鼠产生了极度恐惧，大哭并转身背对白鼠，飞快地爬离开白鼠。整个过程，对于一种物体从没有恐惧到产生恐惧只有短短的一周时间。

2. **理论观点**

（1）华生在这个实验研究中得出人类的所有行为都是源于学习和条件反射的，同时证实人们的行为来自无意识这一论断是错误的，并把其研究推论到其他情绪中，如愤怒、愉快、伤心、惊讶或厌恶等。同时，华生的研究被很多关注恐惧症产生原因和治疗方法的最新研究所采用。

（2）在这个实验中，华生还提到，一个弗洛伊德主义者会把吸吮拇指当作追求快乐的本能表现。然而，华生却认为，假如艾尔波特在他感到恐惧时吸吮拇指，并且拇指一放到嘴里就感到不害怕了，这种吸吮拇指的行为是一种阻碍恐惧产生的条件反射。

（3）华生及其助手后来又想到艾尔波特会不会对其他类似的白色物体发生恐惧反应，于是又做了相关的实验，研究证实了这一猜想，由此就再次验证了对恐惧的泛化问题。华

笔记

生等人做的恐惧实验，原计划在后期要给艾尔波特矫正以消除他的恐惧行为，但由于艾尔波特转院而没有做成。该实验留给我们一笔巨大的财富——情绪行为可以通过简单的刺激 - 反应手段成为条件反应，但是它也严重违反了伦理道德。

华生式行为主义心理学的影响在 20 世纪 20 年代达到最高峰。它的一些基本观点和研究方法渗透到很多人文科学中去，从而出现了"行为科学"的名称。直至今天，其涉及的领域仍十分广泛。华生的环境决定论观点影响美国心理学达 30 年，他的预测和控制行为的观点促进了应用心理学的发展。

华生过分简化的刺激 - 反应公式不能解释行为的最显著特点，即选择性和适应性。20 世纪 30 年代以后，行为主义的后继者在操作主义的指引下试图克服这一致命缺点，从而形成多种形式的新行为主义。

（三）操作性条件反射

操作性条件反射（operant conditioned reflex）理论体系形成于 20 世纪 30 年代以后，在心理治疗中，贡献较为突出、体系较为完整的是斯金纳（Burrhus Frederick Skinner，1904—1990）的操作性条件反射（又称工具性条件反射）。

1. 基本实验 20 世纪 30 年代后期，斯金纳为研究操作性条件反射精心设计制作了一种特殊的仪器，即斯金纳箱（Skinner box）（图 2-2）。

斯金纳箱是动物学习实验的自动记录装置。它是一个长宽高大约为 0.3m 的箱子，内有杠杆和与食物储存器相连接的食物盘。斯金纳早期都是用白鼠做实验，在箱内的白鼠按压杠杆，就有一粒食物滚入食物盘，便获得食物。一只饥饿的白鼠进入箱内，开始时有点胆怯，经过反复探索，会作出按压杠杆的动作，就会有食物进入。随着实验过程的进展，白鼠为了获得食物还会表现出有意的不断按压杠杆，就会形成饿鼠按压杠杆取得食物的条件反射。如果需要的话，实验者能通过控制食物的发放而强化某种特定的行为。

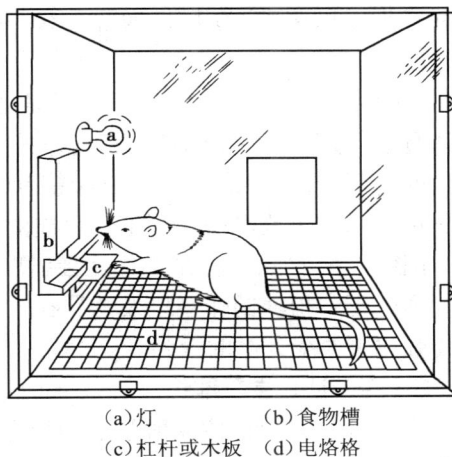

（a）灯　　　（b）食物槽
（c）杠杆或木板　（d）电烙格

图 2-2　斯金纳箱

2. 理论观点

（1）斯金纳的理论用一句简单的话来说就是：在任何特定的情境下，你的行为都很可能伴随着某种结果，比如得到赞扬、报酬或解决问题后的满足感，那么今后在类似的情况下，你很可能重复这一行为，这些结果被称为"强化"。如果你的行为伴随着另一种结果，比如疼痛或尴尬，那么今后在相似的情况下，你将很少会再重复这一行为，这些结果被称为"惩罚"。强化和惩罚是斯金纳的操作性条件反射的两个基本过程。如图 2-3 所示。

图 2-3　操作性条件反射两个基本过程

（2）强化（reinforcement）是指在强化物的作用下，行为的加强。强化有正性强化和负性强化，它们都会增加这种行为在将来出现的可能性。正性强化（positive reinforcement）指一

笔记

个行为的发生，随着这个行为出现了刺激的增加或刺激强度的增加，导致了行为的增强；负性强化（negative reinforcement）指一个行为的发生，随着这个行为出现了刺激的消除或者刺激强度的降低，导致了行为的增强。

惩罚（punishment）是指在一个行为发生之后立刻跟随一个令人厌恶的刺激或撤除一个正强化物，从而抑制这个行为的再次发生。惩罚同强化一样有正性惩罚和负性惩罚，它们都会减少某种行为将来出现的可能性。正性惩罚指一个行为发生后跟随一个令人厌恶的刺激物，并出现了一个令人不愉快的结果，导致将来这个行为不太可能再次发生；负性惩罚指一个行为发生后撤走一个正强化物，减少将来这个行为再次发生的可能性。

（3）关于操作性条件反射的消退，斯金纳认为："如果在一个已经通过条件化而增强的操作性活动发生之后没有强化刺激物出现，它的力量就削弱。"可见，与条件作用的形成一样，消退的关键也在于强化。例如，白鼠的压杆行为如果不予以强化，压杆反应便停止；学生某一良好反应未能受到教师充分的关注和表扬，学生最终放弃作出良好反应的努力。而且，斯金纳强调反应的消退表现为一个过程，即一个已经习得的行为并不即刻随强化的停止而终止，而是继续反应一段时间，最终趋于消失。在实际治疗中，只要治疗者对期望的某种行为予以奖励，这种行为就会获得强化，反之就会消退。若施加惩罚，就会加快消退的速度。

（4）斯金纳认为行为矫正，正是通过积极的强化来改变行为的一种手段。斯金纳不承认有心理疾病一说，他认为任何不好的行为都是强化所致，于是也不存在传统心理学所认为的内因论。例如，有人把神经症和行为失调归结为机体生理上的原因，而他认为这是惩罚过分的结果或者是控制不当引起的。任何个体和个体、团体和团体之间都有一种控制关系，控制是应当的，但是也往往会出现控制不当的行为。此外，斯金纳特别指出负强化物在行为矫正中扮演的作用以及惩罚在行为矫正中的使用。总之，行为矫正的本质是通过积极的强化来改变人类的行为。

（四）社会学习理论

巴甫洛夫的条件反射学说和斯金纳的操作性条件反射学说等都忽视了行为的内部过程和学习过程中的认知因素。班杜拉（Bandura）的社会学习理论是在米勒和多拉德的社会学习论的基础上发展而来的。他在1969年明确指出"所有来源于直接经验的学习现象都可通过观察他人的行为及其所体验到的结果，在替代的基础上发生"，进而提出了观察学习（observational learning）的概念。班杜拉及其助手设计出了著名而又有影响力的"波比娃娃"儿童模仿攻击行为实验，阐述了社会学习理论的相关观点。

1. **基本实验** "波比娃娃"实验的研究者让儿童分别观察两名成人，一名表现出攻击性行为，另一名不表现出攻击行为。无论是在攻击情境还是在非攻击情境中，榜样一开始都先装配拼图玩具。1分钟后，攻击性榜样便开始用暴力击打波比娃娃，例如坐在它的身上、反复击打它的鼻子、击打它的头部，并伴随有攻击性语言等，对于所有的攻击条件下的被试，接受到的榜样行为程序是一样的，持续近10分钟。另一组是在无攻击行为情境中，榜样只是认真地玩10分钟拼图玩具，完全不理会波比娃娃。在这两种情境下观察儿童的行为习得情况，得出一些相关的结果。

班杜拉使用类似"波比娃娃研究"的实验方法，考察了电视或其他非人类的攻击榜样对被试的影响力，并且研究了在特定的条件下榜样的暴力影响可以被改变。给儿童看成人攻击性行为的电影，让儿童看到不同的奖励或惩罚，接下来，就让儿童进入一间游戏室，里面放有一个同样的充气人以及这个成人榜样使用过的其他物体，观察儿童的行为反应。

结果发现，真人榜样影响力最大；其次就是看到榜样受奖励的那一组儿童，比看到榜样受惩罚的另一组儿童，表现出更多的攻击性行为。

笔记

2. **理论观点**　班杜拉的研究从很大程度上说明了儿童的新行为是怎样通过简单地模仿成人而习得的，甚至成人可以不真正出现。社会学习理论家认为，构成一个人的许多行为，都是通过模仿形成的。另外，班杜拉关于榜样暴力行为的研究为学校减少暴力作出了一定的贡献。

从实验研究中，班杜拉总结出了观察学习以及观察学习过程：观察学习是指通过观察示范者的行为而习得行为的过程，班杜拉将它称之为"通过示范所进行的学习"，即间接经验的学习。班杜拉所关心并研究的正是这种行为的习得过程。班杜拉认为，人们一旦有了这样的学习能力，就可以很快学习到很多内容，并可以掌握那些带有一定危险性、不可能或不易通过多次尝试错误的直接经验去获得的行为模式。观察学习也称为榜样学习，学习中的他人即榜样。

班杜拉认为观察学习不要求必须有强化，也不一定产生外显行为，班杜拉把观察学习分为以下四个过程（图 2-4）。

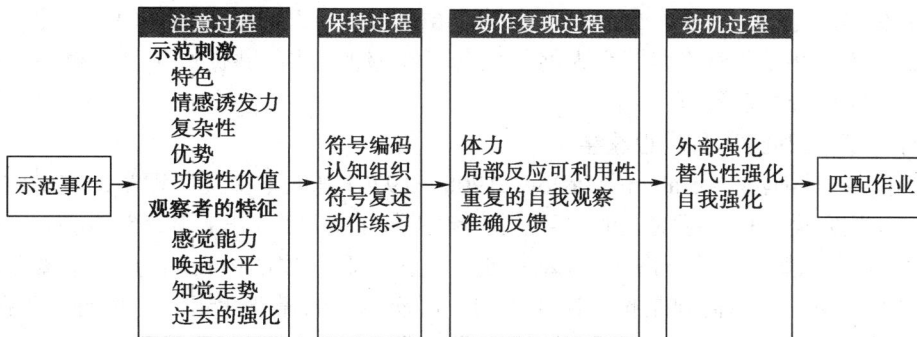

图 2-4　班杜拉的观察学习流程图

（1）注意过程（attention processes）：在此阶段，观察者注意和觉知榜样情景的各个方面。榜样和观察者的几个特征决定了观察学习的程度：观察者比较容易观察那些与他们自身相似的或者被认为是优秀的榜样；有依赖性的、自身概念低的或焦虑的观察者更容易产生模仿行为。

（2）保持过程（retention processes）：班杜拉以信息加工的方式描述观察学习的心理过程，即借助于选择性注意记住他们从榜样情景了解的行为，所观察的行为在记忆中以符号的形式表征，并使用表象和言语来保持信息，即个体贮存他们所看到的感觉表象，并且使用言语编码记住这些信息。

（3）行为再造过程（reproduction processes）：前两个阶段是信息由外向内，而行为再造过程也称为复制过程、动作复现过程，是信息由内向外，是将符号化表征转化为适当的行为。此时要求个体：①选择和组织反应要素；②在信息反馈的基础上精炼自己的反应，即进行自我观察和矫正反馈。

（4）动机过程（motivational processes）：经过了注意选择、保持和再造三个过程后，完成了观察学习的习得过程，而动机过程就由学习者来掌握了，人们并不一定要表现他们所学习的一切东西。行为的个人标准、习得的行为本身对于操作行为也具有很重要的意义。

示范的影响和观察学习的范围非常广泛，从儿童的行为模仿到社会实践活动的传播，从家庭内的观察到社会乃至全世界的流行趋势，均是观察学习的内容和范围。

在行为疗法的技术体系中，有一些治疗技术是依据社会学习理论发展出来的，例如示范疗法、行为排演等。榜样学习原理还更普遍地应用于心理咨询过程中，或者被其他专门技术所结合和吸收使用。

笔记

三、人本主义心理学

人本主义心理学于 20 世纪 60 年代初在美国兴起,人本主义理论被称为心理学的"第三势力",它既反对作为"第一势力"的精神分析的生物还原论,又反对作为"第二势力"的行为主义的机械决定论,主张研究人的本性、潜能、经验、价值、生命意义、创造力和自我实现。其代表人物主要有马斯洛 (Maslow)、罗杰斯 (Rogers) 等。

人本主义心理学对人性持乐观的看法,认为人类本性是善良的,而且,人类的本性中蕴藏着无限的潜力。因此,人本主义心理学的研究,不仅是了解人性,而且更进一步,主张改善环境以利于人性的充分发展,从而达到自我实现(self-actualization)的境界。

人本主义心理学在美国得到了迅速发展。1962 年,马斯洛和罗杰斯等几位人本主义心理学家组建了人本主义心理学会,该会规定的几项工作原则是:①首要研究对象是具有经验的人;②研究经过选择的人,关心的是个人的创造性和自我实现;③研究对个人和社会有意义的问题;④人的尊严和价值的提高应成为心理学的主要涉及范围。人本主义心理学的研究成果在实际生活中得到广泛应用,此理论鼓励和指导人们成为精神健全和富有创造性的人,在治疗心理疾患和培养健全人格方面起了积极的作用,并促成了开发健康人潜能的热潮。其主要代表性理论有:

(一)马斯洛的自我实现心理学

亚伯拉罕·马斯洛(Abraham Maslow, 1908—1970)是人本主义心理学最有影响力的人物之一。他从人类动机入手对人的需要、本性等进行了探讨,提出了其理论观点。

1. 需要层次理论 马斯洛认为,动机是人类生存和发展的内在动力,而需要是动机产生的基础和源泉。人的需要是按层次排列的。层次越低的需要就越同动物的需要相似,就越基本,力量越强大;层次越高的需要,就越是人类特有的需要,但力量越微弱。

马斯洛将需要分为五个层次。个体只有满足了低一级的需要,才会有动力促使高一级需要的产生和发展。生理需要是最低级、最基本,也是最强有力的需要。当某一个体生理需要(如饥饿、渴、性)得到满足后,他就要开始寻求安全需要(如避免自然、意外的危险、职业的稳定)的满足。当安全需要被满足后,个体开始寻求归属与爱的需要(如爱人及被爱,被团体认同和接受)的满足。当归属与爱的需要被满足后,他又开始寻求尊重需要(如自尊、自重和为他人所敬重)的满足。当尊重需要被满足后,他就要涉及自我实现的需要。自我实现是人类最高层次的需要。因为每个人都充分发挥他的全部潜能是不可能的,马斯洛也把那些高层次性需要已得到充分满足的人看作自我实现的人。

在上述五个层次的需要中,生理需要和安全需要有一段漫长的进化史,因而具有强大的力量;而爱、尊重和自我实现是人类特有的高级的需要,这些需要与生存没有直接关系,但它们的满足能引发更深刻的幸福体验,达到精神安宁和内心的充实,因而更值得追求。

2. 自我实现理论 自我实现理论是人本主义心理学的核心。库尔特·戈尔茨坦首先将自我实现(self-actualization)这一概念引入心理学,最初指个体寻求并且能够获得健康的发展,这将导致对自己的完整表达。马斯洛进一步发展了这一观点,认为自我实现的需要是人对于自我潜能发挥和完成的欲望,是一种使个人潜力得以实现的倾向。这种倾向使一个人越来越成为独特的那个人,成为他所能够成为的一切。对此他曾这样说:"作曲家必须作曲,画家必须画画,诗人必须写诗,如果他想最终与自我处于和平状态的话。"

马斯洛理论中的"自我实现"这个概念,是指个体在成长中,其身心各方面的潜能获得充分发展的过程和结果,也就是说,个体本身生而具有但是潜藏未露的良好品质得以在现实生活环境中充分展现出来。它包括两层含义:完满人性的实现和个人潜能的实现。其标准,一是人的实质和潜能现实化,二是没有或极少出现不健康、精神疾病和基本能力欠缺。

自我实现有两种类型：其一，健康型自我实现，即更务实、更能干的自我实现者；其二，超越型自我实现，即更经常意识到内在价值、生活在存在水平或目的水平而具有丰富超越体验的人。

马斯洛还对希望能成为自我实现的人提出了 7 条建议：①把自己的感情出口放宽，要有宽广的心胸；②在任何情境中都尝试从积极乐观的角度看问题，从长远的利益作决定；③对生活环境中的一切要多欣赏、少抱怨，有不如意的地方，设法改善；④设定积极而又可行性的生活目标，然后全力以赴去实现自己的目标，但是也绝对不能期望未来的结果一定不会失败；⑤对是非的争辩，只要自己认清真理正义之所在，就算违反多数人的意愿，也应该挺身而出，站在正义的一方，坚持到底；⑥不要使自己的生活僵化，要为自己在思想上和行动上留一些弹性空间，偶尔放松一下身心，将有助于自己潜力的发挥；⑦与人坦率相处，让别人看见你的长处与缺点，也让别人分享你的快乐与痛苦。

（二）罗杰斯的人格自我心理学

卡尔·罗杰斯（Carl Rogers，1902—1987）生于芝加哥，成长于家教严格、刻板保守的家庭，获得了临床和教育心理学硕士学位。1972 年成为美国历史上第一个被心理学会授予杰出专业贡献奖和杰出科学贡献奖的心理学家。其基本理论如下：

1. **人性论** 罗杰斯同弗洛伊德一样，也是从对问题人群的临床实践开始了对人性的探索。但与行为主义和精神分析的人性观相比，罗杰斯眼中的人性更为积极和具有建设性。

罗杰斯人性观点的集中体现是实现倾向这一概念。罗杰斯强调人们有朝着健康方向成长和前进，并将其能力发展到极致的固有倾向。这种实现倾向是指：人类发展他们的所有潜能，变成他们遗传属性将允许其成为的最好的样子的先天倾向。在他看来，从出生开始，个体就要向着自我实现茁壮成长。我们基本都是向上、积极的，具有建设性和创造性的，当环境支持人成长时，人们就具有一种成功的倾向。如果给予适当的条件，每个人身上正常的成长和发展能力就会得到释放。因此，治疗师的主要任务是提供一种安全和信任的氛围，提供适当的条件，从而促使来访者重新整合其自我实现和自我评价过程。

罗杰斯也相信人格中具有消极面，但他认为这不是天生的而是后天获得的，是对被知觉为具有危险和威胁的环境的一种防御反应。对环境的积极反应可以消除防御，而对环境的消极反应，就会导致不适宜的行为。

2. **自我论** 自我或自我概念理论是罗杰斯心理学中很重要的一部分。自我概念（self-concept）是指一种习得的关于一个人的能力和个性的知觉的集合。自我概念最初由大量自我经验、体验堆砌而成，通过在各种与重要他人的交互作用情境中，开始区分主格的"我（I）"、宾格的"我（me）"及"我自己（self）"，这些经验形成自我概念。通俗来讲，刚出生的婴儿，除了一般意义上的认识，不知道自己是唯一的独立的实体。当他们生长发育及父母和其他重要人物影响他们时，每个孩子才渐渐意识到有一种"他"的东西，孩子开始说"我想要……""我想……""把那个东西给我"等。当自我和自我概念发展时，实现倾向的作用是使生物体的这个新生部分实现，罗杰斯称这个为自我实现倾向，可以视为实现倾向的一个子系统。如果个体能和自己的个体评估过程（自己真实的喜好和感受）保持联系，那么自我实现过程将会继续顺利发展。如果能从重要他人（如父母、喜欢的老师）那里获得无条件积极关注，那么这种情况就很可能发生。但是，这种理想的无条件积极关注的环境或家庭是非常少的，大多数人都是成长于有条件地被爱而不是无条件地被爱的环境中。当个体面对与自我结构不一致的经验时，就会觉得受到威胁，体验到焦虑，个体有选择地知觉经验或歪曲经验。为了维持重要他人的爱和保护，儿童学会歪曲他们知觉到的自我。例如性行为是不对的、男人哭泣或相互拥抱是不合适的、女人不应该独立等被重要他人赞成的思想、情感、行为，可能与个体自己认可的经验不一致，导致形成几乎彻底的分裂。这种不健康的发展最初导致焦虑,最后使人们陷入不适宜行为。

3. 以人为中心的心理治疗论 罗杰斯的理论经历了三个发展阶段:非指导性治疗、当事人中心治疗到以人为中心治疗。形成了一种以积极角度看待个体,相信个体会向功能充分实现的方向发展的心理治疗理论。

以人为中心治疗,尊重来访者的人格尊严。心理治疗的目标不仅是帮助来访者解决问题,更在于帮助来访者的个人成长,从而使他们成为充分发挥作用的人,能更好地解决他们目前以及将来面临的问题。吸引他人、欺骗自己及扭曲知觉等习惯性做法都导致我们与真实的自我背道而驰。以人为中心治疗注重创造一个足够安全的环境,以便消除人们对这些表面事物的需要;帮助来访者脱离虚假的自我,走向真实的自我。治疗师的角色根植于存在(being),而不是行动(doing)。在治疗过程中将主导权赋予来访者,让他们来决定治疗的方向,找出治疗的方法。

以人为中心的治疗有三要素(也是三个重要的治疗条件和技术),包括准确共情、真诚一致、无条件积极关注(这些技术将在后面章节详细介绍)。要建立起良好有效的治疗关系,除了无条件积极关注、真诚、共情等技术,更重要的是治疗者对待当事人的态度。即在会谈过程中,治疗者不是关心自己的技术、运用是否得当,而是把注意力集中在真诚的倾听、感受、并且如实地传达自己此时此刻的感受。

四、认知心理学

认知心理学于20世纪60~70年代在美国产生,认为人的情绪、情感及动机和行为是由认知活动决定的,由此发展起来的"认知疗法"(cognitive therapy)是认知心理学在临床方面的运用。它将来访者的不良情绪和行为看成是不良认知和思维方式的结果。不良认知是指歪曲的、不合理的、消极的信念或思想,它们往往会导致情绪障碍和适应不良,治疗的目的是通过改变人的认识活动来矫正不良的行为。其代表人物有贝克和艾利斯。

(一)贝克的认知理论

1. 贝克的基本观点 贝克(Beck)提出的情绪障碍认知理论认为,人的情绪障碍"不一定都是由神秘的、不可抗拒的力量所产生的,相反,它可以从平凡的事件中产生"。因此每个人的情感和行为在很大程度上是根据自身认知外部世界、处世的方式或方法决定的,也就是说一个人的思想决定了他的内心体验和反应。贝克把认知过程中常见的认知歪曲总结为5种形式:①任意的推断(arbitrary inference),即在证据缺乏或不充分时便草率地得出结论;②选择性概括(selective abstraction),即仅根据个别细节而不考虑其他情况便对整个事件得出结论;③过度引申(over generalization),指在一件事的基础上得出关于能力、操作或价值的普遍性结论;④夸大或缩小(magnification or minimization),对客观事件的意义作出歪曲的评价;⑤"全或无"的思维(all-or-none thinking),即要么全对,要么全错,把生活往往看成非黑即白的单色世界,没有中间色。贝克认为人的情绪障碍及不良行为正是这些不良认知存在的结果。

认知疗法的理论强调人的认知、情绪和行为三者的和谐统一,且认知起着主导作用。要想治疗各种情绪障碍和不良行为就必须重视改变来访者的认知方式。

2. 贝克认知治疗基本技术 1985年贝克归纳了认知治疗的五种基本技术。

(1)识别自动思维:自动思维(automatic thought)是介于外部事件与个体对事件的不良情绪反应之间的那些思想,大多数来访者并不能意识到在不愉快情绪之前会存在着这些思维,并已经构成他们思维方式的一部分。来访者在认识过程中首先要学会识别自动思维,尤其是识别那些在愤怒、悲观和焦虑等情绪之前出现的特殊思维。治疗者可以采用提问、指导来访者想象或角色扮演。

笔记

（2）识别认知性错误：焦虑和抑郁来访者往往采用消极的方式来看待和处理一切事物，他们的观点往往与现实大相径庭，并带有悲观色彩。多数来访者比较容易学会识别自动思维，但要他们学会识别歪曲的认知却相当困难，因为有些认知错误很难评价。因此，为识别认知性错误，治疗者应该听取和记录来访者诉说的自动思维以及不同的情景问题，然后要求来访者归纳出一般规律，找出共性。

（3）真实性检验：识别认知错误以后，紧接着同来访者一起设计严格的真实性检验，即检验并与错误信念辩论，这是治疗的核心，否则不足以改变来访者的认知。在治疗中鼓励来访者将其自动思维作为假设看待，并设计一种方法调查、检验这种假设，结果他可能发现，95%以上的调查时间里，他的这些消极认知和信念是不符合实际的。

（4）分散注意：大多数抑郁和焦虑的来访者感到自己是人们注意的中心，一言一行都受到人们的注目和评论，所以认为自己是脆弱无力的。如有的来访者认为自己的发型稍有改变，就会引起每个人的注意。治疗者可建议来访者不要像以往那样，可稍加改变，然后要求它记录不良反应发生的次数，结果他发现几乎很少有人注意他。

（5）监察苦闷或焦虑水平：许多慢性甚至急性焦虑来访者往往认为他们的焦虑会一成不变地存在着，但实际上，焦虑的发生是波动的。如果人们意识到焦虑有一个开始、高峰和消退过程的话，那么人们就能够比较容易地控制焦虑情绪。因此，鼓励来访者对自己的焦虑水平进行自我检测，促使来访者认识焦虑波动的特点，增强抵抗焦虑的信心，这是十分重要的。

随着治疗方法的发展，认知矫正技术已从过去简单地识别和检测自动思维等技术发展到数十种已受肯定的心理咨询治疗技术。

（二）艾利斯合理情绪疗法

合理情绪疗法（rational-emotive therapy，RET），是美国临床心理学家艾尔伯特·艾利斯（Albert Ellis）在 20 世纪 50 年代提出的心理治疗方法。在 RET 理论发展后期，在其原来的基础上整合了行为主义疗法中的各种技术，现在又称为合理情绪行为疗法（rational-emotive behavior therapy，REBT）。

1. 艾利斯的基本观点　艾利斯认为神经症的表现不是由于情绪困扰，而是由于不正确的信念造成的，一些人只是根据想象而不是根据事实来行事。他们的这些不正确的信念及一些非理性的东西，可以从别人那里学到，还可以通过自我暗示及自我重复不断地强化，最后就形成了各种功能性障碍。艾利斯对经常造成人们痛苦的非逻辑思维进行了概括，大致有十点：①一个人要有价值就必须很有能力，并且在可能的条件下很有成就；②某某人绝对是坏的，所以他必须受到严厉的责备和惩罚；③逃避生活中的困难和推掉自己的责任可能要比正视它们更容易；④任何事情的发生都应当和自己期待的一样，任何问题都应得到合理解决；⑤人的不幸绝对是外界造成的，人无法控制自己的悲伤、忧愁和不安；⑥一个人的过去对现在的行为起决定作用，一件事过去曾影响过自己，所以现在也必然影响自己的行为；⑦自己是无能的，必须找一个比自己强的靠山才能生活，自己是不能掌握情感的，必须有别人安慰自己；⑧其他人的不安和动荡也必然引起自己的不安；⑨和自己接触的人必然都喜欢自己和称赞自己；⑩生活中有大量的事对自己不利，必须终日花大量时间考虑对策。艾利斯认为人的情感障碍和不良行为正是这些非逻辑性思维存在的结果。

2. ABCDE 理论　艾利斯将治疗中有关因素归纳为 A-B-C-D-E，A 即诱发事件（activating event）；B 指个体在遇到诱发事件后，对该事件的看法、解释和评价，即信念（belief）；C 指由诱发事件引起的情绪和行为反应或结果（consequence）；D 即辩论（dispute）；E 即效应（effect）。

人对诱发事件（A）的反应（C）可以是正常的也可以是异常的，但 C 并不是 A 的直接结果，A 不是直接地决定 C，在反应过程中受中介因素 B 的影响，B 的不同影响了 C 的不同，要想改变 B 就必须找到 D，也就是用正确的世界观或人生观以科学的知识和科学的认知方法去阻止非逻辑的思维及非理性的东西。治疗者对不合理信念（B）的辩论（D）一般采用有针对性的、直接的以及系统的提问方式，逐渐使来访者认识信念（B）是引起情绪或行为反应的直接原因，从而使来访者向非理性观念挑战，不断发展理性的人生观，对不合理的信念产生动摇，进而取得疗效（E）。

在有效治疗中，合理情绪治疗将使来访者顿悟自己以前如何用不合理信念伤害自己，从而实现自我。

第二节　现代心理咨询理论

随着心理学研究的不断深入和临床心理学经验的积累，秉持各种心理学理论取向的专家、学者在理论研究中有新的进展，在临床观察过程中有新的发现，推动原有心理学理论学派在继承前人成果的基础上进一步发展，开创出一些具有时代特色的新理论和新方法。这些研究和观察不仅丰富了心理学的内容，促进了心理咨询的发展，还为心理咨询的实践工作提供了新的理念和技术。

一、现代精神分析理论

弗洛伊德的传统精神分析理论用性驱力解释精神动力、强调幼儿性驱力对人格发展的影响的观点遭到很多学者的强烈反对，在这种情况下，各种新的精神分析理论逐渐发展起来。其中他的女儿安娜·弗洛伊德和哈特曼、埃里克森等人强调自我的功能，形成了精神分析的自我心理学（ego psychology）；因第二次世界大战移居到美国的精神分析学家霍妮、弗洛姆和沙利文等，用文化因素、社会条件和人际关系等取代了性本能和攻击本能在精神分析理论中的地位，形成了新精神分析（neo-psychoanalysis）。新精神分析学派强调文化社会因素对人格发展及神经症症状的影响，如安全和满足的需要是主宰人类行为的指导原则。自我不论在功能和起源都不依赖本我，它是负责智力发展和社会发展的一种理性的指导系统。童年经验和家庭环境对人格发展和精神病病因学的重大作用。

在现代精神分析中比较有影响的是客体关系理论（object-relations theory）和自体心理学理论，主要代表人物有梅兰妮·克莱因（Melanie Klein）、玛格丽特·玛勒（Margaret S.Mahler）、奥托·科恩伯格（Otto Kernberg）和海因茨·科胡特（Heinz Kohut）等。他们使用许多传统的精神分析概念或术语，但对客体关系和自体特别重视，与弗洛伊德对本能驱力的强调恰成对照。

所谓客体关系（object relations）指的是人与人之间的关系。客体关系中的客体（object）指的是有特别意义的人或事物，是个人感情的内驱力或目标。弗洛伊德强调父亲的权利和控制，而客体关系理论则偏重母亲，强调与母亲的亲密关系和母亲的养育。客体关系学家注重外部客体（父母及重要的他人）对建立内部心理结构的影响，认为人格的组织和建立是外部客体内化的结果。内化是一个心理过程，个体通过这个过程，将其环境中的规则性互动和特征转化为内部的规则和特征。客体关系理论的研究集中于俄狄浦斯期前的心理发展（3 岁以前），而弗洛伊德关注的是俄狄浦斯期（4～6 岁）冲突的影响。客体关系理论将心理疾病或发展的停止视为一般病理症状，发展的停止带来不完整的人格结构。

（一）克莱茵客体关系理论

梅兰妮·克莱茵是儿童精神分析的先驱，她扩展并改良了弗洛伊德的客体和本能的观点。克莱茵认为，任何内驱力和本能都是与客体相联系的。初生的婴儿只能根据他所体验到的客体的"好"或"坏"来代表这个客体,此时,他所体验到的只是客体的部分特征,所以称之为部分客体(part object)。婴儿最初的部分客体是妈妈的乳房。此时婴儿生活的目的就是吃奶,当他(她)从乳房中吃饱奶获得满足时,他将乳房看成一个好的客体。当乳房中没有奶水、不能满足婴儿需要的时候,他就将乳房看成一个坏的客体。她认为本能和内驱力支配着婴儿的内部世界,客体关系以内驱力或本能形式呈现出来。对坏的客体的焦虑与恐惧以及由此产生的恨和攻击性来源于死亡本能。

1. 主要概念　客体(object):包括内在客体和外在客体。外在客体是指真正的人、养育者,内在客体指的是心理表象,即与客体有关的影像、想法、幻想、感觉或记忆,因此也称为客体表象。

投射(projection):投射是一个人把自体的一部分归因到另一个人身上。这是一个外化的过程,婴儿借此解除内部焦虑。如当婴儿从乳房中吃饱奶而感到快乐,他会把这好的感觉投射到客体上,相信乳房是好的。而当他因为吃不到奶而感到饥饿时,他会投射自己的饥饿痛楚到客体身上并处罚客体,这时他会粗暴地咬乳房。

内摄(introjection):内摄指客体被纳入到一个人的内在,成为内在客体。内摄建立了一个内部世界,部分地反映外部世界。通过这个机制,婴儿内化他对外部世界的感觉。

分裂(splitting):分裂是主动的"将自体与重要客体的矛盾经验分开"。即婴儿将客体分裂为好的方面和坏的方面的心理机制。婴儿应用分裂机制,将满足的乳房与被爱的自体相联系,将受挫的乳房与仇恨的自体相联系。

投射性认同(projective identification):投射性认同是指个体把自己不能接受的行为或人格中消极的方面投射或放到别人身上,然后认同于那个人,并在无意识中要去控制他。

2. 心理发展及修正　克莱因主要贡献之一是关于发展状态(developmental position)的阐述,克莱茵指出婴儿的客体关系发展包括两个基本的状态:偏执-精神分裂状态和抑郁状态。它不同于弗洛伊德的性心理发展阶段,而是认为在生命早期已建立的状态,是将持续终生的结构。克莱因认为婴儿从一出生就有初级的自我(primitive ego),并能动员初期的防御机制以克服焦虑。这些防御包括分裂(split)、投射性认同(projective identification),否认(denial)等等。通过这些防御,婴儿将所体验到的世界区分为"全好"和"全坏"的两极,并努力将全坏的部分投射往外界,由于这种投射的结果,反过来婴儿体验到的是来自外界的迫害。在这个阶段婴儿处于一种被克莱因称之为偏执-分裂位(paranoid-schizoid position)的心理状态里。后来随着婴儿神经系统的成熟,自我的整合能力越来越高,同时也由于外界的抚养者提供以积极为主的体验,婴儿将逐渐将全好或全坏的母亲客体体验为一个整合的客体,而与此同时体会到由于自己曾经残忍地攻击过这个客体而产生的内疚,所以一方面会哀悼"全好"的完美客体的丧失,另一方面则希望能够修复这个被自己所破坏过的客体,这个时候婴儿就产生了另一种心理状态,克莱因称之为抑郁位(depressive position)。偏执-分裂位在克莱因看来是各种精神心理障碍的病理学,所以如何从偏执分裂位的心理状态修通(working through)到抑郁位的心理状态就成为精神分析治疗的目标。

投射性认同是克莱因又一富有创造性的使用,对精神分析情境中移情及反移情的丰富变化提供了一种有力的动力学理解。克莱因本人对投射性认同的定义是,"对于部分自体的憎恨现在导向了母亲。这导致了一种特殊的认同,借由此建立了欺凌性的客体关系之原型。这个过程称为'投射性认同'(克莱因:对于某些分裂机制的评注)"。从中可以看出,克莱因对投射性认同的理解有两个特点,其一是投射性认同发生在主体内部,其二是投射的内容是负面的情绪(将自身内部的恨转成了对母亲客体的恨)。在克莱因之后,投射性认同的概念得到了广泛的发展,其中一个重要的发展是投射的内容可以是正面的,也可以是负面的,投射性认同有多重的目标:它可以是指向理想客体以避免分离,或是指向坏客体以掌控危

笔记

险。自体的很多部分都可以被投射：自体中坏的部分可以被投射，以便摆脱它们，或是对客体进行攻击或破坏；自体中好的部分可以被投射以避免分离，或是使之免于受到坏的内在客体的危害，或是通过一种原始的投射认同改善外部客体。

克莱茵认为，儿童早期的不良的客体关系影响他以后的客体关系。在治疗中，来访者与客体的关系以移情的方式转移到治疗师身上。一名优秀的治疗师可以通过自己的反移情来觉察个案在童年和日常人际关系中形成的"自我 - 对象客体"关系，然后通过解释与分析，让早期被内化到来访者生活中的客体和内在冲突再次外化，帮助来访者抵御其不良的"自我 - 对象客体"关系，来帮助个案获得领悟与自我成长。

（二）科胡特自体心理学理论

自体心理学的理论起源是精神分析和自我心理学，创始人是海因兹·科胡特（Heinz Kohut）。他的著作《自体的分析》《自体的重建》《精神分析治愈之道》，构成了科胡特自体心理学的完整脉络，其大部分理论来自科胡特对自恋型人格的治疗和分析。

自体心理学把自体放在理论的中心地位，强调自恋的重要性；但不同于弗洛伊德把自恋看作一种无能（因过于关注自己而无法爱他人或与他人发生关系）。科胡特认为，自恋本质上是正常和健康的，它是发展的推动性组织者，对自己的爱先于对他人的爱。

1. 主要概念　自恋（narcissism）：力比多投注在自我或自体上称为自恋，即人把全部的能量和注意都集中在自己身上。

自体（self）：自体指一个人精神世界的核心，只能通过对外显现象的内省和同理观察才能发现。

自体客体（self object）：自体客体不是一个分离而实际存在的人，也不是一个实在的生命客体，而是抽象概念的精神内在的表象或被经验为自体需求的拓展。自体客体无能力或缺失是婴儿化冲突与后来病理形成的原因。

镜像（mirroring）：在自体心理学中，父母对子女的正性反应反射了自体的价值感，并逐渐内化为自体尊重。父母对于儿童活动的欣喜对于儿童的发展是基本的要素。这样镜像反应的结果，儿童能发展并维持自尊和自我肯定的抱负。镜像需求被称为夸大表演欲的需求，因为它们支持婴儿关于"我是完美的，且因此你爱我"的意念。镜像的自体客体是一种回应并确认儿童在活力、伟大与完美上的天然意识。

转变内化作用（transmiting internalization）：透过自体客体这个内在表象，客体在漫长的时间里，将与自体客体关系的经验内化并转化为自体结构的一部分，这个内化与转化过程称为转变内化作用。

2. 自恋的发展及修正　科胡特相信刚出生不久的婴儿会有一种全能感，但这种状态会因需求得不到满足而被打破。婴儿会试图创造两个新的自恋系统，恢复被破坏的全能感，一种是全能自体，一种是理性化的自体客体（如理想母亲的表象），这两种自恋系统是并存的。

全能自体是源自对完美自体幻想的夸大自体，其特征是表现癖、扩张和一种全能的感觉，其体验是"我是完美的"。在自恋的正常发展中，通过镜像，即父母对子女的正向反应，自体的夸大性会有所修正并整合入人格之中，成为适合自我的雄心与目标。

理性化的自体客体是源自寻求一个完美者并与之结合的幻想的理想化的双亲影像。这是由婴儿的原始幸福感、全能及完美感投射于父母产生的，认为父母是全能的并能满足自己的任何需求，其体验是"你是完美的，而我是你的一部分"。在自恋的正常发展中，由于儿童会经历来自父母的恰到好处的挫折和照顾，理想化的双亲影像被内化而形成理想。

在与父母的互动中，产生了失败的共情，如儿童的一些需要和要求没有被父母满足，一种自体受阻的感觉就发展起来。在全能自体（我应当获得我想要的）与理想母亲表象（我的父母太好了)之间存在一种紧张状态,从而导致创伤。

自恋型自体疾病的基本特征是创伤导致的自体结构上的缺陷,病理来自于父母对孩童被镜像以及需要理想化客体的需求长期没有给予同理(empathy)的回应,致使孩童无法建立起一些必要的心理结构。如果儿童对理想化的成人感到创伤性的失望,理想化的客体就无法内化,导致儿童不能良好地调整其欲求。若夸大自体发展过程中遭遇到严重创伤,那么夸大自体也不能与自我良好整合。

自体心理学理论强调治疗师对患者主观经验的同理共情。在治疗中,治疗师通过同理向患者指出未得到镜像的孩童时的需要,并提供个案以新的自体客体经验,通过修补缺陷的自体或发展代偿结构,使个案重新建构一个更加统整的自体。

二、家庭心理咨询理论

在很长一段时间里,心理咨询一直将个体视为主要对象,但心理学家越来越意识到个体心理咨询所具有的局限性,它过于偏重个体,不能把人放在"系统"中去考察,忽略了家庭以及家人间的互动对个体的影响。因此,随着心理学的发展,他们逐渐把关注的焦点从个体转向家庭成员间的关系和互动上。20世纪50年代中期家庭治疗在美国逐渐发展起来。此后,涌现出一批优秀的家庭治疗取向的心理学家,使家庭治疗在心理咨询领域逐渐深入人心。

(一)家庭心理咨询概述

家庭心理咨询(family counseling)是以家庭动力系统而非个体人格为出发点,集中关注家庭成员间的互动,把家庭看作一个单位或系统,家庭心理咨询是为了理解和改变家庭的内部结构。

家庭心理咨询的观点体现了"生物-心理-社会"的整体思想,临床上被应用于神经症、心身疾病、少年儿童心理-行为障碍的治疗,某些精神病(如精神分裂症、双相障碍、反应性精神病等)和药物依赖、物质滥用的康复治疗,以及普通人群中的婚姻治疗、教育辅导等。

最早以家庭作为心理干预对象的是心理学与精神病学家阿德勒(Alfred Adler),他于20世纪30年代在伦敦对患精神疾病的儿童及其家庭进行座谈及心理教育,将患精神疾病儿童的治疗与所在家庭系统联系起来。随着系统论、控制论的引入,家庭心理咨询开始得到理论上的支持。精神分析家阿克曼(Nathan Ackerman)提倡心理学工作者应该把心理干预的重点从"个体"立场推展到"家庭"整体,因而开创了家庭心理咨询的先河。此后,以家庭系统为研究对象的心理干预方法被广泛应用于神经症、行为问题的家庭,不同的咨询模式也得以构建和发展。1962年 *Family Process* 杂志的发行标志着家庭心理干预开始成为一个独立的专业咨询与治疗领域,并且发展出了许多介入整个家庭的新策略。20世纪70年代,新的干预技术不断被发展出来。20世纪80年代,婚姻与家庭心理干预结合成为单一的领域。20世纪90年代,家庭心理干预的主流已经远离坚持"学派"的分别,进而走向整合。时至今日,家庭心理咨询正在迅速地成长变化,从实践到理论已越发趋向成熟,并已经成为心理咨询领域的重要组成部分。

(二)家庭心理咨询的主要理论体系

家庭心理咨询没有统一的理论,各个家庭心理咨询理论学派对家庭中的问题存在不同理解,这种理解受该学派代表人物先前所受培训的理论背景的影响,并因此发展了不同的咨询技术和干预策略。具有代表性的家庭心理咨询理论主要有历史派、结构派、经验派和策略派等。

1. 历史派 历史派又称代际治疗派,它受精神分析尤其是"客体关系"理论的影响很大,因其利用从过去的历史事件和家庭出身中得到的线索去理解和对待当前存在的问题而

笔记

得此名。鲍恩（Bowen）是这一治疗派别的杰出代表。他提出了八个重要的概念，即"自我分化""三角化""核心家庭情感系统""家庭投射过程""情感阻断""代际传递""排行"和"社会性倒退"。其中关于"自我分化"与"三角化"的讨论是最为核心的。自我分化（differentiation of self）有两个过程：一是把自我从他人那里分化出来，使自我不受他人的干扰；二是分辨情绪系统和智力系统，使情绪系统的反应能够适应新的挑战，并向智力系统转换，从而获得控制行为的能力。"自我分化"的核心是一个人与父母的关系。一个健康的人能够不断地与父母进行情绪上的分离。而一个自我分化程度较低的人，其依恋程度很高，结果在人际交往中容易出现"融合"状态，容易将自己和他人的感受和思想相互混淆，从而表现出缺乏自己的真实感受和思想。三角化（triangulation）是指家庭中如果有两个人之间产生了紧张关系，他们会把第三个人扯进来以稀释这个紧张和焦虑。一般说来，家庭越大，其内部的三角化就越多。一个问题涉及的三角化越多，则家庭成员的卷入程度也就越深。如果家庭内部的三角化不能及时解除，久而久之，整个家庭就会处于一种功能失衡状态。因此，要重新恢复家庭功能的话，就必须解除家庭中已产生的三角化，提高个体和家庭的自我分化水平。

鲍恩指出，在进行干预时，可以通过评估性面谈、家谱图、分化训练、解释、去三角化等治疗技术改善家庭功能。该咨询模式是以整个家庭系统为干预对象，侧重于发现家庭中反复出现的问题和重复出现的特征性关系，确定家庭系统中成员的互动方式以及家庭规则，找出家庭问题产生的主要原因，以便入手解决。其目标是减轻焦虑，加强自我分化，改变互动的模式。

2. 结构派 米纽钦（Minuchin）提出了家庭心理咨询的结构理论。他认为家庭是一个有机的整体并呈现出有层次的结构，家庭中存在的问题常常是由于家庭结构的缺陷和不恰当的等级关系等造成的。当家庭中出现权利之争时，家庭结构就会僵化，家庭组织规则就会变得缺乏可操作性，家庭功能就会受到损害。米纽钦用边界、结盟和联合等概念来描述一个家庭的结构关系。边界是指家庭结构中子系统或成员彼此的"间隔"。适当的结构必须要有适当的界限。例如，在任何一个家庭里，父母与子女所应发挥的作用和所应担负的责任以及行为的准则和表现的方式都各不一样。这些区别是家庭生活得以正常维持的前提，是必不可少的，否则就会引发各种问题的产生。结盟（alignment）是指家庭成员在处理事件时结合或对立的方式。联合（coalition）是指一些家庭成员联合起来反对其他家庭成员。显然米纽钦的"结盟"和"联合"与鲍恩的"三角化"非常相似。只不过 Bowen 重视的是家庭中的代际关系，而米纽钦重视的是家庭的当前结构。因此，米纽钦认为心理咨询的目标就是要使得家庭规则有一定的可操作性，使家庭结构有一定的弹性，即要使模糊的家庭边界变得明确，使家庭成员行使各自的权利，而不越权。为此，心理咨询师要"介入"这个家庭并容纳它的交往方式。"介入"是指咨询师为了作出诊断，促成家庭产生变化，通过使用同类型的语言、讲与这个家庭有关的有趣故事，来寻求融入这个家庭，与家庭形成联结的动作。这样可以发现家庭系统的秘密以及经历，觉察家庭在处理外来势力时的惯有模式，从而运用模块化、关系重构去平衡，设置界限和扮演等手段加以干预，以达到心理咨询的目的。

这一模式是家庭心理咨询领域中应用得最广泛的概念化模型，它以家庭的组织、关系、角色与权力的执行等为关注点，通过调整界限和重新组合家庭亚系统，改变每个家庭成员的行为和体验，增加脱离的家庭成员之间的交互作用，从而修正家庭结构，最终促进家庭功能的改善。

3. 经验派 该理论的代表人物萨提亚（Virginia Satir）强调情感体验，也强调沟通。萨提亚最明显的特点是其鲜明的人本主义模式。萨提亚认为人的成长从受孕那刻就开始了，在整个成长过程中影响个体发展的有三个因素：第一是遗传基因；第二是家庭系统中长期的影响力；第三是家庭成员中持续的身心互动。萨提亚特别重视人的自我价值，她认为每个人都具有正向的成长潜能和动力，这赋予了人们同一的本质和平等的价值。所以自我价值绝不是我们是否拥有它，而是我们如何去体现它，而个体是在他与家庭成员及其与其他人互动时发展出自我价值感的。萨提亚认为：功能失调的沟通是家庭系统功能不良的特征。她归纳出五种家庭沟通模式：讨好型、指责型、超理智型、打岔型和一致型。前四种都是不良沟通或低自我价值的体现，而一致型沟通才是真实和真诚的表达，传达出语言与非语言和谐一致的信息，并且沟通者能为此负责。萨提亚认为，治疗中最重要的是要帮助家庭及其成员建立自尊，增进自我价值，发现并改正家庭沟通的差异，最终形成和谐一致的沟通模式，从而帮助家庭获得健全的生活方式。

4. **策略派**　与米纽钦一样，哈里（Haley）看到了家庭成员之间的相互作用，同样用权利争夺的观点来看待家庭关系，并指出如果家庭的权利关系失衡就会引起家庭的三角化，从而导致家庭功能失调。所不同的是，Haley 更关心家庭当前发生的症状，他认为症状是特定情境的产物。由此，他进一步作出推论：一个人表现出某类症状，实际上是一种试图在人际关系中获得支配地位的手段和策略。也就是说，某个家庭成员在努力地通过显示症状来改变并重新建构家庭关系的平衡状态，并使自己处于重要的位置。他强调心理咨询的目标是问题的解决，而不是领悟，因此心理咨询师要试图寻找并激起被"卡"住家庭的互动模式。由于现存的问题是家庭成员都没有意识到的，所以咨询师在对家庭问题的本质有动态性了解的前提下，为家庭选择适合这个家庭的任务，着眼于改进认知上的基本问题，建立一套有步骤、有层次的干预策略，使家庭能够意识到问题的症结所在，促使家庭去解决所存在的问题，以恢复家庭的正常功能。所以，策略派非常注重与权力分布有密切关联的家庭结构，并且努力寻求用以应对那些较为顽固的失调行为模式的治疗技术和方法。

（三）家庭心理咨询的主要技术与方法

家庭心理咨询各派别之间的具体理论和模式各不相同，所采用的技术方法也不尽相同，但这些派别又都有一些共同之处。任何一种家庭咨询都坚信来访者所存在的问题不过是症状而已，而家庭本身才是真正的干预对象。心理咨询师们都采取积极的干预策略，来改善整个家庭的功能。在家庭心理咨询中，常用的技术方法有如下几种：

1. **提问策略**　和个别咨询不同，家庭咨询师不和家庭成员探讨它的个人问题，主要是通过提问的方法，促使家庭互动。提问策略是家庭治疗中的重要技术。

（1）关系性提问：家庭成员总是会诉说症状本身，或一个人的问题，咨询师要设法将症状问题变成一个关系问题。关系提问的要点是抓住家庭成员诉说内容或行为中隐藏的和其他成员的关系，不从症状本身，而是从相互作用的角度提问。

（2）循环提问：也被称为"循环催眠"。就是同一个问题，轮流反复地请每一位参与治疗的家庭成员回答。这种提问方式会在家庭内部制造差异，从而引发家庭成员对差异的比较和思考，具有较强的启发性和暗示性。可以运用于治疗初期对于家庭信息的收集阶段，也可以用于后期的反思领悟阶段。

（3）差异提问：指的是向各位家庭成员询问，家庭问题出现前后在时间、场合、人员等情境方面的差异。差异提问就是要帮助来访家庭意识到问题发生所需的条件情境，提醒他们看到问题积极的一面，也就是通常所说的"寻找例外"。然后再比较差异出现的条件，寻找问题出现的环境因素，根据比较结果为症状的消除创设或调整相应的环境。

（4）假设提问：治疗师根据对家庭关系及背景的了解从不同角度对家庭的问题提出假设。通过这种提问，治疗师能够为来访家庭展开另一扇门，提供看待问题、思考问题的多重角度。运用假设提问一方面可以帮助治疗师理清症状与家庭成员关系之间的联系，另一方面也可以促进家庭成员换位思考。

2. **家庭图谱**（family mapping）　这是一种用来直观表现家庭内部成员之间关系的技

术。可以将来访家庭希望解决的问题与家庭成员之间的关系通过图形线条的方式进行展示。家庭图谱通常是由治疗师和家庭一起完成的，应该是得到所有家庭成员认可的家庭内部组织关系图。如果家庭成员间对某些关系或问题存在差异，也可以邀请他们各自描绘家庭图谱，而图谱与图谱间的差异往往就是问题的核心。一般而言，家庭图谱可以包括以下这些信息：家庭成员之间的联系、亲近程度、重大转折（如出生、死亡、结婚、离婚等）、家庭的重要特质（如家庭的文化传统、宗教信仰、社会经济地位、种族、受教育情况等）。

使用家庭图谱可以表现家庭内部成员之间的关系。从家庭治疗的角度看，个人问题是和家庭关系的失调相联系的。许多个人问题可以通过家庭关系的调整得到解决。或者我们也可以说，个人问题就是家庭问题，二者是不可分的。通过至少三代家族图谱，家庭成员和家庭治疗师可深刻地了解个人问题行为产生的真正原因。

3. 雕塑（sculpt） 通过具体造型的生动形象可重新建立家庭成员之间的关系。这种造型象征着家庭中的每个成员（或各成员依次轮流）安排其他人的具体位置，借以明显地表示他对家庭相互作用的观点。有时还要求这位"雕塑家"把自己摆进雕塑之中，让治疗者以辅助配角的身份取代他在塑造中的位置。还可以要求各成员按各自喜爱的方式处理家庭造型，表明某些成员所采取的态度，从而依次看出这种态度的"感受"如何。因此，这一技术可用来诊断或确定治疗目标，而用不同成员充当雕塑者的做法又可显示他们在理解和意志上的差异，雕塑作为一种行为技术，可使儿童和说话少的家庭成员也有机会参加治疗。

4. 模拟家庭（simulation of family） 通过模拟家庭的角色扮演，让家庭成员在某种家庭情景中去感受他们自己，有时会产生意想不到的领悟。如让家庭成员模仿彼此的行为表现，女儿扮演她所看到的父亲，父亲扮演他眼中的女儿等。

5. 积极赋义（positive connotation） 对当前的问题重新界定，从积极的方面重新进行描述。引导家庭成员从一个新的角度去看待问题，放弃挑剔、指责态度，增强他们的信心。在这个过程中，强调问题的产生是和特定情境联系的，情景是可以改变的，问题也是可以解决的。

三、交互分析咨询理论

交互分析（transactional analysis，TA），最先由心理学家艾瑞克·伯恩（Eric Berne）提出，它是一种人格理论、一个概念性的沟通工具、一种针对个人成长和改变的系统性的心理治疗方法。治疗师通过描绘人的心理结构以解释不同自我状态如何影响人的行为，用脚本的概念解释童年经验如何影响现在的生活方式，并通过个别治疗、团体治疗、夫妻治疗或家庭治疗等方式来促进个人的成长和改变。时至今日，交互分析已经在心理咨询理论和实践中占据了重要的一席之地。

（一）基本概念和理论观点

1. 结构分析——自我状态结构与功能 根据伯恩及其追随者的观点，我们每个人有三种自我状态：父母、成人和儿童。每个自我状态都是一个情感、思想和行为的有组织的心理系统，且每个都是独特且相互排斥的。在健全人格中，个体可以根据环境的不同展现不同的自我状态，而达到有效的沟通。

儿童自我状态（child ego-state）：儿童自我大部分诞生于童年期，来自内在的反应和经验，当个体按照小时候的思想、感觉或行为模式来做反应时，他就处于儿童自我状态中。例如与男朋友吵架时，因生气而哭泣或不理人。

父母自我状态（parent ego-state）：类似于儿童自我，父母自我大部分也诞生于童年期，来自外在的榜样，例如父母、老师等。当个体的行为、想法和感受拷贝自父母（或其他具有父母形象的人），或运用小时候认知到的父母的表达方式来做反应时，他就处于父母自我状态中。例如小的时候，每当母亲在忙碌时，脸上总会露出皱眉头的表情，孩子长大以后不自觉的也会在忙碌时，流露出类似的表情。

成人自我状态（adult ego-state）：个体行为、想法和感受都是针对此时此刻发生的现实做反应，运用成人的资源来面对现在，这时个体就处于成人自我状态中。例如工程师设计草图、法官办案、医师诊病。成人自我状态不处理情感只处理事实，用以检测现实并关注事件的处理、评估和决策。

一般来说，没有哪种自我状态代表好或者不好，关键在于个体是否能够以合理的方式运用，并适时适地选择一种自我状态使自己感觉更舒服。

这三个自我状态按照图 2-5 的方式结合在一起，就形成了 TA 理论的核心：自我状态模式。传统上，把它画成三个相连的圆圈，各以其第一个字母的大写为名，故也称之为 PAC 模式。

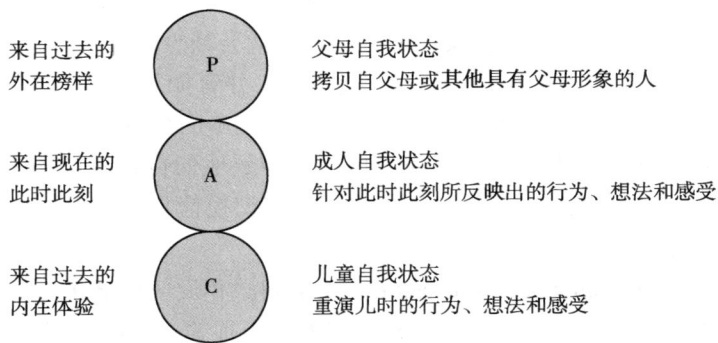

来自过去的　　　　　P　　　　　父母自我状态
外在榜样　　　　　　　　　　　　拷贝自父母或其他具有父母形象的人

来自现在的　　　　　A　　　　　成人自我状态
此时此刻　　　　　　　　　　　　针对此时此刻所反映出的行为、想法和感受

来自过去的　　　　　C　　　　　儿童自我状态
内在体验　　　　　　　　　　　　重演儿时的行为、想法和感受

图 2-5　自我状态模式图

从功能的角度来看，PAC 模式可以让我们明白不同的自我状态是如何运作的。这种对行为过程的描述方式让我们从另一个角度来了解人格。它将 PAC 模式按如下结构划分（图 2-6）：

控制型父母自我　　CP　NP　照顾型父母自我

　　　　　　　　　　A　　　成人自我

顺从型儿童自我　　AC　FC　自由型儿童自我

图 2-6　PAC 功能模式

控制型父母自我状态 CP：当个体拷贝父母带有命令和控制性质的行为时，就处于控制型父母自我状态。从功能上它也可以分为正面的控制型父母自我和负面的控制型父母自我。前者对别人发出的指示是真的想保护别人或希望别人受到益处，例如医生命令患者"不许抽烟"；后者这种父母自我的行为隐含对别人的轻视味道，例如老板对秘书喊"你又犯同样的错误了"。

照顾型父母自我状态 NP：当个体表现出父母照顾自己时候的行为，个体便处于照顾型父母自我。例如，别人受伤，你安慰别人，帮他包扎伤口。从功能上它也可以分为正面的照顾型父母自我和负面的照顾型父母自我。前者从真诚尊重的立场来帮助别人，例如同事需要帮忙时，你说"这件工作需不需要我协助，如果有需要就告诉我"；后者状态下提供的帮助则有高高在上、漠视别人的意思，例如令人窒息的母亲包办孩子的一切。

成人自我状态 A：客观、理智地思考、决定、评估，如计算机般处理事务，从各个不同角度收集资料作为参考，以冷静的计算和推理，来作为事情的决断。

顺从型儿童自我状态 AC：这种自我状态从行为表现可分为叛逆和顺从两类。顺从型是指个体在孩提时，大部分都顺从父母或其他具有父母形象的人，长大后仍然常常重复这些小时候所决定的行为，以符合父母的期望；叛逆型是指个体小时候反抗父母加在身上的

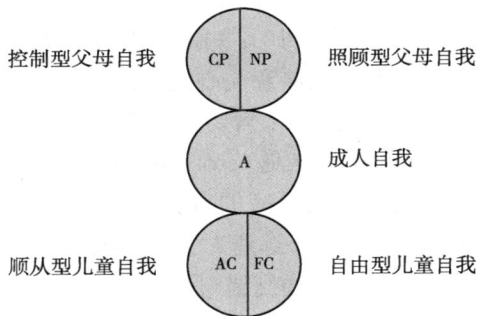

笔记

规矩和期望，尽可能违背这些规矩，长大后会以不同的方式反抗生活中的各种规矩。

自由型儿童自我状态 FC：个体小时候的行为与父母的压力无关，既不顺从也不反抗，单纯地做自己想做的事情，长大后自己的行为也完全不受别人影响。

在以上五种自我功能中，每一个都有其重要性，也都各有其好坏之处。因此，重要的是在了解它之后，你将学会如何去运用你的时间和精力。事实上，就一个健康、平衡的人格来说，三种自我状态都是必需的。我们需要成人自我状态来处理此时此地的问题，帮助我们有效率地生活；为了更好地融入社会，需要父母自我状态提供规范来遵守；儿童自我状态则包含自发性、创造力和直觉力，对于生活和工作也是不可或缺的。

此外，杰克·杜谢曾提出这样的恒定假说：一个人所能投注在这五个功能性自我状态的能量总和是固定的，如果某一个自我状态的强度增加，那么其他自我状态就会呈现代偿性地减少。要改变自我的最好方法就是去提高想要增加的项目，当这样做的时候，能量自然会从希望减少的项目流出。比如，想增加自己的照顾型父母，减少控制型父母，就开始练习用更多的照顾型父母的行为，控制型父母的行为自然就会减少。

2. **沟通分析**　伯恩认为交流是沟通的基本单位，并有如下定义：一个刺激（S）加上一个反应（R）就是一次交流。人和人之间的沟通就是一连串的交流形成的。结合自我状态的概念，我们认为发生在两个人之间的任何事情都牵涉到他们自我状态的表现，因此沟通可以看作一个人的不同自我状态与另一个人的自我状态交换信息的过程。结合沟通的三个定律，可以将沟通分为三种类型：

（1）互补沟通（complementary transactions）：当刺激和反应在 PAC 图表中成平行线时，这个交流是互补的，可以永远继续下去。只要交流是平行的，方向无所谓。例如，"儿童"—"父母"的沟通（图2-7）。

丈夫（"儿童"）：病了，发着烧，需要照顾。

太太（"父母"）：知道他生病的感觉，愿意照料他。

只要太太愿意关心丈夫，这种关系可以很美满地持续下去，有些婚姻就属于此类性质。

沟通定律一：只要交流符合原先的期待，保持互补状态，沟通就能一直进行下去。

（2）交错沟通（crossed transactions）：当刺激和反应在 PAC 图表上发生交叉时，交流停顿。这时作出反应的自我状态并非对方所期待的自我状态，导致沟通交错而中断。此时，人们可能退缩、逃避对方或者转换沟通方式。例如，成人对成人的刺激因为父母对儿童的反应而导致沟通交错（图2-8）。

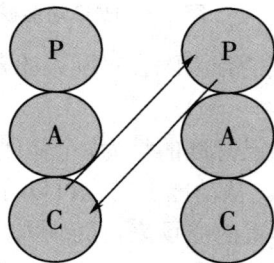

图2-7　互补沟通　　　　　图2-8　交错沟通

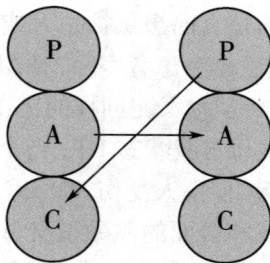

儿子（"成人"）：我今天晚上必须赶完一篇报告，明天要交。

父亲（"父母"）：为什么你总是临时抱佛脚？

这时儿子可能逃避父亲的质问，也可能转换自我，以父母自我或叛逆的儿童自我来应对父亲的父母自我做反应。

沟通定律二：当交流呈现交错状态时，沟通会被打断，这时一方或双方需要改变自我状态，才能继续沟通下去。

（3）隐藏沟通（ulterior transactions）：隐藏沟通中常常包括两个以上自我状态，成人自我之间交流的是一个公开的、社会层面的信息，而同时会在其他自我状态之间交流另一个隐藏的、心理层面的信息。这需要结合当时的行为表现来确定。它有时是双重的（包含四个自我状态，图2-9），有时是三角形的（包含三个自我状态）。

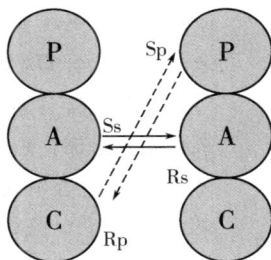

图2-9　隐藏沟通
S: 刺激　p: 心理层面
R: 反应　s: 社交层面

丈夫（社交层面 Ss）：你把我的衬衫放到哪里了？

妻子（社交层面 Rs）：我放在你的抽屉里。

如果从社会层面看，二人是成人对成人的交流。如果当时丈夫的口气、姿态、表情有点严厉，那么可能二人在心理层面传达了这样的信息：

丈夫（心理层面 Sp）：你老是把我的东西乱放。

妻子（心理层面 Rp）：你就是喜欢乱批评我。

沟通定律三：隐藏沟通的结果取决于心理层面的内容，而非口头社会层面的信息。

3. **脚本分析**　Berne 认为所谓的脚本（scripts）是指小时候在潜意识中萌发的人生蓝图，被父母加强，又被后来的生活事实证明，并可经选择而改变。脚本约在一个人2岁时开始形成，约7岁时大致完成。脚本主要来自成长时父母的影响，但孩子并非被动地全盘接受。他们靠自己的经验得出结论，找出一些理解这世界且让自己的存在有意义的关联。

生活位置是脚本的核心成分。在不同的影响下，儿童可能会形成不同的生活位置。生活位置有四种形态：①我行，你也行（I'm OK.You are OK）：这可能是反映儿童如何进入外界时的一种生活位置。只要儿童的情感和生理需要以一种喜欢和接受的方式得到满足，儿童就会保持这种位置，并且形成成功者的脚本。②我行，你不行（I'm OK.You are not OK）：如果儿童受到了错误的对待，他就会觉得别人不行，这实质上是一种对自己"不行"的基本情感的防御。处于这一位置的人经常责备和不信任别人，并且对外界以挫折或愤怒作出反应。③我不行，你行（I'm not OK.You are OK）：如果儿童的需要没有得到满足，他们也可能会认为自己是在某个基本的方面有缺陷。这是最常见的一种生活位置，经常处于这个位置的人会感到内疚、抑郁、自卑以及恐惧。④我不行，你也不行（I'm not OK.You are not OK）：如果缺少安抚或都是极端消极的安抚，儿童就可能会觉得"我不行，你也不行"。由于没有任何积极的安抚，婴儿就会放弃希望，也就是无法养成希望的品质，往往感到无助。

4. **心理游戏与游戏分析**　从童年开始，我们为了生存学会以各种方式来满足需求。特别是小时候，当我们真实表达自己需要和感觉时，因遭受到了拒绝、否定而发展出一套生活规则，以暧昧的方式来要求自己想要的情感和需要。相信很多人都有过这样的经验，在和别人互动结束后有很不舒服的感觉，并且总会说这样的话"为什么我老是遇到这样的事"、"我想他应该和别人不一样，为什么又……"这种周而复始的经历虽然会改头换面不断发生，但是每次都会以负面感受而结束。这就是我们上文提到的心理游戏。它是个体与他人为了获得安抚，双方都获得负面感受的过程。玩心理游戏的人是在封闭系统中作思考，不接受外来的新信息，而使用自己过去的方式、感受和信息作出决定。

首先，我们来看一个案例：

简是一个咨询师，他正在和一个沮丧的来访者会谈。

来访者：发生了可怕的事，房东把我赶走了，我不知道该怎么做了。

简（皱眉）：真是太糟糕了，我能帮你做些什么？

来访者（无精打采地）：我不知道。

简：为什么不找报纸看看是否能租到房子呢？

笔记

来访者：这就是问题所在，我没钱付房租。

简：我可以安排你拿到一些救济金。

来访者：你真好，可是我不想接受别人的救济。

简：那我安排你暂时住到青年旅社，直到你找到新的居所为止。

来访者：谢谢，可是我心情这么糟，恐怕无法忍受和许多人一起住。

简努力想是否有其他办法，可是脑子一片空白。

来访者叹了口气，站起来说："谢谢你试图帮助我"，然后快快不乐地走了。

简自问："到底是怎么回事？"她开始时觉得惊讶，随后觉得无力而沮丧，自己实在不是个好的社会工作者。

同时，走在街上的来访者也对简很生气，他说："她不是说要帮我的吗？结果什么忙也帮不了。"

类似的情形，他们两个过去都发生过很多次，简常想帮助来访者，为他们提建议，但是来访者不接受让她很不舒服；来访者不断拒绝别人帮助，并对试图帮助他的人感到生气。

然后，我们来看伯恩对心理游戏的定义：一系列连续进行的互补隐藏式沟通，进展到一个明确且可预期的结果。公式如下：

饵＋猎物＝反应→转换→混乱→结局

最后，我们把这个心理游戏案例放入公式来分析。

（1）当来访者告诉简自己被房东赶走时，就隐藏了一个饵，意思是"虽然你尝试要帮助我，但是我不会接受的"，这时简就成了猎物。因为无论是她的工作性质，或者她头脑中的父母讯息都告诉她说，"当别人遭遇不幸的时候，你必须帮助他"。

（2）反应阶段包括一连串的互动。从社交层面看，简不断提建议，来访者一一否定；心理层面上，则是饵和猎物之间好几次交换着隐藏信息。

（3）转换阶段发生在简无计可施时候，来访者说"谢谢你试图帮助我"。

（4）来访者离去，简觉得惊讶，这就到了混乱阶段。

（5）结局是二人都获得了习惯的扭曲感觉：简觉得自己能力不足，来访者觉得愤怒。

相信这种感受对于简和来访者来说是很熟悉的，伯恩将之定义为扭曲的感觉。它是通过正、负向安抚的增强、漠视，并以父母为榜样而学习来的，是一种人为、重复且定型的感觉。每个扭曲感觉的背后都有另一个真实的感觉，但是孩子在成长过程中为了更好地求得生存，而不得不将之压抑，取代以更强烈的方式表达被允许的感觉来补偿自己。为什么人们获得扭曲的感觉却总是要周而复始地玩这样的心理游戏呢？

伯恩认为，人类普遍存在三种需求，分别是认可需求、刺激需求和结构需求。个体可以通过心理游戏获得认可和安抚，以证明自己的存在，同时也运用不同的时间结构进行着各种沟通。所有的心理游戏都不是从成人自我发出的，人们也多半不会察觉到。

因此，咨询师单靠提醒一个人正在玩游戏对于个人成长是毫无帮助的，必须一步步地慢慢告诉他什么是心理游戏，如何通过觉察、了解自己目前真正的感觉和需求，用成人的方式来面对当下作反应，这才会对来访者产生实质性的帮助。

（二）主要技术与方法

根据交互作用分析的理论基础，儿童早期的行为很可能存在满足自己的需要与满足父母的需要不平衡，以致儿童最后泛化到表达自己的情绪是不安全的，容易使儿童形成不良的生活脚本。另一个原因是自我结构中三种自我状态的相互污染。Berne 认为理想的自我结构中的 PAC 是不应该相互重叠的，一旦发生了重叠就意味着被污染，除了被污染之外，还存在排斥。所谓的排斥表现为带有成见和先入为主的看法，只要面对威胁，这种看法就始终不变。在各种情况下，互为补充的双方之间的防御性排斥，是产生固执"父母"、固执"成人"、固执"儿童"的主要原因。针对这种理论解释，交互作用理论提出了以下几种技术方法：

1. 强化松散的自我边缘技术　向来访者解释自我状态的理论，理解"父母""成人""儿童"三种自我状态的含义，熟悉这三者彼此间交互的功能。来访者能够用上述的知识来处理自己的行为时，则自然可以强化自我边缘。

2. 去污染技术　让来访者了解到自己受污染的状况，并指出谁在污染谁，如何污染，以达到去污染的效果。作为咨询师要及时指出来访者的成人受谁的污染，并通过认知的剖析，修正当事人的现有状态，以重建当事人和谐流畅的自我状态。

3. 再倾泻技术　倾泻是指个人的一个自我能很稳健且直接地转换到另一个自我。再倾泻（recatharsis）是指来访者所排斥的另一个或另两个自我状态激发出来，使当事人的行为反应能因环境的状况与需要，随时倾泻或呈现更适宜的自我状态。

4. 回溯技术　这是发现来访者受父母影响的一种有效方法。它要求来访者要申明而不是否认自己的消极情感，找出自己的哪一部分对自己的自然儿童状态产生了伤害，找出最近发生的什么事情触发了自己的消极情感，理解父母对自己的说法看法以及它们怎么影响自己的儿童自我状态，看看自己现在能做的以申明自己不同的事情。

个体遭遇的困扰是由童年早期的决定造成的，困扰的消除就是改变童年的早期决定，并作出新的决定。回溯是力图让当事人回到最原始的冲突情境之中，由治疗师提供机会让当事人以新方式来处理该情境。

5. 澄清技术　指咨询师将来访者所说的话或想说的相关信息串联起来，或把来访者内隐而未显且未能明白表达的想法与感受说出来。澄清的目的是使来访者对于未来将发生的事情及原因能有深刻的洞察与了解，以便在咨询后来访者可以很自主、自然地回到现实生活中，以适当的方式去处理日常事务并与人沟通。

第三节　后现代心理咨询理论

大约一百年前，弗洛伊德、阿德勒等对心理学、哲学、科学、医学等领域产生了重大影响。至20世纪后期，后现代思潮对诸多心理学理论的发展及当代心理咨询实践造成深远影响。而后现代主义的心理咨询中，最有影响的是焦点解决短期心理咨询和叙事咨询。

一、焦点解决短期心理咨询

焦点解决短期心理咨询（solution focused brief counseling，SFBC）是指以寻找解决问题的方法为核心的，是由史蒂夫·沙泽尔（Steve de Shazer）及茵素·伯格（Insoo Berg）夫妇在短期家族治疗中心（Brief Family Therapy Center，BFTC）提出来的，是一种正向目标解决导向的咨询模式，强调的是建构咨询的历程而不是单纯地解决问题和探索问题的原因，认为来访者个人是建构解决历程的最大资源。

焦点解决短期心理咨询的产生，深受后现代主义（post-modernism）特别是后现代建构主义的影响。后现代主义反对现代主义的认识论，认为"真理"存在于语言、意义和文化，是人们创造出来的，并不是通过精细的求知技术而发掘出来的。人们透过语言的过程建构个人的知识，个人的知识会驱使人们对自己的经历去建构、创造、支配及赋予意义。受上述思想的影响，后现代的心理咨询强调个人正向能力的思考和学习，摒弃病理模式的分析。SFBC认为个案的问题并非是独立的客观事实，而是通过与个案的交谈，在言谈间逐渐呈现出来，这个建构出来的互为主观的现实才是重要的。焦点解决短期心理咨询不探讨事件发生的"原因"，重点是放在探讨如何"解决"上，非常重视生命的正向积极面，强调积极地肯定鼓励当事人；着重探索当事人内外部资源的正向目标，配合立即可为的行动，以催化当事人开启心理的动力，重新创造生命新的成功经验，走出生命的幽谷；学习以建设性的新眼光来重新诠释生活的困境、失落或创伤，并且建立具体可行的行为协助当事人提取过去成功经验中的要素与信心。

（一）焦点解决短期心理咨询的基本观点

根据台湾樊雪春总结的焦点解决短期心理咨询的基本精神，以及沃尔特和佩勒（Walter & Peller）的基本假设，简要总结如下：

1. 事出并非一定有原因　有些问题是存在明显的原因的，我们还是要明白这样一个现象即有些问题是有正向功能的。但是，并不是什么事情的发生都有一定的原因或明确的因果关系，这就要求我们不能把时间浪费在探讨复杂而可能无意义的原因上。例如，当一对夫妻因沟通不良、天天吵架而前来求助，先生说"关系不好都是老婆太挑剔"，太太说"由于先生常常忽略我，才会挑剔"。这种探究问题原因的讨论常会陷入鸡生蛋或蛋生鸡的逻辑矛盾中，最后反而使解决问题的可能瘫痪了。

而焦点解决短期心理咨询主要是关注"可以做什么让问题不再继续下去"，来代替"问题发生的原因到底是什么呢"。这时，咨询师和来访者都会找准自己的位置而致力于目标的达成。焦点解决短期心理咨询就是专注问题解决的过程，而不是探索原因的过程，也就有可能在不探究问题原因的情形中成功地解决了问题。

2. 从正向的意义出发，并由"例外"带来问题的解决　焦点解决短期心理咨询认为一个人的思考方向会影响其思考的内容，进而影响其对问题解决的决策及效能。所以，他们非常强调人们的正向力量，而不是去看他们的缺陷；强调人们的成功经验，而不是他们的失败；强调人的可能性，而不是他们的限制。即个体越把焦点放在正向、已有的成功解决方法并迁移到类似情境中，则越能使其改变并朝向预期的方向发生。例如，一位女士谈到自己太胖想要减肥，可是自己却一直吃，一刻也停不下来，甚至会跑到很远的地方去享受美食，所以减肥一直失败，很沮丧。这时，咨询员应该引导来访者去看到自己可以为享受美食的愉悦而不辞辛苦的正向力量，或者是同理其不辞辛苦地想要改变的毅力以及回想以前美好身材的正向感受等，来寻找问题解决的契机。

世界是不断变化的，在这个世界上，任何一个时刻，改变都在发生。这就是说任何人都不可能无时无刻地处在问题情境中，总有问题不发生的时候，即所谓的"例外"。"例外"常常可以作为问题解决的指引，比如争吵的夫妻总有不争吵的时刻。咨询师在咨询的过程中就要帮助他们发现什么状况下不会争吵，这就提供了解决问题的线索，使得他们去发现自己的资源和自己改变问题的能力，进而达到问题的解决。

3. 由小改变到大的雪球效应　不要小看那些小小的改变，我们都明白"水滴石穿"的故事。这是一种基于系统观的考虑，即只要持续小改变，就会累积成大的改变，就好比"雪球效应"，从山上下来的小雪球会越滚越大，势不可挡。

这种"雪球效应"在咨询中尤其重要，从小的改变着手，事情比较容易成功。成功的经验可以使来访者产生信心和力量去处理更困难的问题，进而带动整个系统的改变。例如，夫妻二人经常争吵不断，互不相让。在咨询的过程中，若发现一方能够不批评对方的谈话，就不会争吵，于是就从不批评开始练习，小的改变最终带来的是夫妻双方能够一步一步地沟通，改善了彼此间的关系。

4. 来访者是自己的问题专家，并且拥有解决自身问题所需的能力　意义与经验是交互建构的，改变对于不同的个体，意义是不同的。人们生活的意义是通过与环境的交互作用而形成的。当经验改变时，意义也会改变，这就说明来访者有其处理问题的独特方式和丰富的资源。来访者清楚如何改变自己的经验世界，也就是说，相信来访者本身具备所有改变现状的资源。

笔记

在许多咨询理论中，都把咨询师视为问题专家，由他来诊断来访者的行为，并设置咨询的目标。在焦点解决咨询中，咨询师的重要工作是协助来访者自己去设定改变的目标，把来访者视为解决他自己问题的专家。

5. **合作与沟通是解决问题的关键，即二人同心、其利断金**　在咨询这种特殊的关系中，因为来访者是自愿付费并带着合作愿望前来咨询的，咨询师应该相信与来访者之间的合作是必然的。前面说过，来访者是自己问题的专家，而咨询师是解决问题过程的专家，二人的合作，就会使得问题迎刃而解。

（二）焦点解决短期心理咨询的基本过程

焦点解决短期心理咨询和一般的咨询一样，每次大约 60 分钟。基本过程分为三个阶段：建构解决的对话阶段、休息阶段、正向回馈阶段，并且每一个阶段的工作方式和目标都不相同。

1. **第一阶段**　大约前 40 分钟，是以咨询师与来访者的对话为主，并在建构解决途径的对话架构下工作，该架构主要包括目标架构（含正向开场与设定目标）、例外结构、假设解决结构三个方面内容。

目标架构主要是带领来访者明确应该往何处去，这是正式咨询的第一步要解决的问题。在这里，首先要明确是朝向一个正向的方向进行的，咨询师在此期间的任务是起到一个引导的作用。例如可以询问"你来这里的目的是……""你想改变什么"等；接着咨询师要和来访者建立良好的关系，以此来保证咨询过程的顺利进行；然后就是要求咨询师和来访者共同商定好来访者想要的目标，而不是咨询师所认为的来访者应该达到的目标；最后，目标设定后，还需要咨询师鉴别该目标是否是来访者的希望或抱怨，来访者的希望或抱怨不一定就是来访者的目标。

例外结构是引导来访者寻找发生的例外事情，而不是定格在当前发生的问题上，即寻找生命的闪光点。例如一个人想要获得更多的成功与快乐，就要让他明白他曾经做过什么使得他曾经快乐或成功过，此时就鼓励他多做那些做过的使他满意的事情。

假设解决结构也是一种引导来访者培养自己建构解决问题的方法。当来访者很难运用例外结构，即寻找到自己的闪光点时，咨询师就要引导来访者想象一些问题的解决办法。假设解决结构的用法具有很强的创新性，咨询师要注意运用多样化的方法来引导，但是也要关注到来访者的世界观，或者是来访者所能接受的思考问题的角度。例如："如果在你面前出现一个水晶球，可以看到你的未来，你猜想你可能看到一些什么？"

2. **第二阶段**　该阶段是休息与正向反馈阶段。休息时间大约是 10 分钟，此时咨询师会离开会谈的场所，目的是回顾与整理第一阶段中来访者对其问题的解决所提及的有效解决途径，提取出有意义的一些信息。此过程是咨询师和在外面观察的同事共同商定的。另外，这个休息的时间也可以缓解谈话中出现的困惑或一些不顺利情况，给大家的重新思考留出空间。

3. **第三阶段**　该阶段咨询师再次回到会谈地点，把正向的有意义的信息和经过详细的讨论而形成有效的意见正向反馈。如给来访者一些赞美、安排家庭作业等反馈给来访者，使来访者离开咨询室后自己能够思考他的解决问题的方法。

整个过程中，咨询师都要有对焦点解决短期心理咨询的理论有透彻的理解，尤其在第一个阶段所做的工作非常细致和到位，接下来的过程才有可能进行。例如，正向开场如何做引导很关键。如果咨询师一开口就问"你的问题是什么"或"你来有什么问题"，这就假定了来访者一定有问题，并且不得不描述出来，来访者就会滔滔不绝地抱怨他的挫败、困扰等，再次体验消极情绪。而焦点解决短期心理咨询则要求咨询师一开始的引导就要围绕着未来导向、解决导向的假定，如"你来这里的目的是……""你想要获得什么""你今天来想改

笔记

变什么"等。

由此可以看出焦点解决短期心理咨询最大的特点是：咨询师通过"建设性预设问句"所选择的方向、所使用的语言带来的正向暗示与教育作用，企图影响来访者知觉的改变，引导出正向解决的思考与行动。这样的对话过程，是一个着重"改变"的对话，而不是"谈论问题的对话"。

（三）焦点解决短期心理咨询的基本技术

1. **一般化技术**　告诉来访者很多人都是这样，但都可以走过来，所遇到的问题是发展过程中常见的、暂时性困境，而不是病态的、变态的、无法控制的灾难，借此使来访者降低恐惧感，这样他们就会更接纳自己的困难。

举例：

来访者：我的女儿一定早恋了，怎么办呢？完了完了，她这以后可怎么办呢？

咨询师：你的女儿最近和一个男生比较亲近，让你很着急，很多孩子在这个年龄段都会与异性同学产生比较亲近的关系，此时父母都会担心。

作用：①去除来访者运用的诊断性字眼；②表达出其他孩子、其他父母也有遇到类似的问题，促使来访者用平常心看待问题；③用"目前还没有"来取代"以后肯定也不能"。

2. **振奋性引导**　是以一种兴奋、喜悦的声调、动作、表情或语言来表示，借此传达出咨询师支持与鼓励的信息。

使用时机：①当来访者有所行动、改变与解决问题时；②来访者根据例外架构找到一些过去曾经做过的成功经验时。

常见的振奋性引导如：你当时是怎么决定要去做⋯⋯的？你是怎么告诉自己去跨出这一大步的？你是怎么计划去克服这个难关的？

作用：引导来访者思考当时自己如何决定要如此做的，从而助长来访者的自主性与责任感，并为自己的改变高兴。同时此种问法强调来访者自己决定做出尝试，并同时暗示他还可以再去做一次。

3. **赞美**　当来访者提到一种例外、一点小小的改变，咨询师可理解说："这太棒了！"这样正向的赞美，可以协助降低来访者对改变的忧虑，也使来访者更多的开发个人资源，促使他找到更多的例外及更多的可能性。

使用原则：①要在来访者准备好接受的情况下再使用，否则来访者会觉得"这有什么大惊小怪的"，或者觉得咨询师是在讽刺他；②适用于来访者已经知道自己在做一些有效事情的情况。

4. **评量技术**　利用数值的评量，如 0～10，协助来访者将他的观察、印象和预测以比较具体的方式加以描述。

具体使用：①评量咨询以前的状况："在一个从 0～10 的量表上，如果 0 表示非常的不好，而 10 表示非常好，你对现状的评量是多少？"②评量改变的动机："在一个 0～10 的量表上，0 表示你一点也不想探索解决问题的方法，只想坐着等一些改变发生，10 表示非常愿意探索解决问题的方法，那么你觉得你现在的位置在哪里？"③评量改变的信心："在一个 0～10 的量表上，0 表示你没有信心发现解决问题，10 表示你很有信心发现解决方法，从 0～10，你觉得你现在所处的位置在哪里？"

功能：①使描述更加具体化；②作为咨询进展的指标，从中比较出不一样的变化，协助来访者以直觉的方式表达出他们对过去经验的观察并评量未来的可能性。

二、叙事心理咨询

叙事心理咨询（narrative counseling）是由澳大利亚心理学家麦克·怀特（Mike White）夫

妇以及新西兰的大卫·爱普斯顿（David Epston）于20世纪80年代提出并在后来得到快速发展且受到广泛关注的后现代心理咨询方法。叙事咨询是咨询师通过倾听来访者讲述自己的生命故事，帮助来访者澄清他是如何使用故事组织经验、赋予意义的，并通过发现其生活故事中遗漏的部分，引导来访者重建具有正向意义的生命故事，唤起来访者内在力量的方法。它摆脱了传统上将人看作问题的治疗观念，透过"故事叙说""问题外化""由薄到厚"等方法，使人变得更自主、更有动力。

（一）叙事心理咨询的基本观点

1. 现实是由语言构成的 后现代主义者的观念把焦点放在语言如何组成我们的世界和信念，认为社会是在语言中建构他们的现实。言语并不是中性或被动的。每当我们说话的时候，就揭示一个现实；每当我们以言语表达时，就把言语所产生的区别予以正当化。对心理治疗师而言，工作中的重心在于不管是信念、关系、感受或自我概念的改变，都牵涉到语言的改变。语言的变动性使治疗师与来访者之间的对话充满发展新语言的机会，因而可以把有问题的信念、感受和行为转化协调出新的意义，以新的语言描述自己的生活经验，借此产生许多新的可能性。

2. 人不等于问题，问题才是问题 叙事心理咨询认为：人不等于问题，家庭也不等于问题，许多问题都是种族、阶级、性取向、性别等文化环境营造出来的；那么它也就有可能在这些知识与标准失效的情况下消失。因此，问题是独立于人和家庭的，人如果能够和问题故事分开，就会开始感觉个人的自主，感觉自己有能力介入自己的生活和各种关系中。

3. 每个人都是自己问题的专家 当事人才是自己生命故事的作者，咨询师相信个体会再度对生命获得主权，会重新获得自我的资源。因此，在叙事心理咨询中，来访者与咨询师拥有平等的话语权，咨询师是陪伴者，而不是权威和指导者。

4. 生命的力量比问题本身更重要 在咨询师和来访者处于"叙事心理咨询"时，他们所面对的不是一种可以置身事外的"工具"或"技术"，而是来访者的生命故事，反映的是来访者的生命态度、生命要求和生命抉择。在这里，对待生命的积极态度很重要。因为同样的事实，通过不同的解读，就会释放出不同方向的力量。我们每个人都有历史的痕迹，有许多的故事，故事中积极的资产被发现，向上的动力就会源源不断。例如，单亲家庭如果被认为是个体"成长的缺陷"，那么只是看到负性的一面，是向下的沉沦；但是如果看成是逆境的磨炼，那么会成为成长的动力。生命经验的转化，就在于对生命故事的咀嚼："如果妈妈还活着，她希望你怎么做？""你从这件事情中学到了什么？""这件事教给你什么？"正是这些咀嚼，使人们发现了生命的意义和力量。叙事心理咨询的目的就是帮助来访者解构受主流故事控制的旧故事，重新建构一个来访者真正企盼的、具有个人力量的新故事。

（二）咨询方法与步骤

叙事心理咨询与过去心理咨询最大的不同就是，叙事心理咨询相信来访者才是自己的专家，咨询师只是陪伴的角色。来访者应该对自己充满自信，相信自己有能力并且清楚解决自己困难的方法。

在《叙事疗心》一书中麦克·怀特和大卫·爱普斯顿阐述了叙事心理咨询的步骤，包括问题外化、问题的相关影响的询问、界定要外化的问题、发现独特结果、人与问题的关系的修正、责任、文化脉络、自我压制等八个方面。

纵观叙事心理咨询的发展，该方法可遵循两个步骤开展交流与互动。两个步骤间的关系是以基本步骤为主线，以支持步骤为依托，在基本步骤里穿插支持步骤；两个步骤彼此融合、交织成一个整体。

笔记

1. **基本步骤**　基本步骤是咨询师与来访者交流互动的基本过程，是咨询师遵循的基本程序。

（1）问题外化（externalizing problems）：将压制来访者的问题客观化或拟人化，使问题变成和人或关系分开的实体的过程就是问题外化。

来访者的问题行为，其实是由于"问题侵入"造成的。"问题侵入"引诱或逼迫来访者按"它的意愿"实施行为改变，同时也引起与来访者有关联的他人的行为反应，影响了来访者与他人之间的和谐互动。例如：一家三口人，12岁的孩子爱发脾气，影响家庭气氛。那么，咨询师对此的分析是：问题外化为"脾气小精灵"，这个"入侵者"引诱孩子发脾气，同时引起父母对孩子的无理行为产生反感。对于孩子来说，他的主流故事就是：易受"脾气小精灵"的唆使而大发脾气；对于父母来说，他们的主流故事则是：孩子被"脾气小精灵"俘获后，引起自己的不快或对孩子的指责。自此，家庭关系变得紧张不堪。

（2）寻找特例事件：人的生活经验中那些未引起来访者注意，却包含着来访者为追求美好生活、反抗主流故事压制的偶发事件，就是特例事件或闪亮事件。它们是不被主流故事覆盖的特殊经验。来访者受问题影响，也影响问题。主流故事利用问题影响力助长问题，使来访者被问题牵着鼻子走；而特例事件却为来访者摆脱问题牵制、重新掌控生活提供了全新的可能。来访者自己就拥有解决问题方法的"宝库"，而这个宝库的"钥匙"就在他自己手中。咨询师的任务就是为"钥匙"开启"方法宝库"的锁眼中上油，指引来访者"自助"打开宝库取出特例事件"法宝"而已。如咨询师可能问来访者："是不是曾经出现过这样的情况，你的愤怒希望能控制你，但是你却成功地摆脱了它的控制？那时的情况是怎样的？你是怎么做到的？"这些特例事件一般发生在过去或现在，那么同样可能出现在未来："你会采取怎样的方式来对抗自己的愤怒呢？"类似的探索性问题可帮助来访者看到改变的希望。

（3）重写故事（restoring）：咨询师要求来访者加入闪亮事件就该重新创作故事，写出"新故事"丰富他的"人生哲学"；而新故事中不应包括以问题为中心的故事中的事件。只要来访者拒绝接受问题的影响，就能使问题的影响力降低。在这种人与问题关系中辨别出"特例事件"，实行"新理念"，就可以帮助来访者重新认识自己，并对问题影响力进行反击。于是，来访者就修复了自己与问题的关系，重新接受自己、喜欢自己。

再如上例，孩子在咨询师的引导下意识到自己曾经拒绝过"脾气小精灵"的怂恿，自己也曾战胜过它。从这样的经历出发，孩子惊奇地发现：当她来时，只要不与她握手，而是把手交给父母、其他小朋友或自己心爱的玩具，小精灵就会走。同样，父母发现"闪亮事件"后意识到，当"脾气小精灵"与孩子握手时，不去强行将他们拉开，因为这握手意味着要引起父母对"脾气小精灵"的注意；如果越想拉开，就越令她得宠，这样就中计了。只要父母不予理会，而是做一些真正让父母与孩子融合互动的事，对孩子的积极关注是对"脾气小精灵"最大的忽视，她也就只有落荒而逃了。这些新故事提炼出来后，家庭成员只要按照这些新故事的方式多加练习，他们的主流故事就重写了，生活从此洋溢着欢乐。

2. **支持步骤**　支持步骤包含对基本步骤中咨询师与来访者的互动予以巩固的重要措施，咨询师应根据不同情况采取如下一种或多种文本方式支持来访者，巩固疗效。

（1）欣赏性解释：咨询师在认真倾听过程中，需要不断引导来访者发现被他遗忘的"特例事件"。一旦来访者有关于逃脱"问题"控制的"意外"闪现时，即应表示认可和欣赏，并对这一"意外"进行释义。

（2）支持性通信：咨询师通过书信的方式，表达对于来访者近期对抗"问题"所取得的成果的支持与鼓励。支持性通信体现了咨询师对来访者的关注,让来访者认识到他未被别人抛弃,更能激发来访者抗击"问题"干扰的力量。

（3）仪式性宣言：通过为来访者安排一个仪式,如成人仪式,在仪式上赞扬其与"问题"所作的卓越斗争,请来访者在仪式上宣读自己关于誓与"问题"划清界限的"独立宣言"。在家人与咨询师面前,"宣言"或"宣战书"式的发言令来访者的勇气与决心大增。

（4）奖励性证书：这种证书是通过咨询师签署并颁发的关于来访者克服"问题"的经历,并证明其具有了帮助受"同样问题"困惑的其他人走出来的能力的书面文件。自我证书也是奖励性证书的一种,只是它由来访者自己起草,由咨询师签发。自我证书体现了来访者战胜"问题"后愉悦的内心体验,希望与家人和咨询师分享成果的愿望,渴望帮助他人以体现其人生价值的夙愿。

（5）结论性判言：是对来访者圆满完成治疗、达到预期效果、摆脱外化问题威慑而恢复自由的一种判定,是对来访者取得胜利的肯定。

（6）自传性故事：即来访者的自我故事。故事涵盖了"问题"如何困扰他（主流故事）,他如何在咨询师帮助下发现"特例事件",如何逃出"绝对理念"的监牢,改写"主流故事",重塑人生并获得自由的经历。它是自我成长的见证,是对来访者具有保卫自我与帮助他人能力的赞赏。

（三）叙事心理咨询的应用

叙事心理咨询可广泛应用于治疗青少年心理障碍以及家庭问题等领域,并能协助解决轻度精神症状。

关于青少年心理障碍,叙事心理咨询理论认为处于冲突中的青少年,往往会更多地看到家庭、学校带给他们负向的一面;青少年就此认为这就是它们的主要特征（主流故事）。因此,成人需要用开放和宽容的心态去和青少年接触,消除双方攻击与防御的不和谐关系。

冲突中的父母与孩子双方,通过咨询师的帮助可以写出各自为对方准备的故事（发现特例事件）,然后共同接受解构和修改,相互吸收,从而建构出都能接受的流动的故事（重写故事）。

对于处于精神病早期或恢复期的来访者,在精神科治疗的基础上,也可以将其轻度精神症状外化,它对来访者的干扰就是其主流故事。通过咨询师的引导使来访者发现特例事件,并重写故事,来访者根据新故事的理念开始新的人生。同时,叙事心理咨询的一系列特性非常适合中国人:

1. **不揭人老底**　叙事心理咨询将人或关系与问题分开,问题是问题,人是人,关系是关系。这正是迎合了中国人不喜欢被他人揭伤疤,不喜欢别人指责问题是自己的,责任在自己的观念。于是避免了将问题作为攻击来访者"人格"的工具的可能。

2. **问题只源于不当的叙述**　问题出现仅是由于来访者对提取信息的不当解释,那么重新抽取"闪亮事件",处理问题如探囊取物。

3. **重视别人对他的看法或态度**　问题的困扰似乎是对当事人的否定,而寻找到"特殊事件"的喜悦加上咨询师的赞扬是对当事人的最佳肯定。

4. **自助式**　中国传统文化中比较关注自我形象,人们把面子当成生命,不愿有求于人,接受他人的指导。而叙事心理咨询中来访者的"悟",大多源于自省,改变也在于自我努力,非常符合自力更生的精神。

5. **实用与近利**　中国的天文、地理、发明均源于实用,为的是解决近期温饱、安居或战争问题。而叙事心理咨询正是针对当前问题的实用、焦点、短程、速效的方法。

6. **"塞翁失马,焉知非福"的人生哲学**　叙事心理咨询关于问题中闪现的"利"及经验中闪亮事件对于主流故事"弊"的修复符合中国人关于"祸兮，福之所倚；福兮，祸之所伏"的朴素辩证理论。

叙事心理咨询理论让人们回归事件本身，转换视角去重新叙事，让人和问题分开，并将咨询的结果用某种仪式性的证书颁发固定下来，给人耳目一新的感觉。叙事心理咨询让心理咨询过程成为逐步减轻心理压力的过程，也维护了当事人的面子，有助于当事人把注意力集中于困扰自己的问题，这种方法在不久的将来一定会得到广泛的应用。

（张曼华）

第三章　心理咨询中的咨访关系

咨访关系是咨询师与来访者之间相互信任、相互理解、相互接纳的关系。咨访关系的建立及其质量受到来访者和咨询师两方面的影响，其中咨询师是决定性因素，在咨访关系中起主导作用。一方面，心理咨询最重要的工具是咨询师本人，咨询师对来访者秉持共情、尊重、积极关注和真诚的基本态度，运用心理学理论和技术解释并克服来访者的困难；另一方面，来访者接纳、信任咨询师，积极配合咨询师，执行咨询师提出的咨询方案和措施。良好的咨访关系是心理咨询的核心内容，是咨询取得良好效果的保证。

第一节　咨访关系概述

咨访关系是指咨询师和来访者在咨询过程中围绕改变来访者所表现的心理行为问题或症状而产生的一种特殊的人际关系，这种关系的建立是帮助来访者以更适宜的方式思考和行事的基础。在心理咨询中，多数学派都非常重视咨访关系的建立和运作，认为咨访关系是心理咨询的基础。

一、咨访关系的本质

咨访关系是一个看似简单、实则深刻的问题。不同理论取向的心理咨询师对于咨访关系持有不同的理解。

1. **行为主义学说的咨访关系是控制与执行的关系**　经典的行为主义者的学说中几乎找不到对咨访关系描述的文字。但这不等于在咨询中他们与来访者的关系是一片空白。从华生、斯金纳到沃尔普的理论让人感到，咨访关系中的咨询师在咨询过程中起指导作用，而来访者是一个被动服从的、对咨询师的各种操纵机械执行的人。华生的行为理论把人的心理视为一种不可知或不存在的东西，行为理论取向的心理咨询师就倾向于认为咨询就是对人类外在行为的矫正、调试，这必然造成咨询师在咨访关系中处于指导者、命令者、控制者的地位。由行为主义发展起来的认知心理咨询学派，开始重视认知、期待、信念、人格系统的作用，但咨访关系仍继承了经典行为主义者的风格。如理性情绪疗法祖师艾利斯认为，咨询师与来访者之间建立热忱的关系并不是根本的治疗手段，相反，理性情绪疗法建立在咨询师对来访者高度指导性的基础之上，咨询师必须充分、客观地表达自己的意见。咨询师很少给来访者同情，他们之间可能在看法上是针锋相对的，咨询的根本目的在于推翻非理性观念。良好的咨访关系虽然重要，但应建立在理性的基础上。

2. **人本主义学派罗杰斯认为咨访关系应是一种协助关系**　存在 - 人本主义学派对行为主义把自己摆在支配、指导、控制地位的咨访关系不以为然，反对咨询师在咨访关系中的

"权威或专家"的角色。他们认为，如果咨询师倾向于支配他人，最后会导致来访者支配咨询师。罗杰斯的来访者中心治疗是其中的典型代表。罗杰斯认为，咨询方法的实施主要是依靠咨询师的人格，他谈到："只要我能提供某种特定的关系，对方就会利用这种关系在自己身上发现成长和变化的能力，个人的发展就会随之出现。"罗杰斯认为咨访关系应是一种协助关系，强调来访者自我成长的动机、能力和选择的自由。咨询师应当是非指导性的，在咨询中力图使来访者和自己变得更有能力去体验、欣赏，更能表露、发挥个人内在潜能，从而达到人格的成长、发展和成熟的咨询目的。

3. 弗洛伊德用移情的概念来界定咨访关系　精神分析学派认为移情现象是咨访关系的核心和基础。当然，移情这个概念并不代表咨访关系的全部。阻抗和移情组成了精神分析对咨访关系描述的两大支柱，他们的关系总是你中有我，我中有你。弗洛伊德认为，精神分析者应能应用移情的力量来克服阻抗。经典的精神分析是以在咨询中保持自己的中立性、被动性、隐身性来造成和维持移情的。精神分析的咨访关系强调咨询师隐匿的角色，以使来访者能将他们的情感投射到咨询师身上。咨询中咨询师与来访者要相互信任，又要保持一定的距离，以保持咨询所必需的客观性，避免来访者产生某种形式的抗拒。

综上，各种学派都是从自己的理论体系出发来理解咨访关系的。然而，时至今日，咨访关系具有整合化的趋势。咨询师无论采用什么学派的咨询方法，都很重视优良咨访关系的建立，尤其重视咨询过程初期阶段咨访关系的建立。在咨访关系中，存在人本主义对咨访关系的描述是美好的，但不可能一蹴而就，行为主义者的做法也许会违背我们的良心和道德，但是却可能是受某些来访者欢迎的。各个学派的融合趋势提示我们，把咨访关系看作一种静止的、固定的模式已不适应目前心理咨询的现实。良好咨访关系远不是我们所想象的那么简单，为了适应复杂多变的现实，咨访关系在形式上也不应只有一种，咨询实践要求有多元的咨访关系。

二、咨访关系的特征

咨访关系是一种职业的、平等互信的、亲密的、具有治疗功能的心理帮助关系。咨访关系不同于一般的人际关系，具有自己显著的特征。帕特森（Patterson）指出，与一般的人际关系相比，咨访关系只存在于咨询的时候；咨访关系是因为来访者需要解决自己或者其他人际关系不能解决的问题而形成和持续的关系；咨访关系是一种更亲密、更深入的关系。咨访关系是具有治疗功能的，对于咨询效果的影响，与采取的干预治疗策略同样重要，甚至有更强的影响。

1. 咨访关系是一种特殊的工作关系　咨访关系是一种目的明确、规范化的、正式的人际接触，而不是普通意义上的随意的人际互动。咨访关系受多重专业的限制，这些限制对于咨询的成功是十分必要的。常见的限制包括职责的限度与设置的限制。职责的限度是多方面的，咨询师要弄清哪些是来访者应负的责任，哪些是咨询师应负的责任，咨询师不能代替来访者解决他在日常生活中遇到的问题。设置的限制是保证咨询成效的有效制约因素。咨询师与来访者之间的影响相互依存、相互联系。咨询师通过专业能力、人际吸引力、可信任性影响来访者，而来访者本身具有的特征也可增强或调节咨询师的影响效果。这种相互影响只在特定的时间、特定的地点发生，一旦咨询终止，这种关系就不存在了。如果咨询师接受来访者工作以外的聚餐等邀请，来访者的动力就会发生很大的改变。这种动力改变对咨询效果来说是非常不利的。

2. 咨访关系是一种平等互信的亲密的人际关系　心理咨询的过程是一个发展关系的过程，通过咨询过程，咨访双方在完全陌生的两个人之间建立起平等互信的亲密的关系。

咨访关系的平等性是指来访者与咨询师双方在人格上始终处于平等状态。咨询师要始终保持不偏倚的中立立场，对来访者的人格保持尊重，避免进行道德与价值评判。互信性是指双方都能够遵守咨询的设置，共同为解决来访者的个人困惑而付出努力，一方面来访者有解决问题的迫切愿望和对心理咨询的信任，另一方面是咨询师秉持专业的态度、使用专业知识和技术，为来访者的问题解决提供帮助，二者相互配合，来访者在咨询师的启发和引导下主动思考、获得领悟或行为的改变。亲密性是指在某些情况下，咨访关系的亲密度甚至达到在一定程度上替代亲密关系的程度，但与亲密关系不同的是，亲密的咨访关系比真实的亲密关系更具有支持性和治疗功能。

3. 咨访关系是一种具有保密性的关系　保密性是咨访双方产生信任关系的前提。保密既是职业道德的要求，也是咨询工作的需要。帕特森在谈及心理咨询中人际关系的特点时曾指出：咨访关系完全是一种在特定的时间期限内，具有保密性的特殊关系，这也是咨访关系不同于其他社会关系的特征。帕特森还指出，虽然咨访关系被限制在一定的时间范围以内，但这种关系的密切程度和深度却超过了一般的社会友谊关系。咨询过程中，经常会涉及来访者的缺陷或隐私，会涉及单位、家庭内部的矛盾冲突。因为这种关系是在没有任何威胁的情况下小心地建立起来的，咨询的气氛使来访者有安全感，保证了其自我暴露和自我探索的进行。如果这种暴露得不到应有的保护和尊重，咨访关系就会复杂化。

4. 咨访关系以来访者保持一定强度且持续的求助动机为前提　咨访关系的建立和发展是以来访者具有一定强度且持续的求助动机为前提的。咨访关系的建立和继续，是因为来访者遇到了使他无法独自解决或无法通过其他途径加以解决的难题，来访者对自己感到不满，感到他需要特别的帮助或支持。咨询的根本目标是助人自助，那么自助的前提是来访者能意识到自己的困惑或问题，有自我改变的意愿和动机，并积极主动地寻求咨询师的帮助。没有求助动机，咨询效果就无从谈起。另一方面，缺乏来访者的意愿和合作，咨询师也难以与来访者建立良好的咨访关系。

三、咨访关系的作用机制

有关咨访关系的作用机制的理论假设主要有三个来源：第一个是来访者中心理论，第二个是社会影响理论，第三个是依恋理论。

在罗杰斯（Rogers）对咨访关系作用机制的推测中，咨访关系的作用主要在于它促进了来访者的自我探索进而促进了来访者的一致性。一致性是指来访者的感受和体验，这些感受和体验在意识中的表征，以及来访者对它们的表达这三者之间的一致程度。在罗杰斯的概念体系里，心理咨询的基本目标可以说是促进来访者由不一致向一致的转化。罗杰斯设想，当咨询师具备同感、理解、真诚、一致以及对来访者的积极关注等基本特质时，可以有效地降低来访者的防卫性，从而使来访者的感受和体验可以无障碍地进入意识，且可以把意识中的东西真实地表达出来。罗杰斯认为这是促进来访者一致性的唯一途径，视咨访关系为有效心理咨询的充分必要条件。

社会影响理论是从社会影响观点出发，把心理咨询看成一个说服和态度改变的过程，其注意力集中于咨询过程中导致态度改变的因素，咨访关系是其中之一。斯特朗（Strong）提出的两阶段咨询模型是解释咨访关系在造成来访者态度改变过程中所起作用的理论。在咨询的第一阶段，咨询师要设法使自己在来访者心中成为一个有影响力的动因，即显得富有专业技能、有个人魅力、值得信任、关心来访者等。在第一阶段工作的基础上，咨询进入第二阶段，这一阶段主要是咨询师利用自己作为一个有力的影响源，造成来访者态度、信念和行为的改变。显然，第一阶段强调的就是咨访关系。按照这个模型，咨访关系的作用机

笔记

制在于通过增强辅导员的可信性，降低来访者对于咨询师的防御程度来造成态度改变。咨访关系本身并不直接影响来访者的态度，而是促进影响性信息由咨询师向来访者的传递，以及促进来访者对信息的接受和吸收。

用依恋理论的观点来理解咨访关系存在两个不同的角度。第一个角度是把来访者的依恋模式与来访者-咨询师之间的移情关系联系起来。依恋理论认为婴儿跟母亲或照料者之间早期的互动经验会逐渐演变为一种工作模型，这种无意识的工作模型包含着孩子对自己和他人，以及对自己与他人关系的知觉方式和反应倾向。简单地说，移情关系可以看作来访者早期依恋关系的投射。另一个角度是从依恋理论来看待咨访关系，把咨访关系看成是来访者依恋需要的满足。依恋理论认为，依恋是一种有着生物学根源的需要，其本质是与一个更强大、更有能力的对象（对于婴儿而言，这个对象往往是其母亲）建立联系，以获得照顾和保护。依恋总是伴随着强烈的情绪感受。当依恋对象在场时，婴儿会有舒适、放松和安全的感受，在这种情境下儿童会作出更冒险、更勇敢的探索。鲍尔比（Bowlby）曾把儿童与依恋对象之间的纽带关系比喻为远征队和基地的关系，即纽带越牢靠，远征队就越能远离基地。这一角度把咨询师看成一个随时能够给来访者提供心理上的安全保障的依恋对象，把咨访关系看成是一种特殊的依恋关系。依恋理论源于客体关系理论，在一定程度上代表了心理动力学心理咨询体系对于咨访关系之作用机制的看法。概言之，这一理论认为咨访关系的作用在于：一方面，移情的咨访关系使得来访者早期的依恋情况及来访者的内部工作模型得以在咨询中显现，从而为咨询提供依据并指示方向。另一方面，咨访关系中的依恋成分为来访者提供安全感的体验，可以增进对咨询师的信赖，并由此引起或促进不同方面的改变。

归纳以上几种理论观点，可以把有关咨访关系作用机制的看法归纳为三种观点：来访者中心观点、社会影响观点和心理动力学观点。

在来访者中心理论看来，咨访关系的作用在于提供一种安全温暖的氛围，并借以降低来访者的防卫。但这不是对咨询师的防卫，而是对来访者自己的一些威胁性经验的防卫，使之可以在意识中符号化，并作社会性表达。另外，咨询师的同感理解还有助于来访者对威胁性经验的捕捉。在来访者中心疗法中，病理性态度的识别、处理和改变是来访者自己完成的。咨询所走的路线是从经验入手，进而找到与之相联系的信念或态度，最后才是态度的改变。在来访者中心理论看来，咨访关系和所谓助长条件（同感、真诚、积极关注）是有效治疗的必要和充分条件。因为没有这些条件，来访者自我防卫的解除、来访者对经验和感受的捕捉就无法顺利进行。按照这个理论，咨询师对来访者的分析、对其病理性态度和反应模式的识别和直接处理不是必要的，来访者自己能够完成这些事情。

社会影响理论认为咨访关系的作用在于增强咨询师在来访者心中的可信性，进而来访者的态度被咨询师所给出的说服性信息所改变。简单地说，"因为我相信你，喜欢你，所以我接受你的劝说和看法"。咨访关系就像药片的糖衣，糖衣本身不能治病，糖衣里面的药物才能治病。咨访关系本身不具有治疗效力，它是其他改变因素的载体。如果这样看待咨访关系的作用，则由此可以对心理咨询作出一系列推论，如有效的咨询关键取决于说服性信息的质量；识别、锁定、摧毁来访者心中的病理性态度和信念是治疗的主要任务；好的咨访关系是有利条件，但不是必要条件，更不是充分条件等。这些显然很符合认知疗法的特征。

心理动力学理论把移情关系看成一个媒介，一个投射的银幕。借助这个媒介，咨询师得以发现来访者早期的依附情况及内部工作模型，进而通过对移情关系的分析帮助来访者了解他如何错误地知觉解释现实、如何用过去的方式活在现在等，从而促成来访者的领悟。

笔记

因此,在心理动力学观点看来,咨访关系是必要条件而非充分条件,它为分析治疗提供依据并指示方向,咨询师的洞察力和分析技能是至关重要的。

由上述分析可以看出,这三种理论观点对咨访关系的作用机制各持己见,且基本上是从几大理论体系中派生出来的,很大程度上受到所属理论体系的制约,各自强调其特异性。当前咨访关系具有系统整合的趋势,近年来有关咨询效果来源的研究发现,心理咨询效果大部分来自共同因素而非特异性因素,而咨访关系正是这些跨流派的共同因素之一。

第二节 良好咨访关系的建立

一、良好咨访关系的意义

对于大部分曾经接受过心理咨询的来访者来说,体验到被另一个人关注,而且这种真诚的、无条件的积极关注持续整整一个小时,其间获得自我袒露脆弱的体验、进行自我探索,他们与咨询师之间的这种互动关系也许是独一无二的。在心理咨询这种特殊的情景中,咨询师会倾听来访者讲述他的故事,并且努力从来访者的角度发现问题和困境,同时对他的讲话内容极为尊重和保密。对于来访者而言,也许他们从未体验过这种深度的被关注和如此特殊的感觉。来访者可能会想:我能真正信任心理咨询师吗?心理咨询师对我所说的这些事真的感兴趣吗?我怎么能得到了这么多而没有任何回报呢?沃奇霍尔茨(Wachholz)和史度尔(Stuhr)通过对 50 名来访者的访谈发现,在结束心理咨询 12 年之后,来访者仍然对他们与心理咨询师的关系有着生动的记忆。许多研究都反映了心理咨询师与来访者之间关系的重要性。研究要求来访者描述心理咨询过程中什么对他们有用、什么没用,结果表明来访者认为心理咨询中的相互关系比心理咨询技术更为重要,在来访者眼中,心理咨询过程中他们与咨询师之间的相互关系起了决定性的作用。

1. **咨访关系是当代心理咨询理论与实践的重要主题** 在心理咨询实践中,尽管不同理论取向的心理咨询对咨访关系有不同的理解,但是无论何种理论取向的心理咨询师都会意识到咨访关系是影响咨询效果的重要因素。这是因为心理咨询不同于药物治疗。一般说来,采用药物进行治疗时,只要药物对症,无论是谁开的处方对来访者都会有效;而心理咨询是一个人帮助人、人影响人的活动,来访者是否接受咨询师的影响与帮助在很大程度上是由咨访关系决定的。无论在咨询过程中发生什么,咨询师和来访者的关系总是存在。咨询师的责任之一就是留意这种关系的质量与健康。一个有经验的心理咨询师,会对咨询过程中的许多信息保持高度警觉,舍得花大量的时间来巩固咨访关系,从咨访关系的微妙变化中体察来访者的心理动态,并寻找使来访者成长和改变的契机。许多来访者在与他人建立关系方面存在矛盾,觉得自己身上有一些让人抗拒的、不可接受、不可饶恕的东西,也有些来访者担心被抛弃、被利用、被控制而逃避亲密关系。所以,在咨询中,体验和咨询师的关系能够对他们有所帮助。罗杰斯曾经指出:许多用心良苦的咨询之所以未能成功,是因为在这些咨询过程中,从未能建立起一种令人满意的咨访关系。

2. **良好咨访关系是心理咨询有效性的前提条件和基础** 良好咨访关系是心理咨询过程的第一步,是心理咨询取得良好效果的基础。鲍勃·贝托林诺(Bob Bertolino)在《问题青少年的咨询》一书中,提出了咨询要取得效果必须具备四个要素:认识来访者的长处,可以起 40% 的作用;良好的咨访关系,可以起 30% 的作用;咨询技巧,可以起 15% 的作用;对咨询的期望,可以起 15% 的作用。从他的分析中,可以发现良好的咨访关系对咨询所作出的贡献其实远远不止 30%。"认识来访者的长处"是一种用来促进良好咨访关系形成的方法,应该属于良好咨访关系的范畴;而对咨询的期望,在很大程度上是建立在良好咨访关系基础之上的,只有有了良好的咨访关系,才可能使来访者对咨询抱有很大的期望。三项相加,良好咨访关系对咨询取得效果的贡献可以达到 85%。

3. 良好咨访关系能够减少来访者的防御　心理咨询的根本目标是助人自助。自助的前提是来访者能意识到自己的心理问题和困惑,有自我改变的意愿和动力,主动寻求咨询师的指导和帮助。来访者能够在咨询中提供真实、全面的信息,尤其是与问题有关的信息,咨询师才能对来访者的问题表现和性质等作出准确的评价,咨询才能取得良好的效果。然而,对于来访者而言,来到一个陌生的环境,接触一个陌生的人,除了知道咨询师是从事心理咨询工作的人之外,对咨询师一无所知,他们不知道咨询师是不是值得他们信任,是不是能够提供他们所需要的帮助。在这种情况下,当他们向咨询师提供有关信息的时候,多少都会有一些防御心理。来访者的防御心理,只有在良好咨访关系建立之后,只有在咨询师通过他们的"信任测试"之后才有可能逐渐解除。随着咨访关系的逐渐建立,来访者的问题也会不断显现,咨询进程得以逐渐推进。

4. 良好咨访关系是来访者发生改变的催化剂　心理咨询能否成功,关键在于咨询师本人是否被来访者所接受。如果咨询师不被来访者接受,来访者就会丧失求助动机,咨询师所拥有的理论与技术则无用武之地。"亲其师,才能信其道"。只有建立良好的咨访关系,来访者才能获得安全感、信任与支持,以接纳的态度对待咨询师,认同咨询师的观点,相信并接受咨询师的解释,愿意积极配合咨询师,在咨询师的指导和帮助下发现自己的资源,学习和尝试新的行为方式,使改变成为可能。

二、咨访关系的影响因素

1. 来访者因素　来访者因素对咨访关系的建立、咨访关系的水平高低有重要的影响。来访者的认知动机性因素影响了咨访关系的建立以及咨访关系水平的高低。例如,在精神分析治疗中,治疗动机可以预测咨访关系的水平。许多研究认为,改变的必要条件是来访者体验焦虑和困难的意愿。咨访关系与来访者愿意承担的责任有关。例如,由咨询期望量表(Expectation about Counseling-Brief, EAC-B)所测量的个人责任与咨询效果和咨访关系高度相关。这意味着在治疗中积极主动的来访者比那些完全依赖咨询师的来访者更容易建立牢固的咨访关系。

来访者人际关系的好坏,与咨访关系的建立以及咨访关系水平的高低有关。根据有关综述,来访者对人友好的关系特点或者形成亲密关系的能力和咨访关系呈正相关,而社会关系或者人际关系不良的来访者以及对人有敌意的来访者,与咨询师形成咨访关系会比较困难。

2. 咨询师因素——咨访关系的决定性因素　在咨访关系中起主导作用的是咨询师。因此,在咨询的全过程中,咨询师要根据人际交往的原理,采用有助于形成良好咨访关系的态度和技巧,建立、发展并维护良好的咨访关系。

一般来说,咨询师的专业水平、值得信赖感、吸引力以及咨询师—来访者组合的融洽与咨访关系有中等程度的正相关。咨询师的温暖、理解、胜任感和对来访者的尊重会提高咨访关系的水平。但是,咨询师的专业水平与咨访关系的关系还有一些争议。例如,有研究发现咨访关系的目标、任务维度和咨询师的训练水平相关,但是情感维度与咨询师的训练水平无关,而斯特鲁普(Strupp)较早的研究认为咨询师的经验与咨访关系没有关联。

根据阿克曼和赫森罗斯（Ackerman & Hilsenroth）的综述，咨询师的严厉僵化、靠不住、挑剔态度、距离感、紧张和心不在焉等特点将对咨访关系产生消极的影响。并且，咨询师对心理咨询的过分结构化、不恰当的自我表露、不恰当的移情解释以及时机不当的沉默对咨访关系都有消极的影响。

咨询师需要特别在意是否真正与来访者建立了朝向同一目标的合作关系。不少研究发现，咨询师与来访者之间往往存在重要的分歧，诸如对治疗的期望、心理疾病形成的原因以及解决方式等。这些分歧是影响来访者对咨询师助人性觉察的重要原因。要解决这些分歧，首先需要调整的是经严格训练的咨询师而不是来访者。

三、如何建立良好的咨访关系

良好咨访关系的确立有赖于咨询师和来访者两方面的因素：一方面是来访者的努力、他们的迫切愿望和对心理学的一般信任；另一方面是咨询师的努力，这有赖于他们的责任心、工作能力、知识的广度与深度以及自身的性格特点。其中，咨询师的态度和品格、技术应当起着主导作用，咨询师的态度是建立良好咨访关系的关键。能否建立起积极的咨询关系，咨询师担负着重要责任。良好咨访关系的建立是有规律可循的。

1. 咨询师应具备良好的咨询态度 来访者最初往往比较紧张，咨询师对来访者的态度直接影响到来访者对咨询师是否信任。热情友好的态度给人以亲切感，可有效拉近双方的距离，特别是他们受心理困扰、走投无路、报以满腔希望而来，热情友好的态度本身就是一种力量与安慰，能在很大程度上降低其焦虑水平。咨询的基本态度包括：真诚、尊重、积极关注和共情。咨询师还应具备相应的咨询技能，如关注、倾听等基本技能。

2. 注意初次会谈的技巧 在初次会谈时，即向来寻求指导和帮助的来访者进行简明扼要的自我介绍，也可以用微笑或一个引导来访者坐下的手势等形式开始咨询。在简短的自我介绍后，可以允许有短暂的沉默，主要目的在于给来访者一个整理思绪的机会，使他从开始就能完整地表达自己想说的话。在初次会谈时，咨询师可以就咨询的性质、限度、角色、目标以及特殊关系等向对方作出解释。解释的内容包括时间的限制、会谈的次数、保密性、正常的期望等。对这些问题的说明，可以减少对方的困惑，减轻因此而引发的焦虑，也使对方不至于对咨询产生不当或过高的期望。在初次会谈中，也有必要澄清保密性的问题，对咨询过程中必要的记录给予说明，对所谈内容和隐私权的保密与尊重作出肯定性承诺，以此消除来访者的戒备心理。

3. 保持与来访者之间的界线 开始建立咨访关系的有效方法之一就是考虑如何创造和保持来访者与咨询师之间的界线（boundary）。从通常意义上来说，一个界线就标定了一片领域的限度，并且标定了一片领域或空间的结束与另一片领域或空间的开始之间的划线。在心理咨询中，"界线"的概念显然是一种隐喻，因为心理咨询室中不存在实际的界线的路标或划线。在心理咨询情境下，可以根据不同维度的关系来确定界线，例如：

（1）时间：一个心理咨询周期的开始和结束。

（2）物理空间：来访者与心理咨询师之间坐的距离应该有多远，他们的"个人空间"有多大。

（3）信息：来访者应该对心理咨询师本人有多少了解？如来访者问："你结婚了吗？跟爱人感情好吗？"（突破咨访关系，向个人关系渗透）。

咨询师1："我的个人信息与你无关，我更关心你的情况。"（感到被窥视被打探，于是竖起防御）。

咨询师2："我感觉你对我的个人信息很感兴趣，特别是亲密关系方面。我的个人情感生活对你很重要吗？对你有什么影响？"（觉察到来访者的移情，并就咨访关系作出及时化的

笔记

回应）

（4）亲密性：心理咨询师与来访者在情感上应该有多亲密？这种关系中的亲密程度可以扩大到身体接触吗？

（5）社会角色：如果心理咨询师与来访者在其他场合碰面，心理咨询师该如何对待来访者？如果来访者要求在心理咨询之外与咨询师建立一种关系，心理咨询师应当怎样应对来访者的这种要求呢？

界线可以是严格固定的，也可以是有渗透性的。由于心理咨询师的个人风格不同，他们对于界线的规定也不同。有些人喜欢严格规定的界线，而其他人喜欢更为灵活的界线。精神分析师罗伯特·朗斯（Robert Lens）曾经强烈赞成严格遵从心理咨询中清晰规定的界线，并且要把它作为一项核心原则。朗斯相信明确的界线可以创造出一种坚固的框架，来访者在其中能感受安全，敢于探索痛苦过往。然而许多人本主义取向的心理咨询师不太相信，使用界线的理念可以作为与来访者关系保持一定分离状态的理由。赫曼森（Hermansen）认为"我们需要跨越界线来测量心理咨询过程的真正本质，而严格界线通常所推崇的心理咨询师的超然态度，其本身就是一种潜在的滥用"。毫无疑问的是，在划定界线过少和界线过多的心理咨询关系中都存在着许多危险。对于每一个具体的咨访关系，究竟什么才是最为理想的界线设置？根据赫曼森的研究所示，个体有不同的界线需求以及不同的界线"宽窄"，对于某一个来访者或咨询师合适的界线设置也许不适用于另一个人。

4. 自我觉察　心理咨询师需要具备正确和敏锐的自我觉察能力。不论哪种咨询理论取向，产生咨询效果的主要手段是人或咨询师本身。要成为一名咨询师，就要以灵活的和有回应的方式与寻求帮助的来访者互动。咨询师并没有可遵循的固定脚本；咨询师所做的几乎每一件事都是临场发挥的。因此，咨询师必须能够将自己作为一种资源来使用：对内部情感状态转变的可能的重要性保持敏感，理解自己的行为可能怎样被他人觉知，拥有维持新鲜感和警觉感的策略。有效的咨询建立在助人者和求助者之间关系的质量基础之上，一名咨询师需要经常延展和挑战作为助人者建立咨询关系的能力：应对终结、面质、深度关注的体验、打破僵局的复杂性。

在咨询情境中，咨询师的自我觉察包括以下几个方面：

（1）对来访者的觉察：自我觉察可以帮助心理咨询师更好地从来访者的立场或角度，对来访者的需要、认知和情感进行鉴别，更加客观地体验来访者的心理发展过程，真实地领悟到社会、文化、家庭对他们的行为所产生的影响，从而在改变来访者方面发挥更为有效的作用。咨询师不仅要能听到来访者说的话，理解其字面意义，更为重要的是通过观察来访者的衣着、面部表情、肢体语言等挖掘其背后意义，把来访者现在的应对方式和早年的创伤经历连接起来，揭示其心理动力。

（2）对咨询师自身的觉察：心理咨询师应敏锐地对自身出现的想法、冲动和感受有所觉察，并迅速地探究其与自身的内在心理结构和以往的生活经历之间的关系，辨别自己的心态、言行是出于自己的评价和感觉系统，还是出于对来访者的真正理解。常见的问题是心理咨询师在自己的主观世界中，透过自己的经历、经验、观念、态度对来访者进行劝诫、安慰、分析、教导；所说的语言是基于自己的角度和立场，而较少考虑到来访者的真实心理。此时，心理咨询师需要觉察自己：刚才的一言一行投射出了自己哪方面的感情？出于自己什么样的角度？这些东西从哪里来，又要到哪里去？要达到什么目的？为什么要这样说、这样做？只有这样把自己"内视"清楚，才能更好地了解、客观而准确地把握来访者的内心世界。

（3）对咨访关系的觉察：咨询师需要从与来访者的互动中觉察咨访关系内在的心理动

笔记

力模式，这一模式是来访者过去生活的重现，也是咨询师过去生活的重现。如果一个咨询师缺少自我觉察能力，使得咨访关系变成了一种无意识的工作关系，此时的咨询往往就是利用来访者满足咨询师的需要，而不是满足来访者的需要。例如：来访者将咨询师作为自己现实生活中强大的父亲或母亲，咨询师就会认同来访者的这种需要。然而，来访者的本意是想摆脱这种依赖，所以基于这种咨访关系的心理咨询必然是无效的。

5. **理解咨询过程** 除自我觉察之外，咨询师需要建立一个理解自己的所作所为的理论框架。作为一名咨询师，关键之处在于使用一致的、有意义的和有助于与来访者进行沟通的概念和观点。因为前来咨询的人往往是困惑的和令人困惑的。他们或许已经竭尽自己所能，求助自己的家人和朋友；他们或许身处危机之中，感到一切都混乱不堪和失去控制；他们或许很担忧某些预感到的事情将发生在自己身上；他们或许以某种方式将整个烂摊子推给咨询师。此时，作为咨询师自身需要具有能够掌控现实的安全感。

6. **实践经验** 实践经验有三种类型。第一种仅仅是与他人共享自己的个人经验和聆听他人的经验；第二种形式是与学习同伴一起练习咨询和助人技巧；第三种形式是扮演真正的咨询角色，面对带着问题前来寻求帮助的人。当学习咨询实践时，成为一个小型的同辈学习群体的成员是非常有必要的。这一群体定期聚会，营造出信任和诚实的氛围，在这个群体中的每一位成员可能被支持，也可能被挑战，在群体互动中学会给予和接受反馈，并模仿好的咨询实践活动。

7. **接受案例督导与个人体验** 作为咨询师，需要在接受专业训练和开展助人实践的过程中不断寻求机会，进行自我反省，接受案例督导和个人体验。通过案例督导，洞察咨访关系中咨访双方的移情和反移情，使咨访关系与来访者的现实人际关系平行发展的同时，让来访者放弃原有幼稚化的行为方式，实现人格的成长与独立，并促成来访者现实人际关系的改善与重建。此外，个人体验也很重要。很少有人是在理想的、没有任何伤害的环境中长大的，咨询师也不例外。当然，有心理创伤的人并非不能成为出色的咨询师，但有时心理创伤会成为咨询师与来访者发展建设性的咨访关系的阻碍，比如面对某一类来访者的问题时，特别容易被卷入而丧失中立的立场。这就需要通过个人体验，修复自己以往的心理创伤，以提升咨询师的助人能力。

第三节　咨询师的基本态度

良好的咨访关系是实现咨询目标的前提，而关系的建立则与咨询师的态度有密切的关系。调查研究发现，对来访者而言，真正起作用的是咨询师的态度及其建立可接受的、促进性的咨访关系的能力。罗杰斯在《心理咨询中人格改变的充分必要条件》一文中提出的无条件积极关注、真诚一致以及共情等条件是咨询师应当具备的、有助于形成良好咨访关系的重要态度特点。罗杰斯确定了有效治疗的三个基本特征：准确的共情、真诚、无条件积极关注。艾维（A.E.Ivey）等人在《咨询和心理咨询——技巧、理论与练习》一书中提出了共情、积极关注、尊重、温暖、真诚、具体化、即时化、对质等八个因素。本节重点介绍共情、尊重、积极关注和真诚这四种基本态度。

一、共情

共情是心理咨询过程中最主要的成分，咨询师不仅要有能力正确地理解来访者的感受及其含义，同时还要将这种认识向来访者表达，促进来访者对自己的感受和个人经历有更深入的认识和理解。

笔记

（一）共情的概念及其意义

共情（empathy），又称为同理心、神入、同感、感情移入、共感，是指从来访者角度，而不是咨询师自己的参考框架去理解来访者的能力。以共情的方式对来访者作出反应，尝试与来访者一起思考，而不是代替其思考。按照罗杰斯的观点，共情是能体验他人精神世界，就好像那是自己精神世界一样的能力。钱铭怡指出："共情是指咨询师对来访者时时刻刻保持敏感，变换自己的体验，能够理解和分担来访者精神世界中的各种负荷的能力，而不是进行判断和支持来访者的能力。"共情可以帮助建立起融洽的咨访关系，引导来访者讲出自己的问题。情感取向的共情概念则认定共情完全是情感过程，是对他人状态或困境的情感反应。如司徒兰德（Stoland）将共情界定为一种情感反应或观察者产生类似于被观察者的情绪体验的能力。索茨（Thoits）明确指出，共情是从心理上设身处地去感受他人在这种情境中可能的感受所产生的反应。艾森伯格（Eisenberg）等认为共情是一种对他人的情绪状态理解或融合的情绪反应。认知取向的共情概念比较重视认知加工过程的作用。如认知心理学家皮亚杰认为共情是一种认知过程，需要个体角色采择的能力。米德（Mead）提出个体将自身置于他人的位置的能力是理解他人的必要成分，其观点如同现代国人的流行说法，共情是"换位思考"和"将心比心"。咨询心理学家哈根（Hogan）明确指出共情是设身处地去理解他人的想法。另一咨询心理学家霍夫曼（Hoffman）认为共情是通过简单的联系与复杂的观点采择过程理解别人的感受体验，这一取向把共情界定为一种认知特质。依据这一观点，具有共情特质的人能够想象出他人的感受，这使他们能够理解别人的想法、感受和行为。

20 世纪 60 年代，有学者对共情进行因素分析，结果表明那些有较高水平共情态度的咨询师，倾向于经常运用参与的技巧。另外，会谈中的非言语成分，如目光接触、身体姿势等也与共情有关。

近年来，共情已经受到研究者和咨询师的极大关注。最新的观念强调，共情远远不止是一个单一的概念或技能，共情是由多种元素组成的一个多阶段过程。赫普沃斯认为，共情"在培育和维持助人关系中担负至关重要的角色，并提供一种媒介，促使咨询师在求助者的生活中具有情绪意义和影响力。"艾维等人区分了个体和多元文化的共情，多元文化共情概念要求咨询师理解不同的世界观。康斯坦丁（Constantine）发现，咨询师的共情体现了其总体多文化的处理能力。

罗杰斯认为，共情有助于促进来访者已形成的自我结构实现其潜能，把问题带给咨询师，并对自己有一个完整认识。与之相对立，科胡特（Kohut）的自体心理学理论提出了另一种观点。科胡特的著作《自我分析》《自我恢复》《如何分析治疗》，引起了评论家和追随者们的极大反应。这一观点假定，许多来访者进入咨询时并没有形成自我意识，他们缺乏自我意识；共情和治疗的作用是通过完成一个发展过程而帮助来访者建立自我意识结构。罗杰斯强调的理解和接纳有助于来访者学会成为真实的人、成为真正的自己是可以被接受的。科胡特则强调，共情作为一种修正性情绪体验，允许来访者发现那些过去被埋藏或割裂的自己的部分，并在咨询中以更整体的方式整合起来。

伊根（Egan）进一步把共情分为两种类型：初级的共情和高级的准确的共情。在初级的共情下，咨询师认识到来访者重新体验过去的经历，咨询师的反应是以自身为参考框架，在与来访者交换自身体验的水平上进行。而在高级准确的共情水平下，咨询师设身处地地表明自己的态度，并进一步引导来访者，使对方的思维不是停留在原来的水平。哈克尼（H.Hackney）等人提出，准确的共情包括两个步骤：①准确地感受来访者的世界，能够以来访者的方式去看事物；②能向来访者表达你对来访者的理解。帕特森特别强调这种对来访者的理解应来自内部的参照体系，而不是所谓客观的外部的参照体系。钱铭怡结合伊根、帕特森、哈克尼的观点，认为准确的共情反应包括以下步骤：①咨询师从来访者内心的参照体系出发，设身处地地体验来访者的内心世界；②以言语准确地表达对来访者内心体验的理解；③引导来访者对其感受作进一步的思考。在这三个步骤中，第二个步骤更接近共情的含义，第三个步骤则是对咨询师的实践性要求。

共情与单纯的理解不同，理解是人们对事物主观的认识，共情则不仅仅是对来访者的心理有一定的认识，而且是能体会其感受和思想，了解来访者对自己和世界的看法，即"用来访者的眼睛看世界"。共情也不同于同情，同情是对对方的遭遇的怜悯和关切，共情并无怜悯成分，而是去体察对方的心情。

共情已经受到研究者和咨询师的极大关注，一般被认为是心理咨询中影响咨访关系建立和发展的首要因素，是心理咨询的基本特质。共情在咨询中的重要意义主要在于：①由于共情，咨询师能设身处地地理解来访者，从而能更准确地掌握有关信息；②由于共情，来访者会感到自己被悦纳、被理解，从而会感到愉快、满足，这对咨访关系会有积极的影响；③由于共情，促进了来访者的自我表达、自我探索，从而达到更多的自我了解和咨询双方更深入的交流；④对于那些迫切需要获得理解、关怀和情感倾诉的来访者，共情更有明显的帮助、咨询效果，即使就一般而言，共情也被认为是一种治疗因素。

（二）共情的水平

共情有不同的层次水平，代表了不同的共情质量，国外学者对此有不同的分类。卡库夫（R.Carkhuff）将共情的层次水平分为五类：①毫无共情反应，即完全忽视来访者的感受和行为；②片面而不准确的共情反应，即理解来访者的经验及行为而完全忽略其感受；③基本的共情反应，理解来访者的经验、行为及感受，但忽视其感受程度；④较高的共情反应，理解来访者的经验、行为及感受，并把握其隐藏于内心的感受和意义；⑤最准确的共情，既准确把握来访者言语传达的表层含义，又把握其隐藏的深层含义及其程度。

具体如下：

水平一：没有理解与指导。咨询师的反应仅是一个问题或否认、安慰及建议。

水平二：没有理解，有些指导。咨询师的反应只注重信息内容，忽略了情感。

水平三：理解存在，没有指导。咨询师对内容，同时也对意义或情感都作出了反应。

水平四：既有理解，又有指导。咨询师对来访者作出了情感反应，并指出对方的不足。

水平五：理解、指导、行动都有。咨询师对水平四的内容均作出了反应，并提供了行动措施。

艾维等人则进一步将共情细分为七种不同水平，从对会谈起着明显的破坏作用到共情的最高水平，咨询师在任何方面都能与来访者进行直接的成熟的交流。

发展共情能力，有三点非常重要：第一是内容，即对来访者所陈述的事实、观点、情况等是否有准确了解；第二是来访者的感受，这是他的情绪或情感的体验，它们可诉诸语言，如用"我觉得悲伤""我好难过"来表达，但更可能是通过来访者的表情、声调和姿势动作来表达；第三是体察来访者感受的程度，即是否全面、准确地把握了来访者的感受。高水平的反应往往显得比来访者表达出来的还全面、准确。

仅仅产生共情，那还是你心里发生的事；只有当你把你的共情有效地传达给来访者，才会产生应有的效果。掌握共情的表达，要领有五点：①转换角度。真正设身处地地使自己"变成"来访者，用他的眼睛和头脑去知觉、思维和体验。②投入地倾听来访者。不仅要注意他的言语内容，更要注意非言语线索（声调、表情、姿势等）所透露的情感信息。③回到你自己的世界里来。把你从来访者那里知觉和体会到的东西进行一番识别、分辨和理解。

笔记

④以言语或非言语方式把你接收到的东西表达出来。有些时候，仅仅把他的意思和感受准确表达出来即可，偶尔也可以比他更深一些，或加一点你的理解和解释。⑤在反应的同时留意对方的反馈性反应。关键是看对方是否感到你准确地理解了他，因为你的同感可能出错，对方的反馈是纠正错误的重要信息。

伊根把共情分为两种类型。一种是"初级共情"（primary empathy），其含义接近于罗杰斯提出的共情定义，它往往与咨询技术中参与技术有关，它主要运用倾听技术，注重对来访者内心体验的理解并能进行反馈；第二种是所谓"高级的准确的共情"（advanced accurate empathy），这对咨询师有更高的要求，需要运用咨询中的影响技术来直接影响来访者，咨询师在运用这种类型的共情时自身更为积极主动，不仅要使用倾听技术，还可以结合使用一些影响性技术如自我揭示、解释等。相比较第一种反应水平，它对咨询师具有较高的要求并对来访者产生较强的影响力。

（三）正确使用共情

穆歌特伊德（S.Murgatroyd）列举了操作性很强的提高共情的具体方法：①与其他人，如工作或生活的朋友、亲戚、家人，一起练习对对方谈话内容的反应，试着把他们所说的话的意思讲明白，检查一下你是否理解了其中的含义；②试着去想象在各种各样的情景下，你所要帮助的那些人对你讲述他们的事情，要想象成就像你做了电视录像一样，试着把他们的经历用准确的图像在你脑海中显示出来；③如果你不能用视觉的思维，那么就在想象中运用你正在读的一本小说中的关键词来代替——用你所想象到的所有词汇来描述他对你讲述的各种情景；④努力使你自己有关情绪方面的词汇变得更为丰富，应用字典、小说、电影或其他材料，以便你能说出任意一种感情像什么一样。

科米尔（Cormier）提出了运用言语传递共情的几种具体手段：①表示内心的理解；②讨论来访者认为重要的事情；③运用语言反映出来访者的情感，这个方法有时被称作交换或基本共情；④使用言语连接或补充来访者表达不明确的信息。

在国内，马建青提出了正确使用共情的五个要点：①咨询师应走出自己的参考框架而进入来访者的参考框架，把自己放在来访者的位置和处境上来尝试感受对方的情绪，这种感受越准确、越深入，共情的层次就越高。②如果咨询师不太肯定自己的理解是否正确、是否达到了共情时，可使用尝试性、探索性的口气来表达，请来访者检验并作出修订。③共情的表达要适当，要因人、因事、因时、因地而宜，尤其不能忽略来访者的社会文化背景，否则就会适得其反，一般说来，问题比较严重、表达比较混乱、寻求理解愿望强烈的来访者对共情的要求较多。④共情的表达除了语言以外，还有非语言行为，如表情、目光、动作等。有时，运用非言语行为表达共情更为简便有效，咨询中应注意二者的有机结合。⑤角色把握在共情时显得特别有意义，咨询师要做到进得去、出得来，出入自如，恰到好处，才能达到最佳境界。

在咨询中，此时此地准确的共情尤为重要。不要假设来访者和咨询师有相同的体验，对我们重要的是理解来访者如何体验过去、现在和将来。准确的共情不但是咨询师的事情，对来访者来说也同样重要。咨询师必须帮助来访者发展他们的共情能力，使来访者和咨询师共情，因为许多来访者欠缺成功地发展和维持亲密关系的能力。例如：

来访者：我知道自己长得丑，所以才没什么朋友。

咨询师：你感到很孤单。你认为自己长得丑，以致没有朋友？［初级共情］

咨询师：我理解你这种心情。一方面你看到别人都有朋友，而自己却没有，因此感到很沮丧；另一方面你对自己的外表也感到不满意。我想你可能很想知道别人对你的真正看法。［高级准确的共情］

在这个例子中，初级共情反应表现了咨询师运用释意技术抓住了来访者孤单、没有朋友的感受给予正确反应，没有添加任何个人的东西，仅在与他交换自身体验的水平上进行。而在高级准确的共情反应中，咨询师在运用倾听技术的同时，不仅针对来访者内隐的情绪情感如沮丧、对自身形象不满给予准确的体察和反应，而且对进一步的谈论话题起到了导向作用，使对方的思维不会停留在原有水平上。在导向方面，咨询师应注意必须在对来访者谈话内容充分理解的基础上用委婉的方式自然引入下一个话题，防止在不恰当的时间和用不恰当的方法对会谈产生一定的破坏作用。

卡可夫（Carkhuff）和皮尔斯（Pierce）还建构了一个区分调查表，用来确定咨询师共情反应的五个等级。下面的几个例子显示了使用卡可夫和皮尔斯的区分调查表是如何区分言语共情反应水平的。

例1：

来访者：我已尝试同我父亲和谐相处，但的确行不通。他对我太严厉了。

水平一的咨询师：我相信将来总会行得通的。[安慰和否认]

或者：你应该努力去理解他的观点。[建议]

或者：为什么你们两个不能相处？[问题]

（水平一的反应包括问题、安慰、否认或建议。）

水平二的咨询师：你与父亲的关系正处于困难时期。

（水平二的反应只针对来访者信息中的内容或认知成分，而忽视了其中的情感成分。）

水平三的咨询师：你尝试与父亲相处，但又不成功，因而感到沮丧。

（水平三的反应中包含有理解，但没有指导。它是针对来访者明确信息中的情感和意义作出的反应。）

水平四的咨询师：你似乎无法接近父亲，所以感到沮丧。你想让他对你宽容些。

（水平四的反应既有理解，也有指导。不仅辨明了来访者的情感，也指出了信息中所隐含的来访者的不足之处。"你无法接近"隐含着来访者应负的没有接近父亲的责任。）

水平五的咨询师：你似乎不能接近父亲，所以感到沮丧。你需要他对你宽容些。你可以采取这样一个步骤，即向父亲表达出你的这种情感。

（水平五的反应包含了水平四的所有反应，另外至少还包括了来访者能够采取的措施，以克服自己的不足，并达到所希望的目的，如"向父亲表达出你的这种情感"。）

例2：

来访者：我一直想做一名医生，但我已经对此失去信心了。

咨询师：噢，我相信如果你真想做，就能做到。

（这个反应相当于水平一，因为反应中没有理解，没有指导。）

例3：

来访者：我的老师总是找我做事。

咨询师：你为什么猜测她总是找你？

（这个反应相当于水平一，因为反应中没有理解，没有指导。）

例4：

来访者：我已度过如此倒霉的一个学期。我不知道自己做了些什么，也不知道该怎么办。

咨询师：你对于这个学期的状态感到很烦恼，因此而困惑。

（这个反应相当于水平三，因为反应中有理解，但没有指导。）

例5：

来访者：我父母正在闹离婚，我不希望这样。

咨询师：你因为父母闹离婚而感到难过。

（这个反应相当于水平三，因为反应中有理解，但没有指导。）

例6：

来访者：我不明白这个意外为什么会发生在我身上。我生活得不错，可现在却变成这样。

咨询师：因为你无法解释为什么这会突然发生在你身上，所以感到愤恨。你想至少找到一些看起来更为公平的理由。

（这个反应相当于水平四，因为反应中有理解、指导。）

例7：

来访者：我厌倦了工作，它总是重复老一套。但别的又有什么可做的呢？

咨询师：因为日常工作，你感觉不满意。你不能从中发现使你感到高兴的事情，你想找些更有吸引力的工作。一个办法就是列出你自己的哪些需要可以通过工作得到满足。

（这个反应相当于水平五，因为反应中包括理解、指导和行动措施。）

例8：

来访者：我退休后，一直感到很难适应。日子仿佛很空虚。

咨询师：因为空闲的时间太多，所以感到自己没用了。你想找些有意义的事情做，一个措施就是继续利用工作兴趣，做一些力所能及的工作。

（这个反应相当于水平五，因为反应中理解、指导和行动措施都有。）

在咨访关系的建立过程中，咨询师如何才能与来访者达到充分的共情呢？

第一，转变角度，换位思考。咨询师要放下自己的参照标准，将自己变成来访者，设身处地地去了解他的思想、情感和行为；尝试从他的立场和处境去感受其喜怒哀乐，经历他所面对的压力，体会他所作决定的原因，尽可能排除自己的价值观念、人格特点、生活背景以及文化传统、社会习俗等影响客观地去接触对方的内心世界，以至到达最大的共感。

第二，善于观察，投入倾听。咨询师在同来访者进行交流时，既要注意他的言语内容（包括语意表述、语调的高低缓急等），又要注意非言语性线索所传递的情感信息（包括面部表情、眼神、手部动作和坐姿等），通过细致的观察和投入的倾听来增进咨询中的共感。例如，抑郁者常常表现为头部低垂、目光呆滞，眼睛会盯着某一点不作移动；焦虑者则会显得坐立不安，或在椅子上扭来扭去，或不断地摆弄双手。

第三，充分理解，准确传达。对来访者的充分理解，体现在咨询师不但能正确反映出来访者说话的内容，还能反映其言语中所隐含的情感和内心的矛盾冲突。同时，咨询师对来访者的充分理解需要通过语言表达出来，这就要求咨询师具有丰富的词汇和准确的表达能力。如果咨询师本身词汇贫乏，语言表达能力不高，那么即便对来访者的问题有着深入的体认，也会因词不达意或不恰当表达而影响对方的共鸣，令对方感到不被正确理解，进而影响咨询的进程和深度。

（四）常见的共情错误

1. 以自己为参考标准给予建议。来访者："我真的很没用，公司最近提升了好些人，却没有我的份。好几次我想和总经理谈谈，又总是鼓不起勇气。唉！我真的没有用，我真恨我自己！"咨询师："如果我是你，我就不会像你这样悲观。"

2. 否定和停止对方的感受。来访者："我母亲虽然去世已经有几年时间了，但是现在每每想起，我都特别难过，总想哭，后悔当初没照顾好她。"咨询师："人死不能复生，你再痛苦她也已经离开你了，这又何必呢？"

3. 空洞的言语鼓励，轻率地作出大而空的保证。来访者："我已经使出吃奶的劲儿来准备英语四级考试了，可结果还是没过。我真是太笨了！"咨询师：世上无难事，只怕有心人。我保证，只要你肯坚持，一定会把成绩提上去的。"

4. 把卷入等同于共情。共情是指咨询师能体会来访者的内心世界，就好像是自己的内心世界一样，可是却永远不能失掉"好像"这个特质。但有的咨询师听到来访者悲惨经历的讲述时，也因此悲从心来，泣不成声，和来访者哭作一团，无法继续进行咨询对话，这其实是一种卷入的状态。此时的咨询师已在来访者的移情的强大作用力下，被来访者的人际关系裹挟着，和来访者一同陷入情感的漩涡。咨询师的卷入并非共情，一方面会破坏咨访关系，使咨询师偏离中立的立场，使咨访关系失去治疗功能；另一方面，还容易导致咨询师的职业耗竭。

（五）咨询师影响共情的因素

一个咨询师要想达到较高的共情水平，除了需要熟练掌握共情技术以外，同时需要咨询师本身具有共情所需的个性品质。咨询师的人格力量有时比他的专业技能更有影响力。一些咨询理论流派甚至认为，咨询师的人格力量、自身素质是咨询中第一重要的因素。一般来说，敏感、细致、耐心、谦和、宽容、豁达、善良和乐于助人等个性品质，对于共情水平的提高是至关重要的。另外，丰富的人生经验和阅历有助于咨询师更深刻地理解来访者，对于年轻的咨询师来说，可通过对知识的广泛涉猎来弥补自己阅历上的不足。总之，共情水平的提高、共情能力的获得需要咨询师在个人原有素质的基础上不断学习、实践、用心修养。

二、尊重

作为咨询师，如果要在咨询过程中与来访者建立良好的咨访关系，能否接纳和尊重对方是一个关键的因素。尊重不仅是一种态度和对人生的看法，更重要的是一种用行为表达出来的态度。它包括了对来访者的尊重，尊重他是一个个体，尊重他的人格、他的潜能。更重要的是，在咨询过程中咨询师应始终对来访者秉持这种接纳的态度，而不是批评和惩罚的态度。

尊重的前提是接纳，泰勒认为接纳包括两层含义：一是我们承认每个个体在任何一个方面都是不同的；二是认识到每个个体的人生过程都是一个复杂的奋斗、思考和感受的过程。通过接纳，咨询师可以在咨询过程中给来访者提供一个安全的治疗环境，有利于来访者对自己内心的探索。

接纳来访者，给来访者以温暖，是尊重的具体体现，也是尊重来访者的前提。温暖是咨询师对来访者的主观态度的体现，它不是能够用语言来表达的，不是一种技能；而是存在于咨询师的内心之中，有待于咨询师自己去开发，它为来访者创造出一个有利于内心成长的治疗气氛。温暖是建立良好咨访关系的促进因素，是一个以身体表达共情和尊重的方法，通常是通过不同的姿势来传达的，如身体的姿势、面部表情和声调等。

罗杰斯指出：在咨询师的经验中，如果自己的尊重和接纳是有条件的，那么在这个咨询师所不能接纳的方面，来访者就很难作出改变，更无法获得内心的成长。因此我们应该时常反省自己，力求做到对来访者无条件的接纳和尊重。例如：

来访者：我女友离开我了，最近与老板的关系也开始不好，我担心这样下去会丢了工作，那样我会让父母很难受，可是我实在打不起精神来，我每天都在想念我的女友，我希望她能回到我的身边！我真的好难受，我不能没有她！（哭泣……）

咨询师1：我理解你的心情，我听了以后也很为你难受，既然女友已经不能回到你的身边，那么我们来看看目前有些什么可以帮助你好好工作的。

咨询师2：（身体前倾，递给对方纸巾）失恋真的是一件非常难受的事情，我能够感觉到你现在很痛苦，如果我是你，也会在这个时候无心工作的，这件事情对你的伤害很大吧？

三、积极关注

积极关注（positive regard）是指心理咨询过程中对来访者的言语和行为的积极、光明、正性的方面予以关注，从而使来访者拥有正向价值观，拥有改变自己的内在动力。积极关注就是辩证、客观地看待来访者。心理咨询师抱有来访者是可以改变的信念，以积极的态度看待来访者，注意强调他们的长处，有选择地突出来访者言行中的积极方面，利用其自身的积极因素，达到咨询目标。

罗杰斯指出，重要他人认同的思想、感情、行为（和最终由个体自己认同的、以维持积极尊重和自我尊重）可能会与那些个体自身概念和内在经验形成一种近乎完全的割裂。有经验的咨询师会看到来访者本身的积极因素，并予以积极关注。正如艾维所提到的，"第一眼看上去，你可能会认为前来寻求帮助的人没有任何长处，没救了，但是走出令人沮丧的沼泽地，罗杰斯似乎总能在某个个体身上发现某些积极的东西，并且通过对情感的反应和直接的个人反馈使那些积极的东西突出出来"，这无疑会对来访者调整自己的视角、摆脱困扰已久的负性情绪起到潜在的指导作用。

回顾人一生的成长，不难发现我们从小到大从外界（家庭、学校和社会等）得到的大多都是有条件的积极关注，即"你必须按照我的要求做才能得到奖赏"。在这种条件下，个体会形成这样的经验：只能表露"好"的一面，否则你就会被拒绝、排斥，乃至被伤害。因此在心理咨询过程中经常可以听到来访者这样对咨询师说："我这样做是不是很不好？"因此只有在咨询师提供了一个无条件的积极关注的前提下，来访者才有可能从对自己的"好"与"坏"的评价中挣脱开来，在咨询师的帮助下真正地开始探索自我、认识自己的内心，从而有可能获得心理的成长。

伊根分析出构成无条件积极关注的四个部分：具有对来访者的承诺感、作出努力以理解来访者、延缓批评性评价、表现出能力与关怀。①承诺，意味着咨询师一旦与患者建立了咨访关系，就必须严格承担作为咨询师的责任。咨询师愿意与来访者一起工作，并对此感兴趣。承诺可转化为具体的行动，如准时赴约、保密等。缺乏时间、缺乏关心是表达承诺的两个障碍。②理解，意味着积极的聆听和准确的共情，咨询师通过有效的聆听和共情把理解传达给来访者，让来访者感受到"咨询师是在努力的理解我"。③非批判的态度，是咨询师在咨询过程中，推迟评判来访者的行为和动机，避免谴责或宽恕来访者的想法、情感和行为，从而给来访者提供一个安全的治疗环境，让其无拘无束地表达自我的各种感受。④能力与关怀。咨询师给予来访者积极关注和尊重，自身也要接受督导、咨询。当咨询师感到自己无能为力时，要采用符合伦理道德的转介过程。

举例：一个女大学生为体育课的测试要当着大家的面做一个动作练习而感到非常紧张，而且她的同伴也看出来了，对她说："你怎么那么紧张呀？"她说："别人都看出来了，看出我紧张得不行。我难受极了。想到平时别人对我的印象都会因这件事而改变，想到同伴会和别人说，想到宿舍的人都会知道，全班人也会知道，我真觉得太难堪了！以后还怎么做人呢……"

咨询师：这的确是一件让人觉得难堪的事情。但尽管如此，你还是完成了那些动作，并且通过了测试，而且你还做了努力想使自己平静下来……

四、真诚

真诚（genuineness）是指咨询师应坦诚地面对来访者，开诚布公、直截了当地与来访者交流自己的态度和意见，不掩饰和伪装自己。真诚就是要求咨询师放下种种角色面具（如教师、心理咨询人员等），真诚的核心是表里如一。咨询师只有做到表里如一，才能让来访者感受到真诚，而表里如一的咨询师最大的作用是给来访者提供了一个典范，供其效仿。在咨询过程中，咨询师不是一个"十全十美"的人，咨询师的真诚态度为来访者树立了一个榜样，实际上是鼓励来访者以同样的真诚态度参与治疗，尽可能地暴露自己。在这种情况下，咨访关系中的双方都减少了不必要的防御和伪装，可以直接而深入地交流和沟通，为咨询提供了一个良好的心理环境。

（一）真诚在咨询中的意义

1. **真诚能导致信任感、安全感和更开放的交流**　你以坦诚待人，会让对方感到你是可以信任，可以交心的。这样就会为双方营造一个安全、自由的交谈氛围，来访者可以坦白表露自己的软弱、失败或过错而无需顾忌。

2. **真诚提供的榜样作用能产生咨询效果**　咨询师坦白、开放的待人态度实际上对来访者有一种吸引力，他也希望像咨询师那样坦坦荡荡地生活，因为这样比时刻提防这、琢磨那要轻松得多。来访者的许多问题也往往是与其人际交流的表面性、虚假性有关，而真诚的咨访关系能让来访者获得切实的感受和体验，并可能去模仿和内化，从而起到促进其改变的积极效果。

（二）真诚的实施技术

真诚至少有五个组成部分：

1. **支持性的非言语行为**　传递真诚的非言语行为包括微笑、目光接触和有效倾听。

2. **角色行为**　真诚的咨询师是一个让人感觉到舒适的人，而不过分强调自己的角色、权威和地位。

3. **一致性**　这意味着咨询师的言行和情感相辅相成，保持一致。

4. **自发性**　在没有刻意或做作的情况下自然地表达自己的能力，但以来访者的成长为限度。罗杰斯建议，只有当不利的情况持续不断，或他们干扰了咨询师传递共情和积极关注时，咨询师才可以表明自己的负面情感。

5. **开放性**　通过咨询师的自我示范来帮助来访者暴露自己的问题，给来访者带来问题解决的希望，从不同的视角进行自我探索。

（1）自我表露：指咨询师自愿、适度地讲述自己的真实感受、经历、观念等与来访者分享。咨询师的自我表露有两种形式：一种是表明自己当时对来访者言行的体验，例如"我很高兴你今天能一个人来这里，而不再让你丈夫陪着你来"。另一种是告诉来访者自己过去与他相似的一些经历，例如"你说你感到一种可怕的孤独，我可以想象得出，我刚到一个新地方时也有过类似的体验"。自我表露不能离开会谈的主题，不然就变成咨询师的自我炫耀或自我发泄了。

（2）言行协调技术：这是指调动和运用非言语技术来传递真诚，并使言语传递与非言语传递相互配合、协调一致。也就是说，当人们发觉对方的言语行为和非言语行为不一致时，人们宁愿相信非言语行为，而不会相信言语行为。这也说明了心理咨询中言行协调一致的重要性，尤其是真诚，更强调表里如一、心口一致。咨询师需要经常留意和控制自己的一举一动、一言一行，尤其是那些下意识的动作和习惯等。例如：

来访者：坦白地说，我认为你不喜欢我，尽管你为我付出了大量的精力，但是我仍然感觉到你不喜欢我。

笔记

咨询师1：我想我们今天不一定要在这里讨论喜欢或者不喜欢的问题，我在这儿帮助你的，喜欢或者不喜欢你不是我们要讨论的主题。

咨询师2：我不能肯定那会有什么不同……（停顿）……等等！让我回顾一下：上一次会谈，我们谈到你在我们的关系中过于自信，我想现在你好像又变得过于自信了，我因此在忽视你，你的话好像是在说我们应该看看我们在咨询过程中的关系了，我不喜欢你但又一直付出努力，好像使你感到困惑。

（张 辉）

第四章　心理咨询的设置与阶段

作为助人自助的一项专业活动，不仅心理咨询师在影响来访者，心理咨询师工作的空间场所等设置情况也在影响着来访者。心理咨询有严格的专业设置并对咨询关系乃至整个咨询过程产生深刻的影响。作为咨询师和来访者一起工作的部分，设置作为一种安全框架为安全和信任提供了最好的条件和保障，对咨询的成功是十分必要的。这些设置包括心理咨询的时间、场所、收费等具体安排。

心理咨询是一个连续动态的过程。咨询师和来访者咨询关系的建立和保持，皆处于变化之中。无论咨询师是否有意识，咨询过程都或多或少、或隐或现的存在阶段化的特征，咨询师也需要在咨询的不同阶段关注不同的问题。

本章主要讲述了心理咨询的设置、心理咨询过程中不同阶段的问题。对于影响心理咨询过程的有关咨询技术，请参阅相关章节。

第一节　心理咨询的设置

心理咨询的外部设置有着严格的专业要求。心理咨询的场景是一个非自然的、"人工的"场景，是通过特定的设置（setting）如场所、室内摆设、人物、预约、时间、付费标准等构成的。格式塔学派主张在咨询师和来访者之间签订"管理契约"，这份契约指的是咨询师和来访者就诸如咨询时间、地点、频率以及收费，咨询取消原则以及保密性原则等"行业"细节所签订的合同，帮助咨询师和来访者在咨询方向上取得一致意见，并为确保双方的紧密合作提供指导。伯恩（Eric Berne）提出建立初始的工作协议 -TA 协议，把协议定义为一种明确的"对行为过程领会好定义的双边承诺"，包括职业性协议、管理性协议、治疗性协议，其中职业性协议涉及了预约的时间、长度、频率和收费以及所能提供的服务条件等主要元素。我国心理咨询从业者对此重视还非常不够，有时甚至比较随意，因此而引发一些问题，影响咨询的顺利进行。

一、预约设置

预约标志着心理咨询的开始，预约本身也是心理咨询的一部分，没有预约一般不接待来访者。预约突出了心理咨询的职业化特点，体现了心理咨询的设置，把心理咨询和聊天、谈心等生活化的事件区分开来。预约后等待咨询的时间可以成为一个来访者前来咨询的心理准备阶段，在这个阶段，来访者内心来与不来的冲突非常激烈，在实践中，取消预约的情况比较普遍，这突出显示了来访者心理准备不足的情况。来访者可以梳理自己的内心体验、打算向心理咨询师表述的心理困扰。预约本身体现了心理咨询的严肃性，预约给来访者提供了重要的暗示：心理咨询不是随意开始的聊天活动，而是一种十分正规的、需要付费的职业活动。同时，预约设置也在潜移默化的提示来访者保持界限，学会等待、忍耐、遵守设置，

笔记

审视与咨询师的关系。

（一）预约设置的界定

预约设置是指来访者在咨询之前与心理咨询机构进行的有关咨询时间、地点、咨询师等方面的约定。如果现场预约，这时的气氛总是要承载来访者迫切的期待、焦虑、希望。一般情况下，来访者最大的疑问是："我的问题能得到解决吗？"这本身是一个非常有勇气的行为，他们觉得无能为力，需要得到咨询师的指导和帮助。所以，接待人员要提供一个宽松的、欢迎的、接纳的环境，对来访者负责，简要介绍心理咨询的有关信息，比如：咨询周期的长短由心理问题的性质决定，一次咨询可能无法实现来访者的目标；为了达到良好的咨询效果，来访者需要开放自己的内心世界等。同时，要了解来访者的基本情况，包括年龄、性别、文化程度、职业、家庭状况、联系方式等基本信息，以及困扰他们的主要心理问题。以下是比较常见的预约形式：

1. 电话预约　电话预约是最常见的一种方式。许多来访者可能深受困扰，饱尝痛苦，实在走投无路才鼓起勇气打电话给心理咨询机构，在预约时可能表现得特别急切，要求立刻咨询，甚至在电话中就迫不及待的要把自己的问题一股脑说给接待员。面对这样的来访者，接待员应向来访者说明电话预约只是记录来访者的基本信息和主要问题，并询问可以咨询的时间、对咨询师的特殊要求等，具体的问题需要和咨询师面谈。有的来访者在电话预约时仍在要不要咨询的冲突中，动力不足。面对这样的来访者，接待员应该态度平和，做到尊重、共情、真诚，缓解访者的焦虑，并进一步询问主要问题并预约咨询时间。

2. 现场预约　现场预约的来访者往往比较急迫，对咨询抱有极大的期待，而主动放弃内在资源，想全部依赖外力解决问题，想要直接开始咨询而不仅仅是预约。咨询师可以在现场进行预约接待，了解来访者的问题及需要，介绍心理咨询的性质，切实履行预约程序。相较于电话预约，现场预约的来访者能够更真实地展现其症状特征，便于接待员在协助选择不同取向的咨询师时更有针对性。需要注意的是，即使来访者刚好赶在咨询师的空档期到来也一定要履行预约的程序，而不是直接开始咨询。

3. 朋友预约　来访者通过咨询师的朋友预约是较常碰到且相对难处理的一种情况，这涉及咨询伦理的双重关系问题。受到传统文化的影响，碍于人情是咨询中许多咨询师特别困惑的问题，最好的解决办法就是转介。咨询师的朋友在介绍来访者时会当作介绍一个新朋友一样，来访者也会因为认识咨询师的朋友很自然拉近自己和咨询师的关系，更愿意把咨询关系先变成朋友关系，甚至认为更安心，值得信任，疗效会更理想。朋友和来访者都不是专业人士，这些想法和做法情有可原，咨询师自己一定不能受朋友的影响，要严格的区分工作关系和私人关系，做到生活状态下不咨询，咨询状态下无朋友。可能看起来有点不近人情，但却是为了对来访者负责。

4. 家长预约　家长预约多见于少年儿童和青春期的孩子，且大多数是孩子不愿意来咨询，迫于家长的压力勉强同意。家长往往急于说明问题寻求解决方案，处理方法可以参照电话预约的急迫型情况。预约后，家长往往会陪同孩子来咨询，有的家长甚至坚持和孩子一起进行咨询，家长在场会给孩子无形的压力影响其表达，甚至在咨询中代替孩子说话，而且咨询过程中家长的阻抗可能比孩子来的更强烈。因此最好在预约的时候就和家长协商好，要求孩子单独前来咨询或部分时间单独咨询。

以上种种情况并不能涵盖所有预约中所遇到的现象，但是严格遵守预约制度是心理咨询技术设置的基本要求，预约既有利于来访者解决好自己的心理问题，获得心理成长，又有利于心理咨询师卓有成效的开展工作。

（二）预约设置的目的

1. 选择合适的来访者　不是所有的来访者都适宜做心理咨询。接待人员应当明确心理咨询的适宜对象,来访者需具备一定的接受心理咨询的领悟能力或内省力。心理咨询对一些来访者效果不明显,这些来访者包括精神疾病患者(目前处于急性发作或复发状态)、严重抑郁症患者、智力缺陷者等。对于这部分来访者,有必要转诊,建议来访者去精神科接受治疗。

2. 为来访者选择合适的咨询师 通过预约,来访者自己可选择同性或异性的咨询师。同时,一个合格的咨询师的标志之一便是能够认识到自己能力的局限性。在自己的问题尚未得到修通之前,咨询师可能不愿意接受那些与自身问题极其相似的来访者。为了避免界限冲突及角色冲突,当来访者是亲戚朋友时,咨询师要意识到界限问题,这对咨询师来说非常重要。

3. 签订咨访协议或知情同意书,为咨询提供准备 接待人员与来访者确定咨询的具体时间、地点、联系方式、收费标准,并告知将为来访者个人资料保密。在某些情况下可能作为科研、教学使用,目的是更好的协助心理咨询和治疗工作。如果来访者不希望做此用途,须告知接待人员。在咨询开始前填写个人相关资料时,来访者要签署同意书,其中包括咨询期间不做出危及自身及他人生命安全的重大决定,在特殊情况时(如有自杀意图)容许咨询师通知适当人员予以照顾等重要内容。

(三)预约设置的心理学意义

1. 分析来访者的类型 在咨询中,来访者的角色是不断变化的。咨询师可以根据来访者的诉说判断来访者的特点,对其初步分型并推测出其以后要说的话。在预约时,咨询师可思考来访者的类型。例如,在分析体验式心理咨询技术中,将来访者区分为急迫型、冲突型、控制型和依赖型。

焦点解决短期心理咨询曾将来访者的类型分为游客型、抱怨型、消费型三种类型。对于游客型,咨询员应尽可能地尊重和理解个案;永远站在个案这一边,去了解与接受个案想要谈的咨询目标是什么;就个案的话题开始引导;对给予赞美与鼓励,肯定个案的到来。对于抱怨型,通常是教师或家长,肯定抱怨者的细微观察;提供观察型或思考型的家庭作业;引导个案由负面的抱怨转而懂得发现生活中正向的、值得肯定的部分。对于消费型,咨询师与个案一起讨论,提供具体可行的家庭作业,让其逐步练习与发展,而达成咨询目标。这是提高自己咨询技术的一种很好的方法,在这个过程中咨询师可以提出各种假设,待以后对假设进行证实或证伪。

2. 评估来访者的求助动机 心理咨询的来访者应该是主动求助者。也就是说,来访者是有主动意愿来寻求心理帮助的,只有这样才能与心理咨询师建立良好的咨询关系,减少咨询中的心理阻抗。而现实环境中,也有不少被动求助者,即家人或朋友认为有心理问题,而自身却没有求助动力。建立在这样的动机基础上,来访者易产生抵触和逆反心理,影响良好咨询关系的建立,使咨询难以深入和维持。通过预约,可以对来访者的求助动机做出初步评估。

3. 调整来访者的期望水平 来访者的期望有些是合理的,有些过于理想化,根本无法达到。不过,来访者最初表达的期望,不一定就是咨询的目标。当咨询关系开始巩固时,真正的问题和期望才会浮出水面。有些来访者期望一次咨询就能解决持续很久的问题,所以有必要澄清,问题的解决需要一个咨询过程,时间的长短取决于来访者自身的状态和问题的性质和程度。

4. 有助于咨询关系的建立 来访者通常是在遭遇痛苦时来寻求帮助,并明确希望得到这类帮助或得到新的启发,因此,通过预约,双方可就咨询目标取得一致意见,使来访者明确咨询师能提供什么帮助,从而为双方的关系建立奠定基础。

二、场所设置

心理咨询的场所设置一般是指心理咨询室的环境设置。场所设置是对咨询起促进或妨碍作用的因素之一，对心理咨询的进程有着非常重要的影响。心理咨询一般严格要求在心理咨询室进行，特定的情境会以不同的方式影响来访者，心理咨询乃是全方位的信息交流。弗洛伊德也曾说过：心理咨询室里的任何一样东西都具有象征意义。除了直接的言语和体语交流之外，房间的布置，家具的颜色，画像的摆挂，阳光的投射等等，都在传达着无声的信息。心理咨询室的设置首先要考虑使来访者安心、放松、舒适、注意力集中和保守秘密。咨询室一般要光线柔和、安静舒适、整洁温馨、色调优雅。同时，环境应具有适度的唤醒水平，以使来访者觉得足够放松，从而能够探索自己的问题及显露自我。对于一些情况特殊的来访者，咨访双方可以约定到与上述设置要求比较一致的场所进行咨询。

（一）物品配置

简单的心理咨询室只需要两个沙发、一个茶几、几把备用椅子、一个钟表就可以了。但房间内的布局，如沙发、茶几如何放置，壁画的选择、钟表的悬挂等则需要仔细研究，不应有分散来访者注意力的设置。另外，咨询室内可配备乐器、沙盘、生物反馈仪等专业用具，也可准备一些儿童玩具。有条件的可设置专门的个体咨询室、团体咨询室和儿童咨询室。心理咨询室必须保证专业、保密，物品配置的一个基本原则是：所有配置都必须为心理咨询服务，而不能起干扰作用。

（二）座位设置及心理意义

咨询师和来访者的位置关系通常会影响咨询关系的建立。沙发的摆放要考虑心理咨询的位置关系，要注意座椅和门的关系。从咨访双方的座位上都能看到门，避免咨访双方的任何一人背对门的情况出现。双方适度的空间距离平均在75cm～1m。"在咨询中，咨询师和来访者保持90～120cm的距离，被视为是最有效且引起焦虑最少的距离……距离过近会抑制他们的言语表达量。"两个座位的理想角度一般为90°，采取临边而坐的方式。这种位置关系既避免了对视对来访者造成的紧张不安、焦虑，获得了安全感，又促进了咨访双方的互动交流，容易产生情感共鸣并构成信任关系。咨询师容易观察到来访者的整体面貌，包括坐姿、体态、面部表情等非言语行为以及言语行为，便于及时收集信息并及时做出反映。两个座位之间茶几的存在，又能缓解来访者的由咨询师注视所造成的心理上的压迫感。

比较图4-1中1和2的位置关系，可以看到，第1种情况，虽然利用茶几作为屏障，但咨询师和来访者之间有着明显的对抗或压迫感。第2种情况，利用茶几作为屏障，允许来访者有自己相对独立安全的空间，当他感到舒适或必要时，可以选择从角落里出来，与咨询师进行沟通和交流，这是首选的座椅设置。

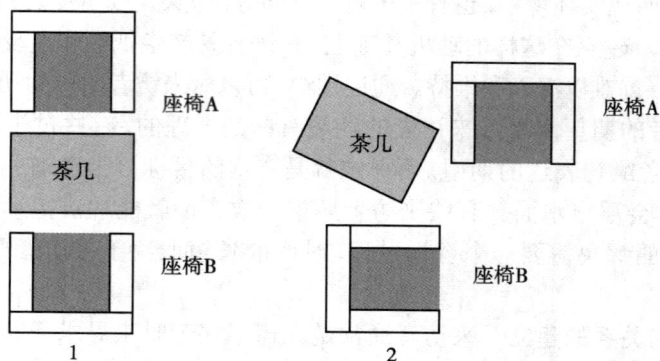

图4-1　心理咨询座椅设置

此外，钟表一般悬挂在咨访双方都能观察到的对面墙壁上，使来访者和咨询师都能有良好的时间观念和时间意识，遵守时间设置，及时地分离。同时，看得见的时间流动对来访者开放自己起到良好的促进作用。

（三）空间效应

空间效应是场所设置中应该注意的一个重要内容。在心理咨询中，空间效应除了座椅设置和物品设置外，还涉及咨询师和来访者的距离，包括个人的空间和"领地"问题。当来访者的空间或领地被侵犯时，来访者就会采取一些行动来恢复到适合的距离，进行自我保护。比如茶几的设置或在茶几上面摆放花瓶，就为来访者提供了一个相对安全的身体缓冲区。所以咨询师要对来访者的空间需求有非言语的敏感性。距离过远或过近，都会影响来访者和咨询师的交流。在家庭心理咨询中，这种空间效应会相对清晰，比如：来访者挨着谁坐，与其他家庭成员相距多远等。

（咨询师伸出手，很热情地想与来访者握手）

来访者：不用握手了。

咨询师：请进。这儿有两把椅子，您选择坐哪一把？

来访者：需要选择吗？有什么不同？

咨询师：没有特别的规定，看您的情况而定。

来访者：您先坐吧。平时您坐哪个比较多？

咨询师：不一定。

来访者：您是不是坐这个比较多（指着其中朝向门口的一把椅子A）？

咨询师：通常都是客人来了选择一把椅子，我坐另一个。

咨询师：通常我坐这把（咨询师指着A椅子说）。

来访者：我也可以选择这把（指着A椅子说）。

咨询师：可以。请坐。

（来访者选择A椅坐下）

在这段对话中，咨询师伸出手想与来访者握手，却被来访者拒绝。此时的来访者仿佛在说："您想跟我握手，那得看我愿意不愿意。"来访者多次询问咨询师平时坐哪把椅子，选择咨询师通常坐的椅子坐下，是来访者想要夺取控制权的象征性肢体语言。可以通过以上对话，分析来访者的类型及其心理动力，从来访者的表达中可以获得他挑战对抗咨询师的信息，获得来访者空间位置选择所投射出的心理控制感。

三、时间设置

心理咨询的时间设置是指对咨询时长、期长、频率以及与时间相关问题的设定。稳定和清晰的时间设置有助于观察和理解来访者的内心世界，促进咨询关系的建立与维持，具有特别的心理意义。因此，心理咨询师应对时间设置的重要性予以足够的关注，把握时间设置及相关现象所具有的心理意义，减少时间设置的随意性，增加严肃性和科学性。

（一）时间设置的界定

1. **时长**　时长是指每次咨询的时间长短。一般来说，个体咨询的时间以1次45～50分钟为限的设置比较普遍，原则上不能随意延长，但也可根据具体情况加以调整，最好在咨询的开始阶段就使来访者了解此次咨询的时限。例如，婚姻家庭咨询一般为90分钟，特别是对于儿童来说，缩短或延长每次会面的时间，或者将每次会面分成不同的小段来进行会有助于咨询师更好地对家庭进行咨询。团体咨询一般多为90~120分钟，心理动力学取向的心理咨询对时间设置要求比较严格，一次咨询50分钟，不能随意突破。而为有精神分裂症的来访者进行咨询，则需要将咨询时间缩短为20分钟或30分钟，电话咨询则以每次30分钟为限。每次咨询接近结束的时候，有10~15分钟的总结时间，既可以处理一些来访者突然出现的急性情绪事件，也可以用来理顺重要的咨询片段或者为接下来的会谈作准备，这

笔记

是每次咨询结束阶段必不可少的部分。

进行这样的时间设置，是因为在咨询进程中，咨访双方要保持精神集中，聆听与倾诉而不感疲劳。一般情况下，普通成人的注意周期为 50 分钟，儿童的注意周期比较短，一般为 30 分钟左右。对于康复期的精神分裂症的来访者，则需要根据其精神状态确定每次咨询时间的长短。

2. 周期　周期是指整个心理咨询过程将持续的时间长度，通常用咨询次数表达。咨询周期的长短因来访者心理困难程度、所用咨询方法及咨询目标不同、各种各样条件的不同等而有所差异，有的可用短程心理咨询，有的则用长程心理咨询。

来访者常常在最开始就对自己到底需要多长时间的心理咨询（或咨询次数）特别关心。对于有些来访者，签署短程咨询协议，不仅可以避免让来访者产生依赖心理或被贴上"疾病"或"病态"的标签，而且可以迅速激发来访者的咨询动机，更易体现咨询效果。最理想的短程心理咨询不应该有时间限制，咨访双方要有"时间意识"（time-conscious），凭借这种意识，咨询师和来访者商定咨询次数或者一种不限时（open-ended）的咨询协议。有些咨询机构仅允许咨询师对来访者会谈 2~4 次（EAPs 机构），或有一定的"时间 - 效果"（throughput）要求。精神分析取向的长程心理咨询一般是开放式的结尾，不提前设置结束的期限；短程的精神分析取向的心理咨询，一般在 3 个月至半年左右结束。也有的咨询师采用了疗程的概念，以 6 次咨询作为一个疗程，建议来访者先接受一个疗程的心理咨询。

采用短程心理咨询还是长程心理咨询，除了来访者的问题因素和外界限制，还受咨询师的理论取向和个人偏好的影响。短程心理咨询具有灵活、高效、经济、省时的优点，但对于那些需要较长时间咨询的问题，尤其是人格障碍问题、心理发展问题、儿童期心理创伤以及那些需要深层信任咨询关系的问题，则需要进行长程心理咨询。

总之，不管用何种形式进行咨询，咨询师都需要在与来访者讨论咨询设置、签订咨询协议的时候，给来访者提供一个时间参考，以便来访者进行心理上的准备。

3. 咨询频率　咨询频率的设置以 1 周 1 次或 1 周 2 次比较普遍，有时应根据来访者的精神状态、发展水平、年龄、咨询方法的需要等加以调整。经典精神分析的咨询频率通常是每周咨询四至五次，个别咨询目前以每周一次或每周两次的设置比较普遍，团体咨询常每周一次，家庭咨询中可以从一星期几次（如果来访者处于深度危机状态）、两周一次到一月一次的设置，随着家庭的改变，时间间隔可以适度延长，直至最后结束咨询。在咨询结束后，咨询师可以用随访或检查的方式会见来访者。比较而言，每周两次每次 50 分钟的咨询比每周一次 100 分钟的咨询效果要好。

（二）突破时间设置的现象

心理咨询时间设置的指导原则是准时开始和按时结束。准时可以表达对来访者的尊重，尊重来访者的感受和反应。按时结束则向来访者表明咨询的时间界限。迟到、正处于突破边缘等并不能构成突破时间限制的理由。因为在具体的咨询实践中，时间代表着具体的含义，时间的改变暗示着不同的需要。"这与咨询师以及来访者的时间感以及开展或结束某话题的及时性和延迟性感觉有关。"在咨询实践中，咨访双方都可能出现突破时间设置的情形，具体表现见表 4-1。

表 4-1　咨访双方突破时间设置的表现

	突破时间设置的表现
咨询师	1. 遗忘或迟到。
	2. 延长或缩短咨询时间。
	3. 提前或推迟咨询开始时间。

续表

突破时间设置的表现	
来访者	1. 提前30分钟或者更长时间到达。
	2. 迟到。
	3. 一再取消前来会谈的约定。
	4. 对约定的咨询时间不满，要求延长会谈时间。
	5. 寻找借口，要求增加或减少咨询次数。
	6. 要求保持咨询时间以外的接触。

如果咨询师迟到，就需要在咨询开始时直接简明扼要的向来访者解释延误或迟到的原因，向来访者道歉并补偿被耽误的时间。从心理动力学的角度看，咨询师的表现是有意义的。弗洛伊德在他的著作《日常生活的心理分析》一书中对人的遗忘和过失行为进行了大量的研究，认为其背后有着丰富的潜意识内容。在意识层面反映着咨询师自身存在不守时或时间观念松懈，或者缺乏咨询的意识和热情等问题。在潜意识层面，一方面，意味着咨询师对来访者的排斥和拒绝、对咨询的阻抗，表现为拒绝或更多的关注和爱；另一方面则是对来访者的潜意识反映。其心理动力学原因常常是自身与来访者有类似的心理冲突而不愿意面对。咨询师应当及时反省自己迟到的潜在的心理原因，以避免类似事件的再次发生。在某些情况下，来访者在约定时间之前到达，而咨询师又没有其他正在会见的来访者，这时应避免提前开始访谈。来访者提前出现，并问有没有时间，除非存在十分危急的情况，咨询师的回答应是没有。

对于来访者来说，不遵守约定好的时间，早到、迟到、无故不到，则表明来访者试图反抗这一规则、争取控制的主动权、控制咨询师或存在咨询阻力。如果其最初的会谈表现并非如此，那么这种情况就表明来访者已开始进入改变自己的某个困难的领域。张日昇指出有以下几种可能：第一，来访者对咨询师的阻抗较强；第二，来访者守约的能力不强，行动过于任性；第三，试探咨询师，引起咨询师的关心和注意，以确认咨询师对自己的态度和接纳程度。

有些来访者会通过迟到、或者快到咨询结束时才开始谈论重要的话题，来表达自己的焦虑和阻抗。过早前来的来访者，可能安全感不足、什么事都要留下足够的空余时间；也有可能是存在过强的不安和焦虑，想早一些从痛苦的现实逃避到理想的咨询室来；占有咨询师更长的咨询时间，对咨询师产生正移情。对于极其准时的来访者，需要考虑的是，他是否担心在候诊室里见到其他人，或者有追求完美的强迫倾向。咨询师如果能帮助来访者认识到破坏时间设置的含义，并进一步了解其动力和冲突，将对整个咨询进程起到促进作用。

（三）时间设置的心理意义

1. 时间设置使咨询师与来访者都保持一种现实感　对于来访者来说，咨询时间的长短，不仅代表了咨询的久暂，而且代表着咨询师对自己关注和爱的多少。不管咨访双方之间产生了何种移情关系，时间设置都有助于使咨询师和来访者把强烈的移情关系限制在一种有节制的工作关系当中。

2. 时间设置是对来访者的尊重　稳定的时间设置满足了来访者希望得到平等、被认可等心理需要。许多研究也证明，大部分来访者愿意寻求时间设置严谨的咨询师，并对他们抱有好感。

3. 时间设置易使来访者产生安全感　咨询过程中，来访者易对咨询师产生依赖心理。通过时间设置，来访者可以知道自己在特定的时间可以见到咨询师，不会被咨询师所抛弃，重新建立起外部世界是可以预测和理解的认识，并由此体验其内部心理冲突。这种安全感对于建立和保持良好咨询关系以及保证咨询顺利进行起着重要的作用。

笔记

4. 时间设置是一种分离体验　每次咨询结束，对来访者都意味着与咨询师的一种短暂的分离，这时来访者往往体验到焦虑、愤怒、失落等负性情绪，因为他们无法从社会支持中获得必要的补偿，来保持咨询师和来访者之间力量的平衡。同时，新的领悟、觉察力需要一段时间才能整合。所以，这种暂时的分离，可以减少来访者对咨询师的依赖，增强来访者的自信，使来访者慢慢学习独立，增强成长的动力。

（在咨询的最后5分钟，咨询师对整个咨询过程进行概述，分析来访者当前心理问题的原因，提醒来访者领悟其中的动力变化。并准备与来访者协商下次咨询的内容。）

来访者：我还有一个特别困惑的问题，能否再给我一段时间？

咨询师：这次咨询要结束了，我们可以下次再讨论。

来访者：我可以照常付费的。时间感到太短了，这个问题我真的很困惑。

咨询师：根据咨询设置，时间真的到了。一次咨询不能解决所有的问题，我们可以思考这个问题在此刻提出来，您心里是怎样想的。

来访者：我不想现在就结束。我想再跟您谈一会儿。我在这儿感觉很舒服，但一走出这扇门，我又感觉不舒服。

咨询师：每次咨询结束都意味着一次结束和分离，出现这样的感觉是正常的，可以理解。

来访者：我还是担心，一旦我回到现实中，我会不会又焦虑了？

咨询师：您是说担心自己是否有能力应对现实中的苦恼，所以不愿意离开。是吗？

来访者：是的。

咨询师：我可以理解您的感觉。尝试着用我们咨询中学到的处理方式来应对，也许您会感到有所不同，跟以前不同。其实，每个来访者都是自己问题的专家，也有能力解决自己的问题。您看，经过咨询，您已经发生了很多的改变，而且您也已经感觉到现在的生活与以往已经有了很大的不同。尝试着去做，体验这种不同的感觉，体验觉察自己是怎样做到的，下次咨询我们可以首先讨论这种体验。好吗？

来访者：好。我试一下。谢谢您。

（来访者同意结束本次咨询）

在这段对话中，咨询师根据咨询设置准备结束咨询，来访者要求延长咨询时间。此时的来访者仿佛在说："我还不想结束。我想再跟您谈一会儿。"这是来访者想要打破时间设置，表达焦虑的一种表现。咨询师可以通过以上对话，分析来访者的心理动力，从来访者的叙述中获得他存在阻抗、不想分离的信息，以此来控制咨询进程、控制咨询师，获得心理安全感的目的。咨询师要及时地分析其动力和内心冲突，引导来访者认知领悟。

四、收费设置

收费设置在心理咨询中是一个比较突出的问题，对于心理咨询师和来访者之间的关系有重要的影响。收取咨询费是咨询过程的一个重要环节。从心理动力学的角度看，来访者直接付费的行为对于心理咨询的过程有着积极的意义，它在心理咨询与现实世界之间架起了一座桥梁。在当前，随着心理咨询与心理治疗在临床上的逐步展开，我们非常有必要明确这一职业的收费问题，并进一步作出明确的规定。

（一）收费设置的界定

收费首先是一种交换关系。在心理咨询过程中，咨询师和来访者讨论和处理付费包括费用的设置、费用的改变、费用的支付、费用的规则的意义非常重要。Krueger把金钱描述成在心理治疗和心理分析中"最终的禁忌"。传统心理分析观点更多是将金钱看作性心理发育肛欲阶段的相关问题来处理和对待。弗洛伊德和其他精神分析学家认为"酬金"具有"牺性"本性。其前提假设是：由于酬金是一种可以让患者的心理治疗动机提高到最大化的手段，它表现了患者对于心理治疗承诺的重要性，所以酬金的设定应当根据来访者可以负担的最大程度来定。这就意味着心理咨询可实行可变化的酬金制度。Krueger 从自我心理学的角度，认为金钱可能象征自尊的追求，也可能是一种对财富的畏惧。Marzillier 批评了经典精神分析对金钱的解释，认为：对于金钱我们有正反两种情感并存的评价。Bloom 认为金钱是"我们最初的生存的感觉，是物质的和心理的两种因素缠绕在一起的，需要发展出一种策略来处理这种生存威胁。"从真实的社会和金钱的生态关系角度提出金钱对维持财富、个人幸福和社会公平是可能的。

费用的设置一般是由咨询师价值所决定的，咨询师一般都应事先定出固定的费用。如果费用设置过高，对于不同社会群体就有不平衡的分布，就会使一些低收入群体难以接近，也可能使来访者减少咨询次数或过度急于求成，也可能使咨询半途而废。因此，费用的收取可根据不同职业群体收入水平的不同进行适度调整，采取不同的收费标准。收费标准一般比较稳定，不会轻易改变。

有的来访者可能主动提出增加费用或是送礼，咨询师此时应警觉其背后的心理动机是否有控制方面的内容并与对方认真讨论这一问题，要让来访者意识到咨询师接受或拒绝来访者要求的心理学意义。

大量的文献表明，免费的咨询具有有害的效果。Freud 曾劝告说免费可能会增加诸如感激的神经症性的阻抗。由于不需要付出，来访者很容易陷于对咨询师的依赖，削弱成长的动机，也容易使来访者停留在某个阶段，影响整个咨询进程。

（二）收费设置的心理意义

1. 收费设置是对咨访双方活动的制约方式和手段　心理咨询是建立在良好咨询关系的基础上的一种助人自助的活动。通过收费，可以明确咨询师的责任和义务，同时，也明确了来访者的权利和责任。一方面，支付费用意味着来访者积极主动地参与到咨询中来，不能半途而废，擅自终止。付费的来访者一般不会迟到或轻易取消会谈，在咨询过程中往往阻抗较小，愿意开放自己的内心世界。另一方面，来访者付费，对于咨询师来说也是一种责任的开始。

2. 收费设置体现了来访者自我成长的动力　强烈的求助动机是心理咨询有效性的一个重要保证。心理咨询是一项消费较高的心理健康服务，这使得愿意付费接受咨询的来访者大多具有较强烈的治疗动机，有改善不良心理状态的强烈愿望。而咨询师不可能很好地帮助一个缺乏求助动机的心理障碍者。正如一个牙科医生，不可能把一个不愿意拔牙的人的牙齿拔掉。

3. 收费设置是咨访双方自我价值的一种体现　收费涉及咨访双方的自我评价、依赖、自主、控制、内疚、亲密关系等，从而直接影响着咨询的效果。对于咨询师来说，收费过高，可能感到紧张、自卑、内疚等内在体验，并将负性情绪传递给来访者，影响咨询进程。收费过低，与咨询师的自身价值不符，影响"在场"的动力，影响咨询师和来访者良好咨询关系的建立，比如工作联盟的建立、尊重和共情。对于来访者而言，付费是自尊和自主的象征，也是其自我价值的一种体现。过高或过低都会影响咨询的动力和亲密关系、依赖或控制咨询师，影响自我成长。

4. 收费设置有助于咨访双方在亲密感上保持恰当的距离　收费设置使咨询师和来访者意识到他们不是一般的人际关系，而是一种单纯的工作关系，收费强化了两者之间的界限。这种亲密关系，只是在咨询室里发生，咨询结束，这种关系也就终止了。"我的倾听和帮助是我的工作，而不是因为我喜欢你、亲近你。"收费设置可以避免咨询师与来访者咨询时间以外的接触，保持咨询师和来访者的恰当的边界。

笔记

总之，设置是心理分析情境中的重要概念。设置是观察来访者反应的基本研究框架，并对咨询关系产生影响。最早对设置进行论述并强调的是弗洛伊德。"我们应该设想，倘若不是在此种设置下所提供的一些环境，患者就不会出现这些反应……。一旦患者了解了设置，并克服了其拘谨后，其阻抗便会找到其表达的另外涵义"。设置为来访者提供了一个内心世界的参考框架，有助于咨询师把握咨询室里发生的一切有深层心理意义的心理现象，进而揭示来访者潜意识层面的心理问题的根源、一贯的处事模式与情感反应。倘若不是在此种设置下，来访者就不会出现诸如移情、防御等反应。

第二节　心理咨询的过程

关于心理咨询阶段的划分，存在很多的不同观点。米恩斯和桑恩把咨询过程分为开始、中间和结束三个阶段。伊根的"问题管理"方法就是围绕着三个主要的阶段所建构的：帮助来访者识别和澄清问题情形；发展富有建设性变化的程序；以及实现目标。Sherry Cormier 等人认为，咨询该过程由四个部分组成：有人需求帮助；有人愿意给予帮助；受过专业训练，能够提供帮助；有特殊的环境使咨询能够进行。他们则将心理咨询过程分为建立咨询关系、评估及确立目标、干预策略的选择和实施、评估与终止咨询四个阶段。虽然咨询过程每个阶段的侧重点不同，但是各个阶段相互重叠、相互关联，形成一个连续的统一体，各阶段中的所有元素都始终贯穿于整个咨询过程，比如，即使到了后期阶段，咨访关系仍然十分重要，而分离体验也在每一次咨询结束时不断出现。分析体验式心理咨询将心理咨询过程分为初始访谈阶段、修通阶段、分离阶段。

虽然不同流派、不同取向的心理咨询师对咨询阶段划分持不同观点，但是所有的咨询过程大致都相同，都经历一些基本的阶段。根据咨询实践，一般把咨询划分为初期阶段、中期阶段和后期阶段。心理咨询初期阶段的任务是建立相互信任的良好的咨询关系；中期阶段的任务是帮助来访者解决问题；后期阶段的任务主要巩固、保持、强化来访者已取得的成果，使来访者收益最大化，并对咨询效果进行评估，终止咨询。

一、初期阶段——评估阶段

在日常生活中，每个人总在不断的观察、识别新环境及努力地理解自己所处的世界，形成大致的判断。有时人们很难意识到这一点，其实却是关系评估的一个重要的过程。同样的过程发生在咨询室里。从遇见来访者的那一刻开始，咨询师就有意无意的注意来访者的表情、姿势、衣着、情绪等，而这些也是资料收集、评估诊断的必不可少的部分。

评估阶段的内容包括建立良好的咨询关系，通过初始访谈、观察、心理测验、他人的反映等收集来访者的相关信息，通过资料的分析解读，明确来访者的问题、产生问题的原因、问题的严重程度，提出临床假设，通过试探性咨询证实和证伪假设来确立咨询的方向，制定咨询策略和方案为以后的咨询进程奠定基础。

1. **资料的收集与整理**　资料收集可以获得各种各样的信息，人们经常选用桑德伯格制定的一个提纲，包括人口学资料、求助原因及期望、早年回忆等十七项资料。在首次会面甚至整个初始访谈阶段，来访者可能会天马行空地对自己的情感困惑描述一遍，对自我做出一些有意识或无意识的评价，这是来访者的初步自我描述。咨询师在首次访谈的前 3~4 分钟应特别集中注意力，对来访者有一个大概的判断，对来访者述说内容应有一个大概的认识，对来访者的情绪体验有一个大概的把握——即对个案概念化，并通过内容及情感反应技术给予反映与来访者共情。在会谈中，确定会谈的内容和范围的参照点有：来访者主动提出的求助内容；咨询师在初诊接待中观察到的疑点；心理测量结果分析发现的问题；上级心理咨询师为进一步诊断而下达的会谈目标。

同时，咨询师需要了解来访者的既往史，包括咨询史、就医史，进行过何种治疗，疗效如何。咨询师的初始访谈对来访者非常重要，关系着来访者对咨询师的信任及咨询师对咨询进程的推进。

2. 个案概念化初步评估　将通过各种方式获得的临床资料相互印证和比较、整理分析，找到引起来访者心理问题的关键点，建立临床假设。来访者的故事经由咨询师的多元视角的倾听，在咨询师内心里和在咨询师与来访者的关系里，为尚未意识到的情感和想法提供一个开放的"空间"。咨询师的倾听有利于获得尽可能详尽的精神材料，而视角则赋予了精神材料的意义，为双方之间的互动提供全面的动力理解，在此基础上，形成初步的假设。值得注意的是，视角并非静态的结构，它会随着时间而改变。所以，咨询师经常会不断验证自己的假设，推动咨询的顺利进行。

临床假设的过程伴随着对症状的鉴别过程，咨询师则需依据来访者的具体情况提出假设。根据心理健康的标准，对来访者的心理健康水平进行评估，初步评估出一般心理问题、严重心理问题、神经症性心理问题，确定是否属于心理咨询的工作范围。一般而言，比较理想的咨询对象是一般心理问题、严重心理问题、神经症性心理问题的来访者。对精神病性问题，咨询师只能进行有条件的辅助性工作，促进其社会功能的康复，预防复发。对于已确诊的神经症患者，咨询师可根据自己的胜任力制定相应的干预方案，必要时寻求会诊或转诊。

如果来访者只是一般心理问题，我们可以选用焦点解决心理治疗或认知行为疗法；如果是较深层次的心理障碍，咨询师要从对来访者独特结构构成的理解假设手头的材料是以冲突为基础还是以缺陷为基础，来决定治疗策略。对于冲突型的来访者，一般以解释为主，咨询师和来访者一起探索冲突和对探索本身的阻抗。而缺陷型的来访者，则主要以肯定性干预支持为主，修正和分离扭曲的或弥散的自体—客体表象，引起客体关系方面的结构化。

评估阶段虽然是收集资料、了解情况，做出判断的阶段，但同样有助人的价值。需要注意的是，心理评估贯穿心理咨询的全过程。

二、中期阶段——咨询阶段

咨询阶段是心理职业活动的核心阶段，是最重要的核心阶段。这一阶段包括调整求助动机、商定咨询目标、商定咨询方案、实施方案等一系列步骤。这一阶段的任务是帮助来访者分析和解决问题，改变其不适应的认知、情绪和行为，促进求助者的发展和成长。

精神分析、理性情绪疗法都特别强调这一阶段，称之为修通阶段。精神分析强调领悟和修通，来访者对自己病情的动态性了解如果只是发生在认知的层次，是表面性的了解。对病情的了解还发生到情感的纠正与行为上的更改，这是比较彻底的深层次的领悟。在咨询师的支持下，让来访者回述所经历的创伤性事件，并重温其随带的感觉，改变或减轻其负性的情感反应，对创伤事件做不同性质的认知，并且采用比较成熟性的机制与心理去面对与应付，或透过目前来访者与咨询师所发生的"移情关系"去纠正与更改人际关系，进而改善遗留下来的情结。对于严重的心理创伤患者，可能有因受不了面对旧创伤而发生精神上崩溃的危险，所以应考虑采取比较慎重的途径，不勉强去作情感矫正经验。理性情绪疗法的修通是指咨询师运用多种技术，使来访者修正或放弃原有的非理性信念，并代之以合理的信念，从而使情绪症状得以减轻或消除。

这一阶段需要的时间较长，咨询师可根据其理论取向，选择恰当的咨询和干预技术进行工作。

1. 商定咨询目标　经过评估阶段，咨询师与来访者共同商定咨询目标。不同的咨询流

笔记

派有不同的咨询目标。一般来说，通过访谈，先找出来访者的主要问题，然后确定从哪一个问题入手，双方共同商定。如果咨访双方不统一，应以来访者的目标为主。一个有效的咨询目标，应该具有以下特征：

（1）积极：这个特点容易被人们忽视，但是其意义很大，目标的有效性，在于目标是积极的，是符合人们发展需要的。

（2）具体：如果目标不具体，就难以操作和判断，难以执行。目标越具体，就越容易见到效果。有时候，来访者的目标可能比较模糊、抽象，咨询师就应该和来访者共同讨论，经过分析，使来访者的目标逐渐清晰起来。比如每天散步 3000 步，做放松训练 10 次，等等。

（3）可行的：咨询目标要商定在可行的范围内，而不要超出来访者可能的水平，或超出咨询师所提供的条件。否则，咨访双方很难实现。比如某强迫洗手的来访者，目前每天洗手 50 次左右。要将咨询目标定在每天 5 次，就不可行。因为一般人平常每天洗手的次数也可能超过 5 次。

（4）可评估：如果目标无法进行评估，则不能称为目标。能够及时评估，有助于看到来访者的进步，鼓舞双方的信心，还可以发现咨询中的不足，及时调整目标或咨询方法。当然，咨询目标的实现，有些是直观的行为改变，有些则可能是观念的转变和情感的调整，可以用来访者的主观体验和观察来评估，也可以用心理测验量表来评估。

（5）属于心理学范畴：对于不牵涉心理问题的来访，一般不属于心理咨询的范围。心理咨询主要涉及心理发展和适应问题。对于有躯体疾病又有心理问题的来访者，心理咨询的目标并不是解决躯体疾病，而是针对躯体疾病引起的心理不适去解决。

2. 制订咨询方案 咨询师和来访者在相互尊重、平等的气氛下共同商定咨询方案。咨询方案是咨询工作所必须的，可以使咨访双方咨询方向和工作目标，满足来访者的知情权，便于操作、总结和评估。咨询方案包括以下七个方面的内容：①咨询目标：商定明确的咨询目标，符合咨询目标有效性的七个要素；②咨询方法和技术的原理、过程；③咨询的效果评估；④双方的责任、权利和义务；⑤咨询的设置：次数及时间安排等；⑥收费设置；⑦其他问题及有关说明。

3. 个体咨询方案的实施 通过前期的访谈与观察，咨询师对来访者有了全面的分析和评估，商定咨询目标，制定可行的工作方案。此时就可以根据来访者的问题，采用自身所擅长的咨询理论和技术开展工作，调动来访者的积极性，通过启发引导、支持鼓励，推动来访者自我探索和实践解决问题症状，消除阻抗，促进来访者的成长和发展，实现咨询目标。

三、后期阶段——结束阶段

这一阶段是咨询的总结、提高阶段。这里的后期阶段，包括一次咨询的后期阶段和整个咨询过程的后期阶段。对于一次咨询来说，要做好阶段小结，商讨下一步咨询的任务，布置家庭作业，处理咨询失误，不断修正咨询临床假设和判断。对于整个咨询来说，则要做好咨询的回顾总结，巩固咨询效果，引导来访者把咨询中获得的成长应用于日常生活实践。

第三节　心理咨询过程中不同阶段的问题

一、心理咨询初期阶段的问题

对于来访者来说，像所有新关系的建立一样，咨询是一个全新的开始，来访者充满了焦虑、恐惧、期待和希望。对咨询师而言，初期阶段的关键任务是与来访者建立关系并初步分析来访者的内心世界，在相互信任的基础上成功地与来访者建立良好的咨询关系和相互理解、信任的气氛，达成咨询协议，以确定一个良好的开端。咨询师要积极收集来访者及其问题的必要信息，敏锐地观察来访者在咨询情境的行为，对来访者的问题进行评估。

1. **建立信任**　咨询师经常要面对一个至关重要的问题，即信任问题。为了使自己对改变充满希望，来访者要认为咨询师值得信任才行，否则他们就可能中断咨询。所以，初始访谈时，咨询师需要简要介绍心理咨询是什么并说明保密的程度和限制。例如用三个基本步骤简介心理咨询：①澄清现实，以减少混乱（内在思想和情绪、外在的言行和环境）；②面对现实，而不逃避；③学习接纳现实（不能改变及不易改变的，如遗传和童年遭遇），并学习改变现实（从自己的思想言行开始）。同时也可强调彼此关系，要合作同行，以达到共同的咨询目的。

在咨询初始阶段，来访者往往依赖外部线索来判断咨询师是否值得信任。基于咨询师的权威、地位、声誉，来访者在咨询过程中继续信任咨询师。

事实上，咨询师能够在咨询中使用的最大资源是他们自身。要想巩固这种信任，咨询师就要在咨询中采取恰当的行为。咨询师希望树立良好的最初形象，并通过表明自己的信誉促使来访者进入咨询过程。在某种程度上，这种信誉是通过咨询师角色固有的"权力"、文凭、专业著作、声望展现出来。咨询师要通过控制言语和非言语的行为，以及同时表现出的各种专业性的行为线索，才能加强自己对来访者的影响。非言语线索包括眼光接触、身体前倾、言辞表达流利，这些线索表现了咨询师的关注、自然和话语的毫不犹豫，有助于来访者意识到咨询师的专业性。某些言语行为，如提出中肯、具有启发性的问题；用言语表现关注，不随意打断、倾听；表述时表现得坦率和自信；使用言语释义；用言语将问题具体化等，也能够体现咨询师的知识和技术水平，加强咨询师的可信任性。

咨询师的可信任性也取决于来访者的年龄、过去的咨询经历以及来访者的创伤经历。精神分析理论认为，一个人在他成年后是否具有与他人建立信任和友好关系的能力，取决于他早年生活经历中的客体关系。客体这一概念是相对于主体而言的，在精神分析理论中，客体指的是对我们心理发展影响最为重要的人，通常首先是父母或祖父、祖母辈的养育者，其次是兄弟姐妹。对某一客体投注越大，这个客体就越重要。一个始终能够得到充分并且恰当的关爱的孩子，就能够建立对生活和对他人的基本信任感，能够拥有基本的自信。反之，则容易陷入焦虑和自卑之中。

来访者往往用微妙的手段来获得咨询师是否值得信任的信息。Fong 和 Cox 归纳出来访者六种常见的信任测试类型（表4-2）。

表 4-2　来访者常见的信任测试类型

类型	信息	目的
询问信息	你能理解并帮助我吗？如"你有孩子了吗？"	寻找事实以外的东西，寻找咨询师是否有能力理解、接受、帮助他们的证据。
说出一个秘密	我能承担告诉你秘密所带来的危险吗？	测试咨询师能否接受他们，能否为此保守秘密，能否避免利用他们自己暴露出的弱点和伤痛。
要求帮助	你是可靠的吗？	测试咨询师是否可靠、可信任、真诚、坦率
贬低自己	你会接受我吗？	测试咨询师对自己的接纳程度
制造麻烦	你有统一的限制规定吗？	测试咨询师是否可靠、始终如一
质疑咨询师的动机	你的关心是真的吗？	测试咨询师的真诚

所以，如果察觉到和来访者之间可能存在某些信任问题，咨询师应该努力弄清楚是在哪些方面缺乏信任，及时评估咨访双方的信任关系，进而有针对性地解决这个问题。张日

笔记

昇认为在咨询初期，咨询师应回避空头的议论；回避对来访者的表扬和夸奖；回避过早的解释；回避早期的评估；回避提问敏感的问题；回避对他人的辩护和责难。

随着咨询进程，来访者的人格特点和行为中的某些方面会成为咨询师关注的焦点，咨询师有机会对来访者的言行进行进一步观察，有效地评估与来访者的互动，而最初形成的假设和尝试性咨询方案，相应的也要发生变化。咨询中，通过观察来访者与咨询师的互动可以获得来访者与其他人互动的典型模式，而咨询师在聚焦来访者行为时，必须保持高度的敏感性，以非批评性的态度指出这些行为，让来访者可以不受任何负面影响的接受它，给来访者提供可能带来改变的机会。

2. 协商期望　来访者的期望这一问题已受到相当多的关注。研究表明，在把不同的方法知觉为可信的或者更好的程度上，人们存在着明显的差异。也有证据表明，那些所接受的咨询形式与其期望相匹配的来访者更有可能做好，特别是在限时咨询中。同时也清楚地表明，人们寻求不同来源的心理帮助，可能会带着先前治疗中所形成的期望来参加咨询。

确定咨询师的角色和来访者的期望，为正在进行的咨询关系提供结构框架。来访者最初的愿望，不一定就是咨询的目标。一些来访者前来咨询所持的预期与咨询师的期望在咨询频率、周期等方面可能相近，其他方面可能不是很一致，如来访者可能受到心理访谈等电视节目的影响，与咨询师的期望有很大的分歧。一般来说，来访者对咨询充满了期望，期望消除自己困扰已久的心结，减轻自己的痛苦。许多来访者希望通过一次咨询解决自己的全部问题，这种心情可以理解，并可以化作咨询的动力，使来访者愿意接受咨询师的引导并做出改变。"我的问题能得到解决吗？""我多长时间才能好起来？""我的问题能一次解决吗？"这是来访者咨询初期非常关注的问题。在这里，来访者可能对他们存在的问题和咨询的目标没有清楚的认识。这时，咨询师宜与来访者商定用几次会谈来探讨和商定他们的问题及咨询的目标。有的时候，来访者的期望和目标可能很高，而且非常不现实。此时，咨询师则需要调整来访者的目标，以便使这些目标更实际，更容易实现，比如关注某个具体的心理问题。极个别时候，来访者的目标可能和咨询师的价值观发生冲突，咨询师则需要保持价值观中立原则。一些慕名而来的来访者存在对咨询师的理想化移情，面对这样的来访者，咨询师应该主动走下神坛，告知患者咨询师是帮助患者自己解决问题，从而激发来访者寻找自身的力量。

咨询师要注意，有的来访者不仅对咨询目标怀有期望，而且也对咨询师如何开展咨询抱有期盼。所以，咨询师就需要和来访者一起探讨：在咨询过程中，希望在哪些方面发生哪些事情，包括咨询将持续的时间或都有谁会卷入到咨询中来。在咨询开始就和来访者讲明咨询的实质非常重要，有必要澄清心理咨询需要一个过程，问题的改善，需要双方的共同努力。当然，"希望"能够使来访者进入并停留在咨询中并使其更加接受、服从心理干预。同时，咨询师要注意来访者对咨询师的角色期望。在咨询过程中，来访者往往把咨询师当作生活中重要影响人物的精神客体来看待，产生移情反应。在适当时候，咨询师和来访者要一起探讨这一重要关系，防止其成为咨访关系发展的阻碍。

3. 初期评估　初始阶段最本质的目标就是迅速而充分地进行评估。评估是识别和确定来访者问题以便确定咨询方案的方法之一。会谈法是最普遍的行为评估手段。评估包括获取来访者的背景信息，尤其是那些与当前问题有关的内容。如来访者的问题症状是什么类型？严重程度如何？是否是心理咨询的合适对象？这些信息是整体评估过程的一部分，可以帮助咨询师把来访者主诉的问题和困难情境的零散信息片段连接起来。因为来访者当前的问题经常是由其过去经历的事件延续或促成的，来访者过去遭遇过的创伤性经历是咨询中最有用的信息。同时，咨询师不仅要充分的考虑有关来访者的不同信息，而且要考虑与来访者咨访关系的互动。咨询师要在相对较短的时间内保持警觉，以便评估一些必要的信息,如来访者的行为反应和线索。如果评估时间过长,就会增加来访者的咨询成本,延迟治疗。

在大多数心理咨询案例中,通过病史采集,初始访谈可以使咨询师做出必要的评估。病史采集在会谈的初期阶段进行,信息主要有:关于来访者身份的信息;总体外观形象和行为;与现在问题有关的往事;以往的精神病史或心理咨询史;教育和工作背景;健康和医疗史;成长史;家庭、婚姻和性方面的历史;对来访者沟通模式的评估;精神状况;诊断结果总结。在最初的面谈进行之后,如果咨询师对来访者的精神状况有怀疑,怀疑可能有脑部器质性病变,这时就要介绍来访者到精神科或神经科进行检查。如果是适宜咨询的来访者,咨询师则需要进行进一步的会谈评估。评估来访者问题的一般程序,见图4-2。

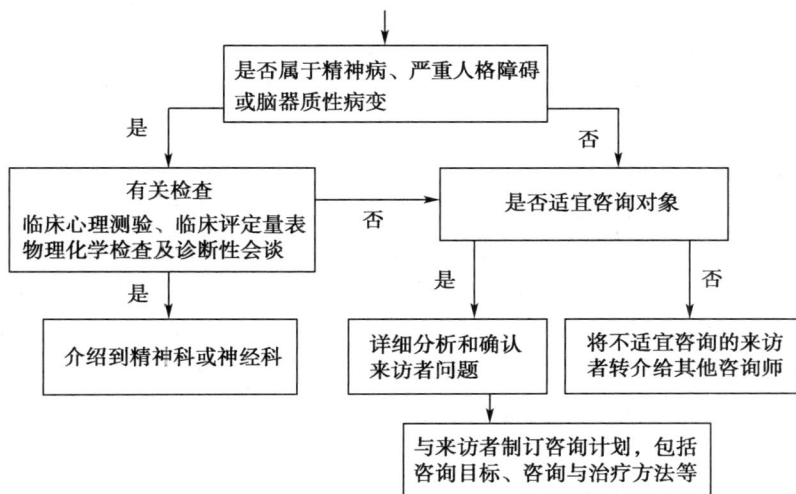

图4-2　评估来访者问题的一般程序

进一步会谈评估,需要掌握的11项内容如下:

(1)解释评估的目的:向来访者说明评估的理由。

(2)确定问题的范围:帮助来访者确认所有相关的原发及继发问题,以得到一个问题的大致框架。

(3)问题的选择和排序:帮助来访者将问题排序,并找出最关键的入手之处。

(4)明确目前存在的问题行为:帮助来访者明确问题行为的六个组成部分:情感、躯体、行为、认知、情境、关系。

(5)明确前因:帮助来访者明确前因及其对问题行为的影响。

(6)明确后果:帮助来访者确定主要的后果及其对问题行为的影响。

(7)找出二级获益:帮助来访者发现潜藏着的影响因素,正是这些因素维持了问题行为的存在。

(8)了解以前问题解决的方法:帮助来访者回忆以前是怎样解决和尝试解决问题的,以及这些努力对问题所带来的影响。

(9)了解来访者个人及环境的有利因素及其应对技巧:帮助来访者回忆过去及现在的影响方式或适应行为;这些技巧对解决目前问题可能会起到的作用。

(10)了解来访者对自己问题的知觉:帮助来访者描述自己对问题的理解。

(11)明确问题的强度:明确问题对来访者生活的影响,包括问题的严重程度、问题行为发生的频率和持续时间。

笔记

评估和咨询是无法分开、相互结合在一起的过程，事实上，在整个心理咨询过程中，经验丰富的咨询师一直在评估来访者，而且评估咨询中正在发生什么，评估自己的反应。比如，出现了哪些对来访者有重要意义的事件、人物？来访者发生了哪些变化？同时，也要做预后的一些评估。

总之，在咨询的初期阶段，咨询师通过病史采集和敏锐的观察，收集尽可能详细的信息，作出评估，并在咨询过程不断修正自己的假设和评估，形成尝试性的咨询方案，并且与来访者建立良好的咨访关系，这样，咨询成功的机会就会增加。

二、心理咨询中期阶段的问题

心理咨询的中期阶段是一个变化的过程，也是心理咨询最重要的阶段，主要任务是帮助来访者解决问题。在这一阶段，咨询师采用何种方法，来访者产生哪些变化，取决于来访者本身及问题的性质及程度。对于咨询师来说，主要责任是帮助来访者成长，发展与来访者的关系，完成对来访者内部世界的探析，帮助来访者自己成为帮助自己的个体。

（一）对资料的分析与理解

引起来访者心理问题的原因是生理、心理、社会诸因素交互作用的结果。一因多果、一果多因、互为因果，关系错综复杂，不仅有横向的交叉，而且有纵向的联系，共时态原因和历时态原因交互作用。共时态原因是指生理、心理、社会横向诸因素的作用；历时态原因是指生理、心理、社会纵向诸因素的作用。有些表面看起来不相关的事和人，却是问题的关键。有些因素好像是问题的原因，经过解读，却发现也是心理问题的一种表现形式。所以，在收集资料、初期评估以后，咨询师要对来访者的问题进行分析解读，找出隐藏在来访者心理深处的症结所在。

以精神分析为例，人的精神状态可在不同的意识层次里存在而且活动，包括"意识"的、"前意识"的和"潜意识"的。临床观察发现，个体令人难受的事件或痛苦的心理体验，会暂时的从可意识到的层次潜抑到不会意识到的层次里，以减轻痛苦体验。比如对创伤性事件，个体就会无意中把它们潜抑到潜意识的境界，连自己也不知道或不记得，无法意识，也难以说明病情的来龙去脉。这些被潜抑的情结或创伤性回忆，总是存在在潜意识的境界，没有好好处理，就会时时影响个体的精神状态，以病态的症状表现出来。比如有些来访者受困于潜意识的情结，而以强迫的症状来应对。但是经由分析的过程，采用自由联想、催眠、梦的解析，这些事件又可出现在意识层次，让我们能比较全面地了解，进而发觉复愈的途径。因此，咨询师要帮助来访者克服阻抗作用，把潜抑下来的精神材料意识化；一旦浮现在意识的层次，不但能意识、沟通和讨论，而且面对问题的核心，正面去处理，想办法把问题解决。

精神分析认为，一个人的精神状态与早期遭遇的心理创伤或特殊的经历有关。所以，它的着眼点不仅是研究目前的问题是如何发生的，病情如何引发，还比较关注来访者的早期经验，从心理的角度探讨个体各个发展阶段遭遇什么特殊的问题，是否顺利完成各个阶段的发展课题。比如，如果来访者口欲期受到被养育与保护的割夺与中断则易失掉建立基本信任感与安全感的能力；肛门期被管训严厉可能妨碍自治自立；性蕾期没有被容许与鼓励自发性活动可能产生自动自发的困难，或者发生严重的三角性情结问题；在潜伏期没有被父母鼓励从事生活上的各种活动影响勤勉或自卑心理的建立，或者由于缺少与同性父母接近与模仿的机会而阻挡心性认同的过程；到了青春发育期，是否曾因对性的兴趣的萌芽被处罚或打击而影响日后心性的发展等。

咨询师在对来访者的资料进行分析时，要经历"个案概念化"的过程，即使用所获得的分析材料,建立一个对个案完整的理解,以此对个案进行说明:病情与心理困难是如何发生,是如何被来访者处理,进而利用这样的理解与解释作为施行心理干预的依据。所以,在咨询过程中,咨询师要透过表面现象,看到深层次原因,善于思考和判断,找出问题的脉络和症结所在,有的放矢地进行处理。

(二)启发来访者领悟

在心理咨询的中期阶段,心理动力学取向的咨询,强调咨询师提供的解释可以帮助来访者获得对压抑无意识冲突的顿悟,以及对出现的移情现象的理解。咨询师要根据自己的分析和来访者的问题症结,向来访者说明和解释,让来访者能有意识的去体会并领悟自己的心理困难或情结的性质,帮助来访者把没有意识到的病情和情结意识化。这样,问题和心理困难就由没有意识到的层次提升到可意识的状态,经由意识性的认识与了解,来访者自然而然的就能去面对和处理。在情结意识化的过程中,要考虑来访者的自我力量的程度、心理上接受解释的动机,以及所表现的阻抗作用的轻重程度,尽可能让来访者在阻抗较少的情况下认识、了解、领悟。

心理咨询的目的是助人自助,消除来访者的症状,而症状的消除需要来访者对于咨询师解释的领悟。咨询中应用比较多的时间引导来访者分析讨论症状的性质,说明其幼稚性和成年人的身份是不相称的。人有4种年龄:实际年龄、生理年龄、智力年龄和情绪年龄。通常情况下,来访者的情绪年龄的发展落后于前三种年龄的发展。情绪年龄不成熟不明显,个体不容易意识到,但个体在应对生活中诸多问题情境时,往往以幼年的、儿童的方式表现。精神创伤已经成为过去,重要的是现在。所以,咨询师有必要向来访者指出,其问题症状是幼年行为的表现,是在用儿童的方式解决和处理成年人遇到的问题,从而使来访者对此达到领悟。桑德勒指出,由分析师的干预所获得的领悟导致了伴随着精神结构新观念形成的重新组合。作为修通的结果,这种领悟可以是"自动的"。

例如:

咨询师:当时母亲在你很小的时候,把你锁在屋子里,抛开周围的其他人,你如何想当时的处境?

来访者:很孤独,很无聊。

咨询师:因为你无论说什么,做什么,周围都没反应,这时你对周围的环境会有什么样的心理感受?

来访者:我觉得我应该是很无助吧。

咨询师:很无助?你所置身的这个世界,你觉得可信任吗?

来访者:我周围的世界是冰冷的,它们没有生命,是这样的感觉。

咨询师:假如周围有人经过,你在屋里弄出一些声音,会有人很关心的过来看看吗?

来访者:应该没有。

咨询师:像这种情况,对你现在的生活,有影响和联系吗?

来访者:我觉得有联系,因为现在我也感觉周围的世界是冰冷的,没有人帮助我。

咨询师:你现在跟其他人打交道,没有热情和信心,其实并不是你现在不愿跟人交往,也不是周围的人不值得信任,而是在你心里有一个阴影,有一种先入为主的想法,认为别人不可靠。

来访者:我肯定会这样想,如果我碰到一个人,即使有工作上的接触,我也会想他要干什么,他要从我这得到什么。

咨询师:当你这么想,对别人不信任的时候,你能不能从两个角度去思考,一方面有可能这个人想从我这得到什么,另一方面就是我是不是还受着小时候,一个人被关在屋子里头,形成的心理阴影的影响,对人不信任。也就是说你生活在两种现实里,一种现实是真的跟这人交往，另外一种现实就是那个精神上的小屋还随时随地的影响着你跟其他人打交道。

来访者：可能吧，我没有想得那么透彻。只是有时候确实觉得孤独，即使周围有很多人，也会觉得孤独。

咨询师：因为小黑屋还在你心里。那时候你很孤独，没有办法排遣，而且不管你冲谁嚷，也没有反应，所以你会觉得生活没有意思。现在你人早已离开了童年的小黑屋，但是你的精神，有很大一部分还关在那个屋里。或者说这个阴影一直笼罩着你，影响了你对周围世界的看法。世界本身是光明的，阳光灿烂的，只是我们心里的小黑屋，把光芒给遮住了，不是现在的生活没意思，而是你小时候被关在小黑屋里的生活没意思。现在你把这两种现实混淆了，我们今天的任务就是把这两种现实重新分开。一部分没意思，来自于我们眼前的生活，很大一部分没意思，来自于3岁的时候被关小黑屋。如果你能把这两者区分开，你就会慢慢发现生活是有意思的。以后你是不是试着用这种两分法看你的没意思？

来访者：我努力去尝试一下吧。

（三）激发正面思考，提高自信心

焦点解决短期心理咨询认为，不论是多么麻烦的问题，任何人都不可能无时无刻处在问题情境中，总有问题不发生的时候，每一个问题对来访者来说都有例外，而这个例外可以帮助来访者找出问题的解决之道，找回力量，重获生机。作为一个咨询师，最难能可贵的打开自己的眼睛和耳朵，去发现问题没发生的时刻，或找到没有问题时的情境与行为，也就是要找到例外。来访者有能力解决自己的问题，来访者是解决自己问题的专家，咨询的目标、解决的焦点，来访者自己最清楚。协助来访者找到例外，可以让来访者看到自己的能力和资源，带来问题解决的可能。用正向的、朝向未来的、朝向目标解决问题的积极观点，激发来访者正面思考，避免来访者陷入抱怨无助的情绪，促使改变的发生。

来访者经常忽略他应经做到、曾经做过或开始行动的一些小小的改变。成功的经验对来访者来说非常重要，它可以使来访者产生信心和力量去处理更困难的问题，进而带动整个情况的改变。咨询师可以采用振奋型引导，如，"你是怎么告诉自己去跨出这一大步的？""你是怎样做到的？""你会如何解释这个改变的发生？""那太棒了"等，对来访者进行支持、接纳及鼓励，让来访者意识到自己所做的已经朝正向的方向前进，接纳、肯定自己，提高改变的自信心。

在心理咨询实践中，有经验的咨询师发现，来访者常常陷于对事件的负性情绪反应之中，而忽略了事件的积极意义。此时，咨询师要引导来访者关注事件发生的两面性，从积极的、正向的角度激发来访者正向思考，调整视角。

咨询师：你现在想象一下，在那个小屋里，你一个人被关着的时候，除了没意思、孤独，和对周围不信任、不安全这样一些消极的感觉以外，还有没有可能会有一些很有意思的事情？

来访者：想象不到。

咨询师：经常被关在屋里的小孩，可能会比较闷，比较内向，但是好像爱思考问题，你在这方面感觉怎么样？

来访者：我幻想多，小时候特别爱做梦。

咨询师：幻想，有时候可能不着边际，我愿意用想象力丰富这个词，因为你没法接触外面的世界，你去想象，就锻炼了你的想象力。另外，这个小孩可能会很踏实的钻研，很耐心的欣赏和把玩一个东西，锻炼起另外一种能力。

来访者：所以我从小比较爱好绘画，并且画得很好。

笔记

咨询师：你现在当化妆师跟有绘画基础有关系。想象着这个世界，又没办法交流，你就画出想象的东西来，当时关小黑屋，对你有一些好处，你发展起一些我们大家都不擅长的能力。

来访者：但是那时在屋子里，我没有画什么。

咨询师：你没有画，但是想呀，因为那时不会拿笔，也不懂得画画的一些知识，没法画。当然有可能你很入神的去玩一个东西，然后去感知周围的世界，触摸周围的器物。甚至有的时候，一缕阳光从窗户投射进来，你也会欣赏，这么美妙的阳光进来了。

来访者：有过这个记忆。透过那束光做一些好玩的手势。

咨询师：另外你透过窗口，可能会看到窗外有小鸟飞过，或者窗外有棵树，树的枝头就在窗口，风一吹过来哗啦啦地响。

来访者：透过窗户看漫山遍野的映山红，这在我印象中是很美的。直到现在，我比较喜欢这种风景。

咨询师：因为这一点，你对自然界的美更敏感、更热爱，这使你有勇气有信心对生活热爱，过一个美好的人生。那个小黑屋，也未必完全给我们带来不好的东西。世界上没有一件事情是完全消极的。一方面，当时这个小黑屋造成的负面阴影，使得我们在现实世界里，对生活没有信心，对人没有信任，觉得生活本身没有意思。这其实不属于现在，而是属于过去，我们完全可以把大部分没意思放在过去。因为一个小孩子被关在屋子里，好多生活乐趣都没了，那没意思是因为我3岁，而不是30岁。另外，即使当年被关在小黑屋里，生活依然美好，而且你作为一个孩童，用童真的眼睛和心灵去发现那小黑屋里也有美好，你用这样的眼光来看你今天的生活，比你三岁的时候美好的多。关键是换一个角度，改变一下思路。

三、心理咨询后期阶段的问题

在咨询后期，咨询师所面临的最大挑战是，利用这一阶段的咨询使来访者受益最大化。这一阶段的目的包括巩固和保持已经取得的效果，处理因结束咨询带来的分离焦虑与依赖的矛盾，并将有效的应对方式应用于日常生活，使之普遍化。除了来访者中断咨询，结束咨询是由于来访者和（或）咨询师认为已经达到了咨询的目标，或者至少来访者做出的进步足以感觉到能够更好地应对生活时，咨询就终止了。

（一）效果评估

效果评估是结束咨询的依据。在咨询的最后阶段，咨询师要对干预措施的有效性和是否达到咨询目标进行评估。咨询效果的评定应着重考虑下述三个方面：

1. **来访者的满意度**　来访者对咨询师以及咨询的全部结果的满意程度。

2. **咨询结果的显著性**　来访者是否有足够的改进，整体功能是否从缺失恢复到正常水平。

3. **成本效益**　咨询的时效是否超过了其投入，如果有几种可以采用的咨询方法，哪一种具有更好的疗效。

心理咨询的疗效可视为咨询师、来访者与咨询方法三者的函数，他们相互作用，共同影响咨询效果。作为咨询效果的评估标准，咨询师评价和来访者的评价虽然能反映来访者状况的好转或变化，但两者都不一定是可靠的。与躯体疾病患者不同，有心理问题者（特别是心理异常者）的报告不一定可信。有许多原因可以使来访者声称自己已经好转或痊愈，"您好—再见"效应（Hello—Goodbye effect）在心理咨询的过程中确实存在。即来访者最先来咨询时，常下意识的表示自己的问题很严重，希望获得帮助。随着咨询的进行，来访者得知咨询师的方法已用的差不多，或者对其发生怀疑、或不用得到他的帮助时，这时来访者就叙述自己的感觉好多了，声称受益于咨询，感谢咨询师，再见道别。

笔记

尼考尔茨等（R.C.Nichols & K.W.Beck，1960）提出"变化认知评定尺度"（咨询师用、来访者用，各 5 层次评定法），以作为判断咨询效果及终结咨询的指标，包括：第一，来访者的症因、症状解消的程度；第二，来访者对自身行动的理解方式的程度；第三，来访者对人生的思考、情绪变化的程度；第四，来访者对自身重要的问题认识变化的程度。Strupp 和 Hadley(1977) 提出了"心理健康效果的三维模型"(tripartite model of mental health outcomes)，认为效果评价应由社会、当事人和心理健康专业人员三方参与。社会强调行为的稳定性、可预测性和规范性，往往从经济的角度考虑心理治疗问题。当事人首先希望自己感到满意、幸福，把心理健康看作是自己的主观感受。专业人员往往从人格理论出发来判断心理健康。McLellan 和 Durell(1996) 提出从症状的减轻 (reduction of symptoms)、健康和个人及社会功能的改进 (improvement in health，personal，social functioning)、治疗费用 (cost of care)、公众健康和安全威胁的减少 (reduction in public health and safety threats) 四个方面测量心理咨询效果。日本心理学家河合隼雄（1994）提出了"比较完善的终结"的四项指标：第一，由自我实现的观点来看，来访者的人格必须出现所期待的变化；第二，来访者所存在的症状或烦恼等以外的问题也得以解决；第三，充分辨明来访者内在的人格变化与外在的问题解决的相关性；第四，对以上三点，由咨询师与来访者的相互确认，达到共识之后，决定心理咨询的结束。

在咨询结束时，使用标准化的测量工具评估咨询效果是比较客观的，但是，在大多数临床设置下，这种做法不太现实，因为选择合适的测量工具是一项非常复杂的任务。通常，我们可以通过咨询师的评价、来访者的评价来进行。评估来访者的表现可在咨询前、咨询方案实施中、咨询结束时和咨询结束以后的某个时间等几个时间进行，对问题行为的频率、持续时间、强度和事件的发生四个水平进行评估：

1. **频率** 外显或内隐行为的数量，由测量问题行为发生的次数来确定。比如心慌、脸红等。

2. **持续时间** 问题行为发生的时间长度。比如强迫性洗手的次数、持续时间。

3. **强度** 问题行为的程度。比如来访者焦虑等级的变化。

4. **事件的发生** 问题行为的出现或消失。

张日昇认为，来访者感到可以结束咨询的话，会出现下述状况：①自我接纳：否定的自我概念逐渐被肯定的自我概念取代，理想的自我逐渐与现实本来的自我拉近距离；②接纳他人：来访者开始接纳现实本来的自我，随之也就能够接纳他人、理解他人；③症状缓和：咨询初期所提出的问题或症状得以解除、缓和或减轻，由此而引起往好的方面变化；④对将来的志向性增强：来访者的主要话题由初期的过去的痛苦经历、现在的困难处境，转向对将来的打算，但主要是看来访者具体的行动；⑤能接纳来自他人的评价；⑥对咨询师的客观态度：来访者与咨询师之间逐渐成为对等关系，咨询师也开始像一般的社交谈话那样与来访者交谈。

（二）效果的巩固

在心理咨询后期，帮助来访者巩固和维持咨询效果是咨询师的一项重要任务。咨询师通过效果评估向来访者指出它在咨询中取得的成绩和进步，帮助来访者检查咨询目标的实现情况，进一步巩固咨询效果。

心理咨询的根本途径是基于来访者自我成长，促进来访者的精神状态和不良行为方式的根本性改变，从而身心健康的终极目的。但在咨询实践中，来访者在咨询室这个特定场所内已经有了很大的改变，问题症状已经减轻或消除，一旦回到需独自应付的实际生活中，效果却很难持久维持；也有的来访者会因咨询关系快要终止，问题症状重新出现。对这两种情况，咨询师要区别对待。

笔记

对第一种情况，咨询师要注意咨询效果的巩固。心理动力学取向的咨询师最通常的做法，是在咨询的保护环境下，引导来访者重新去面对旧的创伤，如果有可能，还可将来访者在咨询中提高的对某一事物的认识扩展到其他事物，帮助来访者真正掌握咨询中习得的新东西，以便在日后脱离了咨询师仍可自己应付周围环境，自己做自己的咨询师。来访者在分析场景中尝试新的行为，然后扩展到外部世界。在方法上，精神分析经由分析，协助来访者获得领悟，从来访者的实际关系里寻求尝试性改善，使来访者理性的领悟并督导自己的成熟。来访者通过练习，放弃比较幼稚性的、儿童的反应方式，学习并建立起比较成熟的、成人的应对方式。

行为主义学派则认为，咨询效果难以维持，与来访者生活的现实环境中缺乏正强化和存在负性诱因有关。但是，随着归因理论特别是"归因 - 维特模型"的提出，咨询师们认识到，通过强化来访者的自我概念，训练他们的抗干扰能力，这个问题有望得到一定程度的解决。该模型认为，如果来访者对成功的行为改变作内归因（本人良好的领悟能力和付出的努力），将导致来访者对自己所具有的内在力量产生积极的自我推断，增强其控制自己不适应行为或症状的信心或信念，这种积极的自我推断和由此产生的控制自己症状的信心将超出局部的治疗环境而起作用。如果对积极的行为大改变进行外部归因（咨询师水平高、咨询方法恰当等），则咨询效果只能出现在特定的咨询情境中，难以泛化到咨询环境以外的现实生活中去。因此，在咨询结束阶段将咨询效果进行内归因，有助于咨询效果的维持和强化。

而对第二种情况，咨询师则需处理好与来访者的分离焦虑问题，以合适的方式结束咨询。

（三）结束与分离

结束是心理咨询中一个自然而然的过程，是咨询过程的一个重要阶段。需要强调的是，何时结束、如何处理结束取决于咨询师对来访者的评估。在精神分析的观点看来，当来访者所有重要的冲突和个体的问题都基本解决之后，即对来访者的分析完成以后，才会考虑结束。"不管疗程长短，结束都是对咨询师最为关键的挑战之一。"对这个问题处理得如何将影响咨询的整体效果。有效的咨询师常在来访者的问题得到解决和排除之后，选择恰当的时机结束咨询关系，使来访者已经改变的态度、行为、认知方式等能够得以有效的保持，并在真实的环境中加以运用和实践，面对社会、面对他人处理问题，而不是保留在咨询室内。从一定意义上讲，结束为来访者创造了把领悟付诸行动的机会，是来访者开始独立实践的标志，结束本身就会使来访者获得一种在咨询中所无法得到的经验。

在咨询开始阶段，尤其在短程或限时的心理咨询设置中，咨询师应该对结束有明确的预期和顺利的处理。通常，咨询师与来访者商定咨询时限，对咨询的次数加以必要的限制，这不仅给来访者一个现实的时程估计，而且也传达了在某个时刻咨询会结束的信息。使来访者和咨询者意识到时间的价值，以提高咨询的效率，达到预期效果。当咨询接近尾声，咨询师就要提到今后结束咨询的问题。为了让来访者有足够的心理准备，可以事先将咨询终结的大致时间告知来访者，并逐渐减少咨询次数，从一周一次逐渐改为两周一次，看情况再改为一个月一次，然后两个月一次，直至完全结束咨询。

任何咨询历程的终结都是一次重大的分离。心理动力学取向的心理咨询将结束过程和来访者早期的分离和丧失经历联系起来，非常重视分离过程，将分离作为咨询的核心部分，"我们同意这个前设，即心理动力学治疗的核心目的是帮助患者处理以前的分离和客体丧失"。咨询师有责任直接处理由于咨询结束所引起的不良反应。显然，如果分离和丧失的深层体验是来访者问题的重要方面，那么，它们应该在咨询中得到解决。

在咨询关系中，一方面，如果来访者对咨询师有极端的依赖性，拥有很少的外部支持系

笔记

统，或者来访者对咨询师有强烈的移情，在这种情况下，一旦提出结束咨询，分离焦虑和被抛弃的感受就可能出现。此时，咨询师需要谨慎并对此保持高度敏感，关注最后的分离过程，最后几次咨询拉开时间间隔是减轻依赖、处理分离焦虑的一个比较好的方式。另一方面，有时，咨询师会有意识或无意识地过于卷入（反移情），可能从来访者的依恋中获得满足感，不愿意放弃，造成结束咨询的困难。这不仅丧失了咨询师的客观性，损害了咨询师的倾听和共情能力，也强化了来访者的依赖性，这是不足取的。

任何终结，尤其像结束咨询这样的重大终结，都将重新唤起来访者过去所有的终结体验。来访者可能返回到之前未能表达哀伤的丧失事件上去，也可能求助于过去曾经成功应对分离事件的某些自发性的反应模式。所以咨询师要帮助来访者察觉到所有与终结有关的经历，并积极关注其意义，从而把结束和分离作为来访者调整和改变的契机。

作为咨询师，不仅要帮助来访者顺利的分离，而且还要在这一阶段尽可能的认识自己。有些时候，咨询师会同意来访者在需要的时候，可以重返咨询，其实是对咨询终结采取回避态度，使来访者不能真实体验咨询结束阶段的重要意义——发现自己能够自主的应对终结。在终结之前，咨询师可以与来访者一起回顾整个咨询过程，鼓励来访者觉察丧失的重要意义，鼓励来访者充分的表达丧失体验，探讨咨询取得的成果，承认咨询中未完成的任务，确定对未来的计划，如何应对未来生活中的危机与困境，尤其是与来访者曾经迫切寻求咨询相类似的问题。

（高新义）

笔记

第五章　心理评估在咨询中的应用

随着科技的发展和社会的进步，人们对健康的要求越来越高，有关健康的内容也随着社会的发展而不断丰富，评估人们心理状况的方法与途径也不断发展。心理评估不仅针对心理障碍，也涉及正常人的心理健康状态。从这个意义上讲，心理评估主要完成三方面的工作：一是对一个人心理状态是否正常的评估；二是当一个人心理状态异常时，心理评估有助于确定他属于何种心理障碍；三是当一个人求助心理咨询师时，心理评估有助于确定咨询效果。

第一节　概　　述

一般来说，临床心理学包含两大块内容：一块是心理干预，如我们所熟知的心理咨询、心理治疗都属于心理干预的范畴；另一块是心理评估，心理评估是心理干预的重要前提和依据，没有准确恰当的评估，就无法进行正确的干预及制定干预方案，同时心理评估还可对心理干预的效果作出科学的判定。因此，心理评估在心理干预过程中有着十分广泛的用途。

一、心理评估的相关概念

心理评估（psychological assessment）是指评估者依据心理学的理论和方法，对个体的心理品质及其水平进行描述、分类、诊断与鉴别的过程。所谓心理品质包括心理过程和个性心理特征等内容，如感知、记忆、思维、情绪状态、智力、气质、性格等。

在临床工作中有时会用心理诊断（psychological diagnosis）的概念。其实，心理评估与心理诊断既相同又相异。其共同之处在于：二者都主要采用心理学的方法与策略搜集来访者的信息；同时，二者都力图去准确把握来访者的内心世界，都要对有心理问题或心理障碍的人作出心理方面的判断和鉴别。二者的不同之处在于：首先，心理评估更倾向于从正常人的角度对来访者进行分析和判断，而心理诊断则更具有医学的意味，更倾向于按照特定的模式去搜集资料，并最终对来访者作出某种确定性的诊断；其次，心理评估一词更常见于医疗系统以外的工作领域，而心理诊断一般在临床部门使用。可见，心理评估的范围较心理诊断更广，而心理诊断主要侧重于心理异常与否的判断。

心理评估有时也被看作是心理测量（psychological measurement）的同义语，彼此互换使用，但严格来说二者是有区别的。心理测量的重点是借助标准化的测量工具将人的心理现象或行为进行量化，搜集到的资料为量化的资料。心理评估比心理测量宽松，它还可以用会谈、观察、调查等方法搜集来访者的所有相关资料，包括定性的或定量的、现在的或历史的资料。心理评估强调搜集资料、整合资料并解释资料的意义，得出结论。心理测量因其具有标准化、数量化和客观化的特点在心理评估中占据重要地位，是心理评估的重要方法，然而它无法完全代替心理评估的其他方法，因为在事件中对心理现象的描述很少只限于当时和个别的心理现象,而是要做全面系统的描述。例如心理学家作智力障碍的诊断时,除了用智力测验了解患者现在的智商外,还必须通过会谈、观察、精神状况检查以及个案史来获得智力发展史、以往和现在的适应能力以及健康史等情况,只有依据评估所得的全部信息才能作出智力障碍的诊断。

评估与测量的关系如图 5-1 所示。

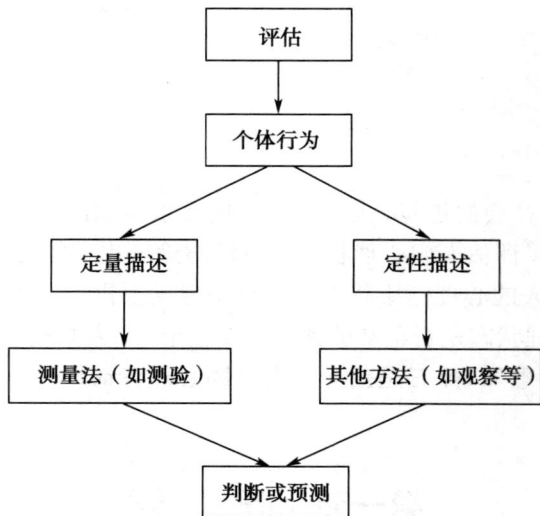

图 5-1 评估与测量的关系

二、心理评估的一般过程

大体而言,心理评估过程包括准备、资料搜集和分析总结三个大的步骤,每个大的步骤又可进一步分解为若干个小的步骤。

(一)评估准备

在评估准备阶段,根据来访者需要解决的首要问题,确定评估的内容和评估的目标。

1. 明确评估的内容 心理评估的第一步要弄清所需评估的是什么心理问题,问题的性质如何,属于情感问题、思维问题还是行为问题。同时要了解问题产生的可能原因是什么,哪一种咨询方法可能对咨询效果取得最佳疗效,以及来访者有着怎样的独特优势及能力,这些优势及能力在咨询中有什么帮助。

为了获取以上信息,评估者需要对来访者自身及其环境等因素分别进行评估。就来访者自身方面来说,其可能成为评估目标的内容有生理过程的评估、认知过程的评估、情绪状态的评估和行为表现的评估。环境因素的评估按地域范围可以分为近端、中间和远程环境。近端或直接的环境包括来访者的家庭环境、学校环境或工作环境;中间环境指个人居住的地理地域(如城市、郊区与农村,经济发达与不发达);远程或广义的环境包括来访者所处的一般地理上的和社会文化的环境。

理论上,对个人和环境的评估越全面越好,但是在实际操作上由于时间、精力以及费用的限制,评估者不可能对来访者的所有方面都进行评估。一般情况下,评估者往往是抓住来访者的一些重要的、典型的信息进行评估,而评估者的理论取向则在引导获取什么样的信息中起着关键性作用。

2. 确定评估的目标 在临床心理学领域,心理评估的目标主要包括诊断、筛查、预测和干预评估。

(1)诊断:诊断过程就是通过实施某些检查程序和测验,对来访者的问题进行大致分类，如果有可能的话，还要解释原因和制定咨询方案。诊断依据不同国家的精神障碍分类与诊断标准进行，如 CCMD-3、ICD-10 或 DSM-IV/5。通过这些诊断标准，临床心理学家可以初步确定来访者是否符合某一种特殊的心理问题或障碍的标准。

（2）筛查：筛查既可以针对某类人群，也可以针对某个个体，目的在于从中筛选出需要咨询或干预的对象。例如，与父母无明显心理障碍的孩子相比，重性抑郁障碍患者的子女出现严重心理或行为问题的可能性要大得多。因此，对这类家庭中的儿童问题进行早期筛查与确认，可以有效地促进早期干预工作的进行。

（3）预测：在心理咨询过程中，我们不仅需要对来访者目前的心理状态及其功能进行详细的描述，而且还需要预测其未来某个时期的心理与行为变化，以及心理咨询对来访者是否有效。对于心理学工作者来说，预测工作最大的挑战是准确性，因为预测工作不可能百分之百的正确。

（4）干预评估：心理咨询的最终目的是通过干预而使来访者完善自我、回归社会，因此评估者需要对干预的过程及其效果进行追踪性评估，以了解和掌握干预措施给来访者带来的行为变化情况。在此需要注意的是，针对靶行为所采用的评估方法应具备良好的区分度，这样才能对具有临床意义的细微变化进行有效的区分。

（二）评估资料的搜集方法

在心理评估中，临床心理学家需要采用多种评估方法来系统搜集来访者个人各方面的信息，这些方法包括结构性或非结构性的临床会谈、行为观察以及心理测验等方法。评估顺序通常是，通过会谈获得来访者一般信息，并与来访者建立良好的工作关系，然后进行有针对性的各种心理测验或心理症状量表的评定，在会谈与测验过程中评估人员还应注意观察来访者的行为表现，并将观察结果与会谈、心理测验结果共同分析，以得到准确的评估结果。

需要注意的是，来访者的问题与年龄不同，评估者所采用的评估方法也应不同。就来访者的年龄来讲，成人评估一般是实施会谈和测验，而儿童的评估则往往涉及从密切相关的人（如父母、教师）那里获得有关儿童行为的信息。例如，要对注意缺陷多动障碍儿童进行评估，既要与父母、儿童、教师进行会谈，又要儿童的父母和教师完成系列的儿童行为问卷，还要对儿童进行智力测验、注意力测验及神经心理功能测验。此外，方法的选择还会受到心理学家的理论取向以及心理障碍分类方法的影响。

（三）资料的分析与总结

搜集了来访者的会谈、观察资料和进行测验之后，要分析和总结资料，并与相关人员或部门进行信息交流和解释这些信息，必要时进行追踪性评估。

信息交流的手段主要是心理评估报告。完整的心理评估报告通常包括以下基本内容，并按以下顺序排列：

1. **一般资料**　包括来访者和评估过程的最基本资料，通常以表格形式呈现。

2. **申请评估的理由**　这部分内容包括：申请人及其机构的名称、申请评估的原因、想要解决的具体问题及可能采用的评估方法。

3. **来访者的背景资料**　一般有以下内容：人口学资料；心理问题或障碍的情况；个人成长史；家庭情况。

4. **行为观察**　包括来访者外貌、对任务操作和对评估者的态度、合作程度等。

5. **测验结果**　一般而言，智力测验主要结果均要列出，如韦氏智力测验通常应列出言语智商、操作智商和总智商，以及各分测验量表分及相应的百分位。人格测验结果形式不一，如 MMPI 测验结果一般先列出效度量表分，再按量表分高低列出各临床量表分；EPQ 结果则通常列出四个维度分及人格特征分型。临床评定量表如症状量表，则主要列出最突出

笔记

的问题或症状。一般能力倾向、职业能力倾向及职业兴趣量表在人才选拔或职业咨询中应用，则最好列出较详细的测验结果。

6. 评估结果的解释　　评估结果分析与解释是针对申请理由，按一定程序对来访者的资料展开讨论。内容涵盖评估发现、主要测验分数的可信区间、结果的信度、效度和诊断印象。此外，报告还应分析影响评估结果的各种可能因素。

7. 建议　　是评估报告中最具有实用价值的部分，它针对来访者存在的问题提出解决措施，包括现实可行的、有针对性的干预目标和处理策略。

8. 小结　　回顾和总结报告前面部分所给信息，一般只用 1～2 个自然段，前面每部分只提一个关键的观念。

三、心理评估在心理咨询中的意义和作用

心理评估与心理咨询是不宜分开的，也不宜过度重视一方而忽视另一方。一个成熟而有效能的心理咨询师最好要受过一定程度的心理评估训练，包括心理评估的课程训练与临床实习。主要的理由是因为心理评估可以在心理咨询实务中发挥以下几种作用：

（一）有助于界定了解来访者的基本情况和主要问题

如果要进行正确的心理诊断与有效的心理咨询，心理咨询师需要收集来访者的资料，包括主诉、个人发展史、医疗史、家庭史等。心理评估的实施，可以提醒心理咨询师有系统地收集来访者的临床资料，去了解来访者的问题与相关信息。

（二）有助于排除生理与药物的因素

在实施诊断的时候，心理咨询师要敏感于来访者的心理问题起因于生理与药物因素的可能性。咨询师从事心理咨询之前，首先要排除生理疾病以及药物的影响，并且进行必要的医疗转介。

（三）有助于辨别精神病性障碍或问题

例如，自我伤害或伤害他人的行为或意图、严重脱离现实的幻听或妄想、严重的抑郁或躁狂、有酒精或药物成瘾的戒断症状、体重过轻或营养失调的厌食症，以及器质性脑损伤导致失忆、错乱或意识混乱等。对于具有以上问题的来访者需要转介到精神卫生机构进行治疗。

（四）有助于判断是否需要将来访者转介到其他咨询机构

当来访者的评估结果呈现在咨询师面前时，咨询师能以此判断出来访者的问题是否属于自己的咨询范围。如果评估结果表明来访者的主要问题是强烈的强迫观念和强迫行为，而咨询师的专长是婚姻咨询和辅导，在这种情况下，咨询师就不能贸然接受个案，而应该在征求来访者意见的基础上将其转介到相应的咨询机构或个人。

（五）有助于制订符合来访者情况的咨询计划

对于来访者的心理问题有了清晰的诊断和了解，才容易制订一个适合来访者情况的咨询计划。不同的心理疾病各有其不同的咨询处置。通常评估可以告诉我们可能的病程和预后，并且隐含一些咨询的方向和策略，对来访者的问题越能够正确了解，也就越能够拟订一个完整而可行的咨询计划。

（六）有助于及时地了解和调控咨询过程，并检验咨询的有效性

在咨询过程及咨询结束时，咨询师要对来访者的问题再度进行评价，以了解来访者的问题是否发生了积极的变化，咨询效果是否理想等。在此基础上，咨询师要及时地调整咨询方法或技术，以保证咨询能收到最好的效果。

（七）有助于心理专业人员在临床工作上的沟通

当所有临床工作者，包括医护人员和心理卫生人员，都使用同一套心理疾病诊断系统时，将有助于临床人员之间的沟通。有效而快速的沟通，有助于精神医疗与心理卫生工作

的开展。

（八）有助于诊断与咨询的相关研究

临床研究常常需要针对不同的心理疾病进行患病率的调查，以及心理咨询效果的评估与比较，这些研究都需要依赖正确的评估，评估资料的提供有助于日后的相关研究。

四、心理评估者的相关要求

好的评估者应两具备方面的主要条件，即专业知识和心理素质。

1. 专业知识　心理评估大致分为能力评估、人格评估及其他心理功能评估，心理评估者首先要具备心理学方面的专业知识。例如，要评估人格，就要对人格的性质、结构、发展以及人格与疾病的关系等有充分的了解；对记忆来说，在未了解记忆的性质、种类、机制以及记忆障碍的各种形式与疾病的关系前，既不能正确评估，也无法合理地解释评估结果。其次，心理评估者应具备心理评估和心理测量学方面的专业知识以及有关技术的专业技能，要精通多种评估手段，具有分析结果和解释结果的能力。此外，心理评估者也应具备心理病理学或精神病学的有关知识，能够鉴别正常与异常的心理现象。

2. 心理素质

（1）观察能力：这是观察法对评估者的基本要求，也是心理评估中其他方法的要求。观察时要善于捕捉来访者的细微表情变化，除面部表情外，姿势、声调等的表情作用也不可忽视。在此需要注意的是，人类表情方式有许多共同性，但不同个体甚至同一个体在不同情境下也有差异。例如，微笑通常表示同意交谈者的意见，对谈话内容感兴趣，但有时也用微笑来表示反对或不同意。

（2）沟通能力：心理评估是在与人打交道。缺乏沟通能力或技巧则很难使对方敞开心扉，得到评估所需的资料。对人有兴趣、诚恳、善于倾听、受人欢迎方能成为好的心理评估者。在沟通过程中，有一个非常重要的技巧，称之为共情（empathy），指能分享他人的感情，或者说能设身处地站在对方的角度去理解和"分享"他人的感情。这样，评估者才能以语言或其他方式表达出来访者的感受，引起来访者的共鸣，也只有做到这一点，才有可能使沟通步步深入。

（3）自我认识能力：心理评估有很多主观成分，因此在评估过程中应力求做到客观。在这项工作中，评估者应能客观正确地看待自己，不受人为干扰，不盲目自信，不掺杂任何个人偏见，不先入为主，不被假象与错觉所迷惑，只有这样才能搜集到真实可靠的评估资料。

（4）智能水准：理解"弦外之音"、善于利用线索是一个心理评估者不可缺少的心理素质。在心理评估过程中常常要涉及与认知或智力评估有关的内容，如形成概念、理解抽象意义、利用线索和经验等，如果评估者自身智力水平有限，则很难对较高水平的来访者作出准确的判断。

（5）心理评估者的职业道德：心理评估会涉及一些伦理学问题，如所获信息的保密，来访者权利保护等，因此评估者必须有意识地恪守职业道德。中国心理卫生协会心理评估专业委员会于 2000 年制定的《心理评估者道德准则》，明确规范了心理评估人员应共同遵守的专业行为标准。其主要内容摘录如下：

1）责任：①心理评估人员应充分认识自己所承担的重大社会责任，必须采取严肃、认真的审慎态度。②心理评估人员有责任保持其专业最高水准，尽最大努力维护其研究、教学水平，或者保证当事人的正当权利和利益。③心理评估人员报道其研究成果时应客观、公正，对不符合预期的结果绝不隐藏和弄虚作假。④心理评估人员在研制或应用心理评估技术时，应考虑到可能带来的利益冲突，应通过正常的途径协商解决，有责任尽一切努力避免有损于心理评估工作的健康发展。

2）能力：①心理评估人员必须具备中国心理卫生协会心理评估专业委员会所认定的资格，或获得相应的资格证书，具备从事心理评估技术的必要知识和技能；②心理评估人员应真实地向所在单位或管理部门报告其训练经历和所获资格允许从事专业活动的范围，所从事的专业活动应与其能力和资格相符；③心理评估人员应知道其能力范围和技术上的限制，继续学习，不断更新心理评估知识，提高实践技能；④心理评估人员及心理评估机构经常进行业务交流，总结经验，应以诚相待，互相学习，团结协作，达到共同提高的目的。

3）保密：①心理评估人员应尊重当事人的人格和个人隐私权，有义务为在工作中获得的个人资料进行保密，只有在当事人或其合法代理人同意下才可透露这些资料；②心理评估人员在工作中发现当事人有危害自己或他人安全的情况时，应采取有效措施，防止意外事件发生；③心理评估中当事人的个人资料，包括观察、访谈、测验、录音、录像等检查原始记录，应在严格保密下专门保管，一般不列入单位的公共资料中，如医院病历或单位档案等；④当事人为未成年人或无自主能力时，应特别注意有关法律规定，保护他们的正当权利。

4）其他：心理评估技术介绍一般只在专业人员范围内进行，如需在公共媒体上传播心理评估知识，则应对心理评估具体内容加以保密，以防止测验内容外泄。在介绍心理评估技术时，应客观、全面、真实，绝不任意夸大或贬低心理评估工具的效能，要避免感情用事，虚假的断言和曲解。

第二节　心理评估的基本方法

心理评估涉及对心理活动的各个方面进行描述的各种方法，主要包括观察、会谈和心理测验等方法。

一、观察法

观察法（observational method）指的是通过视觉或电子摄像设备等对他人或自身的行为进行有目的、有计划的观察，获得相应资料，并在此基础上作出评定和判断的方法。

（一）观察法的种类

观察法可以根据具体的观察目的、内容和手段等的不同而区分为不同的类型。根据观察的途径，观察法可以分为直接观察和间接观察（如通过摄像、录像设备等）；根据研究者是否参与来访者的活动，观察法又可以分为自然观察与控制观察两种形式。

1. 自然观察法　是心理评估中最基本、最普遍的一种方法，它具有方便灵活的特点，在临床诊断及疗效判定上具有非常重要的实用价值。由于这种形式的观察是对来访者的自然表现进行观察，来访者不会受到外界的影响、干预或控制而处于一种特殊的身心状态，从而保证得到真实状态下的观察结果。例如，一个学生被认为存在注意缺陷，通过实际观察却发现，该学生在自己比较感兴趣的科目上可以集中注意力听讲，在看自己感兴趣的动画片时也可以长时间地集中注意力，因此，观察的结果不支持该学生存在注意缺陷。

自然观察法虽然很有效，但评估者必须到来访者的自然生活环境中对其进行观察，这必须消耗一定的时间和精力，因此在具体实施时存在一定困难。

2. 控制观察法　也称模拟观察，是指评估者设置一定的情境、控制来访者的条件，在这样的情境中对来访者的行为改变进行观察。控制观察常用于与焦虑有关的行为，如在回避行为的测试中，患有某种恐惧症的来访者会被要求接近他的恐惧对象（如蛇、老鼠、蜘蛛等），或与他害怕的对象同处一室，评估者观察来访者与害怕对象的距离以及相处时间。为了避免来访者发现自己被人观察而受到干扰,常常使用单向玻璃设计的观察室。

模拟观察优于自然观察之处在于它相对经济。在模拟观察中,评估者可以对干预前后的目标行为进行量化处理,因而它在干预效果评估中很有用。此外,在模拟观察中由于来访者处于标准条件下,观察到的结果有可比性,从某种意义上讲,也更有科学性。

(二)观察的主要内容

行为观察的主要内容因目的而异,一般包括以下几个方面:

1. 仪表,即穿戴、举止、表情。

2. 身体外观,即胖瘦、高矮、畸形及其他特殊体形。

3. 人际沟通风格,如大方或尴尬、主动或被动、易接触或不易接触。

4. 言语,包括表达能力、流畅性、中肯、简洁、赘述。

5. 动作,如过少、适度、过度、怪异动作、刻板动作。

6. 在交往中表现出的兴趣、爱好、对人对己的态度。

7. 感知、理解和判断能力。

8. 在困难情境中的应付方式。

特别要强调的是,观察法的一个重要特点就是收集非言语信息,对与非言语沟通有关的所有方面都应给予足够的重视。会话中有意的手势、动作、身体姿势、面部表情等,以及无意的言语模式,如音调的抑扬顿挫和语速变化等特征,都表达了与语词相同或语词以外的信息。这些信息提供了心理评估的重要线索。

(三)观察法的优缺点

观察法作为心理评估的基本方法贯穿于评估的全过程,并在其中起着十分重要的作用。其优点主要有以下几个方面:

第一,观察法收集的资料比较全面。评估者只要善于洞察和捕捉,就有可能从观察中发现问题,找到有用的信息线索。这些可以为以后透过现象深入思考,分析其实质创造条件。

第二,通过观察所得到的结果较真实,资料可靠性高,是收集原始资料的基本方法。通过观察对某些行为表现的发生、发展的具体过程进行细致的系统记录,可以使评估者获得最原始的资料。这是进一步心理诊断、咨询与治疗的基础。

第三,观察法是验证心理诊断、咨询效果的重要手段。心理诊断的正确与否、心理咨询的效果如何,虽然可以通过多种方法进行验证,但科学的观察是检验诊断有效性的重要途径。

和其他方法相比,观察法也有许多局限性:

第一,观察只能针对个体的外显行为,对于个体内隐的心理过程,例如认知评价、态度、情感等难以通过观察法进行研究,而这些内容往往是心理咨询工作者非常感兴趣的。

第二,个体的外显行为可能是多种因素共同作用的结果,经常带有一定的偶然性,因此观察结果不易重复。如果感兴趣的行为发生频率较低,应用观察法需要花费大量的时间和精力。

第三,对于某些隐私行为的观察会非常困难而且可能是不道德的。并且,观察结果的有效性还取决于评估者的观察能力、判断能力和对信息的筛选能力。

二、会谈法

会谈法(interview method)又称访谈法或晤谈法,从广义上来说,就是通过评估者和来访者的谈话,采用回答问话或问卷的方式来收集个案材料或了解某些人、某些事或某些行为及态度等的一种方法。在心理咨询的临床应用上,最常使用的有评估性会谈和治疗性会

笔记

谈。这里我们主要介绍评估性会谈。

（一）会谈法的种类

会谈有许多不同的方式，但一般分为两类：一类称为结构化会谈；另一类称为非结构化会谈。

1. 结构化会谈（structured interview） 也称标准化会谈，是由评估者按所需资料的要求，编制出详细的会谈主题或大纲，会谈过程中按照同样的措辞和顺序向每一个来访者询问同样的问题，要求来访者按所提问题逐一回答。

附：结构化临床会谈举例

例1：幻觉评价

评价说明：幻觉指在缺乏相应的客观刺激下出现的错误知觉。综合评估幻觉坚信程度、频度、持续时间和对行为的影响。多种幻觉出现时，选最重要的在本项评定。

问：你是否听到不存在的或其他人听不到的声音、看到或闻到不存在的或其他人看不到的东西或闻不到的气味？有多久了？

评分：1. 无；2. 难说；3. 轻；4. 中；5. 偏重；6. 严重；7. 极重。

例2：思维障碍——关系妄想评价

评价说明：关系妄想指异乎寻常地将看上去无关的人或事，或无意义的记号都认为是针对自己的。

问：你是否有别人不理解的想法，有多久了？你怀疑过有人在监视你吗？有些事情（如广播、电视、报纸）好像是故意冲着你安排的吗？是否有人在背后议论你、讥笑你？

评分：1. 无；2. 可疑；3. 不能以当时的实际情况说服其怀疑，但仅偶尔出现，自己也感到可能是多心，这种观念很轻微，但临床意义已可肯定；4. 显然是一种异常观念；5. 明显持续的异常观念或部分妄想；6. 完全妄想；7. 妄想明显影响行为。

（说明：部分妄想是指妄想尚未完全形成，主要表现为对妄想内容尚没有完全确信，可以这样问："你真的认为这都是真实可信的吗？一点疑问也没有？"）

结构化会谈的优点在于它使用标准化的程序，不同的评估者只要经过适当的培训，其进行的会谈方式和获得的会谈结果应该是具有可比性的。此外，结构化会谈积累了较多信度和效度方面的证据，因而它广泛应用于心理咨询、药物治疗和其他干预手段的效果评估。目前心理学家已经设计出许多现成的会谈程序供评估人员使用。

2. 非结构化会谈（unstructured interview） 也称自由式会谈，这种会谈预先无需确定会谈的主题或大纲，评估者可以根据自己的判断探索各种与会谈目的相关的话题，让来访者自然而然地说出他想说的话。非结构化会谈的优点在于方法上比较灵活，可以使来访者在谈话中不知不觉地、较无戒心地吐露出一些内心的真情实意，从而使评估者获得一些比较深层的对诊断较有意义的资料。如果评估者控制不当，非结构化会谈容易偏离主题，因而对经验不足的评估者来说较难把握。

事实上，完全非结构化的会谈在临床评估上也是很少使用的，通常评估者在实际使用时会采用半结构化的会谈方式。半结构化会谈预先会确定会谈提纲，但询问的方式和次序可以灵活进行，因此可以说是介于结构化与非结构化之间。

（二）会谈应注意的问题

会谈既是一种技术，也是一种艺术。评估者除了掌握主要的会谈技术外，在会谈中还有一些通常的注意事项。艾肯（Aiken）曾提出了一些进行临床会谈的建议，包括：

1. 向来访者承诺会谈的保密性。

2. 表达兴趣与温暖。

3. 努力使来访者放松下来。

笔记

4. 试图体会来访者的感受（共情）。

5. 表现得礼貌、耐心和接纳。

6. 鼓励来访者自由地表达自己的想法和感受。

7. 根据来访者的文化和教育背景调整提问的方式。

8. 避免使用精神病学或心理学的专业术语。

9. 避免使用引导性的问题。

10. 在适当的时机和来访者分享个人的信息和经验（自我暴露）。

11. 少量使用幽默，注意要恰当而不要冒犯对方。

12. 倾听，同时不要有过度的情绪反应。

13. 不仅关注来访者说了什么，而且也关注他是如何说的。

14. 作书面记录或录音时尽可能不太显眼。

最后，除了上述所谈及的注意事项外，评估者还应注意与来访者建立良好的关系，并且把握住会谈的方向，这些都是会谈成功的关键。

三、心理测验法

心理测验作为心理学的研究方法之一始于欧洲，19 世纪传入中国，引起我国心理学家与临床工作者的关注。无论是进行临床诊断、判定疗效，还是进行心理咨询和心理治疗，都必须以心理测验为基础。因此，心理咨询师有必要了解心理测量的理论和技术。

（一）心理测验的基本概念

1. 心理测验的定义　所谓心理测验（psychological test），就是依据心理学理论，使用一定的操作程序，通过观察人的少数有代表性的行为，对于贯穿在人的全部行为活动中的心理特点作出推论和数量化分析的一种科学手段。

首先，心理测验测量的是人的行为，严格地说，只是测量了做测验的行为，也就是一个人对测验题目的反应。在这个意义上，测验即引起某种行为的工具。

其次，心理测验在测量个别差异的时候，往往只是对少数经过慎重选择的行为样本进行观察，来间接推知被试者的心理特征。

第三，为了使不同的被试者所获得的分数有比较的可能性，测验的条件对所有的被试者都必须是相同的。

第四，个人在测验中所得到的原始分数并不具有什么意义，只有将它与其他人的分数或常模相比较才有意义。

2. 心理测验的性质　把心理测验同物理测量混为一谈，是导致人们对心理测验产生种种误解的原因。由于心理现象比物理现象更加复杂，测量起来也更困难，因此心理测验具有独特的性质。

（1）间接性：科学发展到今天，我们还无法直接测量人的心理活动，只能测量人的外显行为，也就是说，我们只能通过一个人对测验项目的反应来推论出他的心理特质。

（2）相对性：在对人的行为做比较时，没有绝对的标准，我们有的只是一个连续的行为序列。所谓测验就是看每个人处在这个序列的什么位置上，由此测得一个人智力的高低、兴趣的大小或性格的特性等。

（3）客观性：测验的客观性实际上就是测验的标准化问题。测量工具必须标准化，这是对一切测量的共同要求。心理测量的标准化包括以下内容：

首先，测验用的项目或作业、施测说明、施测者的言语态度及施测时的物理环境等，均经过标准化，测验的刺激是客观的。

其次，评分记分的原则和手续经过了标准化，对反应的量化是客观的。

最后,分数转换和解释经过了标准化,对结果的推论是客观的。

（二）标准化心理测验的特征

一个规范和能被公认的测验通常是标准化测验。标准化是指测验编制、实施、记分和测验分数解释按照一定程序或标准进行,保证对所有被试的公平,保证测量结果的客观性和准确性。因此,了解测验是否标准化十分必要。以下是标准化测验的主要特征。

1. **信度（reliability）** 也称可靠性或稳定性,是指同一被试者在不同时间内用一测验（或用另一套相等的测验）重复测量,所得结果的一致程度。如果一个测验在大致相同的情况下,几次测量的分数也大体相同,便说明此测验的性能稳定;反之,几次测量的分数相差悬殊,便说明此测验的性能不稳,信度低。信度受随机误差的影响。随机误差越大,信度越低。评估不同的误差可采用不同的信度的评估方法,常用的有重测信度（rest-retestreliability,又称再测信度）、复本信度（alternateforms reliability）、分半信度（split half reliability,又称劈半信度、折半信度）、同质性信度（homogeneity reliability）、评分者信度（scorer reliability）等。

一般来说,在临床上用于进行个体评估和诊断的测验信度最好能达到 0.90 以上,而 0.70 以上是用于研究、进行群体比较时通常要求的信度标准。

2. **效度（validity）** 是指所测量的与所要测量的心理特点之间符合的程度,或者简单地说是指一个心理测验的准确性。效度是科学测量工具最重要的必备条件,一个测验若无效度,则无论其具有其他任何优点,一律无法发挥其真正的功能。因此,选用标准化测验或自行设计编制测量工具,必须鉴定其效度,没有效度资料的测验是不能选用的。

测验的效度受到随机误差和系统误差的影响。一般来说,信度高的测验并不一定都是有效的,而有效的测验必定是可信的。因此,信度是效度的必要条件。

考查效度的方法很多,每种方法侧重的问题不同,名称也随之而异。美国心理学会在 1974 年所发行的《教育与心理测量之标准》一书中将效度分为三大类:即内容效度 (content validity)、构想效度 (construct validity,又称构思效度、结构效度或建构效度) 和效标效度 (criterion validity,又称实证效度)。

3. **常模** 心理测验是一种测量人的心理状态的技术手段,如同一个医生量一下你的血压就可以知道你的血压是否偏高或偏低一样,心理测验也希望达到类似的心理测量的目的。多数心理测验是把个人所得的分数与某一参照分数相比较,以判断其所得分数的高低,这个参照分数便是常模（norm）。

心理测验中某一个体测验结果的数据称为原始分数。它本身没有多大意义,必须根据常模转换成常模分数进行分析评定。大多数的测验常模用基于平均数和标准差的标准分（standard score）来描述,其中比较常用的标准分常模有 T 分数、标准九分数、标准十分数、标准二十分数和离差智商,部分心理测验也用百分等级 (percentile rank) 或百分位数 (percentile) 来描述。

（三）心理测验在心理咨询中的应用

心理咨询的有效性,不仅取决于咨询人员对心理咨询的性质、过程的正确认识,熟练掌握心理咨询的原则、方法和技能技巧,同时还有赖于对来访者心理特性、行为问题性质的正确评估和诊断,以便于提供适当的指导、帮助和行为矫正训练。因此,心理测验在心理咨询中有重要意义。

在我国目前情况下,心理门诊中运用较多的大致有这样 3 类心理测验:智力测验、人格测验以及心理评定量表。

1. **智力测验** 目前常用量表有:吴天敏修订的中国比内量表,龚耀先等人修订的韦氏成人智力量表（WAIS-RC）、韦氏儿童智力量表（C-WISC）和韦氏幼儿智力量表（C-WYCSI）,

林传鼎等人修订的韦氏儿童智力量表（WISC-CR），以及张厚粲主持修订的瑞文标准型测验（SPM）和李丹等修订的联合型瑞文测验（CRT）等。这类测验可在来访者有特殊要求时以及对方有可疑智力障碍的情况下应用。

2. **人格测验**　目前应用较多的有：艾森克人格问卷（EPQ），卡特尔 16 人格因素问卷（16PF），人格诊断问卷（PDQ）以及明尼苏达多项人格调查表（MMPI）等。人格测验有助于咨询师对来访者人格特征的了解，以便于对其问题有更深入的理解，并可针对性地开展咨询与心理治疗工作。其中，MMPI 还有助于咨询师了解对方是否属于精神异常范围。

3. **心理评定量表**　主要包括有精神病评定量表、躁狂状态评定量表、抑郁量表、焦虑量表、恐怖量表等。这类量表用法及评分简便，多用于检查对方某方面心理障碍的存在与否或其程度如何，并可反映病情的演变。

一般来讲，心理测验应在咨询关系尚未建立之前实施，进入正式的心理咨询程序之后，要尽量避免心理测验。当然也有例外。咨询过程无法进行下去，咨询者也不知如何进行下去的时候，由心理测验的结果可以再次确认与来访者的咨询关系以更好地达到对来访者的理解。这种情况下，如果可能的话，心理测验最好由其他心理学工作者、专家实施。

第三节　心理评估的内容

一、心理现况评估

心理现况评估主要包括：

（一）一般表现

包括意识状态、仪态、接触和注意等情况。

1. **意识状态**　意识是否清楚是疾病诊断的重要前提。边谈话，边观察谈话能否唤起患者的注意，注意力能否集中或易转移，对问题能否理解，应答速度、定向和记忆有无改变等，并结合表情作出判断。

2. **仪态**　是否整洁，着装是否整齐，有无过分装饰或不修边幅。态度与举止：安静自然或活跃、迟缓、单调、沉默、紧张、敌对、敏感等。

3. **接触**　是指患者对医生和周围其他人的交往情况。可用良好、欠佳、不良等描述。

4. **注意**　从患者的眼神、面部表情、举止和言语等来观察。可用持久集中、短暂集中、涣散、随境转移、迟钝、增强、机警等描述。

（二）感知觉评估

主要观察有无错觉、幻觉与感知综合障碍。

可采用直接询问方式。如问"你是否经常听到有人在说你什么？""你看见什么人或特殊的形象吗？""有否闻到某种特殊的气味？""你觉得食物味道如何？""你身上是否有像电流通过的感觉？""你感到身体内部都好吗？"。

除直接询问外，也可通过观察表情与行为表现间接获悉。若患者表情紧张、东张西望、出现攻击或逃避行为时，可能有错视或幻视；以棉花塞耳或鼻时可能有幻听或幻嗅；以猜疑目光注视并拒食时可能有幻味。

（三）思维障碍的评估

通过谈话了解思维形式与内容障碍，主要观察有无特殊思维形式障碍、妄想、强迫观念及超价观念等。

大多数患者能在谈话中暴露思维形式与内容障碍，有些有被害妄想的患者由于不信任

笔记

而隐瞒,此时需多次谈话并获得其信任后才肯暴露。检查时要善于启发诱旨,使其愿意倾吐"真情"对妄想内容不要轻易说服或否定,以免反感;更不能滥施同情,以免患者对妄想内容更加坚信不疑。

在思维内容的评估中,可问:"你常觉得旁人一举一动与你有关吗? 为什么?"(关系妄想),"邻居或单位同志对你好吗?""是否经常同你作对,或谈你什么?"(被害妄想),"你的才能如何? 有什么创造或发明?"(夸大妄想),"你有否感到某种想法在头脑中反复出现? 有意义吗? 能不去想吗? 你的体会怎样?"(强迫观念)。有关妄想的内容要按患者所述的原话如实记录。

有无妄想除提问外,有时可以从患者表情及行动中得到线索。

(四)情感的评估

既要观察外部表情,又要询问内心体验,特别要注意观察患者的眼神和面部表情。如凝视无神,谈话时注意力不集中、心不在焉、东张西望;或双目有神,注意涣散易淡漠、空笑、强制性哭笑等。如问"近来你的心情如何?""为什么悲伤或痛苦?""你最近的兴趣如何?""为什么不感兴趣?"等。在了解其内心体验时,还应注意是否与外部表现协调一致。

(五)意志和行为的评估

通过谈话了解患者的意志是否正常、增强或减退,如问"你对今后有何打算?""有何要求?"等。观察有无动作增多或减少、奇异动作、蜡样屈曲、抗拒症、木僵状态,甚至紧张综合征等

(六)自知力的评估

指患者对其自身精神病态的认识和批判能力。神经症(neurosis)患者通常能认识到自己的不适,主动叙述自己的病情,要求治疗,医学上称之为有自知力。精神病性障碍患者随着病情的进展,往往丧失了对精神病态的认识和批判能力,否认自己有精神障碍,甚至拒绝治疗,对此,医学上称之为无自知力。凡经过治疗,随着病情好转、显著好转或痊愈,患者的自知力也逐渐恢复,由自知力部分恢复到完全恢复。由此可知,自知力是精神科用来判断患者是否有精神性障碍、病情的严重程度以及疗效的重要指征之一。

二、既往经历评估

既往经历主要涉及患者的生活状况、婚姻家庭、工作记录、社会交往和娱乐活动等内容。

(一)生活状况

1. 居住条件。
2. 日常活动内容、活动场所。
3. 生活方式和习惯。
4. 近期生活方式有无重大改变。

(二)婚姻家庭

1. 一般婚姻状况(自由恋爱、他人介绍、包办、买卖婚姻),婚姻关系是否满意(性生活、心理相容度)。
2. 婚姻中有无重大事件发生,事件原因中有无道德和文化因素。
3. 家庭组成成员,对家庭各成员的看法,家庭成员在日常生活中的分工,自己在家庭中所起的作用。
4. 家庭中发生的重要事件和原因,原因中有无道德、文化因素。

(三)工作记录

1. 对工作的态度、兴趣、满意程度。

2. 是否改变过职业,理由何在。

(四)社会交往

1. 与自己交往最多、最密切的人有几个。

2. 能给予患者帮助的人和患者帮助过的人有几个。

3. 举例说明社交中的相互影响。

4. 参加集体活动的兴趣如何。

(五)娱乐活动

1. 娱乐活动的种类,是个人还是团体活动。

2. 最令患者感到愉快的活动。

3. 娱乐活动占据患者的时间。

三、个人成长评估

按以下提纲,整理个人成长史资料(可列表填写):

(一)婴幼儿期

主要涉及母孕期和生产过程有无异常,感官、动作和言语的发育,喂奶方式和生活习惯的训练,与父母接触及家庭气氛等。

(二)童年生活

1. 幼儿园及学校适应能力和学习成绩,师生关系和伙伴关系。

2. 与大多数儿童比较,有无重大特殊事件发生,现在对当时情景的回忆是否完整。

3. 童年身体情况,是否患过严重疾病。

4. 童年家庭生活、父母情感是否和谐。

5. 童年家庭教养方式,有无品行不良行为及叛逆行为。

(三)少年期生活

1. 少年期家庭教育、学校教育、社会教育中有无挫折发生。

2. 少年期最值得骄傲的事和深感羞耻的事是什么。

3. 少年期性萌动时的体验和对待,性成熟及异性伙伴关系。

4. 少年期有无严重疾病发生。

5. 少年期在与成人的关系中,有无不愉快事件发生,有无仇视、嫉恨的事或人。

6. 少年期的兴趣何在,有无充足时间做游戏。

(四)成人期

成人个人史资料应围绕职业能力与职业适应,婚姻质量与家庭关系展开。

对于青壮年评估对象,重点报告爱情生活状况(有无失恋等)、升学和就业有无挫折、婚姻质量、职业目标及独立程度;中年人则侧重在人际关系、性生活质量、重大生活事件及业余活动方面;老年人应侧重如何应对心理和生理能力下降、退休后活动范围及个人价值感和社会生活的信念。

四、心理社会环境评估

心理社会环境的评估主要涉及各种生活事件,主要包括:

1. **工作事件** 很多现代化的工作环境或工作的本身就具有极强的紧张性和刺激性,易使人产生不同程度的应激。①长期从事高温、低温、噪声、矿井下等环境的工作。②高科技、现代化需要高度注意力集中和消耗脑力的工作。③长期远离人群(远洋、高山、沙漠)或高度消耗体力及威胁生命安全或是经常改变生活节律无章可循的工作或是长期从事单调重复的流水线工作,或是社会要求和个人愿望超出本人实际能力限度的工作,都可成为心

笔记

理应激的来源。

2. 家庭事件　这是日常生活中最多见的应激源。多次恋爱不成功、失恋，夫妻关系不和、两地分居、有外遇被发现、情感破裂、离婚，爱人患病、配偶死亡、外伤、分娩、手术，子女管教困难，住房拥挤，经济拮据，有长期需要照顾的老年人、残疾人、瘫痪患者或是家庭成员之间关系紧张，都可成为长期慢性的应激事件。

3. 人际关系事件　包括与领导、同事、邻里、朋友之间的意见分歧和矛盾冲突等。

4. 经济事件　包括经济上的困难或变故，如负债、失窃、亏损和失业等。

5. 社会和环境事件　每个人都生活在特定的自然环境和社会环境当中，无数自然和社会的变化，包括各种自然灾害、战争和动乱，社会政治经济制度变革、工业化、现代化和都市化所带来各种环境的污染，交通住房的拥挤、人口的过度集中以及下岗待业、加快的生活节奏、知识的更新、竞争的加剧，物质的滥用，吸毒、酗酒以及由此引起的卖淫、嫖赌偷盗的等犯罪行为所造成的人为事件，都会成为某些人的应激源。研究证明，在和平稳定时期，个体与同事、领导之间的人际矛盾和冲突是很重要的生活事件。

6. 个人健康事件　指疾病或健康变故给个人造成的心理威胁，如癌症诊断、健康恶化、心身不适等。

7. 自我实现和自尊方面事件　指个人在事业和学业上的失败或挫折，以及涉及案件、被审查、被判罚等。

8. 喜庆事件　指结婚、再婚、立功受奖、晋升晋级等，需要个体作出相应心理调整。

在DSM-Ⅳ中，轴Ⅳ提供了心理社会紧张因素的评定量表，用来记录评定过去一年里患者遭遇到的心理社会紧张的大体严重程度及具体心理社会因素（表5-1）。通常，社会紧张刺激或人际关系因素都与心理障碍的发生或维持有关，这些紧张刺激要么导致新的精神障碍的发生，要么使原有的精神障碍复发，要么使已经存在的精神障碍恶化。

表 5-1　心理社会紧张因素的严重程度

（成人用）

紧张因素举例

编码	术语	急性事件	慢性事件
1	无	无与障碍有关的急性事件	无与障碍有关的慢性事件
2	轻度	失恋，开始上学或毕业，子女离家	家庭或成员不和，不满意现有工作，住处邻里犯罪率高
3	中度	结婚，夫妻分居，失业，退休，流产	夫妻不和，严重经济问题，与上级关系不和，身兼父母双重义务
4	重度	离婚，生第一个孩子	失业，贫困
5	极重	配偶死亡，诊断有严重躯体疾患，被强奸	自己或小孩患有慢性疾病，体罚或性骚扰
6	灾难性	小孩死亡，配偶自杀，严重自然灾害	被绑架，集中营生活

五、心理正常与异常的分类评估

心理正常、心理不正常、心理健康、心理不健康，这是我们在学习和讨论心理咨询问题时常常使用的概念。只有将这些概念区分清楚，把它们之间的联系梳理通顺，才可以排除交流意见时的障碍。

这里说的"心理正常"，就是变态心理学中说的具备正常功能的心理活动，或者说是不包含有精神障碍症状的心理活动；而这里说的"心理不正常"，就是变态心理学中说的"心理异常"，是指有典型精神障碍症状的心理活动。

很显然，"正常"和"异常"是标明和讨论"有病"或"没病"等问题的一对范畴。而"健康"和"不健康"是另外一对范畴，是在"正常"范围内，用来讨论"正常"的水平高低和程度如何。可见，"健康"和"不健康"这两个概念，统统包含在"正常"这一概念之中（图5-2）。

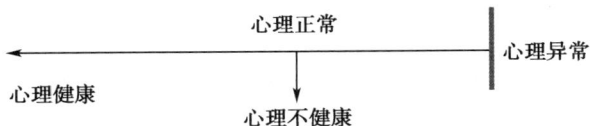

图5-2　心理健康、心理不健康与心理异常的图示

如图5-2所示，与"心理健康"这一概念相对应的是"心理不健康"，而这两者都属于心理正常范围。可见，从心理学角度出发，我们可以把人的全部心理活动分别使用"心理健康""心理不健康""心理异常"这三个概念来表达。

理论上，心理咨询的主要工作对象是人的心理不健康状态，这并不是说心理咨询的工作对象仅仅是人的心理不健康状态。如变态心理学所述，针对不同种类的精神障碍，心理咨询所能发挥的作用不同。如神经症、人格障碍、性心理障碍、创伤后应激障碍等轻性精神障碍，一般以心理咨询或治疗为主；精神分裂症、抑郁发作、躁狂发作、双相障碍、偏执性精神障碍等重性精神障碍，一般以药物治疗为主。一名心理咨询师的知识背景、临床技能和技术技能的熟练程度、临床经验的丰富程度、自身的价值观和人生观等，都直接制约了他实际临床工作所能涉及的领域。

第四节　自杀危险及其评估方法

一、自杀概念及其类型

（一）自杀的概念

自杀（suicide）是一种有意识地自愿结束自己生命或自我毁灭的行为，其结果可以是死亡、致残或安全抢救。从心理学角度分析，自杀者多数是由于生活或工作中遭遇困境而产生强烈的内向冲突，陷入危机状态不能自拔，难以承受或心理异常而产生的自毁行为。

自杀根据其结果可以分为自杀意念、自杀未遂和自杀死亡。自杀意念（suicide ideation）是指产生了自杀想法并开始实施自杀的过程。自杀未遂（attempted suicide）则是实施了自杀行为，但由于一些偶然因素致使自杀不成功的行为。自杀死亡（committed suicide or completed suicide）是指既实施了自杀的行为又导致死亡结果的自杀行为。据研究调查，每自杀1人，未遂者是6～10倍，而有自杀意念的人，即有想死念头的人又比未遂者高出几十倍。尽管如此，考虑到问题的严重性质，自杀意念被精神卫生专业人员认为是极其严重的。

（二）自杀的类型

自杀作为一种复杂的社会现象，学者们对其分类有不同的看法。法国社会学家涂尔干（E.Durkheinl）依据社会对个人关系及控制力的强弱，把自杀分为四种类型。

1. 利他性自杀（altruistic suicide）　指在社会习俗或群体压力下，为追求某种目标而自杀。常常是为了负责任，牺牲小我而保全大我。如屈原投身汨罗江，以死唤醒民众的觉醒；日本武士剖腹自尽，以生存为耻辱；疾病缠身的人为避免连累家人或社会而自杀等都属于利他性自杀。这类自杀者的共同心理是死是有价值的，是唯一的选择。

2. **自我性自杀（egoistic suicide）** 　与利他性自杀正好相反，指因个人失去社会之约束与联系，对身处的社会及群体毫不关心，孤独而死亡。如离婚者、丧偶者、无子女者常常发生自我性自杀，而在家庭气氛浓厚的社会发生机会较低。

3. **失调性自杀（anomic suicide）** 　指个人与社会固有的关系被破坏。例如，失去工作、亲人死亡、婚姻破裂或失恋等，令人彷徨不知所措而难以控制而自杀。

4. **宿命性自杀（fatalistic suicide）** 　指个人因种种原因，受外界过分控制及指挥，感到命运完全非自己可以控制时而自杀。如罪犯被困在密室中。

此外，一些研究者还根据自杀过程中意识成分的参与度，将自杀分为冲动性自杀（或称情绪性自杀）和理智性自杀。前者的进程比较快，发展期短，具有危险性，这种自杀行为常常因暴发性偶然事件引起的悔恨、愤怒和羞愧等激情而引发。后者与冲动性自杀不同的是，个体经过了长期自我评价和体验，进行了充分的推理和判断而进行的有目的、有计划的自杀行为。

二、关于自杀的研究

（一）自杀的高危人群

在美国，有自杀企图的人大多数在 24～44 岁，其中作出自杀行为的男性是女性的 3 倍，且成功率高，但有自杀企图的女性比男性多。另一种趋势是十几岁甚至几岁的儿童自杀率也在增长。

很多大学生似乎特别容易产生自杀的动机，并且大学规模越大、越有声望，自杀的人越多。以美国为例，自杀率在规模大的大学里比在社区学院或其他地方院校要高。并且，在开学及学期结束时自杀的人最多。其中那些来自分居、离异或父母死亡家庭的学生自杀企图或自杀行为更多。

另外一些容易自杀的人群包括抑郁者、老人、酗酒者、被遗弃或离婚者、独居者、移居者、来自社会结构混乱地区的人以及某些特殊职业人群，如医生、律师和心理学家。研究发现，女性医生和女性心理学家比正常人群中妇女的自杀企图高 3 倍，而男性医生是正常男性的 2 倍。

调查也发现，战争、社会动荡、经济危机等社会状态不稳定时，自杀率会有所变动。社会变化剧烈时，自杀率有明显的增长趋势。前苏联解体后，俄罗斯的自杀率明显上升就是例证。

（二）自杀的原因分析

国内外研究表明，一些心理社会因素与自杀密切相关。根据其所属层面，可以将它们分为个体因素、家庭因素和社会背景因素。

1. **个体因素** 　主要包括个体的生理疾病和缺陷、情绪障碍、认知歪曲、人格障碍、自杀态度、重大生活应激、以前的自杀经历、行为问题等，其中最为重要的是情绪和（或）其他心理障碍。研究表明，大约 50%～75% 的自杀儿童和青少年患有情绪障碍，其中最普遍的是重度抑郁症；约 1/4～2/3 的自杀青少年被诊断有药物滥用和依赖史；而人格障碍在自杀成人中比在自杀青少年中更常见；患有分裂型人格障碍的青少年更可能患有情绪障碍，过去有更多的自杀和药物滥用史，因而其自杀的比率也更高。

2. **家庭因素** 　主要有父母关系、家人的自杀史、亲子关系、父母酒精和药物使用史。青少年自杀行为的心理剖析法研究表明，自杀青少年中有近一半的人其父母婚姻存在问题，20%～30% 的青少年自杀有家庭自杀史，15%～47% 的人父母有心理问题，16%～35% 的人父母有过药物滥用史。与心理剖析法研究结果相一致，对有自杀意念和自杀企图的跟踪研究表明，家庭药物滥用或心理障碍与青少年自杀密切相关。家庭抑郁和亲子矛盾与青少年

笔记

自杀也相互联系。

3. 社会背景因素　包括人际关系、社会传统、宗教习俗、经济发展等，自杀也可以与经济拮据、社会地位改变、受到监禁以及其他的困难情境有关。面临应激情境、抑郁以及愤怒的情感，各种形式的人际关系危机、失败以及由此引起的自我贬低、内心矛盾冲突以及丧失意义感和希望感等，这些因素单独出现或结合出现，都可能产生一种可能导致自杀的心理状态。如果这个人大量饮酒或服药，那么这时自杀的"成功率"会更高。

（三）自杀征兆的识别

一般而言，自杀者在自杀前处于想死同时渴望被救助的矛盾心态时，从其行为与态度变化中可以看出蛛丝马迹，包括言语、情绪和行为线索。常见的线索或征兆主要有：

1. 对自己关系亲近的人，直接或间接地表达过想死的念头，或在日记、绘画、信函中流露出来。

2. 喜好谈论应激或压力。

3. 情绪明显不同于往常，焦躁不安、常常哭泣、行为怪异粗鲁。

4. 陷入抑郁状态，感到疲劳、食欲缺乏、体重减轻、沉默寡言、失眠、头晕等。

5. 明显减少与生活中重要人物的接触，退缩或独处愈加明显。

6. 学习或工作成绩下降。

7. 性格行为突然变化，好像变了一个人似的。

8. 无缘无故地收拾东西，向人道谢、告别、归还所借物品，或送出自己很珍贵的东西。

9. 日常生活中表现出不同于平常的行为，如无故缺课、频繁洗澡、看有关死亡方面的书籍，甚至出走、自伤手腕等。

自杀研究中的"3P"（perceptible, predictable and preventable），即可知觉、可预见、可预防，要求对任何自杀的线索都很敏感。然而，要预先识别出有自杀的人却不容易。因此，自杀研究者要对任何可能的自杀线索都保持敏感。

（四）自杀的传染性

在有关自杀的研究中，自杀的传染性是一个备受重视的现象。不少研究都介绍过因影视、广播电视等媒体详尽报道一些自杀事件，而使社会上自杀或企图自杀者增加的事实。1986 年 4 月，某日本女歌星跳楼自杀，媒体详细报道后，几个月中数十名青少年效仿而自杀身亡，其中女学生居多；2010 年 5 月以来，发生在深圳某厂区的多起自杀事件引起了整个社会的震惊。当人们从各个方面试图剖析和反思这一事件时，"传染性自杀"一词也进入了我国公众的讨论。

最容易引发模仿性自杀的新闻报道有以下特征：详细报道自杀方法；对自杀而引致的身体伤残很少提及；忽略了自杀者生前长期有心理不健康的问题；将引发自杀的原因简单化；自杀者知名度高，社会影响大；使人误认为自杀会带来好处等。

为减低自杀的传染现象，学者们强调大众传播媒介注意在报道自杀事件时应该持谨慎态度，应尽量指出自杀者实际有很多其他可以选择的途径，自杀不是唯一出路，以便尽量减少那些有自杀意念的人认为自杀是一种正确处理困难的方法，自杀是一种可以理解的选择。

三、自杀危险的评估

早期对自杀风险的量化评估开始于与自杀风险有关的人口学变量清单，尽管它们在区分自杀组和非自杀组被试上常证明是有效的，但由于其没有相关的信度和效度报道，这些量表后来逐渐被信度和效度较高的量表所取代。目前，有大量的自杀风险评估量表，其中较为常用的有 Beck 绝望量表（BHS）、Beck 自杀意念量表（SSI）、自杀意向量表（SIS）、护士用自杀风险评估量表（NGASR），以及我国学者肖水源等从自杀态度的角度编制的"自杀态

笔记

度问卷（QSA）"，夏朝云等编制的"自杀意念自评量表（SIOSS）"。在此仅介绍在国内外应用最为广泛的 Beck 自杀意念量表。

（一）Beck 自杀意念量表的发展

Beck 自杀意念量表是国外临床和研究常用的评估工具，有两个版本。一个是经过培训的临床医务人员使用的半定式他评量表（Scale for Suicide Ideation，SSI），另一个是在此基础上发展起来的自评量表（Beck Scale for Suicide Ideation，BSI）。SSI 由 19 个条目组成，每个项目有 3 个选项（分别计 0～2 分），总分范围 0～38 分。得分越高，自杀危险越高。此量表有 3 个因子，分别是主动自杀意愿（10 个条目）、具体自杀计划（3 个条目）和被动自杀意愿（3 个条目），剩余 3 个条目不归入任何因子。BSI 与 SSI 的条目顺序、数目和评分等级相同，由被试自己阅读每个问题及相应选项，从中选出最符合自己最近 1 周（包括当天）情况的一个选项，分纸笔版和计算机版。由死亡愿望（5 项）、自杀准备（7 项）和主动自杀意愿（4 项）3 个因子组成。设定前 5 个条目为筛选条目，以识别有自杀意念者；否则，完成剩下的 14 个条目。

SSI 最早主要用于评估访谈当时的自杀意念强度，又称目前的自杀意念量表（SSI-C）。但研究发现目前的自杀量表高分并不能预测以后自杀的危险性。因此，根据假说"最严重时的自杀意念强度能恰当地反映潜在的自杀危险性"，又制定了一个新的评估指标，即最严重时的自杀意念量表（SSI-W）。SSI-W 评估时，需要引导被试回忆特别想自杀（即最严重）时的具体日期和情形，然后针对那段时间，回答与 SSI-C 相同的 19 个问题。也就是说，SSI-C 和 SSI-W 唯一不同之处就是评估的时间段不同，前者评估目前的状态，后者评估最严重时的情况。

为了 SSI 使用起来方便以及适合准专业人员使用，Miller 等对 SSI 进行了修订，形成修订版自杀意念量表（Modified Scale for Suicide Ideation，MSSI）。该量表由 18 个条目组成，其中 13 个项目来源于 SSI，5 个为新增条目，每个条目计 0～3 分，总分范围 0～54 分。MSSI 对每个条目增加了标准化的提问方式，修改了评分标准化，并设定前 4 项为筛查条目，以决定是否继续评估。同样是得分越高，自杀危险越高。它由自杀意愿/意念（9 项）及计划/准备（9 项）2 个因子组成；也有学者把它分为自杀意愿（9 项）、自杀准备（6 项）及认为实施自杀行为的可能性（3 项）3 个因子。

（二）Beck 自杀意念量表中文版

国内李献云等在 SSI-C、SSI-W 和 BSI 基础上，经过翻译、回译、专家讨论和预实验 4 个步骤，并根据国人的表达习惯修改了每个条目提问方式和答案选项，形成了 Beck 自杀意念量表中文版（Beck Scale for Suicide Ideation-Chinese Version，BSI-CV）。BSI-CV 既可以自评，也可由调查员访谈获得，既可以评估访谈当时又可评估最严重时的自杀意念强度（表 5-2）。

BSI-CV 有 19 个条目，评估个体对生命和死亡的想法以及自杀意念的严重程度。每个问题询问两个阶段：最近 1 周及既往最消沉、最忧郁或自杀倾向最严重的时候（即最严重时）的自杀意念。前 5 项为筛选项，仅在第 4（主动自杀愿望）或 5 项（被动自杀愿望）的答案为"弱"或"中等到强烈"时（即不为 0），不论是最近 1 周还是最严重时，继续问接下来的 6～19 项；否则，结束此量表的调查。

BSI-CV 各项目评分（0～2 分）和总分计算（0～38 分）与 SSI 相同，但对少数条目（第 6、7、11、13 和 19 项）添加了"无自杀想法"的答案选项（赋值为 0）。得分越高，自杀意念越强烈，自杀危险越高。如果不需要调查 6～19 项，量表总分为前 5 项之和。此外，除了计算最近一周和最严重时量表总分外，还将量表分为自杀意念（前 5 项）和自杀倾向（后 14 项）两因子，也分别计算最近一周和最严重时的相应得分。

笔记

Beck 自杀意念量表中文版在我国社区成年人群中应用的信效度较好，特别适用于最消沉、最忧郁或自杀倾向最严重时的状况评分。在我国抑郁症患者及大学生群体应用，也获得了良好的信效度指标。

表 5-2　Beck 自杀意念量表中文版

指导语：下述项目是一些有关您对生命和死亡想法的问题。请您思考最近一周是如何感觉的，每个问题的答案各有不同，请您注意看清提问和备选答案，然后根据您的情况选择最适合的答案。

1. 您希望活下去的程度如何？	中等到强烈	弱	没有活着的欲望	
2. 您希望死去的程度如何？	没有死的欲望	弱	中等到强烈	
3. 您要活下去的理由胜过您要死去的理由吗？	要活下去胜过要死去	二者相当	要死去胜过要活下来	
4. 您主动尝试自杀的愿望程度如何？	没有	弱	中等到强烈	
5. 您希望外力结束自己生命，即有"被动自杀愿望"的程度如何？（如希望一直睡下去不再醒来、意外地死去等）	没有	弱	中等到强烈	
6. 您的这种自杀想法持续存在多长时间？	短暂、一闪即逝	较长时间	持续或几乎是持续的	近一周无自杀想法
7. 您自杀想法出现的频度如何？	极少、偶尔	有时	经常或持续	近一周无自杀想法
8. 您对自杀持什么态度？	排斥	矛盾或无所谓	接受	
9. 您觉得自己控制自杀想法、不把它变成行动的能力如何？	能控制	不知能否控制	不能控制	
10. 如果出现自杀想法，某些顾虑（如顾及家人、死亡不可逆转等）在多大程度上能阻止您自杀？	能阻止自杀	能减少自杀的危险	无顾虑或无影响	
11. 当您想自杀时，主要是为了什么？	控制形势、寻求关注、报复	逃避、减轻痛苦、解决问题	前两种情况均有	近一周无自杀想法
12. 您想过结束自己生命的方法了吗？	没想过	想过，但没制订出具体细节	制订出具体细节或计划得很周详	
13. 您把自杀想法落实的条件或机会如何？	没有现成方法、没有机会	需要时间或精力准备自杀工具	有现成的方法和机会或预计将来有方法和机会	近一周无自杀想法
14. 您相信自己有能力并且有勇气去自杀吗？	没有勇气、太软弱、害怕、没有能力	不确信自己有无能力、勇气	确信自己有能力、有勇气	
15. 您预计某一时间您确实会尝试自杀吗？	不会	不确定	会	
16. 为了自杀，您的准备行动完成得怎样？	没有准备	部分完成（如开始收集药片）	全部完成（如有药片、刀片、有子弹的枪）	
17. 您已着手写自杀遗言了吗？	没有考虑	仅仅考虑、开始但未写完	写完	

续表

| 18.您是否因为预计要结束自己的生命而抓紧处理一些事情，如买保险或准备遗嘱？ | 没有 | 考虑过或做了一些安排 | 有肯定的计划或安排完毕 | |
| 19.您是否让人知道自己的自杀想法？ | 坦率主动说出想法 | 不主动说出 | 试图欺骗、隐瞒 | 近一周无自杀想法 |

备注：如果上面第 4 或第 5 项的答案为"弱"± 或"中等到强烈"，请继续接下来的问题；如果答案为"没有"，则此问卷完成

第五节　咨询效果的评估与研究

一、咨询效果评估的指标与方法

（一）咨询效果评估的指标

接受心理咨询的来访者是否有改善或进步，可以从几种不同的方向或层次来研讨。

1. **心理症状的改变**　来访者的心理症状，如感到焦虑、抑郁、紧张、恐惧等，是自觉的、不舒适的、病态的精神状态。通常可用已有的症状问卷来测量，或单靠来访者主观的申诉描写。假如来访者本来的主诉是严重的恐慌、惧怕或其他情绪方面的症状，可作为咨询效果的主要评价指标。但要注意的是，从心理咨询的经验来看，有些来访者会毫不在乎或夸大自己的症状，或者随咨询的进行会有起伏性的变化。

2. **社会生活的适应**　包括是否能做家务，是否能上学、上班做事，有无收入，能否参加娱乐活动或者其他社会活动。特别是本来惧怕上学的孩子肯上学了，一直难以维持工作的人现在连续工作了一段时间，都可作为来访者情况改善的良好指标。当然，社会生活的成就并不一定时时都直接反映一个人的心理健康状态，有时是复杂的相关关系。

3. **人际行为的适应**　来访者与配偶、子女、亲友、同事、领导的人际关系，包括人际的沟通表达、适当角色的扮演、良好情感的表现等也可作为咨询效果的评价依据。在实际应用时，我们必须仔细推敲什么才是健康的人际关系，以及所维持的人际关系的本质如何，只有这样才能对咨询效果作出有意义的评价。

4. **性格方面的表现**　从心理咨询这方面来说，来访者的性格是否改善，是否变得较积极且成熟，有毅力去处理困难，能较有技巧地适应环境等，都是咨询的重点，也是评价咨询效果的要点。由于一个人的性格不容易在短期内变化，较难作为近期咨询效果的评价指标，包括自我回答的性格问卷，或者使用投射性的心理测验，对于远期咨询效果应该说是比较客观、有效的评价指标。

5. **内在心理状态**　心理咨询的特点在于改善一个人"内心"对人对事的看法、对自己的了解、对自己内心症结的解脱等，所以咨询效果的评价依据也可以放在此层次方面的资料。只是这方面的变化多半要依靠来访者的主观描述，再加上咨询师专业性的观察与判断，所得资料比较缺乏客观性。假如针对这个方向来进行评价，要格外谨慎，运用妥当。

6. **生理方面的改变**　患者的生理（躯体）健康方面的改变，如生化生理或免疫学指标的测定；其饮食习惯、性活动、睡眠、休闲、娱乐活动以及生活方式等方面的改变；酒、烟、镇静药、安定剂和其他药物的使用情况也可作为来访者康复的指标。

总之，来访者接受心理咨询以后，是否改善，是否有效果，可以从各个不同的方向、依据与层次来评价，而且可以只作单元性探讨，也可做多元性评价。

笔记

（二）咨询效果的评价者

评价者的来源不同，评价动机不同，其所作出的评价结果也会有所不同。在对来访者的咨询效果评价时，需要考虑的是由何人来评价，并加以综合评价。

1. **来访者本身**　对于来访者本人来说，他对自己所患疾病的症状及其内在心理状态感受深刻，是理所当然的评价者，唯一要考虑的是来访者的评价动机如何，所得结果是否可靠。

2. **咨询师**　对于咨询师来说，他熟悉来访者的各种情况，也明确知道咨询的进展情况，是拥有内外资料的评价者。

3. **来访者周围的人**　即来访者的家属、亲友、老师或同事来评价，特别是来访者在生活方面的适应，在人际关系方面的调整，可依靠这些社会资源来评价。

4. **第三者**　即由纯粹的旁观者，如护士或其他研究者以中立角色观察咨询的经过，同时观察、测量来访者对咨询的反应，对自己心理问题的了解情况，对问题适应的尝试情形等，是较为理想的评价模式。

总之，不同的人评价，评价的结果有所不同，现均趋向于结合多方面的资源，综合来进行评价，不过目前尚不能解决如何解释这几个来源之间缺乏一致性的问题。

（三）疗效评估的方法与技术

在心理咨询效果的评价中，评价工具的客观、有效也会影响评价的结果。在临床中使用较多的评价工具包括：用于患者自评的量表，如症状量表（SAS、SDS、SCL-90 等），人格测验量表（MMPI、EPQ、16-PF 等），自尊、自信心的评价等；他人评定的量表，如社会适应量表、HAMA、HAMD 等。另外，随着行为和认知治疗等新心理咨询技术的发展，发现来访者的生理学指标也会有改变，如血压、心率、皮肤电、肌电和睡眠脑电等，因此应用心电图、脑电图等仪器，血液生化、免疫指标及大脑神经递质等检测技术检查来访者咨询前后的变化也是有价值的。

目前大多数的评价工具均是临床实践中证明较可靠、有效的，但也有一些测评工具缺乏信度和效度资料。有些测评工具虽具较高的信度，但对咨询效果改变不敏感，有时观察到改变有显著性意义，但不一定有临床意义。

（四）评价时期

心理咨询进程中，何时作评价工作也需加以考虑。一般来说，进行评价的阶段有几个：咨询初期的评价，了解患者初期的反应，主要为症状的减轻，如焦虑、抑郁、恐惧、紧张、愤怒、疼痛等心理或生理症状的缓解；咨询到中期进行评价，主要为行为改善，如对配偶态度的改变，对工作或学习逐渐感兴趣，或对老师、长辈表现尊重等在行为变化、内在心理状态或生活上的适应等情况；咨询后期的效果评价主要为性格表现上的改变，人格变得比较成熟，能够比较有效地应用合适的方法去处理和应对挫折和困难，如改变处世态度和对人生的基本看法，以及对自我的认识和了解。在咨询结束后若干时期，如 3 个月、1 年以后作追踪调查与评价，可了解来访者在性格上的变化或咨询后的适应情况。

对于咨询效果评价的时间是随评价的目的、评价内容和依据而定的，对于不同的咨询方法，评价同样内容时，评价时间也可能发生变化。在做疗效研究工作时，特别要考虑在咨询的何种阶段去作评价，就时间因素作出有意义的解释。

二、影响咨询效果的因素

（一）咨询师方面的因素

心理咨询是由咨询师来实施的，咨询师的能力、个性品质、敏感性、灵活性、咨询师的性别及其对来访者的态度对整个咨询过程、咨询的效果都有着重要影响。

笔记

首先，心理咨询中对咨询改变影响最有力的是咨询师的态度，尤其是咨询师对来访者的一般态度以及在咨询互动中的习惯性反应方式。Whitehorn 等提出，有效的咨询师往往是将来访者看成为一个"人"，而不是一个"问题"，强调采用自然的方式接近来访者，建立互相信任的关系。

其次，咨询师的人格与他对来访者的咨询效果相关。Truax 等提出具备下述三项特征的咨询师能取得较好的心理咨询效果：①积极地关心来访者；②准确地"神入"；③共鸣。Conte 等发现咨询师的以下特质与咨询的效果显著相关：是令人愉快的、接纳人的、鼓励人的、不太沉默的，并能帮助来访者进一步理解自我。Strupp 则认为，咨询师在咨询中表现出较多的正性行为（如热情）和自我批评，以及较少的负性行为（如攻击），易获得较好的咨询效果。

另外，咨询师是心理咨询的组织者，不同流派咨询师的理论取向直接影响着整个心理咨询的过程，并决定了咨询所采用的技术。咨询师所受的专业训练和经验被整合在专业能力中，不同的咨询师在接受同样的专业训练后所取得的效果是完全不同的。

（二）来访者方面的因素

来访者的文化程度、个性特征、经济条件、对心理咨询的信任程度和期望水平等对心理咨询的效果有很大影响。

首先，来访者的人格特质是预测咨询能否取得较好收效的最重要指标。在心理咨询中，有所谓 YAVIS 来访者在咨询中较易获得收效，即具有年轻（young）、有吸引力（attractive）、善言谈（verbal）、聪慧（intelligent）和成功（successful）特征的来访者在咨询中更易收到较好的咨询效果。

其次，来访者对心理咨询的愿望和期待也是心理咨询有效的因素之一。在咨询过程中必须重视来访者心理上的失败动机、内心冲突、情绪焦虑、心理防御机制应用能力的下降、继发性获益和对咨询师产生依赖等对咨询效果的负面影响。来访者对咨询师总体上的满意与其功能的改善和症状减轻有显著相关。相反，来访者对咨询师不满意常常是中断咨询的原因之一。

另外，在分析性心理咨询中，往往还必须考虑来访者的移情和阻抗等问题的影响。

（三）咨访关系因素

咨访关系是指在心理咨询过程中咨询师与来访者之间的人际关系，在这种关系中双方相互接受和结盟。Gaston 等研究发现：在短程的分析性心理咨询中，咨询联盟显著有益于症状的减少，而在长程的咨询中则显著有益于人际关系问题的减少。对于急性精神障碍的患者，由于他们的合作性不好，使得治疗联盟难以建立。因此，急性精神障碍患者已成为心理咨询的排除指征。

三、咨询效果评估的实验设计

（一）随机化临床试验

随机化临床试验（randomized clinical trial，RCT）是指将相对同质的来访者（主要是心理困扰相似）随机分配给不同的咨询方案，以便控制额外变量的影响。

根据研究中所采用对照组的不同，RCT 一般分为三种情况：

1. **非咨询对照设计** 又称空白对照设计，就是一组来访者接受咨询而另一组来访者不接受咨询，在咨询结束时如果实验组比对照组的病情有明显改善，证明某种特定的咨询手段是有效的，否则被认为是无效的。

2. **等待咨询对照设计** 非咨询对照设计最大的问题在于，故意不让非咨询组的来访者接受咨询是不符合人道主义精神及心理咨询的职业道德规范的。为了避免这种情况，许多研究者采用了等待咨询对照设计，参与实验对照组的来访者在实验完成后（通常需要 2～4

个月）再接受相应的咨询，把其咨询前的病情变化与咨询组进行比较，就可以得出咨询方案是否有效的结论。

3. 安慰剂（placebo）对照设计　是药物治疗研究中的常用手段。心理咨询研究中常有的安慰剂处理方法是由一位咨询师给来访者一些支持咨询，并确定其中没有有效的咨询成分。与药物治疗一样，安慰剂组与咨询组在咨询以外的其他条件越接近，两组的差异就越有可能是该咨询方法的特殊疗效。

在进行随机化临床试验时，治疗真实性（treatment integrity）是研究者必须考虑的问题之一。即在研究不同咨询方法的效果是否存在差异时，要保证咨询师所运用的疗法确实是这种疗法，而非其他疗法，并且是对这种疗法恰当的应用。解决这个问题的方法是严格按照咨询与治疗手册进行咨询，或者在督导师的指导下进行干预。

（二）剂量效果研究

Howard 等 1986 年将剂量模型引入咨询效果研究。剂量效果研究（dose-effect studies）是指咨询中会谈的数量和疗效之间关系的研究，其中剂量指的是会谈的次数，效果指的是来访者进步或改善到正常化的程度。剂量效果研究经过十几年的努力，取得了三个阶段性成果，即剂量关系研究、阶段模型和"当事人剖面图"（client profiling）。

剂量关系研究与 RCT 一样可以提供当事人咨询进展的总体信息，回答咨询是否有效的问题。除此之外，还可以提供咨询效率的信息，例如多少次咨询可以起作用、多少次咨询就足够了等。

在剂量关系研究的基础上，Howard 等还提出了跨各个会谈期的咨询效果的阶段模型。该模型认为来访者的改变经历三个连续的阶段，首先来访者体验到较多的幸福感，然后症状缓解，最后社会生活能力得以提高。

RCT 和剂量关系研究都能证明某一特定的咨询方法对某一群体是否起作用，但是不能证明对于某一特定的来访者是否起作用。因此在剂量关系研究和阶段研究的基础上，Howard 等人创造性地提出了剂量研究的"当事人剖面图"，即每一个来访者实际的咨询进展情况曲线和预测曲线的对比图，并可以在此基础上随时调整咨询策略。

（三）单个案研究

单个案研究（single-case study）是追踪研究单一个体心理或行为的一种方法，它包括对一个或几个个案材料的收集、记录，并写出个案报告。单个案研究是心理咨询领域传统的研究方法，早期关于心理咨询与治疗效果的评估结论主要是依据个案治疗经验来作出的，如弗洛伊德、罗杰斯的研究。Kiesler 认为，要研究心理咨询过程中来访者和咨询师的改变，如果用严格的实验设计是不合适的。单个案研究可以避免实验室的人为性，可以比较好地观察某一来访者在某一变量上随着时间的变化而产生的变化，以及影响这一变量随时间变化的因素，获得对个体深度的研究。

单个案研究最大的问题是咨询师并不知道在没有咨询的情况下，来访者的状态是否也会有所改变，运用其他咨询方法是否也能得到同样的结果，因而导致非系统性的观察和对资料的主观解释。此外，个案研究的对象是某个特定个体，很难判断该咨询方案是否能推广到其他来访者身上，个案研究的实验结果也很难达到传统的统计学意义上的检验标准。

四、理想疗效研究的基本条件

心理咨询的效果需客观地加以研究。一个好的疗效研究，应包括以下各项：

（一）设对照组

咨询小组之外，还需有一个未经咨询的小组作为对照。对照组在动机、年龄、性别、疾病严重程度以及病程长短等方面，都要与咨询组相似。

（二）随机安排

来访者应随机被分配到咨询组及非咨询组，最好是两组人不知道谁正在接受咨询。用药物治疗时，这样做并不难，即让一组服真药，另一组则给安慰剂。可是这种双盲法在行为治疗和动力学治疗时，几乎无法仿效。这种情况下，最好跟那些未咨询的来访者说，他们被安排在下一批，还要等几个月。

（三）客观评分

对料想到可能发生变化的行为应事先讲清楚。咨询前、咨询中及咨询后，对那些关键性的变化（如焦虑、性欲、社会能力）必须用可靠的技术评价，并由客观的观察者进行。来访者和咨询师的报告并不一定可靠。

（四）考虑胜任能力

应由最有能力的咨询专家选用最适合的自学方法。这样一旦咨询失败，既不可能埋怨咨询者没经验，也不会责备咨询方法不合适。

（五）进行随访

咨询开始3~6个月后、咨询结束时、数年之后，要对疗效进行评价，这样才能说明心理咨询的近期疗效和远期疗效。

尽管从理想的角度说应符合以上研究条件，但现实中还没有一种研究能完全符合上述理想标准，因为来访者不是做实验用的动物；随机挑选的对照组不能推迟到两年以后再治，即使推迟几个月也难；人与人之间相比，或不正常的行为之间相比，是很困难的；同时，通过咨询而发生的确切变化也不可能完全讲清楚。然而，至今所积累的研究证据还是能说明心理咨询的有效性。

附：心理咨询效果评估量表 (OQ-45.2)

心理咨询效果评估量表 (Outcome Questionnaire-45.2，OQ-45.2) 是当今美国心理咨询效果评估领域中广泛使用的自我报告工具之一，并被翻译成中、日、韩、意、法等多语言的版本广泛应用于临床研究中，是用于对来访者病情发展进行追踪监测的咨询效果评估工具，而非诊断工具。

该量表共45个条目，被试在每个条目上进行五点评分，正向计分条目中，"0"分表示"从未"，"4"分表示"总是这样"，反向计分题中则相反。分为三个子量表，分别对当事人生活中三个方面进行监测评估：①困扰症状（symptom distress，SD），评估当事人的主观抑郁和焦虑水平等，同时也包括了与物质滥用有关的条目；②人际关系（interpersonal relations，IR），既包括了评估人际关系中满意的、积极程度的条目，也包括了对人际关系中消极的、失功能应对评估的条目；③社会角色绩效（social role，SR），评估当事人工作、家庭、休闲中的不满、冲突、困扰、缺失，这一维度的评估主要是基于这样一种理论假设，即对个体的社会角色绩效的评估可以反映出个体的内在心理问题，并且由于社会角色绩效引发的症状会影响到个体工作、爱和娱乐的能力。

该问卷的特点主要体现在：①除了症状条目外，还包含了生活质量评价的条目，较好地反映了心理咨询中当事人的整体状况，这也是现有许多传统单一评估工具所不具备的；②对不同心理问题及障碍当事人均适用，这使得不同诊断当事人的心理功能和治疗效果进行比较成为可能；③问卷相对简短，通常当事人可以在5分钟之内完成，在心理咨询机构中使用时花费的成本小，其施测、计分、解释都容易操作；④通过重复地施测OQ-45.2可以对来访者的治疗进程进行追踪，有效改善来访者的治疗效果。

英文版OQ-45.2在广泛的研究中被证实具有良好的心理测量学特征。中文版参照《OQ-45.2施测和评分手册》从大学生、心理门诊患者和社区居民三个群体中取样。98名大学生及40名社区居民接受了一周后重测，总量表重测信度为0.71，各分量表的重测信度为

0.59～0.64（$P < 0.01$）。总量表和困扰症状分量表内部一致性信度在 0.88～0.92，人际关系、社会角色绩效分量表内部一致性信度在 0.58～0.72，与原作者 Lambert 在美国的多样本研究结果基本一致。同时该量表也具有较好的校标区分效度，能够测量出异常人群的心理症状并将其从正常人群中区分出来。

（姜长青）

第六章　心理咨询的基本技术

　　心理咨询是为达到预定目标的一种交流方式，这种交流是通过言语和非言语的形式来进行的。心理咨询师不仅仅是与来访者交流信息，更重要的是让来访者在一定程度上使来访者有所领悟。从罗杰斯的观点来看，每个人都有自我成长和自我实现的潜在力量，咨询师只需给来访者提供一个"精神休养"的空间，让来访者充分接触自己的真实自我，便可得到成长。为能够更有效地促进来访者的变化，咨询师应该学会运用心理咨询的基本技术。

第一节　倾　听　技　术

　　倾听技术是心理咨询技术中的参与技术，是心理咨询的关键技术之一，是每一个心理咨询工作者要学习掌握的第一项技术。所谓倾听（attending），是指咨询师借助言语或非言语的方法和手段，使来访者能详细叙述其所遇到的问题，充分反映其所体验的情感，完全表达其所持有的观念，以便咨询师对其有充分的、全面的了解和准确把握的过程。不仅仅是采集信息的过程，也是主动接纳、关切的过程；不仅要听求助者说出来的，还要解析"弦外之音"及"无声之音"，保持沉默和短暂的静息状态，有时比说话还重要。但作为咨询师在心理咨询时比一般咨询话要少，但也不只是单纯地听，同时还要思考，咨询师还要借助言语的引导，不但要真正"听"出，还要真正理解来访者所讲述的事实、体验的情感和持有的观念等。这种特殊的引导或者说咨询师的理解就是倾听技术。

一、倾听态度

　　中国传统文化中有"勤于听，慎于说"，我们平常也说"会说的不如会听的"。这些话对心理咨询师来说尤为合适。对咨询师的第一个要求，就是注意倾听来访者的诉说。有时候来访者不需要其他帮助，只需一个耐心、共情的倾听者。因此，咨询师首先应该成为一名优秀的倾听者。其重要意义在于：首先，表达了对来访者的积极关注，来访者可因此而获得自尊和对咨询师良好的第一印象，有助于建立相互信任的咨询关系；其次，来访者能有对象地倾诉其内心的苦恼，倾诉本身就有宣泄或治疗作用。第三，只有通过耐心倾听，咨询师才能了解来访者的问题及其根源，才能同来访者一起找到解决问题的办法。

　　倾听可分为两类，即选择性倾听和非选择性倾听。选择性倾听是指咨询师从来访者诉说的内容中选择它认为重要的方面；而非选择性倾听则意味着咨询师对会谈内容很少发挥影响，而是让来访者掌握主动权，给来访者充分的时机来诉说，咨询师的表现就是加以注意，其目的是鼓励和激发来访者自由的诉说。这主要用于初次会谈和其他需要弄清问题的场合。

　　这两种倾听技术均是在问题澄清的咨询阶段常用的技术。在下面我们将重点讨论非选择性倾听技术。使用倾听技术要求如下：

第一，倾听应有一个框架。倾听一般包括三个方面：一是来访者的经历，即到底发生了什么事，如来访者谈到自己无缘无故被老师批评了一顿，这就是他的经历。二是来访者的情绪，如来访者谈到受批评后心里感到委屈，还有些愤怒。三是来访者的行为，如他谈到当时想不通，忍不住与老师顶了几句等。

第二，倾听与关注相结合。倾听不仅要理解来访者的言语信息，包括表层含义和深层含义，或者说字面之意与言外之意，还要关注、留意他的非言语信息，要深入到来访者的内心世界，细心注意他的所思所想、所作所为，注意他如何表达自己的问题，如何谈论自己与他人的关系，如何对所遇到的问题作出反应。只有将倾听与关注这两个方面结合起来，才有完整、准确的理解。

第三，倾听应该客观，摒弃偏见。对来访者要无条件尊重，在他诉说时，为获取完整的信息，对其谈话的内容不要表现出惊讶、厌恶等情绪反应；不要随便打断他的话，不要过早地作出反应。带着偏见的倾听通常会使倾听的内容选择而不全面、不准确，容易导致信息交流的歪曲或双方会谈的中断。

第四，倾听者应该仔细观察。要注意观察来访者在叙述时的犹豫、停顿、语调变化以及伴随着语言出现的各种表情、姿势、动作等，从而做出更完整的判断。为了对倾听加以引导，要借助言语和非言语的反应，如口头应答和表情动作、提问、鼓励、点头微笑等，以表示接纳、理解、同情和反馈。倾听最基本的作用在于鼓励来访者把他的观念和感受表达出来，因此，倾听应是积极地对来访者传达的全部信息（包括目光接触、身体语言、空间距离、沉默、言语表达等）作出反应的过程。缺乏这些技术，会谈和倾听将难以维持。当然，咨询师并不是反应越多越好，而是要灵活、自信、适时反应。

倾听时的注意事项：①不要轻视来访者的问题，对来访者提出的任何问题不要有轻视、不耐烦的态度；②不要干扰、转移来访者的话题，不要经常干扰来访者的叙述而转移话题，使来访者无所适从；③不作道德或正确性的评判，不要按自己的标准或价值观去对来访者的言行举止和价值观进行发表评论；④不要急于下结论，不要妄自揣测或者过早下结论，要尽量完整清楚地听明白来访者的谈话内涵。

案例

来访者：最近不知道怎么搞的，手上一些事老是拖着，无法按照既定的时间完成，所以愈积愈多，心里很着急。可是心里越是着急，就越无法按部就班做事。

咨询师：最近你老是无法按时完成该做的事，因而堆积了很多工作，你心急如焚不知道如何是好（内容反映、情感反映）。

来访者：有那么多的工作没做，我心里很着急，我很想知道我到底发生了什么事。如果不先解决这个问题的话，恐怕我会无心工作，不但内心的焦虑无法减轻，而且可能会脾气失控。

咨询师：你想知道你到底发生了什么事，才能让自己平衡下来，完成工作，否则你无心工作，最后会脾气失控。

来访者：是这样。我……我……唉！（沉默约30秒）（言语表情）。

咨询师：刚刚你似乎想到一些事情，可是又很难以启齿地沉默下来，不知沉默的时候你在想些什么？（开放式提问）

来访者：其实，我的问题与我的家人有关。

咨询师：你与你的家人之间发生了什么？

来访者：（沉重、难过地）如果不是因为他们的干涉，我就不会陷入茶饭不思、做事无心的状况，也不会让工作的进度一直落后。

笔记

咨询师：你的问题似乎与你家人的干涉有关。你家人干涉了什么事，再说清楚些。

来访者：他们……

二、专注的体态

专注（concentration），是指集中精力、全神贯注、专心致志。专注可以使人把时间、精力和智慧凝聚到所要做的事情上，从而最大限度地发挥积极性、主动性和创造性，努力实现自己的目标。下面我们将重点从目光接触这种注意的技术方面讨论专注的体态。

在心理咨询活动中，咨询师与来访者的目光接触在心理咨询理论中是属于非言语符号的部分。非言语符号的分类有多种，社会心理学家贝克（K. W. Beck）将非语言符号分为动姿、静姿和辅助语言与类语言；还有人将非言语符号分为视觉符号和副语言两大类。其中视觉符号包括身体运动及姿势、面部表情、目光接触、身体接触、人际距离、仪表、时间控制、实物与环境等。

目光接触往往是交流的起点。它不但在心理咨询中具有重要的作用，而在人际交往中也处于重要位置，人们相互间的信息交流，总是以目光交流为起点。目光接触发挥着信息传递的重要作用。目光接触提供重要的情感信息。在某些情况下，目光接触会引起强烈的情感。

目光属于表情范围。各种表情中特别是眼、眉、嘴等形态变化为他人注目。眼睛是心灵的窗户，目光是心灵的语言，要注意别人用眼睛说话，通常目光的交流总是在先。因此，目光要尽量让别人看起来柔和、友好。目光受情感制约，人的眼睛的表现力极为丰富和微妙，只有把握好自己的内心情感，目光才能发挥作用。

目光接触是传递信息的重要手段。在传递信息的所有部位中，目光是最重要的。它可以传递最细微的情感。当一个人被激怒时，有时候可发现他的瞳孔张大，当然还会有其他的一系列的面部表情。如果听者扫视讲者，很可能是表示怀疑或不同意讲者的观点等。

目光使用很重要。在心理咨询活动中，要注意目光与目光的接触，这对来访者和咨询师均至关重要。咨询师可以从来访者的眼中看出焦虑、恐惧、失望、无助和疑虑，也可看出期待、满意、喜悦、自信和信任。在咨询中，咨询师应当让来访者从自己的眼睛中"读出"温暖、信心、理解、通感和希望，为此咨询师应当始终是亲切的、自然的、善解人意的。其作用主要在于：①作为一种认识手段，表明对说话者十分感兴趣，并希望知悉、理解他们的话题；②控制、调整沟通者之间的互动；③用来表达人的感情及其在沟通中的卷入程度；④作为提示、告诫以及监视的手段。交谈的时候，人们往往通过目光接触来了解自己的话语对他人的影响。

咨询师在会谈的大多数时间应当面向来访者的方向，不时地同来访者目光接触。咨询师与来访者交谈时，不要不停眨眼、眼神飘忽、怒目圆睁、目光呆滞，更不要目光闪烁，盯住来访者或逼视、斜视、瞟视，这会让来访者产生不信任感。咨询时，双方的目光应处于同一高度，因为居高临下和过度斜视均会造成不平等的印象，使对方产生压力。咨询师的目光，在大多数时候应该以来访者双眼连线中点稍下方为中心，20cm 以内自然活动，这样可以给来访者一种舒适、很有礼貌的感觉，并且表情要轻松自然。这里同样也有一个"度"的问题，过度地盯着对方，会让人感到透不过气来。"他为什么用那么尖锐的目光看着我？"来访者为此会有一种"被研究"的不快感和焦虑感，"他只想让我讲，他在研究我，我得提防着点儿。"另一个极端表现是避免看来访者或目光完全没有接触，则会使来访者感到咨询师没有注意和倾听自己的述说，对自己不感兴趣、不关心，有时候也可传达咨询师内疚、害怕、回避或羞愧的信息。还有，应当注意避免不自然的凝视或目光在来访者身上到处扫视，因为这会使来访者惶惑不安，从而会使来访者产生阻抗。

目光接触可以是想要暂停谈话或想要说话的信号；同时互相看的次数越多，感情投入和舒适程度就越高；目光接触较少或眼看别处是回避、尴尬或者不安的信号，可以用来掩盖在表达被视为文化或社会禁忌情感时的羞愧；瞪眼或凝视意味着思维的僵化或全神贯注。眼球的快速运动可能是兴奋、愤怒或者是隐形眼镜不合适；眨眼过多（正常成人是 6～10 次／分）可能与焦虑有关；集中注意力和专心思考时眨眼频率一般会减少；目光转移，如从咨询者身上转到墙上，可能表示来访者在思索或在回忆某件事。

在下列会谈情形中，来访者与咨询师之间可能发生较多的目光接触：

1. 咨询师和来访者之间有较大的身体距离。
2. 讨论的话题比较轻松，不涉及个人一些特别的隐私和禁忌。
3. 咨询师与来访者之间关系融洽。
4. 一方聆听多于讲话。
5. 其中一方的文化背景重视人们在交流中的视觉接触。

而在以下会谈情形中，来访者与咨询师之间相互注视则较少：

1. 咨询师与来访者之间的空间距离较近。
2. 讨论困难、涉及隐私和禁忌的问题，一方感到尴尬、羞愧或试图进行隐瞒。
3. 咨询师和来访者互相都不感兴趣。
4. 其中一方的文化背景忌讳人际交往中的视觉接触。

在心理咨询过程中，咨询师与来访者位置的安排之所以要成直角，其原因就是避免来访者与咨询师直接对视，以免使之心理负担过重。在心理咨询过程中，一般来说咨询师应占主导地位，不论是说话时还是听对方讲话时，目光一般都会注视着对方。对方如果郁郁寡欢，不看人时就多于看人时；如果自认为地位低时用眼看人，则更仔细打量对话者，注视人的时间往往更长。理解这些对于咨询者达到对对方的共情与关注是非常重要的。

第二节 提 问 技 术

我们谈到了倾听来访者的叙述是咨询师在会谈中应该最先作出的反应。在这其中，有时提问也是非常必要的。使用提问技术应注意以下几点：

1. **多用开放式提问** 通过开放式提问，咨询师可以了解与问题有关的具体事实、来访者的情绪反应、看法及推理过程等。但要注意发问时的语气语调，不可显得咄咄逼人，否则会使对方产生疑虑，甚至对立。

2. **适当回应** 在互动过程中，咨询师可经常借助一些短语"嗯""噢""是这样""还有吗"或复述来访者谈话中的某些关键词或语气词，或点头、注视等表情动作回应，以支持对方往下说。

3. **封闭式提问** 不可连续使用一连串的"我问—你答"，易使来访者感到对方主导着会谈，而把解决问题的责任转移给咨询师；来访者往往变得沉默，不问就不说话，停止其自主探索，甚至降低对咨询师的信任度。

4. **开放性的问题要慎用"为什么"** 因为有时来访者对问题的原因并不很清楚，或感到难以表达；有时对问题原因的解释可能会触及其秘密和隐私，当咨询关系还不够成熟时，就不能保证其回答的真实性，反而会为以后的咨询或治疗带来困难。

5. **不要连续提问** 如果提问后，来访者谈出一些重要的信息，咨询师应该作出同感反应，而不要接着提问，因为同感能促使来访者进一步探索自己。

6. **要善于运用积极性提问** 积极性提问是指能使来访者以积极心态进行回答的提问。

例如，一些来访者常诉说"我不能集中注意力学习""我不能在人多的场合发言"，问其原因又回答不出。这时，就可以这样提问："如果你能这样做的话，你会怎样呢？""你感觉是什么原因妨碍了你正常的学习？"这样的提问能引起对方一系列相对较为积极的内心体验和行为意向，有利于他以一种新的状态去作出回答。

7. 避免判断性提问　带有判断性的提问往往包含着咨询师对来访者的某种评价，例如："你父母代你填写理工科的志愿，是关心你，有什么错呢？你这样对他们发脾气应该吗？"这样发问，来访者就会认为咨询师不但不理解他，还站在父母一边教训他，就会产生不满，必然会对后面的咨询带来不利影响。又如："这种想法是错误的，我认为应该……你说是不是？"这种直截了当地对来访者的谈话内容予以否定的问法更不应该出现，它对会谈只能是有害无益。

一、开放式提问

开放式提问（open-ended questions）属于心理咨询技术中参与技术。开放式提问的指向范围较广，没有固定的答案，通常不能用一两个字作答，它能引出一段解释、说明或补充资料。开放式提问是多数咨询师认为较适用的一种提问方式。开放式问题常以"什么""怎样""为什么""能不能""愿不愿告诉我……"等形式发问。根据资料得知，以"什么"发问的提问往往引出一些事实资料；以"怎样"发问的提问则往往涉及一件事的过程、次序或情绪性的事项；以"为什么"发问则引出一些理由、原因及合理的解释；"能不能""愿不愿"发问则引出来访者做自我剖析。

例如：

要求详述："请告诉我……"；"请跟我谈谈……"。

围绕计划："你准备怎样做呢？"；"您希望我如何帮你去……"。

一般来说，咨询开始或转换话题时大都采用开放性提问，这类问题被一些咨询师认为是最有用的咨询技术之一。它能促使来访者主动、自由地敞开心扉，自然而然地讲出更多的有关情况、想法、情绪等，而不必费力回忆、思考，或者仅仅以"是"或"不是"等几个简单的词就结束回答。

咨询师以不同词语开始的提问得到的来访者回答也不同。具体如下：

1. "那么以后又发生了什么事情？""当时你有些什么反应？""还有什么人在场？"这种包括有"什么"在内的提问，可以帮助咨询师找出某些与问题有关的特定的事实资料。

2. "对这件事你是怎样看的？""你是如何知道别人的这些看法的呢？"这类带"怎样""如何"一词的问题往往会引导出来访者对事情经过的描述及其对此问题的想法和情绪反映。

3. "为什么你觉得这样不公平？""为什么你说别人都看不起你？""你当时为什么那样做？"通过这类"为什么"的问题，可能得到多种较为具体的解释与回答，从中找出来访者对某事所产生的看法、做法、情绪等原因。

4. "能不能告诉我，这事为什么使你感到那么生气？""可不可以告诉我，你是怎样想的？"以"能不能""可不可以""行不行"开始的这类问题，可以说是最为开放的问题了，这种问题可促进来访者的自我剖析、自我探索。这类问题一般都会得到一个较为满意的答复，但也可能有的来访者会说"不能""不可以""不行"等。如果发生这种情况，咨询师还可以进一步使用其他开放性问题，如"为什么……"等。

虽然开放式问题给来访者的回答以较大的自由度，可能会得到不同来访者各种各样的答复，但开放式问题的目标都始终趋向于来访者问题的特殊性。通过这类问题的提问，咨询师可以掌握与来访者问题有关的具体事实、来访者的情绪反应、来访者对此事的看法及推理过程等。

开放性提问要建立在良好的咨询关系的基础上，否则，来访者就可能产生被讯问、被窥探、被剖析的感觉，从而产生怀疑和抵触情绪。有些提问，尤其是要注意提问时，语气、语调、词语的选择既不能过于随便，也不能有咄咄逼人或指责的成分，尤其是涉及一些隐私时更是如此。辩论式、进攻式、语气强硬的发问与共情式、疑问式、语气温和的发问就可能会在来访者心理产生两种完全不同的感受。前者会被认为咨询师对自己有敌意，后者则被认为咨询师是真心实意地想知道事情的真相从而帮助自己。此外，咨询师要记住，询问是咨询本身的需要，而绝不是为了满足自己的好奇心或窥探隐私的欲望。

还需要指出的是，提出开放性问题后，要给来访者足够的时间来回答问题，要知道来访者可能没有现成的答案。让来访者产生急于回答的感觉是有害的，因为他可能为使咨询师高兴而回答问题。

二、封闭式提问

封闭式提问（closed questions）是心理咨询技术中的参与技术，是指提出答案有唯一性、范围较小、有限制的问题，对回答的内容有一定限制，提问时给来访者一个框架，让来访者在可选的几个答案中进行选择的提问方式。在咨询活动中，当会谈内容较为深入，需要进一步澄清事实、缩小讨论范围或集中探讨某些特定问题的时候，可以适当采用封闭性提问。封闭性提问通常以"是不是""要不要""有没有""对不对"开头，如"你喜不喜欢学校？""你来这儿是否因为婚姻问题？""你确实这样想过吗？"而来访者多以"是""否"或其他简短的语句作答。可以用来收集特别的资料，以澄清事实，由于这种提问限制了来访者的回答，所以它还可以制止来访者喋喋不休、漫无边际的叙述；可以帮助咨询师把来访者偏离某一主要内容的话题重新牵引回来。譬如："我们能否继续接着讨论刚才的问题？"当来访者的叙述偏离了正题时，可以用它适时中止其叙述。在问题探索阶段，当已讨论了大量问题和事实后，咨询师可以利用这种提问补充、证实一些已谈及的材料。这种提问有较强的收束倾向，且比较节省时间。

在晤谈中，这种询问虽属必要，但由于它限制了来访者进行内心探索和自由表达，使谈话趋于非个人化，因而不宜多用。在咨询中，一连串的封闭性提问后，来访者常常变得被动、迷惑、沉默。过多的封闭性提问会使来访者产生被讯问的感觉，压制来访者自我表达的愿望和积极性，甚至对咨询关系产生破坏性影响。因为来访者前来咨询的目的之一是向咨询师表达自己的感受，若总是处于被动回答的地位，就会降低它的求助动机。同时还要考虑一次不要提出多个问题，否则，会使来访者产生混乱。

另外，在提问时还应该注意副语言与简短接话。副语言是指说话时的语气、音量、重音、语速和节奏等，是伴随着言语沟通的，用来表达"言外之意"的手段。在某种意义上可以说，副语言是介于言语沟通方式和非言语沟通方式之间的沟通手段。有研究表明，在面对面的信息沟通中，有38%的效果来自语气为主的副言语沟通。通过副语言沟通的信息，主要是涉及双方关系的内容以及说话人的情绪状态、意图与态度。同样的语句，例如"小张，你把这件事情解释一下"，用不同的语气说，可以表达很不同的意味（爱、命令、挖苦和役使）。在咨询会谈中，咨询师应当在利用言语沟通方式的同时善于利用副语言表达自己对来访者的情绪支持、安慰、鼓励、信任和希望，以增强言语沟通的感染力。

接话是指咨询师尽可能地接着来访者刚才的话题说尽可能简单的语词。接话所要达到的目的：一是给来访者一个机会以便探索与理清自己的思想；二是表示咨询师认真地倾听来访者的诉说并鼓励他继续说下去。

接话中要注意的问题：一是不要引入新的话题，咨询师的接话是来访者刚刚说过的有关内容；二是咨询师要将自己的想法或解释暂时搁置（此时问题尚远未澄清，还没有到给出

笔记

解释的时候），努力将自己投入到来访者的境遇之中。

三、问题的选择

在咨询中，无论是了解来访者的各种情况还是想控制咨询方向、内容，都需要提问技术，提问技术最重要的是问题的选择。问题的选择一定要准确、精简。问题选择准确可以促进咨询关系，增进交流和使来访者感到被咨询师所理解；否则，可能伤害咨询关系，破坏信息交流，使来访者感觉处在被审问的地位。

咨询中咨询师为了更多地收集来访者的信息，真正理解来访者，最有帮助的办法是多用开放式问题，少用封闭式问题；或是把封闭式问题变为开放式问题。

（一）避免问题过多

在问题的选择时，要去掉一切与咨询内容及来访者成长无关的内容，只留下必需的内容。但在咨询中由于咨询师对来访者陈述的内容缺乏基本理解，或咨询师没有掌握或不善于使用语言交流的技巧，可能会犯问题过多的错误。问题过多可能会带来如下消极作用：

1. **责任转移**　解决心理问题的关键是来访者自己，而不是咨询师。问题过多来访者就会把解决问题的责任转移到咨询师身上，等待咨询师来挖掘自身的问题，而不主动自我探索，减少了来访者参与解决心理问题的机会。

2. **造成依赖**　咨询师的问题太多时，来访者叙述自己的情况时便出现依赖性，不问就不说话。

3. **触发防御**　咨询师的问题太多时，来访者可能感觉处在被"审问"地位而触发心理防御机制，产生防卫行为。特别是质问性的问题，如"你怎么能这样做""你为什么不努力"等，容易触发心理防御，来访者首先会表白自己，甚至表现出沉默。在咨询中，凡属于"怎么能这样……""非那样不可……""干嘛要……"等类似的问题，在咨询关系建立之初应当避免。

4. **影响概括和说明**　问题过多可以影响咨询中必要的概括与说明。

（二）掌握问题的性质

在选择问题时一定要准确，要严格符合来访者的事实或真实情况。在注意问题的数量和频率的同时，还应当注意问题选择的技巧：

1. **开放式问题慎用"为什么"**　在咨询中对着来访者问"为什么"，对来访者具有强烈的暗示性，暗示来访者的情绪、想法和行为是错误的，容易导致逆反心理。可以用重复一遍来访者的语言，语言的结尾用升调："你说你不想去考试？"或者用一种等同于"为什么"的方法："你说你不想去考试，可以说说原因吗？"

2. **少用封闭式问题**　问题的选择尽量少用封闭式的问题，因为来访者只要用"是"与"否"的回答就可以完成。特别是咨询初始接连用几个封闭式问题，来访者很容易形成一种等着咨询师提问，不问不答的交流格式。不利于咨询鼓励来访者"打开心扉"的要求。

3. **多重问题**　咨询师由于急躁和没有耐心，往往从几个方面同时提出问题，这种连珠式的问题使来访者不知所措，如"老师如何看待这个问题？你自己又是怎么做的"等。

4. **解释性问题**　咨询师不是推动来访者自我探索，只是表达自己对问题的看法和理解，如"你这个问题，从心理学角度是……"。这类问题对来访者的自我探索作用很小。

5. **责备性问题**　是以反问的形式责备来访者，对来访者产生很大的威胁感，会立即引起心理防御。如"你凭什么这样认为""你原来干什么去了"这类问题对推动咨询进程没有任何意义，在咨询中应加以杜绝。

问题的选择可以直接影响咨询师和来访者的关系，在咨询实践中应认真对待。

（三）问题选择的原则

问题的选择在咨询中是极重要的，特别是把会谈作为咨询手段时，问题的选择必须遵循原则：

1. **有效**　在问题的选择时，对来访者的病因有直接或间接的针对性；对来访者的修改发展或矫正起关键作用；对深入探索来访者的深层病因有意义；对来访者症状的鉴别诊断有意义；对帮助来访者理解问题和改善认知有帮助。

2. **积极**　在问题的选择时，要选择对来访者的态度改变有积极作用的问题。

3. **可接受性**　在问题的选择时，要选择适合来访者的接受能力，符合来访认知能力的问题。

（四）问题的选择

在心理咨询的过程中，一般咨询师不会为提问而提问，提问都是有目的的，提问要依据咨询中问题的选择来进行，尽量做到准确、精练。咨询师通常用得比较多的是如下五类提问：

1. **例外型提问**（exception question）　假如来访者说，爸爸不好，爸爸对他很凶。咨询师在表示听清楚了这个陈述之后，多半会就这个话题再反过去提问："你说爸爸不好，爸爸很凶，这令你很难过。另外，我还想问一下，那么有没有你觉得爸爸好的时候，有没有爸爸能够和你好好说说话的时候？"这种例外型提问有助于来访者从原来深陷的角度转移至一个比较全面的角度来看清现象，同时也有助于咨询师能够更加全面地看清来访者的问题及其相关因素。

2. **预想型提问**（preconceptionquestion）　假如来访者表现有消极的思维习惯，"糟了糟了""完了完了""都是我不好"，或者遇事总习惯于做消极假设，"假如考不好怎么办呢"、"我肯定不行的"，这时候咨询师就常常会用一些预想型提问，把来访者原来消极的先期假设换成积极的先期假设，引导来访者去体验一种全新的积极的感受，以便来访者意识到自己的思维习惯需要调整。

咨询师会引导着提问："假如你面临着考试，脑子里经常想着的是'我肯定能考好''我肯定能考出自己最理想的成绩'，感觉会怎样？试试看，仔细体会一下。感觉是不是有点不一样了？"相比较来访者原来习惯性思考着的"考不好怎么办"或"肯定不行，肯定不行"，这时候常常会发现来访者的呼吸变得深沉了，脊背显得挺直了许多，整张脸也显得有些放松了。

有时候，需要弄清楚某件事情与来访者目前状况关系，咨询师也会用预想型问题来提问："假如你通过了那场考试，今天的情况会怎么样呢？区别在哪里呢？"有可能那场考试其实对来访者今天的问题关系不大，也可能那场考试确实有影响。这样就帮助来访者和咨询师都弄明白了，接下去是否要聚焦在那场考试上。

3. **奇迹型提问**（miracle question）　假如来访者有什么顾虑，或者咨询师特别想启动来访者的大胆想象，特别是针对青少年来访者，有些咨询师，尤其是女性咨询师很喜欢用这种提问："假如有奇迹会发生，你希望这个奇迹是什么？""假如有一个仙女能够满足你三个愿望，你会提出哪三个愿望呢？"甚至有的咨询师为了更加容易产生效果，努力让来访者比较容易地进入面对此类提问所需要的想象，可能会在咨询场所备用"仙女""阿拉丁神灯"或者"宝葫芦"等道具，尽量让假设做到极致。

4. **评分提问**（scaling question）　就是请来访者就自身的负性症状用分值（通常是0~10）的方式来评估描述。咨询师会这样问来访者："假如你说的紧张焦虑用0到10来打分，现在就是此刻，你会打多少分？"通常这种评估请来访者描述即时的感觉，即在心理咨询的此时此刻的感觉。

评分提问一般用在咨询开始的时候。在咨询快要结束的时候，通常还会请来访者用打分的方式对自己的即时感觉再做一次评估，以衡量咨询的效果。假如咨询开始的时候打的是8分，将要结束的时候来访者打出来的是2分，咨询师就会对此做一个聚焦，指出变化和

笔记

进步,有助于增进咨访关系。

5. 转换型提问 (different question)　例外型提问是就一个"点"的相反性质的提问。如果来访者陈述"爸爸不好",咨询师会提问"爸爸有没有好的方面"。转换型提问是就"点"之间的转移来提问,咨询师不谈"爸爸"了,而是提问"那么你妈妈呢"。或者也可以转移到来访者自身:"那么你觉得自己对爸爸的态度是怎样的?"

转换型提问也是在心理咨询的过程中用得比较多的一种提问类型。当咨询师就某一个"点"的问题感觉暂时无法有什么进展的时候,就会先暂时移开,聚焦在相关的其他"点",以利推进整个咨询过程。

第三节　表 达 技 术

表达技术是心理咨询技术的重要组成部分,是指心理咨询师把咨询过程中的思维所得通过言语或非言语等方式反馈给来访者的一种技术。表达技术是以促进来访者成长为目的,以言语或非言语为工具,以来访者为接收对象的重要心理咨询技术。它主要包括:鼓励、解释、澄清、面质、一般化、即时化及自我开放等具体技术。

一、鼓励

鼓励(encourage)是指心理咨询师通过言语或非言语等方式对来访者进行鼓励,促使其进行自我探索和改变的技术。鼓励具体可以表现为咨询师直接、简明地重复来访者的话,尤其是重述来访者回答中最后一句话,或仅以某些词语如"嗯""好""接着说""还有呢""以后呢""别的情况下如何""我明白"之类过渡性短语来强化来访者叙述的内容,它首要表达的是对来访者的接受,对所谈的内容感兴趣,并鼓励其进一步讲下去。

例如,咨询师对一位受尽妻子指责而感委屈的来访者应用鼓励技术时说:"你在图书馆看了一天书,一回家你妻子就问你什么时候才能做点对家里有用的事!"那么来访者最有可能的反应是再详尽阐述他后一句话的内容。鼓励除了能促进会谈继续外,还对话题具有强烈的选择作用。当来访者叙述出一系列问题时,咨询师可以通过对来访者所讲内容中的某一点、某一方面向深入展开作选择性的引导。一般说来,在来访者关于其困惑所作的漫长叙述中,其所叙述的最后一个主题,往往是较为重要的,至少来访者认为如此。另一个选择依据来访者的情绪反应。情绪反应最强烈的问题常优先考虑。因此选择情绪反应最强烈的主题或最后一个主题作为鼓励,较为可靠。

鼓励的目的在于:鼓励或培养来访者表达;营造促进沟通、建立关系、解决问题等氛围;支持来访者去面对并超越心理上的挣扎;建立信任的沟通关系。

咨询师运用鼓励的基本方法:咨询师应有理解和接纳来访者的心理准备;咨询师应预计或观察来访者的行为,如沉默、逃避眼神接触、避免直接对话等;面对这些现象时,咨询师可考虑直接或间接的鼓励方法:一是直接的运用,是指用言语的鼓励(如请继续、很好等)或非言语的支持(如身体前倾、笑容等),使来访者感到受鼓励;二是间接的运用,如有第三者在场,咨询师可提出由第三者去支持来访者或向第三者指出来访者曾做到或可做到的事列。

咨询师运用鼓励需注意:在建立关系的过程中的特别时刻,如在建立关系之始,来访者要面对陌生的环境及陌生的咨询师;或在咨询师面前需要表达个人的看法或感受时,来访者产生强烈的内心挣扎或害怕说话'错误'时;在小组讨论中,来访者出现紧张害怕时,如当来访者处于新组合或新场面时,出现害怕或陌生感时;或当来访者在其他组员面前去表

笔记

达个人的看法或感受出现顾虑时；在来访者困扰后，咨询师必须做到言行与情绪的一致性，例如：在表达支持来访者时，要用温和的语调、愉快的面部表情及开放的坐姿；在鼓励时避免使用重复的句子；在鼓励时，要以来访者的行为而非以个人素质为依据，例如：要鼓励一个愿意在陌生人面前说内心感受的组员，应用"你刚才在他们面前所说的很清楚"而并非用"你很有勇气"。

案例

咨询师：很高兴你今天能告诉我这些。你刚才说自己很没用，什么都做不好。别人都这么看你，还是仅仅你自己这样认为？

来访者：别人那里我没去问过，也没听他们这么说过，但我想他们心里也是这么看我的吧。我这样的身体，又什么都不会。

咨询师：这么差的身体，又什么都不会，所以你很没用，你什么都做不好。

来访者：是的。

咨询师：你什么都做不好，身体不好，睡眠不好，人际关系处理不好，唱歌不好，学习不好，字也写不好，画也画不好……

来访者：那不是的，我的字写得还可以，画画也还是蛮好的，经常被学校的刊物《新风报》、《学海导刊》等采用。

咨询师：嗯，还有呢？

来访者：我学习不是很差，大二时还拿过奖学金……

咨询师：所以，你并非什么都不好，什么都做不好。

来访者：好像是的。

咨询师：你还有一件事做得很好。那就是在这么短的时间里，掌握了自我放松的技巧，并在实际运用中取得了较好的效果，这可不是任何人都能做到的，说明你有较强的学习和领悟能力。

来访者：真的吗？

咨询师：是的。

来访者：这么看来，我之前的确有些以偏概全了，我有不足，但有些方面还是可以的。

咨询师：很好，你终于认识到了。你之前生病、家里又经济困难，又担心明年找工作难……你感受了一些压力，陷于困境中。心理学认为，自我概念对人的心理影响是极大的。所谓自我概念是一个人对自身描述，或者说是关于一个人认为自己是什么样的描述。它是一个系统的概念，它由多个维度组成，包括中心化，即什么对我是真正重要的，还有是对个人特征的正性或负性评价，此外还有一个更重要的维度是自信。

来访者：你是说我对自己认识不清，缺乏自信？

咨询师：你认为呢？

来访者：好像是的。

咨询师：人无完人，既然是人而非神，就难免有缺点和不足。作为对自己客观而完整的评价，应该包含正、反两方面。你的自我概念中，对自己负性评价过高，而正性评价过低，这就造成了你的不自信。《论语》中说"知人者智，自知者明"，做个明智的人，会少去很多不必要的烦恼……

在运用鼓励的同时，咨询师还要注意身体语言的运用，如倾听的姿势、专注的神情及点头示意等。倾听的姿势和专注的神情对来访者的谈话是一种无声的鼓励，而点头所表示的含义就更为明确了。

笔记

二、解释

解释（interpretation）是指心理咨询师运用一种或几种心理学理论对来访者思想、情感、行为和事件之间的联系或其中的因果关系的阐述。它与参与技术（倾听技术、释义、澄清、情感反应和概述等）不同之处在于：其一，解释是从咨询师自己的参考体系出发的，而不是从来访者的参考体系出发的；其二，解释针对的主要是来访者隐含的那部分信息，即来访者没有直接讲出或没有意识到的那部分内容。咨询师要将来访者自己隐隐约约感觉到或没有感觉到的东西用语言表达出来。

解释是最重要的，它的重要性体现在能帮助来访者超越个人已有的认识，以一种新的视角重新看待他们自身的问题，从而对问题有更好的理解，甚至还可能使他们的世界观产生认知性的改变。

解释也是最复杂的，它的复杂性体现在要依据各种心理咨询和治疗理论，要灵活而富有创造性运用，不能生搬硬套、牵强附会，要针对来访者的不同问题，最终给予真正符合来访者情况的合理解释。

解释一般用于来访者有自己解决不了的问题、困惑难以解决或应付时，与来访者自己的参照系有关。这并不代表来访者的行为模式与思维方式整体性一定有问题，可能只是在某一点上出现问题，而这一点恰恰是与其问题和苦恼相关联的。通过解释以加深来访者对自身的行为、思想和情感的了解，从而产生领悟，提高认识，促进变化。解释内容包括：是否有心理问题及其性质；问题的主要原因，演变过程；咨询的过程、原则等。

解释方法多种多样，常用的有两种：一是来自各种不同的心理咨询与治疗的理论；二是根据咨询师个人的经验、实践与观察得出的。前者由不同理论而得的解释，采用各种不同的理论观点会有形形色色、极不相同的解释产生。

案例

一位男性来访者，小时候一直被寄养在某地农村的亲戚家中，因其姓氏与村中人们不同，作为外姓人常常受欺负。长大以后与人相处不是很好，没有交往很深的朋友。与别人谈自己感兴趣的事情还可以，如谈的东西自己不太了解就会感到索然无味、离群自走。他希望改变这种状况，但又不知道问题出在什么地方。

上述案例，精神分析学派的解释可能是要追溯来访者的童年经历，认为来访者从小与人交往就缺乏安全感，以避开或不与儿时伙伴一起玩耍的方式躲避欺辱。成人后与人交往仍是如此。当别人谈的东西自己不知道时，害怕的心理占上风，因此一走了之。与他人没有深交也源于潜意识之中安全感的缺乏。

行为学派的解释可能是，与人交往使来访者感到害怕、紧张、焦虑，采取某些逃避措施之后，紧张害怕的心情有所缓和，焦虑下降。最初是偶然的、无意识地这样做，以后则形成了条件反射，一有类似的情况出现，就采用同样的逃避措施以减轻焦虑。

认知学派的解释则更关心来访者在面对他人时是怎样想的，也就是说关心他的认知结构。其解释可能认为来访者当时的认知使他产生了离开人群的行为。来访者的认知可能是：别人聊的东西自己不知道，如果别人知道自己不懂，他们会怎样看自己？自己可受不了别人那种看不起自己的眼光等。有了这样的想法，来访者才会产生逃避式的行为。

上述三种理论的解释和分析，并非实际咨询中的解释。在实际咨询中，可能解释仅仅是一、两句话。如精神分析式咨询的解释可能会说：你从小到大与人交往时都缺少安全感。从而把来访者幼年经历和心理体验与现在的行为联系到了一起。

解释可以使来访者借助于咨询师的帮助，从另一角度去了解和认识自己及周围事物，看到一个全新的世界，从而有助于他的认知以至行为、情绪的改变。正如人们常说的"不识庐山真面目，只缘身在此山中"。来访者在其参照系中，从未了解到的事情，借助于咨询师的帮助达到了新的认识，这就是解释的作用。

解释仅仅做到帮助来访者找到问题产生的原因是远远不够的，要使问题得以改变，还需指导来访者在改变其思维方式或行为的模式上下功夫。

使用解释技术要注意以下事项：解释应该在充分收集了来访者问题有关的资料之后进行，且来访者表示愿意倾听和接受解释。所以，解释通常是在一次会谈的后期或几次会谈之后进行；解释应建立在与来访者的良好关系的基础上。因为解释基于与来访者不同的参考体系，可能导致来访者的阻抗。但是，解释技术的妥善使用会提高咨询师在来访者心目中的可信度和权威性，从而加强咨询关系；虽然解释的目的是让来访者从一个与自己有所差异的方式重新审视自己的问题，但操作时要注意循序渐进，解释的内容不要与来访者的信念、文化背景存在过大差异或产生严重的冲突，解释的措辞要适合来访者；解释的同时注意观察来访者的反应，尤其是非言语行为，如沉默、微笑等。

解释时应考虑来访者的因素有：文化程度，理论修养，个性特征；领悟能力，问题特征，理论特点等。

解释与释义的区别：释义是从来访者的参考框架来说明来访者表达的实质性内容；解释是从咨询师的参考框架，运用自己的理论和经验，为来访者提供认识自身问题的新思维。

三、澄清

澄清（clarification）是指心理咨询师协助来访者清楚、准确地表述他们的观念、所用的概念、所体验到的情感以及所经历的事件。

对于咨询中来访者表达与常理不符、与事实不符或是令人费解的内容时，咨询师可以应用重复技术澄清，即咨询师重复来访者刚刚所陈述的语言，引起来访者对自己语言的注意或重视，以明确表达提内容。澄清并不只是简单地对来访者的语言进行重复，而是在理解来访者意思的基础上，对来访者的信息进行重组，以另外的一种形式、语气再说一遍。例如："你的意思是……"或"你是说……"的词语，然后重复来访者先前的信息。

而来访者因为各种各样的原因，其所述的思想、情感、事件等常常是模糊、混乱、矛盾、不合理的，也使问题变得越来越复杂，纠缠不清，并且引起来访者的困扰。由于来访者的不具体，咨询师把握的信息很可能是模糊的、错误的，咨询师也难以有针对性地工作。咨询师借助于具体化，澄清来访者所表达的模糊不清的观念及问题，把握真实情况，同时也使来访者弄清自己的所思所想，从而促进咨询的顺利进行。有些来访者因为分析能力、逻辑能力、文化程度等原因，对自己的问题缺乏准确、深入的认识，搞不清自己的问题。有些来访者常用一些含糊的、笼统的概念陈述自己的问题，如"我感到绝望""我很伤心"等。来访者表达不清楚自己要表达的思想和情感，并由此形成强烈的自我暗示，被自己界定的情绪笼罩，陷入其中。使用具体化使来访者明确上述问题。有些来访者是由于过分概括化，以偏概全的思维带来的心理困扰，如把"有时"演变为"经常"等也可以用具体化加以澄清。澄清使来访者表达的信息更加清楚，并确认咨询者对来访者信息的知觉的准确性，解释来访者含糊的、混淆的信息。

案例

来访者：……我来这个地方差不多半年了，现在大脑平静是平静一点，但还是很混乱的，天天晚上做梦，做梦也是经常做恐怖的，一些乱七八糟的。

笔记

咨询师：你能不能说说你经常会做哪些梦呢？在梦里又有哪些不同的情绪体验呢？你最难忘的梦是什么？有什么特别的情绪体验？

……

澄清的步骤：

1. 要确认来访者的语言和非语言信息的内容　来访者告诉了我什么？

2. 确认任何需要检查的含糊或混淆的信息　来访者信息中有没有需要进一步核实或遗漏的内容，如果有，是什么？如果没有，则决定下一步更合适的反应。

3. 用何种方式开始澄清反应？确定恰当的开始语，如"你能描述……""你是说……"或"你能澄清……"等。另外要用疑问的口气而不是陈述的口气来进行澄清反应。

4. 如何知道自己的澄清反应起了作用呢？要通过倾听和观察来访者的反应来评估澄清反应的效果。如果澄清反应无作用，来访者就会对信息中含糊和混淆的部分进行释义。如果没有起作用，来访者没有反应，不理睬澄清的要求，或继续作出模糊和省略的陈述。这时，咨询师或者试图进行进一步的澄清，或者转而使用另一种倾听技术。

请注意下面的例子中，咨询师是如何应用以上步骤对来访者的信息进行澄清的：

来访者：有时我真希望彻底地摆脱它。

咨询师：（内部自问自答）

A：这个来访者告诉了我什么？

他想摆脱某些事情。

B：在他的信息里有没有含糊或遗漏的部分？如果有，是什么？（如果没有，我将决定下一个更合适的反应。）

是的，——我要检查"彻底摆脱"的含义。

C：那么，我如何开始澄清反应呢？

我能看到它的开始，听到它的开始，或者捕捉住它的开始。比如说："好的，你能告诉我，或者你能描述一下……"

D：我怎么知道澄清是否有帮助呢？

我必须去听、去看、去捕捉来访者是否作出了详细的解释。

澄清对于咨询师和来访者两方面具有不同的意义。对来访者来说，当他们前来咨询时多数抱着一种痛苦、烦乱的心理状态，以至于来访者在表达时显得言语含混不清、词不达意，从而加重来访者内心的困惑；而澄清则有助于理清来访者真正的一些观念、事实、感受、态度和欲望，引发来访者对自己的问题产生新的思考和领悟。对咨询师来说，面对来访者的混乱状态，咨询师的任务就是要清楚来访者所要表达的真正意图，澄清具体的、重要的事实与情感。

四、面质

面质（confrontation）又称对质、对峙，是咨询师运用言语描述在来访者的感受、想法和行为中存在的明显差异、矛盾冲突和含糊的信息。在咨询实践中，面质常常涉及来访者理想自我与现实自我、内在体验与实际行动、想象世界与现实世界等方面的矛盾。赫普沃斯认为，面质"类似于解释和附加共情，它是用来增进来访者自我意识和促进他们改变的工具。面质涉及使来访者面对他们思想、情感或行为中某些方面，而正是这些方面导致或维持了他们的困难。"面质，其实就是要指出来访者存在于各种态度、思想、行为之间的矛盾，向来访者直接指出其存在的混乱不清、自相矛盾、实质各异的观点、态度或者言行。同时，帮助来访者挖掘出认识自己的不同方法或引导他们采取不同的行为。尽管不同取向的咨询师使用不同方式来运用面质，但是它的目的都是以某种方式挑战来访者，动员来访者的能量向更深刻的自我认识和更积极的行为迈进。

咨询过程中，来访者言语和行为常存在自相矛盾、不一致的信息，主要有以下几种类型：言语和非言语之间的矛盾，比如来访者在叙述父母离婚让自己很痛苦，可是在谈论时却面带喜色；言语信息和行为之间的矛盾，比如一个很长时间与父母断绝联系的来访者说"我早就想给他们打电话了"，可是到现在为止，他并没有这样做；两个言语信息之间的矛盾，比如一个受爱情困扰的来访者说"我很喜欢我女朋友，但是我不愿她离我太近"；两个非言语信息之间的矛盾，比如来访者说"小时候，妈妈经常打我（悲伤地哭泣）……妈妈打完我以后，自己也很悲伤（释然的表情）"；两个人（夫妻、父子、母女）之间的矛盾，比如一对家庭冲突严重的夫妻，丈夫喊着要离婚，妻子也说再也不想回到那个家，可是他们还是为了重归于好前来咨询；言语信息和背景之间的矛盾，比如一个因父母离婚受到创伤而害怕与男朋友结婚的来访者说，其实我很想早点嫁人，可是我男朋友不爱我。

面质必须谨慎使用，以免给来访者成长带来不利。首先，面质使用的动机是只针对问题中的矛盾。其次，面质前应建立良好的咨询关系和信任度，选择合适的面质时机，不要在很短的时间内用面质给来访者施加太大压力。再者，面质使用应考虑来访者的文化背景和性别差异。最后，无论任何时候，在面质中都要让来访者把咨询师当作同盟者，而不是当作敌人。

进行有效的面质需要四个步骤：首先，仔细观察来访者，确定他所表现出来的矛盾类型，探查出矛盾之处，不要过早地作出面质。其次，评估面质的目的，确定这是因为来访者需要被挑战。评估咨询关系是否安全，以便使来访者能从面质中受益。第三，总结矛盾中的不同因素，解决冲突，促进和谐。第四，评估面质的效果。面对面质，来访者可能否认、困惑、假装接受、真正接受。然而，面质效果可能不是立即发生的，同时要关注来访者可能更为防御的迹象。

下面的例子是常见的对峙，随着谈话内容的推进，精神分析取向的咨询师由开始温和的质询进而转向坚决的对峙，迫使来访者不得不对自身的行为进行反思，从而促成内心矛盾冲突的展现。

案例

咨询师：最近这一段时间你好吗？

来访者：不好，还是不好！临近期末我估计又有三门功课不及格。我上学期已经有两门课程没有及格了，要这样下去，学校可能让我退学。

咨询师：你已经是大二学生，退学对于你来说肯定不是好事情，但从你的表情上看，你似乎很平静，并不着急。"（温和对峙，揭示内容与情绪表达不一致）

来访者：其实我并不是不急，我知道这样下去的后果。

咨询师：你指的后果是什么呢？你这次如果再有三门课程不能通过期末考试，会有什么结果？

来访者：重修或者退学。事实上我有好几门课已经重修过但没有过关，退学也许难以避免。

咨询师：退学以后，你准备怎样安排自己的生活？

来访者：没想过。也许我会租一间房子，继续接受您的咨询……我的意思是我即使不工作，还是要接受咨询。

咨询师：那你的经济来源问题怎么解决？毕竟咨询费加上租房、生活费，对于你来说不是一个小数，你母亲靠打工负担你和你弟弟的学费和生活费，她有能力长期承受这样的开支吗？

笔记

来访者：没有能力（低头不语）。

咨询师：那你怎么办呢？

来访者：不知道！

咨询师：你说你可能面临退学，你也知道退学的后果，一方面你说自己其实很着急，但另一方面你告诉我自己没有想过一旦退学该怎么办。你知道母亲没有能力负担你长期咨询的费用，但你却计划退学后在某某地方租房专门接受心理咨询，一个不现实的计划（中等程度对峙）。你怎么解释自己的行为？

来访者：我在努力避免退学，也在认真复习，可我没办法学好。

咨询师：那你最近这十几天怎么过的，在复习吗？

来访者：我学不进去，一打开书我就什么都不知道，进考场脑袋里一片空白，所以有些课都没有去听，也没参加考试。我的状态很不好，一个人东走西逛，什么都没做，实在无聊就去打打电子游戏……没有办法。

咨询师：你知道课程考试不及格的后果，你说你在努力避免退学，但是你的行为告诉我，你什么都没做，什么都不想做，在临近期末考试的这一个星期里，你不复习、不参加考试，而是一个人漫无目的地游荡（尖锐对峙）。你想一想，这种矛盾的行为究竟意味着什么？

来访者：（沉思良久）我想……是在逃避，也在自我惩罚……或者……

面质的目的和作用：①协助来访者促进对自己的感受、信念、行为及所处境况的深入了解；②激励来访者放下自己有意识的防卫心理和掩饰心理来面对自己；③促进来访者言行统一、理想与现实统一；④促进来访者明了自己所具有的能力、优势；⑤为来访者树立榜样。

面质使用时的注意事项：①要有事实根据。事实不充分、不明显时，一般不宜采用面质；②避免个人发泄。不能作为发泄情绪的工具、如"你刚才还说听我的话，现在怎么就自作主张了呢？像你这样我有什么办法。""你一会儿说好，一会儿又说不好，到底是好还是不好？说话怎么可以这样出尔反尔的？"；③避免无情攻击。如咨询师对来访者说"你刚才提出的事例不能证明对方的问题……"；④应建立在良好的咨访关系基础上；⑤可用尝试性面质。用于咨访关系还没建立好时，用一些不太肯定的言语"似乎""好像"等，给来访者留有余地。若来访者回避，就不再追问，以免难堪。如"我不知道我是否误会了你的意思，你上次似乎说你学习挺轻松，成绩也好，可刚才你的意思却是学得很累，老担心学习成绩，不知哪一种情况更确切？"面质具有一定的威胁性和应激性，使用不当可造成危害。

五、一般化

很多时候，人之所以心理失衡，是因为认为自己受到了不公平的待遇或遭遇，觉得自己的问题是独特的，自己的痛苦是别人没有的，自己是最倒霉的。为了消除这样的想法，一般采用一般化。

一般化（general）是指心理咨询师根据来访者所述提供相关的专业信息，让来访者看到他的问题具有普遍性，其他一般人也会遭遇，以减少心理压力。在很多情况下，人之所以失去心理平衡，是因为认为自己受到了不公平的待遇或遭遇，觉得自己的问题是独特的，自己的痛苦是别人没有的，自己是最倒霉的。"为什么偏偏是我？"让人不易摆脱烦恼，为了消除这样的想法，一般采用一般化技术。

咨询师可以告诉来访者许多人都遇到过与他类似的问题或困境，最后都可以走过来，这是一种发展阶段常见的暂时性的困境，而不是病态的、无法控制的灾难，借此缓解来访者的不良情绪，进而接纳自己的问题。运用一般化，可以协助来访者改变认知，释放来访者被恐惧、焦虑占据的心理能量和空间，并代之以信心、勇气、决心和行动。

笔记

案例

来访者：我从毕业到现在一直找不到工作，我想我一定是找不到工作了。

咨询师：如果你从毕业到现在一直没有找到你想要的工作，让你觉得很失望很正常。许多刚毕业的同学在开始找工作时都会经历不太顺利的阶段，也会觉得未来十分渺茫。

来访者：现在工作不好找，一个工作岗位都会很多人去应聘。

咨询师：如果一个人工作岗位有很多人去应聘，那确实工作不好找。许多人都是这种感觉。

来访者：嗯，一直找不到工作，我都快绝望了。

咨询师：当一个人一直找不到工作的时候，很容易产生绝望的感觉。但值得注意的是你只是目前还没有找到你想要的工作，并不等于就没有可做的工作。

面对来访者表达的困难感觉，咨询师使用一般化技术。可稀释来访者的苦恼，逐渐降低来访者的痛苦，促使其产生新的想法。咨询师说："当一个人一直找不到工作的时候，很容易产生绝望的感觉。"咨询师通过一般化技术可以提醒来访者："值得注意的是你只是目前还没有找到想要的工作，并不等于一直就没有可做的工作。"使来访者看到解决问题的希望。

六、即时化

即时化（instant）是指心理咨询师在咨询中描述此时此刻发生事情的一种言语反应特点。即时化也被认为是一种真诚和直接相互的谈话，虽然也涉及自我流露，但是它只与当前情感的自我流露有关。来访者往往过多地关注过去的经历和将来的情况，对将来的期望以及对过去的不断回想变成了访谈的主要内容。所以，咨询师需要帮助来访者关注当前的想法和感觉，帮助来访者注意此时此地的情况，即从现在双方的情感、感觉、认知出发，有效地帮助来访者暴露内心，澄清问题。

在咨询过程中运用即时化，咨询师要对三个方面作出即时反应：

1. **咨询师即时化**　在咨询过程中，当咨询师的情感或想法出现的时刻，咨询师要把他们表达出来。如"对不起，刚才你说的我没有完全理解，你能再说一遍吗？"

2. **来访者即时化**　咨询师将来访者正在表现出的行为和情感告诉他们，给来访者反馈。如"刚才谈话时，你的眼睛看着我，小腿很放松、很舒服。"

3. **关系即时化**　咨询师表达出当前对咨访关系的看法和情感。关系即时化涉及"此时此地"的相互作用和咨访关系的发展情况。如"我在这次咨询中感觉很好，记得咨询开始的时候，我们彼此间都小心翼翼，觉得不太容易表达自己的想法。今天我们交流的很好，彼此都很舒服。"

即时化有两个目的：一个目的是公开表达咨询师对自己、对来访者或者咨访关系的现时感觉，包括分享咨询师的情感，以及咨询师观察到的、正在发生的、可能影响来访者的一些事情，而这些感觉以前从没有表达过。在这方面，即时化可以减少由于不承认潜在的问题而可能疏远的咨访关系。但是，如果不假思索地将相互间的关系感受表达出来，就有可能阻碍咨访关系的进一步发展，特别是这种感受带有消极色彩时。第二个目的是帮助来访者进一步认识自己与他人的关系，以及这种人际关系出现问题的原因。Teyber 指出来访者有三种人际风格：朝向他人、远离他人和对抗他人。通常来访者与咨询师相处的方式，就是他们生活中与他人相处方式的真实再现，即时化反应可以帮助来访者遵从咨询师所展现出来的人际关系模式。

咨询师有效利用即时化时，可参照以下规则：首先，咨询师要及时描述他所看到的此时

笔记

此刻正在发生的事情；其次，为了反映此时此刻的体验，即时化句子应使用现在时态，表达当前的感受；第三，即时化要考虑时机；第四，即时化反应应针对咨访关系中正在发生的事情，而不是对来访者的反移情进行的反应。

即时化反应是一套比较复杂的技能，不仅需要批判性思维，而且需要灵巧的使用。即时化反应的步骤：第一步是一种意识能力，一种感觉到咨访关系中正在发生事情的能力。要求咨询师能够读懂各种线索，不仅看到来访者的表面，而且要把握表面背后的潜意识含义。第二步是与来访者分享此时此刻的感受。第三步是以描述性而不是评价性的形式叙述情境或靶行为。第四步是识别问题情境的具体效益、关系问题或者来访者的行为和行为模式。最后是了解来访者在即时化反应后作出的反应。

七、自我开放

自我开放（open-self）是指心理咨询师向来访者公开自己与其类似的经历、体验，并与来访者分享感受，又称为自我暴露。

来访者大都抱着忐忑不安的心理走入咨询室，对自身问题的无力感与自卑感充斥着其内心。所以，很多来访者把咨询师当作救世主，期望心理咨询能拯救自己，依赖咨询师代替自己做决定。因此，咨询师有选择地、适度地暴露与来访者所谈内容有关的个人经验，借自我开放来表明自己理解并愿意分担求助者的情绪，促进来访者更多地自我开放。此时，自我开放技术的运用与一般化技术有同等的作用，如"你所提到的考试前紧张，我以前也有这种经验，每到大考前，我就开始不安、烦躁，晚上睡不好"等等。

自我开放技术在咨询中十分重要。原来只强调来访者的自我开放，以后逐渐认识到咨询师的自我开放和来访者的自我开放相等的价值。自我开放的功能在于借助咨询师的自我开放技术：咨询师选择性地把自己相关的情感体验与认知暴露给来访者，能使来访者感到有人理解并分担了他的困扰，且感受到咨询师是一个普通的人，从而建立平等互信的咨访关系；咨询师的自我开放，可以使来访者受到咨询师类似经验的鼓励，放下心理防卫，更加开放自己，把探讨问题引向深入；咨询师自我开放，可以协助来访者了解可能的后果，作为解决问题参考，起到示范作用；咨询师自我开放的内容，可引导来访者注意某些重要的信息，就此进行更深入的探讨；咨询师的自我开放可为来访者另辟蹊径，对问题产生新思路，找出解决问题的新方法。

自我开放技术在咨询中使用也有一定的风险，应该正确把握使用时机和自我开放的程度。咨询师的自我开放的内容应该和来访者的经历有相似性，又不同于来访者的反应。咨询师可以借助自我开放的内容，表达咨询师对来访者经历和体验的共情，把自己相关的痛苦的情感体验与想法暴露给来访者，能使来访者感到别人在痛苦面前与自己的反应基本是一致的，相对减轻了他的困扰。同时，来访者也从咨询师的差异化反应模式中受到启发，找到克服困难的潜在力量。心理咨询师在自我开放过程中应该注意防止两种偏向：第一种是咨询师过度考虑到共情的重要性，夸大自己与来访者类似经历中的痛苦和沮丧状态。咨询师把自己放到比来访者更低的位置自我开放，表面上看给来访者感同身受的印象，实际上来访者听到以后产生无力感。第二种偏向是咨询师急于帮助来访者走出低谷，夸大自己与来访者类似经历中的淡定和积极状态。来访者听到这样的表达以后，会感到自己与咨询师存在较大的差距，自卑感进一步增加。因此，自我开放技术应该在恰当的时机以合适的方式进行。咨询师的自我开放的价值在于：既能使来访者感到自己的痛苦有普遍性，咨询师能够理解并分担了他的困扰，又看到咨询师在类似情境中的应对模式，受到疏泄、开导和启发，发现继续前进的力量。

案例

来访者：我前女友是我大学同学，我们从大学开始在一起六年，毕业两年后，她家里给她介绍一位条件非常好的男朋友，她说，她不会离开我，但后来她和那男人结婚了。

咨询师：这让你感觉很伤感。（情感反应）

来访者：是呀，事情过去两年了，也有很多人给我介绍女朋友，但一直都没有感觉，家里很着急。

咨询师：家里很着急，你呢？

来访者：我感觉无所谓。

咨询师：我很理解你的心情，因为我也曾有过你这样的经历。我的前女友，我们是初中认识的，高中在一起3年，大学是同一个专业，但毕业后她嫁给了我们高中的另外一位同学，此后几年我也是这样。但后来我一位朋友出了车祸去世了，对我触动很大，我感觉我不能一直这样下去了，于是就出现了后来考研考博……（自我开放）

第四节　观察技术

在心理咨询活动中咨询师既要注意来访者的谈话内容，又要细心观察其谈话态度、姿势和表情动作。有人提出，信息交流的总效果中只有7%来自于所用的语词，38%来自说话的语气，55%来自身体语汇。因此，在咨询中所要取得的信息，不仅来源于谈话的言语内容，更重要的来源于非言语的表情动作。故在咨询时要特别注意对来访者察言观色，体察其内在情感、动机和欲望的真实情况。

一、面部表情

面部表情是反映人的情绪状态自然特性的最重要的部位。面部表情是一种普遍使用的语言，比其他任何部位的表达都要丰富。人类的面部肌肉十分丰富，它们能够帮助人类做出各种不同的表情，据估计约有25万多种，是反映人的情绪状态自然特性的最重要的部位。在心理咨询中，从面部表情获得的信息量将近一半，其重要性是显而易见的。在心理咨询中，通过面部表情所传递的情绪反应信息往往决定着交流的进程及方向。在咨询过程中，来访者的面部表情会有多次变换，咨询师应体察表情的变换，引导交谈的进行。

虽然面部表情能够非常诚实地表现个体的感觉，但个体能够在一定程度上进行控制，也可以做出违心的表情。在心理咨询的过程中，咨询师一定要注意面部表情可能存在的虚假成分。从来访者的面部表情，咨询师可以判断是消极表情还是积极表情。咨询师可以通过额肌紧缩、鼻翼扩张、眯眼、嘴巴颤抖、嘴唇紧闭（嘴唇好像没了一样）、目光锁定及脖子僵硬等线索，从来访者的面部表情中发现各种消极感情，如不愉快、厌恶、反感、恐惧和气愤等。面部表情线索可能稍纵即逝，特别是微表情很难被发现，需要咨询师在咨询中保持敏感和警觉。积极表情较容易辨认，但有时这些非语言信号会被抑制或隐藏。

眼睛是心灵的窗户，眼睛能表达出个体的情感或思想等大量有用的信息。眼睛也是个体脸上最诚实的部位之一。当遇到令人吃惊的事情时，眼睛宽度增大，瞳孔迅速扩张；一旦对事情作出消极认知，瞳孔就会立即收缩，同时眉毛压低。而当遇到高兴的事情时，瞳孔扩张，眉毛上挑（或弯成弓形），呈现出满足感或其他一些积极情感。

连续眨眼／跳动眼睛也是情感反映的主要表现，当感到兴奋、烦乱、紧张或忧虑时，眼

笔记

睛眨动的频率就会增加；一旦放松，又会恢复常态。事实是，不管一个人是不是在说谎，当他感到压力时，眼睛眨动的频率会增加。

嘴部和眼睛一样，嘴部也能提供很多有价值的信息，但受大脑的操纵，有时也会传递一些虚假信息。例如笑就有真笑与假笑之分。如发自内心的真笑由颊肌肌群和眼轮匝肌肌群两个肌肉群控制完成。以颊肌为主的肌肉群可以使嘴巴微咧，双唇后扯，露出牙齿，面颊提升，然后再将笑容扯到眼角上；而眼轮匝肌肌群通过收缩，使眼睛变小，眼角出现皱褶，即常说的"鱼尾纹"。为了显示友好或谦恭，可以有意识地令颊肌为主的肌肉群收缩，但无法令眼部周围的眼轮匝肌的收缩，也就只能出现虚假的笑容。

当个体压力很大时，会把嘴唇藏起来导致嘴唇的消失，而嘴唇挤压往往是消极情感的反映，它清楚地表明个体遇到了麻烦，或某些地方出了问题。而当有不同意见或是准备转换话题时，个体总是会把嘴唇缩拢。

面部其他信息：当压力很大或专注于某项任务时可能会伸出舌头，舔舔嘴唇，舌头反复摩擦嘴唇，以此达到自我安慰的效果，并让自己冷静下来的效果。当个体感到焦虑、悲伤、专注、担忧、不知所措或气愤的时候容易皱眉头，表情上显示出慎重和集中。而当个体情绪高涨时则会表现鼻孔扩张。咬指甲是压力、无安全感或不舒适的信号，与个体的不自信有关。

二、言语表情

声音是有声的非言语交流，亦称副语言，它是语言表达的一部分。它包括音质、音量、音调和言语节奏的变化等。其中音质相对稳定不变，其他部分都可以变化。人们在言语交际中，借助于音量、音调及言语速度的改变，表达丰富的、复杂的、细微的情绪和情感的变化。

1. **音量**　即音强的大小。声音的大小，即音强的改变，会影响言语的词、句子或某段话表达的意思。一般讲话声音放大，往往表示警告或厌烦之情；声音变小减弱可能表示心情不悦或失望。

2. **音调**　即声音的高低。音调的提高常表示强调或烦躁之意；音调的降低可能表示亲近或怀疑。另外，在会谈的音调中，音域的扩大或压缩，通常可能显示出对交谈内容的夸大或缩小；音调中夹带着的摩擦音可能表现出说话人的紧张和不安，语言杂乱、断裂，而喜悦开朗声则可能表现出说话人的轻松和快乐，语言完整、流畅。

3. **语速**　即言语的速度。语速的快慢，表示言语的节奏特征和表达方式。通常言语节奏加快，往往表示紧张、焦虑、急躁的心情或表示情绪的激昂、兴奋；而言语节奏变慢，则随具体情况而异，或表示心平气和，或表示深思熟虑，或表示表达确切，或产生了心理上的阻力。

史密斯对伴随着语言一起出现的声音现象进行了分析和描述，认为人的声音大小的变化所反映的情绪特征往往可借鉴日常生活的经验来确认，说话节奏的快慢可能反映了每个人的个性特征。而语调和语速的变化中，包含有更多的情绪变化，对于这些声音成分的具体分析，既要结合当时谈话内容，又要联系整个晤谈中的前因后果。非言语行为传递的信息有时在当时并不能马上确认，但只要留心注意，其中含义总可以搞清。

除上述所说的几种声音特征之外，声音的停顿也值得注意。停顿也被认为是喉部肌肉变化所带来的现象。这些肌肉僵硬和紧张及放松的变化使声音和音调出现短暂的停顿。这可能表明了讲话人带有很强的情绪色彩。如果是对方在谈话当中有意识的停顿，则可能表明对方希望其刚刚所谈的内容能引起咨询师的注意；还有一些停顿是希望看到咨询师对自己前面所谈内容的反应，以决定下面该继续谈什么内容为好。对于学习咨询的人来说，同

笔记

对于形体动作一样，我们并不缺少理解和运用声音特性的能力，我们要加强的是对它的敏感性并有意识地理解这种特性的意义。

在心理咨询中，上述种种声音特征，既表现出来访者的个性特征和言语表达方式，也反映出来访者当时的心情和情绪状态。在咨询过程中，咨询师要仔细留意来访者讲话的声音特征，特别注意把握住声音特征的突然改变。只有声音的突然变化，才能显示来访者内心的秘密，提供真实的、有效的信息。因此，咨询师应对来访者声音特征的突然改变应保持高度的敏感性。

三、躯体言语

躯体言语（body language）主要包括手势、躯干姿势、腿脚的动作、点头或摇头等。躯体言语受一定文化传统的影响，通过模仿学习获得。交流中，最起作用的身体语言是手势、躯体姿势和腿脚的动作。

人类的手是最独特的。手不但可以抓、划、刺、打、握，还可以感受、感觉、衡量和改造周围的世界。手还会打手势、讲故事或是反映个体内心深处的想法。与身体的其他部位相比，大脑对手腕、手掌、手指等分配更多的精力，手能很好地表达个体的情绪、思想和感情。当个体把手放在明显处，会留下大方、友善，为人正直的较好印象；而隐藏时，则会留下畏首畏尾（有所保留）、鬼鬼祟祟，甚至虚伪的不好印象。通过手可以判断出个体所从事的职业或经常参加的运动。手心出汗可能是热，但紧张或压力有关也会手心出汗；个体说谎时，会有压力或紧张，会出现手心出汗，但手心出汗并不代表个体说谎。个体感受到压力、高度兴奋或紧张时，都能引起手掌颤抖，但如果手颤动伴随触摸颈部或抿嘴唇等安慰动作，则可以判定这种行为和压力（或其他消极的事情）有关。个体自信或强调某些事情时，会双手手指张开，做出与"合掌式"相似的动作，但十指并不交叉，手掌互不接触的"尖塔手势"。竖起拇指是高度自信的非语言信号。双手冻结一般出现在说谎时，个体通常会尽量减少各种手势和接触，并且很少移动四肢。个体遇到重大事件或变化，感受到压力或低度自信，则会表现出十指交叉紧扣。而处于怀疑或低度压力状态下，个体通常会搓手或抚摸颈部。手部动作的突然转换往往说明动作个体的思想和感觉发生了急促的变化。个体将手从桌上突然放到桌下，可能是感觉压力或紧张。手隐藏起来，能十分准确地反映个体的感受。

躯体包括臀部、腹部、胸部和肩部，和手势一样，躯体姿势也能很好地反映出个体的情绪、思想和情感。当遇到令自己不舒适的人、没有吸引力或令人厌恶的事物时，躯干会倾向远离（躯干倾斜）。而当个体感觉到事情不妙，如关系发生了变化或遇到不喜欢的话题等，则会出现腹侧否决行为，个体就会转换姿势或者转身离开。个体会将身体的腹侧展示给喜欢的人或事物。腹侧前置一般是个体最热情的，也是最舒适的状态下才会出现。如果现实情况不允许个体远离不喜欢的人或物时，会下意识地用手臂或其他事物为自己筑起一道壁垒。当个体受到奉承、尊敬或表扬（例如掌声）时会作出弯腰动作表示对别人的尊重和敬意。躯干伸展是一种舒适的信号，也是一种霸道的表现，如青少年受到父母的责罚时就四肢伸展地坐在椅子上以示对抗。挺起胸膛、露出部分躯干和大口喘气往往与受很大的压力，准备还击有关。耸肩蕴涵的含义很丰富，如当咨询师问来访者："布置的家庭作业你认真做了吗？"来访者回答说"做了"，然后耸耸他的一侧肩，说明这个人没说实话。如果来访者双肩向上作出一致的耸动，那说明他是诚实的。当来访者正处于消极状态下，缺乏信心，而且感到非常不自在，会慢慢地将双肩提升到耳朵的高度，仿佛要把头藏起来一样。

腿脚姿势和其他形体动作一样，能很好地反映出个体的情绪、思想和感情，并且是最诚

笔记

实的。但腿脚的动作有时只是不耐烦的表现。个体高兴时候双腿和双脚一起摆动或颤动。个体会将身体转向自己喜欢的人或事，转身离开不喜欢的人或物。当想要离开当前位置或做好了结束此次见面的准备时，个体先会用双手按住膝盖、躯干前倾或身体放低转向椅子的一侧。当感到高兴或幸福时，个体会出现脚跟着地，脚的其他部位却向上翘了起来，脚趾指向天空。当感到压力、烦乱或威胁时，个体会叉开双腿。双腿交叉是一种交流积极情感的重要方式，当感觉高度舒适感时，个体会双腿交叉。当正在承受压力和情绪的波动时，个体不停摆动的双脚会突然停了下来。当感到不安全、焦虑或威胁时，个体会突然将脚趾转向内侧或两只脚互锁。

咨询师在观察来访者形体动作时，应和所有的非言语行为一样，把形体动作结合其他信息放在具体环境中去理解。同时，咨询师也要有形体动作，在咨询过程中，来访者也可能把咨询师当作研究对象。咨询师在咨询时身体姿势应微微前倾，自然放松（不要正襟危坐，刻板僵直），保持开放姿态是基本要领。

四、综合印象

综合印象是对一个人总体的、概括的看法及观点。在咨询过程中，通过言语和非言语性行为所传递的信息远不止上面所说的几种情况，因此综合印象是整个交流和观察过程形成的且具有总领全局的作用。当人处于静止和无声状态时，服饰及不同的站、坐、倚的姿势也会传递一定的信息。简单地说，来访者与你所保持的距离可能反映了他对同性或者异性的某种态度，反映了他对你的看法，反映了他本人的教养、习惯和社交经验等。在迎送来访者时，起身站立的位置也会给善于观察者一定的信息。此外，人的体魄、装束、眼镜及发型等也传递着一定的信息。这些信息与人们的举止、言谈内容等能在很大程度上，反映一个人的修养和气质。在咨询过程一开始，咨询师根据对方的表情、姿态、身体、仪表和服装等形成初步印象，其后的评价才可能集中于谈话和内容。社会心理学中所讲的首因效应往往起着很大作用。咨询过程虽说是以帮助来访者解决其所面临的问题为主，对来访者是一个什么样的人，其人格特征如何地了解也是很重要的，据此，我们有可能找到其问题的起因。但人们的第一印象常常并不准确，所以咨询师要在对来访者有更多的了解之后，不断地调整自己对对方的看法与评价。

对来访者的综合印象，实际上还包括综合后抽象概括形成整体印象，如来访者成熟老练或单纯幼稚，追求完美或自卑心重等。不同的来访者会有不同的表现。有的来访者在会谈过程中表情丰富，言谈较夸张，所述内容类似情节曲折的故事，其语气语速的变化引人入胜。结合其谈话内容及其个人生活经历等分析，咨询师也许会发现对方并没有什么迫切想解决、求助的问题，他到心理门诊来仅仅是为了寻求注意。还有些人显得自信能干、知识渊博，在咨询中谈起话来滔滔不绝，并不太注意咨询师会给予什么样的指导，但对咨询师能否理解极为关注，这种人也许仅仅为了寻求理解而来。有些来访者明明有许多问题，自己尽了很大努力，但问题仍表达不清，却可以说出许多躯体上的不适症状，咨询师要采取一定的方法措施将其问题引导出来。

总之，非言语行为的观察远不止上述几个方面，一个人的仪表、习惯、气质、行为举止，以及与人保持的空间距离等，都有信息传递，都是需要留意观察的内容。在心理咨询中，非言语行为传递的信息往往是一条通向人们内心真实世界的桥梁，它如同书写言语中的标点符号那样栩栩如生，可以表示停顿、感叹、强调和完结。非言语行动的表现力是非常生动的，它可以是肯定或否定、加强或减弱、复杂或易化、显示或掩饰等。

综上所述，对于非语言性行为的知识及观察能力是咨询师必须具备的条件之一。作为一个咨询师，一定要锻炼观察人的非言语信息的能力。在生活中的每时每刻都有意识地观察非言语行为，就像你常常能从镜子里看到你自己一样。如果你注意观察你自己在不同心境时的身体语言的变化，你也常常会发现你的来访者在某种情况下，也常常会有相似的反应出现。如能在以上几个方面的观察达到很高的水平，那么你对来访者的共情和理解也有可能达到更高一级的水平。

（刘传新）

笔记

第七章　心理咨询过程中常见现象及其处理

心理咨询过程中的常见现象有阻抗、沉默、移情以及反移情等。这些现象的产生可能是来自来访者，也可能是来自咨询师。了解心理咨询过程中的各种现象，分析产生的原因，掌握其处理方法，是保证心理咨询顺利进行的重要条件。

第一节　阻　　抗

一、阻抗概述

来访者不愿意参与心理咨询工作存在着意识和潜意识层面的原因。意识层面的抗拒可能来自多种因素，如不了解心理咨询、不相信心理咨询对他有所帮助、担心失去自主性以及受到咨询师的控制、对咨询室的环境感到不自在、曾经不愉快的咨询经历等等。潜意识层面的抗拒在心理动力学领域内被称为阻抗，目的是让来访者避免再次面对痛苦，不对那些源于过去的情感和动机等进行探索和认识。心理咨询中，来访者在意识层面和潜意识层面对咨询进程的抗拒而出现的各种情况都被称为阻抗（resistance）。

几乎所有的心理咨询都会遇到来访者的阻抗问题。从咨询关系来看，抗拒的来访者可能存在严重的信任问题。这样的来访者认为请专业人员帮助解决自己的生活问题是一种无能的表现。他们带着这种无能感与其他人的接触也往往以消极冲突而告终。也有一些来访者，他们在多次尝试后都失败了，认为即使寻求咨询师的帮助，也不大可能有更好的结果。咨询中来访者出现阻抗是必然现象，当无意识层面的阻抗出现时，不但不可怕，反而是咨询有进展的标志，因为这表明咨询师的工作已经由表面进入了深层。咨询师要学会辨别阻抗的类型和原因，把握咨询取得进展的契机。

一般认为处于困境的来访者在寻求帮助时已经能够积极地接受引导和参与咨询过程，但实际过程远非那么单纯。首先，从传统求助方式上看，一个处于困难的人前来求助往往认为应该由咨询师帮助他解决问题。来访者想当然地、也很自然地将自己放在一个被动的位置上，希望咨询师解决他的所有问题。但心理帮助区别于其他帮助形式的一个重要特征是促进来访者自身的心理发展和自助能力，即心理咨询主要不是由咨询师帮忙解决来访者的现实困难，而是帮助他解决现实困难背后的心理困难，在情感、动机、认知和行动模式上提升解决现实困难的能力，进而由来访者自己来处理其实际问题。来访者的期待和心理咨询的目标要求之间产生了落差，来访者的依赖心理得不到满足就容易导致心理咨询的阻力。另一个原因，来访者内心中往往埋藏着很大的痛苦，在咨询过程中，他们也会启用日常生活中习惯化的防御模式以回避痛苦，而这种防御模式本身就是造成持久心理问题的重要原因。心理比较健康的人在遭受挫折、面临困难时心理上也会产生痛苦，但因为有较强的心理耐受力，有解决问题的丰富经验，能设法忍受暂时的痛苦和压力并努力解决问题，心理痛苦能够通过自己的有效应对得到解决。但有些人可能成长道路不太顺利，个性发育不良，加之遭受的挫折和创伤可能比较大，面对问题时不但不能及时解决，反而采取一系列适应不良的应付措施和心理防御方式，结果酿成持久的心理困扰。当一个人陷入长期的心理困境后，现实困难不断累积，愈加显得难以处理。而且其心理成长和生活经验的发展也处于停滞或偏离状态，甚至在人格上也形成不良的结构，虽然主观上来访者愿意接受咨询师的引导，但也难以较快地产生心理改变。再者，要想心理有改变就必须采用新的思维方式和行动方式，这也意味着要主动面对内外困难和承担责任，要放弃因病所获得的现成利益，要冒新的风险。来访者的典型心理是一方面渴望心理咨询的帮助，另一方面又害怕心理咨询。以上种种情况都会形成心理咨询过程中的阻抗。

阻抗之所以在心理咨询中非常重要，主要有以下几个原因：首先，来访者在理解症状以及行为改变的意义时常常存在阻抗。心理咨询引导来访者发现和使用全新的方式去面对生活中的冲突，这意味着来访者需要不断挑战自己固有的观念，需要相当的耐心与坚持。如果在咨询过程中，来访者没有享受到开心愉快的情绪，常常不愿意继续进行咨询；其次，咨询师帮助来访者减少或消除阻抗能够使来访者更配合治疗，加快他们在自我理解和行为改变方面的进展，消除阻抗能促进来访者表达自己的思想和情感；第三，随着阻抗的减少，来访者除了能从已有的咨询中学习，还能通过对阻抗的觉察提高对自我的理解。为什么会在特定时间出现阻抗？对什么阻抗？通过什么来表现阻抗？咨询中的阻抗和咨询外的行为存在什么关系？对这些问题追根溯源能帮助来访者加深对自我焦虑的原因及克服焦虑的办法的感悟；最后，将阻抗作为解释与来访者回忆的经验相比，前者通常更有价值。阻抗是心理咨询中的一个方面，瞬间就可以发生，此时来访者的表现为咨询提供可信的个人模式样本及生动鲜明的观察机会。如果咨询师对此有高度的意识和识别，并加以有效克服，则能增进咨询师与来访者之间的沟通，并促使来访者对其特定思想和行为方式的领悟。

作为心理咨询的一个临床概念，阻抗现象最早是由弗洛伊德在其对癔症患者"遗忘"的记忆进行探究的著作中提出的。他发现来访者在自由联想过程中对表达忧伤、不愉快的想法、羞耻感、被伤害感以及自我谴责等都产生阻力。不仅如此，进一步的探索还认识到，阻抗还对某些敏感的冲动和思想起着歪曲和伪装作用，这时自由联想所反映出的资料就成了创伤性的内容与歪曲的混合物，这种歪曲的目的是避免让自己感受到过分的冲击和痛苦，也避免直接面对咨询师所带来的压力。另外在咨询情境中来访者对咨询师产生强烈移情后，早年未满足的被压抑了的对过去人物的冲动、愿望会转移到咨询师身上，来访者会因渴望这种移情式的幼稚满足而偏离咨询的真正目的，或者害怕与咨询师的亲密关系所引起的危险而产生掩饰和回避，从而妨碍真正咨询关系的建立和咨询的进展。

现代心理咨询的主要理论流派从各自观点出发对阻抗现象都有一定的论述。精神分析理论对阻抗的定义强调了潜意识对于个体自由联想的能动作用，精神分析的理论认为，心理咨询的阻抗无处不在，处理阻抗是心理咨询过程中的中心问题。人本主义心理学家罗杰斯将阻抗看作个体对于自我暴露和情绪体验的抵抗，其目的在于不使个体的自我认识与自尊受到威胁。这种观点体现出个体对于自我意象与发展的防卫作用。行为主义心理学家把阻抗理解为个体对于其行为矫正的不服从。原因可能是来访者对心理咨询心存疑虑，或是缺少帮助其行为变化的环境条件。这种对阻抗的认识反映了行为主义理论所强调的个体行为变化与环境控制的相互依赖性。所有这些理论均表明，阻抗对于心理咨询过程具有深刻影响。人们只有积极地加以认识和控制才能达到预期的效果。反之，如果对阻抗现象不加理会或处理不当，则心理咨询的进展和效果将受到影响。

阻抗的表现形式多种多样。一般来说，心理咨询针对的主要是正常人的心理发展、一般心理问题和严重心理问题。这种情况下来访者的心理功能较正常，咨访关系较巩固，忍

笔记

受痛苦的能力较强，咨询动机与解决问题的现实感比较强，而潜意识要求满足的愿望和冲动相对和缓、易于控制。所以，阻抗主要表现在来访者的意识层面，其次表现为潜意识层面，这样所面临的阻抗虽然各有特点和多种多样，但总体来说比较好处理。但是某些时候咨询师也要面对一些心理问题更严重的来访者，如患有疑似神经症或人格障碍问题的患者。这类人往往有更深层的心理冲突和创伤，在人格上形成较严重的偏离，这就要求咨询师把辨认和化解各类阻抗作为咨询工作中的重要环节，对阻抗错综复杂的来源与各种微妙的形式有深刻的认识和熟练的处理技巧，这样才能取得有效的咨询进展。如精神分析法对阻抗的分类就较为详尽，按阻抗的来源和性质将阻抗分为潜抑阻抗、移情阻抗、疾病继发性获益带来的阻抗、本我阻抗以及超我阻抗，故分析和处理阻抗成为这种长程、深层治疗的主要内容。下面结合主要咨询流派的观点，讨论心理咨询中各种阻抗现象的形式、来源以及处理阻抗的技术。

心理咨询主要是通过语言交谈进行的，言为心声。来访者在咨询初期往往在语言上表现出较明显的阻抗现象。例如：来访者，女，22岁。自诉从高中起学习时特别紧张，容易头痛、手发抖、坐立不安、心里恐慌、胃口反酸、睡眠差并且便秘。下面是第四次咨询的片段：

来访者：总觉得自己受了欺负都不敢骂别人。

咨询师：这种感觉可不好受。

来访者：就是到了你这里也还什么话都不敢说，也怕别人看见我来这里。

咨询师：你对咨询有什么感觉？

来访者：怕你看不起我，不习惯把自己的事说给别人听。怕丢人，人家会说我不正常。每次来都很怵头，好像把这看成是不好完成的任务。

咨询师：这又不像学习考试那么严肃。

来访者：但也挺依赖，就是自己恐慌无助的时候，总是想到让人帮我。现在我想哭就是哭不出来。

……

从这个会谈的一些言语片段就可辨认出阻抗现象。如"怕你看不起我，不习惯把自己的事说给别人听"，"每次来很怵头，好像把这看成是不好完成的任务"，"现在我想哭就是哭不出来"等。来访者的这些谈话反映出其在意识层面和无意识层面都有较大的阻抗。

（一）言语程度上的阻抗

咨询师在与来访者的交谈中不仅要注意来访者的语言内容，也要注意言语的表达方式上所显示的阻抗。从言语程度上看，阻抗主要表现为三种：沉默、少言寡语和多话。其中沉默的情况较为复杂，将在第二节中详述。

少言寡语是来访者对心理咨询阻抗的表现之一。常见的情形有问多答少，言语简短，以重复性或习惯性的话语应答，似乎在有意无意地与咨询师周旋、应付；或者言语迟滞，语调低沉，气氛沉重，缺乏交谈的情绪和内容；或者话有保留，欲言又止，含糊其辞，不知所云。少言寡语的原因多种多样，有的是由于来访者缺乏对心理咨询这种助人方式的了解和信心，不知该怎样做咨询，或者此前接受过不当的、失败的心理咨询，已经存有偏见和不信任心态，导致咨询的积极性和动机不足。少言寡语最常见于那些被迫来咨询以及对咨询有误解、戒备和敌意的人。来咨询不过是应付别人的要求，自己并不想改变，也不相信这种方式能解决问题；或者认为问题是别人（如父母）造成的，认为接受咨询的应该是别人，顾虑咨询师与其家人一道强迫自己。也可能反映了一种惯常的、防御性的交流方式，表现为来访者总是等着咨询师发问，害怕自己主动说话犯错、出丑，这与来访者的人格特点有关，如回避性人格的人常有此种表现。无论是否有经验，任何咨询师面对这类来访者都会有沉闷、困惑和挫折感，觉得难以深入到来访者的内心世界，不明白来访者是什么样的状况。因为来访者一方面前来求助，而又表现得消极被动。遇到这种情形，咨询师要以共情的心态，以对方能接受的方式缓和其戒备和误解心态，增进相互之间的信赖，鼓励来访者参与咨询的积极性和勇气。另外有些原因是来自咨询双方有太大的语言和文化差异，如来访者文化水平低，不习惯咨询师带有专业性风格的交谈方式，或干脆听不懂咨询师的口音，又不好意思说明，导致双方问东答西，倍感挫折；还有一种可能，就是来访者处于较强的抑郁状态，在抑郁状态中的来访者就是少言寡语，咨询师正好可以根据这种表现情况及时作出评估和调整。

多话表现为个体在心理咨询过程中滔滔不绝地讲话。这往往是无意识的，可能在积极回答咨询师提问的表象后面隐藏了某种潜在动机，如减少咨询师讲话的机会，回避某些核心问题，转移其注意力等。其目的是回避那些来访者不愿意接触的现实问题，以免除由此产生的焦虑和其他痛苦体验。如做作业拖拉的学生来咨询时，大谈其作业是多么困难与日程安排是多么紧张，避而不谈个人意志对做作业拖拉的影响。当然，多话也可能是来访者按自己的方式急切地表达和急于解决问题的表现。这种情况很生动地反映了来访者的交流方式和人格特点，咨询师要善于观察，把握机会，在适宜的话题上切入，引导来访者关注自己更深层的心理活动。

（二）言语内容上的阻抗

内容上的阻抗是指来访者有意无意地不愿接触或者拒绝谈论某些方面的话题，有的甚至想方设法把会谈主题控制在自己希望的内容上。来访者可能感到谈论某些内容是危险的，会引起焦虑不安、害羞或痛苦。来访者的阻抗表现在对某种内容直接、间接控制企图，其常见形式有理论性交谈、情绪发泄、谈论小事情和假提问题等。

理论性交谈（theoretical talking）指来访者总是用心理学或医学术语与咨询师交谈。表面上，这似乎增进了两人语言和思想上的交流，但实际上是来访者企图控制谈话的情绪和具体内容的表现。因此，理论性交谈是来访者将所谈事件与痛苦感受相隔离的手段。如学过心理学的学生在咨询中谈到最近的失恋时，不断套用心理学的理论，试图向咨询师寻求解决痛苦的办法，给人感觉却似谈论别人的失恋，没有真正表达出内心的痛苦。又如某情绪低落的来访者，见面时先告诉咨询师最近读了许多有关心理咨询的书籍，并不断地就其中有关情绪低落的疗法部分向咨询师提问。他这样做不但试图回避谈其抑郁的感受和原因，也在于增强他在心理咨询过程中的地位。只有引导他意识到其理论性交谈所产生的阻抗作用，才能使其放弃这种方式，转而以日常生活中自然直接的交谈表达其不快的心情。

情绪发泄指来访者在谈到某些话题时，不是以语言和思想交流为主的方式，而是采用过度情绪化的、见诸于行动的方式进行表达，如表现为大哭大闹、泪流不止或不自然的大笑。这些行为旨在避开使来访者感到焦虑和精神痛苦的意念，是一种心理防御的表现。在日常生活中，我们就有这种印象，有些人在谈论某些痛苦经历时，常伴有烦躁、易怒、哭泣等情绪反应。按精神分析的观点，这些都无意识地表现了个体对重新体验痛苦经历的焦虑和抵触情绪。

谈论小事指来访者对会谈中无关紧要的小事喋喋不休、谈论不止，它的目的在于回避谈论核心问题，并转移咨询师的注意力。这往往是心理咨询中较轻微的、不易发现的阻抗表现。

假提问题指来访者通过向咨询师提出表面上适宜但实际上无意义的问题来回避谈论某一议题或加深某种印象。这些问题一般涉及心理咨询的目的、方法、理论基础，甚至来访者提问咨询师的私人情况等。往往与真正要解决的问题并没有密切联系，常使得咨询师无从回答。因此，假提问题转移了会谈的方向，是来访者某种自我保护的需要。

笔记

（三）言语交流方式上的阻抗

这类阻抗通过来访者言语交流中不同心理活动加以体现，形式多样，因人而异。其中，常见的有心理外归因、健忘、顺从、控制话题和最终暴露等。

心理外归因，指来访者将其某种心理冲突与矛盾的原因完全归结于外界作用的结果，而回避从其自身的角度加以认识。它严重阻碍了个体的自我反省，使人将一切错误客观化。并将所有的责任推到别人身上，而不愿意识到可能自己也有问题或错误，这也是自我为中心的表现。在心理咨询中，它可以使人对其自我的暴露与分析产生强烈抵触。如一个易怒的人常怪罪别人惹他生气，而不愿意在自己身上找原因。

健忘，指来访者在谈论感到焦虑和心理痛苦的议题时所表现出的遗忘现象。它是个体对于某种痛苦经历长期压抑的结果。特别是当咨询师竭力启发来访者的某种痛苦记忆时，对方常会通过各种方式来表现遗忘。比如在以前的会谈中曾谈到过的某些事件或情感，再次提到时来访者居然说忘了，想不起来了，或说他从来没有过这种情况。这一般是无意识地启动压抑机制的结果。据研究，有童年虐待史的人可以完全遗忘曾遭受的不快经历，即使能回忆也常对一些细节表现出记忆模糊。所以，在收集资料时要特别注意。

顺从，指来访者对咨询师讲的每一句话都表示绝对赞同和服从，使得咨询师无法深入了解其内心世界。因此，它同样可以使咨询师感到无所适从。例如，有些被迫接受心理咨询的人会对咨询师表现出格外的尊重和客气，从不与咨询师争论。其结果是，咨询师无法为他提供真正有效的帮助。由于顺从所具有的隐蔽特点，常使人不易发觉对方潜在的阻抗作用。

控制话题，指来访者在会谈中，一味要求咨询师讲自己感兴趣的话题，而回避自己不愿意谈论的话题。来访者这样做，也可以减轻其因谈论不愿谈论的话题而产生的焦虑。此外，控制话题还可以强化来访者在心理咨询过程中的自尊和地位。

最终暴露，指来访者故意在咨询会谈的最后时刻才讲出某些重要事情，以使咨询师感到措手不及，借以表达他对心理咨询的某种抵抗或击败咨询师的企图。另一方面，要注意将阻抗性的最终暴露区别于犹豫性的最终暴露，不能简单地将最终暴露都视作阻抗的表现。

（四）咨询关系上的阻抗

咨询关系上的阻抗，指来访者通过故意破坏心理咨询的一般安排与规定来实现其自我防御的目的。其中最突出的表现有不认真履行心理咨询的安排、诱惑咨询师以及请客送礼等。

不认真履行心理咨询的安排包括不按时赴约，或者借故迟到、早退，不认真完成咨询师安排的作业，不付和延付咨询费等。这些行为均阻碍咨询的顺利进行。迟到是反映阻抗较为可靠的指标，由于迟到，来访者往往要解释迟到的原因和表示歉意，并观察咨询师的态度和反应。咨询师需要帮助来访者认识其迟到的涵义，并进一步了解产生阻抗的原因。有的来访者取消预约，或者在规定的时间不来咨询且事先不通知咨询师，这通常是极为严重的阻抗。不赴约的动机常包括恐惧和怨恨。如果在咨询中期来访者减少来访次数，往往表明来访者此时已处于困境，或由于咨询师的期望过高所致。

诱惑咨询师，指来访者通过引起咨询师注意其言行、装扮来影响咨询的进程，并加强自己在心理咨询中的地位。如有的来访者对咨询师发生兴趣，则会通过自身刻意打扮，或大讲自己的有趣经历来试图引起对方对自己的兴趣。这种密切私人关系的做法，是为了达到控制咨询关系发展的目的。

最后，请客送礼也可以表示来访者的某种自我防御需要和控制心理咨询关系的欲望。

及时发现阻抗并积极、有效地化解阻抗是建立良好咨询关系的关键，也是使咨询取得进展的重要环节。所以，传统的精神分析学说十分重视阻抗对自由联想的影响，并将对此

笔记

的解释和领悟当作精神分析的主要任务之一。虽然在一般的心理咨询中，人们不必那么苛求对于阻抗一词的确切解释，但人们应当对阻抗的性质与表现形式有最基本的认识，以保证正常心理咨询进程不受干扰。

二、阻抗产生的原因

心理动力学理论认为来访者表现出的阻抗现象，最直接的原因是为了避免焦虑、内疚和羞愧这样的痛苦感觉。由于心理咨询的对象主要是轻度心理问题者，故此类来访者的阻抗又表现出不同的特点。心理咨询过程中阻抗的原因归纳起来主要有以下五种。

（一）阻抗来自成长中的痛苦

通过心理咨询，来访者都会产生某种程度上的变化。来访者变化的程度可能不同，但不论其变化大小，成长总要付出代价。来访者会感到有些不适，这是改变旧的行为习惯，建立新行为习惯的伴随反应。来访者初来咨询时，常会这样问：有没有什么药物给我开点？他们希望有一剂灵丹妙药，能使心理问题一了百了，而自己不用付出多少努力就可解决问题。在这种心理支配下，由于对成长带来的心理痛苦没有心理准备，往往容易产生阻力。这时，来访者可能会希望放慢改变的步伐或停止改变旧行为、建立新行为的行动，这将会对心理咨询的进程产生不利影响。

1. 开始新的行为的问题　在咨询中，来访者需要重新考查自己的信念和价值观。很多来访者前来咨询时，没有认识到其心理冲突与问题源于其信念与价值观。另外，改变一个人多年形成的信念和价值观也很不容易，不仅需要咨询师的努力，来访者自身的努力更为重要。建立新的信念与价值观是很艰难的过程，这需要深刻的反省，否定自己过去相信的东西是痛苦的。

来访者可能需要变成一个独立自主的人。有些来访者对家人和其他人过分依赖，总是寻求他人对自己的承认和接纳，寻求他人的建议和忠告。他们总是听凭别人安排自己的生活、学习、工作中的事情，而自己没有应有的主见。当他们诉说别人让他们做这做那，而咨询师询问其自己想做什么时，他们可能会很吃惊。他们会非常想改变自己，但当脱离他人，自己独立向前迈步时，又必然会感到紧张或焦虑。

来访者可能需要承认自己存在的误区。有些来访者可能非常愿意相信自己对自己编排的那些话语，尽管事实并非如此，但他们却相信自己就是那样想、那样做的。比如一个妇女说她很爱她的丈夫，但在咨询中，却发现她对他的情感和行为其实很矛盾。这种发现可能会使她感到痛苦、内疚，而且这痛苦还来自她需要在领悟的基础上对此作出改变。

2. 理解或消除旧有的行为问题　很多情况下，人们在出现情感困扰和行为问题时不是极力排解而是任其存在。这可能是由于问题终结由此带来的好处不再，这通常被认为是一种间接继发性获益的阻抗，这种获益是由于来访者视自己为心理无能而自然产生的。继发性获益之所以能够出现，在于大众认为那些遭受痛苦折磨的人表现出古怪的、自我放纵的、他人难以忍受的行为是值得同情和能够接受的。来访者可能必须停止那些他很喜欢的行为，例如沉溺于饮酒，自己怜悯自己、操纵他人、退缩行为、无所事事地浪费时间等。这些旧有行为日积月累，而且可能还给他们带来过快乐，抑制这些行为所带来的痛苦常使来访者为之却步。

来访者可能需要真诚地面对自己的现实。有些来访者在咨询过程中，把自己的行为与情感过分夸大，以博得他人的好感和同情，他们自称很勇敢而情况并非如此；他们自称与他人有良好的关系其实不然，他们声称有多么高兴和幸福，但实际上是一种过分的渲染。他们可能夸大自己的痛苦，言过其实地诉说不幸、抑郁和无望。咨询中要使他们面对现实，改变这种引人注意的方式也是很困难的事情。

笔记

来访者可能需要面对一种痛苦的抉择。在有些情况下，来访者与他人的关系发展出现对他不利的情况，可能这种关系对来访者来说很重要，但不结束这种关系，发展下去可能更糟。此时，来访者面临着一种艰难的抉择，比如来访者在与异性、配偶之间或亲友之间的关系上就可能遇到此类情况。结束某种关系虽然可以解决当前的重要问题，但也意味着失去很多可能得到的东西，此时来访者内心矛盾的激烈程度是可想而知的。

（二）阻抗来自功能性的行为失调

功能性的行为失调最初是偶然发生的，后因其满足了来访者的某方面需要而保留并固定下来。来访者一方面为失调的行为感到焦虑，另一方面求助的积极性却不高。这种情况对咨询的阻碍很大，除非咨询师能使来访者相信，改变失调的行为可以使其焦虑降低；并同时设法使来访者在这种形式寻求满足的方面也有所改进，才可能帮助来访者克服阻抗。

1. 阻抗的产生源于失调的行为填补了某些心里空虚的空白，即来访者从中有获益。例如一个大学生，为自己所患的神经症症状感到苦恼，但是咨询时却一直强调自己的痛苦，回避实质性问题。其原因是，他的症状一旦去除，就必须面临学习上的竞争压力，而他自感无力在竞争中取胜，得病可以使他逃避这一现实。其内心的想法也许是：不是我不如别人，而是我现在有病，我要是没有病，肯定不比任何人差。

2. 阻抗的产生源于来访者企图以失调的行为来掩盖更深一层的心理矛盾和冲突。例如，有些被称为酒鬼的人，其酗酒行为只是表面现象，实际是为了掩盖其解决不了的心理矛盾，如工作上的失败、婚姻中的不幸、对以往行为的内疚和悔恨等。如果咨询仅仅从表面入手，未能触及根本问题，咨询必然会遇到某种程度上的抗拒。

（三）阻抗来自对咨询师的移情

移情在心理咨询中是一种相当重要的现象。在心理咨询的过程中，所有的来访者都会把对自己生活中重要人物的态度置换到咨询师身上，经历对咨询师各种各样的积极和消极情感。心理咨询促发来访者对咨询师产生积极或消极情感，有利于我们理解移情产生阻抗的过程。在咨询中，来访者最初对咨询师的钦佩慢慢发展成理想化移情，同时渴望和咨询师有超越咨询设置的关系。如：咨询师如果是我的父母、爱人或朋友，那多好啊！随着时间的流逝，如果咨询师没有以和善的方式回应此种情感，那么来访者就会有失望和挫折感，对咨询师的积极情感被消极情感替代。对所有来访者而言，积极和消极情感都会干扰心理咨询中的交流，因而是一种阻抗。

在积极情感发生时，来访者过分在意咨询师的看法干扰了交流进行。当来访者不重视咨询师怎么考虑他们时，他们能够更直率地讲述自己的事情；而当来访者想象咨询师会对自己形成什么印象时，就越不能自发地表达这些内容。积极情感会歪曲来访者传达信息，首先，这些积极情感使来访者倾向于过滤自己说话的内容，对那些可能有损自己良好形象的内容缄默不语；其次，在积极情感驱动下，来访者在讲述时，容易添油加醋，追求的不是表达的准确，而是希望引起治疗师的兴趣和对自己的认同。在消极情感发生时，来访者对咨询的进展变得冷漠和沮丧，甚至不大愿意继续进行咨询。这种状况如果继续发展下去，来访者可能变得非常生气，并采取一些缺席、迟到、拒绝谈话等方式来惩罚咨询师表达他们的愤怒。消极情感不仅将来访者的注意力从当前需要帮助的问题上移开，也干扰了来访者清晰地谈论自己。总之，在移情影响下，来访者不再追求咨询的初定目标，而是更加热衷于赞扬或惩罚自己的咨询师，并且还感到焦虑不安，构成了对咨询的阻抗。

（四）阻抗来自对抗咨询或咨询师的心理动机

1. **阻抗来自来访者只是想得到咨询师某种赞同意见的动机**　有些人前来咨询，只是为了得到所谓专家的肯定和支持，并不是为了帮助自己改变。如一个面临高考的学生由于压力太大，不想参加高考，与家人的要求和目标发生了冲突。当被家人带来咨询时，他不愿分析其逃避行为和适应障碍，而是声称要按自己的爱好找出路，并期望通过得到咨询师的支持来渡过困境。一个闹离婚的丈夫被妻子带来咨询时，其意向不是怎样与咨询师合作解决婚姻中的问题，而是强调他们的婚姻问题难以解决，妻子的缺陷不可救药，试图说服咨询师支持自己的决定。此时，咨询师若试图讨论丈夫的问题和应该作出怎样的努力，往往遇到难以克服的阻力。

2. 来访者想证实自己问题的特殊性，连咨询师也无能为力　有的来访者前来咨询不是为了解决问题，而是为了向咨询师证明自己不是一般的人，他的问题、症状和想法都很特殊。如果他发现咨询师也拿他毫无办法，内心会得到一定的满足。例如某些有自恋性人格障碍或癔症性人格者，通过与咨询师交谈来证明自己是正确的，只能这样生活，不是我有病而是我不是一般的人。另有的来访者由于反复求医，也没能解决心理问题，有的咨询师认为他"没治了"，由此产生了不想再做任何尝试了的心理。当咨询师建议他进行咨询或治疗时，他们会说没办法了，努力是徒劳的，或许某种可能性对别人还是有的，对自己却不行，道理都清楚了，但问题还是解决不了。遇到这类前来咨询的人，往往难以取得好的咨询效果。

3. 来访者并无发自内心的求助动机　有的人前来咨询并非是出于自己的意愿，而是家人、同事、老师等认为他有问题，应去做心理咨询。来访者虽表面同意来咨询，但觉得这是在完成别人的任务，内心往往有很强的抵触情绪。这样的情形常令咨询停留在形式上徘徊不前。对于这种缺乏咨询动机的人，咨询师一开始不必强力说服来访者转变态度，而是可以站在来访者的角度，以理解同情的态度跟在来访者后面听他想说什么，促进其建立咨询动机，待咨询关系牢固后，再谈论来访者自身是否有困难或问题。如果这种努力失败，咨询师可同意对方停止咨询的要求，但要告诉对方，心理咨询的大门仍然是敞开的，如有需要随时可来。

4. 阻抗来自咨询师的局限　心理咨询是来访者与咨询师双方共同协作推动的，源于咨询师方面的技术问题和心理问题也可能成为妨碍心理咨询的消极因素。咨询师无效和不敏感的行为也有可能加强来访者对咨询的阻抗。如果咨询师过早地促进来访者的行为改变，或是对来访者的不一致频繁、草率地进行对质，或是不能理解来访者的情绪及整体境况，那么，即使来访者起初没有阻抗，咨询师的这些行为也可能引发阻抗。现在，很多学者和研究者不再将阻抗完全看作是来访者的人格或个人生活史造成的，他们认为来访者对咨询的抗拒有可能是情境性的，是咨询师在咨询过程中不恰当的咨询行为而产生的结果。如果咨询师粗心大意、主观武断或技术不够娴熟，都有可能引起来访者的阻抗。也有人主张，来访者对咨询的阻抗与咨询师咨询技术不够娴熟或咨询行为的不恰当没有必然的因果关系，相反，它是咨询过程本身的一个普遍结果。除此之外，咨询师难以接受来访者的人格特点；来访者的问题过于复杂使咨询师无力应付；咨询师本身的心理冲突和痛苦可能被来访者的问题所诱发；咨询师有意无意地回避某些问题；咨询师的反移情没有得到有效的认识和处理所产生的对来访者的情感依恋和攻击倾向，凡此种种都可能变成源于咨询师一方的阻抗，使咨询难以有效的推进。

三、阻抗的处理

（一）咨询师对阻抗有一定的预见性

咨询师应意识到阻抗往往伴随心理咨询的全过程。但也不必把阻抗看得过于严重，似乎咨询会谈中处处有阻力，应该避免把会谈看成一场争夺输赢的斗争。即使咨询师发现有阻抗存在，也不要认为来访者是有意识地给咨询设置障碍。若采取这种态度，可能会影响会谈的气氛和咨访关系。咨询师只要注意了解阻抗产生的原因和表现形式，以便在阻抗真正出现时能及时发现并进行处理。

笔记

咨询师应注意当咨询师遇到个人问题或技术局限，给来访者的某些建议被拒绝的时候，也不能把这些情况都看作是阻抗。求助者可能会抵触改变自身的过程，也可能会抵制有可能对其造成伤害的任何事物。当咨询师心智足够成熟并且技术使用恰当时，一般很少遇到来自来访者意识层的阻抗。因此，咨询师对来访者首先要做到共情、关注与理解，尽可能创造良好的咨询气氛，解除对方的顾虑，使其能开诚布公地谈论自己的问题，会谈的阻力就一定会减少。

（二）准确辨别和分析产生阻抗的原因

准确辨别和分析有助于减少阻抗的产生。来访者最初所谈可能仅仅是表层的问题，咨询师若能及早把握其深层问题，将有助于咨询的顺利进行。有时，来访者的某些人格特征，如攻击性、暴躁、防御心理强、退缩等特点，不仅在平时的人际关系中表现充分，也会反映到会谈中。咨询师对阻抗应该有明确的认识，要用真诚的态度及专业的技能获得对方的信任，排除会谈的阻力。此外，阻抗还常与咨询师个人有关。来访者有时害怕某咨询师、或感到咨询师伤害了他，对咨询师的负性移情等，从而对咨询产生了抵触情绪。在这种情况下，咨询师必须解决引起阻抗的有关问题。对不同情况的阻抗作相应的处理。

（三）以诚恳的态度与来访者对阻抗进行探讨

咨询师一旦确认存在阻抗，可以把这种信息反馈给来访者，让其认识和面对自己的阻抗，但一定要从帮助对方的角度出发，并以诚恳的与对方共同探讨的态度向对方指出。可以这样问："每当我提到你和丈夫的关系时，总是没得到正面回答。你自己是怎么看这件事的？"或者这样说："我发现这两次的家庭作业你都没有做，而且你说根本就做不到。而此前我们讨论做什么作业时，你都表示过愿意做的，这是怎么回事呢？你自己是怎么想的呢？"咨询师进行信息反馈时要把握这样几个要点：首先向对方指出某些地方可能存在着问题，其次是争取得到对方对此一致的看法，确认阻抗的存在，进而了解阻抗产生的原因，以解释阻抗。这样处理阻抗问题，有助于减轻来访者的紧张、焦虑，使之能以合作的态度共同探讨阻抗问题。咨询师应特别注意，在面临着来访者的阻抗时，自己在情绪、态度和认知上不可失控，以免陷入与来访者无谓的争辩和对抗中。

应对阻抗的主要方法是了解阻抗产生的原因，解释阻抗，以便最终化解阻抗。咨询师应该调动来访者的积极性，使之与咨询师一道寻找阻抗的来源，认清阻抗的本质。弗洛伊德认为克服阻抗，解释是重要的武器，要分析阻抗的表现和性质，向来访者说明无意识的阻抗的真实意义，反复进行长期的修通工作。克服阻抗不是一件轻而易举的工作，需要进行反复多次的解释和讨论，直至来访者对此达到真正的领悟为止。

第二节　沉　　默

一、沉默概述

沉默是指当咨询中需要求助者进行自我探索或回答问题时，求助者出现了停止探索与不能回答提问的现象。

沉默表现为来访者拒绝回答咨询师提出的问题或长时间的停顿。出现沉默时，没有经验的咨询师会觉得这是不正常的尴尬状态，实际上，沉默是咨询过程中很常见的情形。需要注意的是要将反省性的沉默与导致咨询停顿的阻抗性的沉默相区别。反省性沉默不需要特别处理，因为此时来访者可能正在思考或回忆，属正常交流的一种特殊形式，是来访者领悟所需要的停顿。阻抗性的沉默则需要予以重视。阻抗性的沉默常常反映了来访者对心理咨询主动的、强烈的对抗或抵触心态。来访者像是躲在堡垒中，抗拒咨询师的引导并对咨询师展开进攻。这种情形可能反映了咨询关系的障碍，咨询师没有顾及来访者的心态和特点，缺乏共情，过于冒进或急于求成，太多的主动表达引起了来访者的反感或羞怯。也可能这种交谈情景正在重复来访者在日常生活中与家庭成员交流时困难的场面。如父母滔滔不绝，孩子被动违拗。

咨询师要注意加强与来访者的共情，理解其沉默的原因，并采取针对性的解决办法。沉默不能只看成是咨询过程中的难题。弄清患者沉默的具体原因和类型可以为咨询的进展找到线索。有时，沉默的感觉来自咨询师的主观感受，来访者可能对咨询师形成了一种压迫感。来访者对咨询师的压迫感可能来自于咨询师的自我形象（如体形、容貌、地位等），或者由于来访者的问题较为棘手、耗时较长，或者由于咨询师本身就存在不安、压抑的情绪。这类情形容易让咨询师夸大来访者的沉默，并变得比较敏感。当然，大部分的沉默是由来访者引起来的，其沉默的行为表现多种多样，沉默所传递出的信息内容也各不相同。一般可将其划分为如下类型：

1. **怀疑型**　这类来访者往往会表现出不安的神情，用疑虑、探索的眼光打量咨询师。

2. **茫然型**　来访者的目光常是游移不定的，含有询问的意味。

3. **情绪型**　在行为表现上，来访者可能会回避咨询师的眼光接触，低着头，有时手脚不停地乱动。当来访者对咨询师感到愤怒时，也可能用沉默来传达不满。

4. **思考型**　属于反省性的沉默。在动作上，他可能会睁大眼睛、使劲地想，也可能是眯起眼睛、自言自语似的。凝视空间的某一点，往往被认为是这种沉默的标志性行为。

5. **内向型**　有些来访者性格内向，沉默就是他们的习惯交往方式。咨询师如果不能理解来访者的人格特点和内心状态，试图通过不断转变话题，急切地引导和催促，反而使来访者跟不上节奏、无所适从。

6. **反抗型**　来访者用沉默来表明不愿意接受咨询。与沉默伴随着的往往还有怀疑、无所谓、不耐烦甚至充满敌意等。

心理咨询专家卡瓦纳曾将咨询中的沉默分为如下三个类型：

1. **创造性沉默**　它是指来访者对自己的言行、情感进行反思和体验时表现出的沉默。这种沉默往往能够孕育出新的思想观念、情感体验，对来访者的成长颇有价值。

2. **自发性沉默**　亦称中性沉默，它发生在"不知从何说起"的情景中。这种情况在会谈的初始阶段较易出现，来访者把该说的问题说完之后，就不知下一步该说什么了。不知道什么是有关的，什么是无关的，什么重要，什么不重要，什么是咨询师想知道的，什么是咨询师不想知道的。

3. **冲突性沉默**　它是指来访者由于愤怒、恐惧以及内疚感等负性情绪所引起的沉默。它的出现既可能是刚才所谈的内容触到了来访者的内心痛处，也可能是来访者预感到将要谈到的话题对他来说具有一定的危险性，也有可能是来访者用沉默来表达对咨询师的不满和愤怒。

综上所述，沉默反映着多种复杂的情况，需要咨询师谨慎辨别原因并区别对待。沉默可能和来访者的年龄有关，一般年龄越小，似乎越容易出现这种情况；处于哀伤和抑郁状态的人容易出现沉默；个性违拗、偏执或者意识恍惚，有精神病症状的人难以顺畅地交流，可表现为长时间沉默。沉默行为的出现将使咨询暂时停滞，会导致咨询气氛的尴尬、压抑和紧张不安。对此，咨询师最重要的是建立良好的咨询关系，同时注意提高会谈的技巧，就可以减少沉默现象的发生。

二、沉默的原因

来访者沉默的原因多种多样，总结起来主要有以下几点：

1. 来访者还不能完全信任咨询师时，就不把某些信息说出来或者持犹豫不决的态度。

2. 有些来访者不知道说什么好，不知道什么是咨询师希望知道的，什么是重要的叙述内容；有时则是来访者搞不清自己到底是什么问题，故也无法表达或表达不清；或者想表达的东西太多，不知从何说起，而一时陷入沉默。

3. 来访者可能是由于谈到某些事情时特别容易激起不快的、难以控制的情绪，如愤怒、恐惧、羞愧等。此时，来访者用沉默来避免涉及某些内容，沉默表达了这样一种信息："我不愿谈这个话题"。

4. 有时来访者正在反复体会咨询师说的话，并似有所悟。或者他正在回忆某一件对咨询有重要意义的往事。也可能他正在体验某种情绪、感情，即来访者此时的沉默是由于他处于一种积极的自我探索中。

5. 有些性格内向的来访者不习惯于在人前流露内心活动，不善言谈，沉默是其与他人交往的经常性方式。或许在他来访之前，已反复考虑过应怎么讲，可一到咨询现场，就讲不出来，此时来访者往往处于无意识的防御状态，脑子一片空白。

6. 来访者不想交谈，不愿意接受咨询，故用沉默来表明自己的态度。

三、沉默的处理

尽管沉默有各种各样的表现形式，但来访者在会谈中出现的沉默现象能给咨询师提供有关其内心状态的重要线索，有经验的咨询师很善于捕捉某些线索，准确理解其中的意义，并加以妥善处理。

首先，咨询师在来访者出现沉默时，要保持镇静，因为自己的急躁不安会加强沉默时的紧张，甚或对立的气氛，亦会降低咨询师在来访者心目中的形象。反过来咨询师坦然、镇静的姿态，会给来访者带来可信赖、有力量的感觉。

如果来访者的沉默是由于思考和反省引起的，咨询师要耐心等待，此时无声胜有声，交谈的停顿反而促进着内部的变化。与此同时用微笑、目光接触、微微点头等方式表示自己的关注、理解和鼓励。不宜急于打破此时的状态。若沉默时间过长，咨询师可以关切地询问，协助其思考。

反省性的沉默也反映了某些来访者的交谈习惯和性格特点。如果咨询师发现来访者吞吞吐吐、欲言又止、犹豫不决时，应给予鼓励和必要的保证。如："你不必担心。""你放心，我们会给你保密的，保密是我们的原则。""你不必怕，有什么尽量讲出来，我们可以一起分析和商量"。有时或许需要再三的保证，有时也可以暂时搁一下。这种情况一般发生在面谈开始，或所谈问题在来访者看来很严重、内心很矛盾时。

当来访者以沉默表示气愤、对抗时，咨询师要及时发现，寻找原因，采取鼓励表达或宣泄的方针；若是由于自己的不当言语引起的，应主动道歉；若有可能是误会，则应予以解释，以消除误会；如果来访者把咨询师当作他以前生活中某个重要人物，就会不知不觉中把当时的那种情绪转移到咨询师身上，咨询师应注意分辨，妥善利用移情来了解来访者。

因人格因素导致的沉默，咨询师应以极大的热情和耐心加以引导，多用倾听技术，多做鼓励性反应，善于领会他已说的和想说的。切不可急躁、不耐烦，否则，来访者可能会更退缩、更沉默。

若沉默是由于来访者本人不愿咨询引起的，那么咨询师的处理就更应注意方式方法。咨询师此时要有足够的耐心去等待，不可强求，让来访者按其自己的意愿、方向交谈。也可以变换成不太敏感或对方有兴趣的话题。若咨询师工作经验丰富、态度诚恳、方法得当、善于理解来访者的心情，来访者的抗拒心态还是会慢慢化解的。

在心理咨询中，沉默本身就是一种重要的交流，而且，它同样可以被咨询师所理解和处

笔记

理。是否善于运用和处理沉默是一个咨询师能力高低的体现。不过,对于不少经验不足的新手而言,遇到心理咨询中的沉默往往觉得手足无措,总是要想方设法没话找话,以免"冷场",认为"冷场"说明自己无力控制局面。其实这是一种错误的观念。

第三节 移 情

一、移情概述

移情(transference)是一种常见的现象,是指人有一种重复的倾向,就是将他早年对重要他人的情感、态度、感觉、冲动与欲望无意识地重现在当前的人际关系之中。移情是心理动力学治疗的重要概念。在心理咨询过程中,不论是否使用心理动力学的理论和技术去帮助来访者,移情始终存在于来访者和咨询师之间。因此,熟悉并且了解移情的现象和处理是心理咨询师的必备技能。

移情使来访者早期被压抑的情结显露出"原貌",此时来访者表现的似乎忘记了前来咨询的目的,而是将幻想、冲动和注意力投向了咨询师。虽然来访者似乎摆脱了对原来的重要人物和事件的回忆,但却陷入新的不现实的情景中。这种移情状态,实际上是来访者把对父母以及对过去生活中某个重要人物的情感态度和属性转移到咨询师身上,并对咨询师作出反应的结果。其表现为来访者对咨询师产生了在类型、性质和强度上与实际情况不相称的反应,有的对咨询师产生过分依恋、钦佩甚至和性有关联的冲动,有的对咨询师表现出过度失望、不满、愤恨、攻击等强烈的情感。移情状态下,咨询师成为了来访者某种情绪体验的替代对象。移情被识别的程度以及咨询师如何反应,决定着移情是否对咨询有帮助。借助对来访者移情的认识和解释,可以探索来访者心理问题的早期根源并观察过去经历在当前重现的方式,以促进来访者领悟。

弗洛伊德最早阐明了移情现象。最初,他把移情看作分析过程中的障碍,认为移情在很大程度上影响来访者做出的承诺;后来,他又把移情看作分析过程中不可缺少的工具,移情可以明确提供有关来访者过去和现在人际关系方面的线索。一百多年来,人们对移情现象做了大量探索。现在看来,移情一直就是人际交往中的一部分,只不过是弗洛伊德重新命名并探索了这个现象,并使之逐渐成为心理咨询的一个专用术语。移情通常有两种不同的类型:

1. **正移情(positive transference)** 来访者把咨询师当作以往生活中某个重要的人物,逐渐对咨询师产生了浓厚的兴趣和强烈的感情,表现出过分友好、敬仰、爱慕,甚至对异性咨询师表现出性爱的成分,对咨询师过分依恋、顺从。虽然病情可能有所好转,但来诊的次数却越来越频繁,特别是生活中的大小事情都要咨询师给他出主意,表现出无限信任,甚至关心咨询师的衣食住行和家庭生活。

2. **负移情(negative transference)** 来访者把咨询师视为过去经历中某个给他带来挫折、不快、痛苦或压抑情绪的对象,在咨询情境中,原有的情绪转移到了咨询师身上,从而在行动上表现出不满、拒绝、敌对、被动、抵抗或不配合等。

每一个移情反应都包含来访者不同程度地对咨询师的积极和消极情感。无论是正移情还是负移情,都是来访者对咨询师的态度的体现,伴随对现实的曲解并产生阻抗。因此,从这个角度来看,所有的移情在本质上都是消极的。但是,如果从通过移情分析理解来访者的角度来看,移情又是促进咨询的积极因素。

移情还分直接表达和间接表达两种形式。前者是来访者真实地向咨询师表达自己的体验:"我与你聊天感到特别愉快和难忘,你使我想起了我的……"后者则是通过象征性的人、

笔记

149

事、物间接地表达自己的感受："你这里太暖和了""到你这里的路太难走了"。当然，咨询师要学会区别这些话语是否真能反映移情存在。来访者表达自己的感情并非都是移情，只有当来访者把自己以前的情感反应转移到咨询师身上，把咨询师作为过去情感对象的替代，对咨询师抱有超出咨询关系的幻想和情感时，才是移情的表现。

二、移情的原因

咨询关系中的移情受来访者对咨询师角色，以及来访者对其生命中其他人的态度所影响的。

1. **来访者因素**　在婴幼儿时期，人们深受父母、老师等其他重要人物的强烈影响，在学习中逐渐发展出自己的人际交往的模式。安德森与贝克（Anderson & Beck）认为，这种早年习得的模式之所以影响当前的行为，是因为它们被储存在记忆之中，而后会被激活并应用到其他人际关系之中。在咨询中，来访者把生命中对重要人物的思想、情感和冲动移置到咨询师身上。多数情况下，再现的是来访者和父母的关系。

2. **咨询关系**　咨询室的环境设置，咨询师个人的外貌、行为举止以及性格等个人特点，使得来访者回忆起过去的生活经历，把对过去某个重要人物的情感态度转移到了咨询师身上。来访者对咨询师的积极或消极态度可能会包含现实关系和移情关系。大多数的来访者，都是在获得一定的咨询师能力信息之后，才会前去接受心理咨询，所以咨询开始的前提是来访者对咨询师积极的现实态度。随着来访者对咨询师的了解，开始产生正移情，与现实积极感情并存。一段时间之后，负移情因为咨询的非交互性质而产生。在理想化移情的基础上，来访者幻想被咨询师所爱或钦佩，并发展出更广泛和深入的个人关系。但随着时间的推移，咨询师并没有相应表达，仍然维持咨询关系，来访者就会感到被伤害，同时对咨询师的看法发生变化，认为咨询师无情、冷漠、不体谅他人等。

三、移情的处理

认识和阐释移情在精神分析取向的咨询中是很重要的。一般性心理咨询虽然主要处理有轻度心理问题的人，但对某些症状合适的来访者还是应该尝试通过对移情的分析和解释，使来访者对自己的表现有更深层次的领悟，从而推动咨询的进展取得更大的效果。下面的一个心理咨询案例的片段可显示如何发现和阐释移情现象。来访者是一个 19 岁的男大学生，患有多种焦虑和躯体化症状。这是第 25 次咨询的片段：

来访者：今天早上有种不想起床的感觉。

咨询师：那是什么感觉呢？

来访者：有一种想逃避的意味。

咨询师：逃避？

来访者：有一种压力，能少来一次就少来一次，怕多花了钱。

咨询师：这种态度和谁一样？

来访者：我的父母就是这样的。

咨询师：你对我是什么感觉？

来访者：感觉到你对我有信心，而我好像对你没有信心。

咨询师：好像你来做咨询是让我满意一样。

来访者：这是不是我还没有长大，为的是让父母说自己好。

咨询师：好像你以前表现的像个好孩子，而我又接受了这个。咱俩一直努力保持着这样一个游戏一样。

来访者：一旦不能保持这个游戏状态，就感到很压抑，被人看不起的感觉我爸爸和我妹妹就是很好的关系，我和父亲有种说不清楚的感觉。我学习好像给爸爸和妈妈学的一样。

……

从这段对话可见，在多次咨询之后，经来访者的暗示，咨询师才发现双方无意中发展出一种貌似合作、实际上颇有压力的交流模式。这似乎是其家庭中父子互动模式的移情性重现，即长期以来他与父亲之间只能在好的一面交流，不能在不一致的方面碰触。同样在咨询过程中，咨询师也被诱导成了一个理想父亲，咨询师认同来访者努力合作以及强装"好患者"的做法，很长时间都没有察觉其强迫自己来咨询以免被咨询师看不起的心态。来访者和咨询师这种无意识的防御性、理想化的操纵，有防止不愉快情绪出来破坏咨询关系的作用。经来访者对咨询效果表现出烦躁和疑虑，咨询师才意识到这种有压力的咨询状态实际上是来访者的一种移情性表现。咨询师在意识到这个问题后，回应他："好像你以前表现的像个好孩子，而我又接受了这个。咱俩一直努力保持着这样一个游戏一样。"这句话就是对这种微妙的移情关系的初步解释。在这个交流中，咨询师与来访者通过将移情情境与唤起的潜意识联想相联系，讨论并理解这个移情方式，从而加深了来访者对自己家庭关系的认识，也消除了咨询的阻力。

精神分析取向的咨询，在阐释移情时要注意：先引导来访者的自我去观察前意识状态中容易接近的心理活动。即引导来访者的注意力投注于自身或内部，使自我的一部分能够观察另一部分。这样来访者就能注意到自己内心的各种感受和联想。在技术上，阐释移情可分为两步：

第一步澄清移情以便为解释作准备。澄清指咨询师尝试向来访者澄清某一种特定心理现象，在这个过程中可能产生了解释，但也可能只看到模糊的事件而不能在理解基础上加以辨认。在澄清和探索来访者的移情状态时要注意：

1. 捕捉来访者的情感和附带着的冲动　可以这样说"你过去在哪里有过这种情感和冲动？""如果让这些念头随着冲动盲目漂流，你觉得会发生什么？"

2. 追溯移情人物的往事和细节　来访者的移情反应虽然对咨询师是不恰当的，但对过去的某个人物却是有原因并适合的。可以明确地问："你过去对谁用这种方式？"注意并不一定马上发现原始客体，但可以发现中间客体和事件。

3. 探究移情幻想　有时候移情的情感对象模糊不清或遥远、无效，可将注意力集中在来访者对咨询师的幻想上。比如可以要求来访者举例说明为什么他说"我怕你发怒"或者"你会看不起我"，或者说"我怎么让你害怕了？你的真正意思似乎是你对我有什么想法，可是说不出口"。

第二步阐释与修通。阐释的目的是使无意识的人物、情感冲突、细节、动机变成有意识的，并能理解和产生改变。这是一个连续的过程，通过阐释咨询师能让来访者超脱出容易理解的那部分，从而对移情状态中的心理活动有更深刻的领悟，产生新的意义和理解。

在对移情的辨认和分析过程中，咨询师必须保持头脑清醒，知道来访者对咨询师是怎么想的，有什么样的感情。因为有时来访者被自己对咨询师的爱、恨等感情所吓倒而不敢暴露，有时却意识不到其强烈的情绪反应是针对咨询师的。此时，咨询师不应被来访者的幻想及感情满足所迷惑，不能浪费宝贵的咨询时机和资源。必要时咨询师也应强调与来访者之间的工作联盟。工作联盟的核心是：来访者与咨询师所形成的"真实的"或非移情的关系。咨询师要善于引导来访者游动于工作联盟与移情的两种状态，一方面强调工作联盟，另一方面适当分析和解释移情，从而推动咨询的进展。

咨询师通过巧妙揭示移情的机制，使其真正理解了感情的来源和原始理由，同时也将他的心理痛苦和形成其人格特点的根源完全暴露于意识中了。通过处理移情，来访者在咨询中得到现实性的、内在结构的转化和整合，以及在咨询结束后来访者形成一种能独立思考、自我治疗的过程。这就是移情的修通（working through）。

总之，来访者对咨询师产生移情是心理咨询中的正常甚至是必要的现象。透过移情，我们可以更好地认识其深层的心理问题，并运用移情来引导对方领悟。比如，可以分析来访者为什么会对自己或自己的言行反感，或者有特殊的好感。"你好像不太喜欢我刚才的……""你能否告诉我为什么你喜欢我？"来访者也许会说，之所以不喜欢是因为咨询师说话的语气像他那个整天唠叨的母亲，咨询师问话的方式像她那刚与自己离婚的丈夫，咄咄逼人，或者咨询师像自己日夜思念的但已离世的亲人，像自己敬爱的老师，像自己暗恋的对象等。来访者有时自己也不知道为什么，但经深入询问，一般多能明白其中的原因。

如果来访者对异性咨询师产生带有性意味的移情，咨询师不必害怕，应当婉转地向对方说明这是咨询过程中经常出现的现象，但这不是现实意义上的爱。咨询师一定不要伤害对方的自尊心，要让来访者知道咨询师明确、坚决的态度，将其引向专业化的咨询关系上来。如果任其发展，不但会干扰正常咨询的进行，还会带来麻烦。至于别有用心地利用来访者的移情满足自己的某种私欲，是一种严重违反心理咨询职业道德的行为。

如果咨询师觉得自己难以处理来访者的移情，可以将这位来访者转介给别的咨询师。

第四节　反　移　情

一、反移情概述

反移情（countertransference）是咨询师对来访者的情感、观念和情绪的反应。

最初，反移情只是指咨询师对来访者的移情，源于咨询师未解决的个人冲突，对心理咨询造成阻碍。咨询师要竭力克服反移情，不使它影响咨询进程。弗洛伊德曾告诫："认识到自己的反移情并予以克服。"反移情通常与咨询师的经历有关。咨询师对待亲密、成就、死亡等问题的态度可能影响到对患者的理解，在咨询中，来访者对咨询师的攻击、贬低、理想化等都可能会激起咨询师的既往生活体验。

现在，反移情被用来指咨询师对来访者的几乎所有的情感反应。这种反应可能妨碍咨询师理解来访者，也有可能促进理解。咨询师可以分析探索这些情感反应的来源，需要辨别这些反应是来自咨询师自己潜意识个人问题的映射，还是咨询师对来访者的言语、行为和幻想中的核心要素的情感反应。

反移情的表现多种多样，卡瓦纳（M.Cavanagh）曾列举了下列具体表现：

1. 迟到或取消已约定的咨询时间，并且准备了一大套有关的理由。

2. 不是认真倾听来访者的谈话，也不是与来访者认真讨论问题，而是只顾自己说，让来访者听。

3. 会谈时走神或打瞌睡。

4. 会谈时不是讨论来访者的问题而是谈论自己的事情。

5. 常常忘记有关来访者的信息。

6. 给来访者提出不可能做到的要求。

7. 突然认为来访者有另一个"特殊问题"，要把来访者介绍给其他咨询师。

8. 拒绝与来访者讨论对方认为是很重要的问题。

9. 以讽刺的口吻对来访者讲话。

10. 与来访者讨论咨询师自己感兴趣的问题，而这种讨论并非有助于来访者问题的解决。

美国著名心理学家辛格儿（Singer）认为，反移情可有三种表现形式：咨询师对来访者的过分热情和关切；咨询师对来访者的过分敌视和厌恶；咨询师对来访者的一般的紧张情绪。在本质上，这些表现形式均表示了咨询师对来访者思想、行为的自我防御。如一位女来访者叙述自己的感情生活，透露曾和许多男性有过性关系，在咨询中流露出对咨询师的性欲望时，道德观念极重的咨询师可能表现出强烈的厌恶并进行指责，致使咨询关系陷入危机。

在心理咨询中重视反移情有重要意义。首先，咨询师意识到反移情能减少将其表现出来的可能；其次，反移情能帮助咨询师诊断、评估和治疗来访者；第三，反移情能帮助咨询师在工作中更了解自己。

二、反移情的原因

（一）来访者因素

反移情来自咨询师对来访者的移情的反应。来访者出于他们自身的愿望和意图，尝试引发咨询师的反应以符合他们意识和潜意识的人际需求。由于此类移情往往击中咨询师的薄弱之处，并细微到不被注意，很难发现其来源。

来自来访者的反移情可分为一致性反移情和互补性反移情。例如，一个来访者先是指责同事，又开始责怪咨询师的不足。"我不想跟你说话，我感觉你很遥远，你不在意我。"咨询师对此感到疏远、被刺伤、不想进行咨询工作。不久后，来访者谈到在家里不被爱和欣赏、经常被批评。长久以来，她行为退缩，与人疏离。咨询师思考来访者可能采取和她母亲类似的批判、疏离的态度来防御她对关注和爱的渴望。了解这些之后，咨询师意识到自己受伤的感受和表现出的退缩正是来访者长久以来受伤体验和应对方式的再现。在上面的案例片段中，咨询师心里唤起的被伤害和退缩行为是一种一致性反移情。一致性反移情是咨询师对来访者情感状态的认同，互补性反移情则是对来访者过去客体（通常是父母）情感状态的认同。如果咨询师抵制痛苦的、被贬低的一致性认同，并采取反应性的批评和敌意还击，那么他显示的就是互补性反移情，咨询师充当了批评性母亲的角色。在这个例子中，反移情可以促进咨询师对来访者的理解。通常，咨询师的反应越强烈或越尴尬，就越可能反映来访者内心隐含的关键冲突。

（二）咨询师因素

和来访者一样，咨询师也是带着他个人内心问题、未解决的冲突、生活的应激事件、咨询方法和技术的缺陷进入心理咨询关系的。这些因素在咨询中起负面影响，除非咨询师愿意有意识、有目的的探究和观察它们。源于咨询师的反移情有很多来源：

1. **人际关系的需求**　咨询师的人际关系的需求、愿望和意图可以导致反移情。如一个咨询师有对亲密和关注的需求，如果他试图从来访者那里获得这些满足，就会导致反移情。咨询师过去的心理问题也可能成为反移情的来源。来访者和咨询师过去经历的某个人相似，可能会唤起咨询师用过去关系中的行为来影响来访者。来访者的行为也可能会唤起咨询师过去对待生活中重要他人的反应模式。

2. **咨询流派的选择**　咨询流派的选择可能反映出咨询师的反移情。如一些咨询师被精神分析吸引，是因为他们寻求一种强烈的、长期的、密切的关系，如果咨询师想对来访者进行长期咨询，而这样的咨询对来访者并没有益处，这可能就是反移情的表现；另外，有些咨询师为避免长期的接触，可能会选择短程治疗方法。

3. **生活事件**　生活事件对咨询师的职业生涯影响很大。如果咨询师没有完全意识到或忽视这部分，咨询可能遇到阻抗。如有婚外情的咨询师会过度认同最近发生过同样事件的来访者，遭遇了丧亲之痛的咨询师在来访者谈论类似事件时情绪难以自控。

4. **来访者唤起**　来访者的心理行为特点也可能唤起咨询师的情感反应。咨询师应该有敏锐的自我觉察能力，辨识此时此地自己的情感反应是否与自己个人问题有关，如果没

笔记

有关系则与来访者投射有关。在这种情况下，咨询师应该利用自己的反移情理解来访者的内心世界。

三、反移情的处理

1. 准确识别反移情　对于咨询师来说，要花费一些时间识别反移情，有时可能在与督导和同行谈论时才意识到反移情的存在。咨询师愿意觉察他在咨询中的反应是处理反移情的关键。自我觉察有助于帮助确认反移情是源于来访者还是咨询师。如咨询师发觉对来访者有极端的愤怒，"这是哪种愤怒""夹杂的其他感情是什么""为什么会这么强烈"。一旦识别并确信反移情的存在，"我个人的问题对形成这种愤怒有多大作用""由来访者引发的愤怒有多大""其他人在这个时候也会如此愤怒吗""这种感觉发生过吗，如果发生过，何时何地，我对谁有过这种感受？"对于这些问题的觉察有助于理解来访者，正确的理解也会推动咨询进程。

2. 决定是否告知来访者反移情　如果反移情来自来访者，这可能是由于来访者的一些人格和行为特征引发的，咨询师须仔细观察来访者的行为，并找出根源，以及如何利用反移情深入咨询。如果反移情来自咨询师，咨询师需要考虑是否和来访者继续咨询，同时求助于督导。如果咨询师不能处理这种反移情，他需要考虑把来访者转介。

（祝亚丽）

笔记

第八章　常见情绪问题的心理咨询

随着工业化、城市化、人口老龄化步伐加快，人们的生活节奏在加快、竞争的压力在增大，由此带来的心理冲击越来越多，因心理调节不当导致的心理卫生问题，尤其是情绪问题时有发生。学习和掌握常见情绪问题的心理咨询技巧对于处理心理应激和预防心理疾病等具有十分积极的意义。本章将主要介绍焦虑、抑郁、恐惧、愤怒四种常见情绪问题的心理咨询。

第一节　概　　述

情绪是指人喜、怒、哀、乐、惧等心理体验，这种体验是人对客观事物是否符合自身需要的态度的一种反映。情绪具有肯定和否定的性质。能满足人的需要的事物会引起人的肯定性质的体验，如快乐、满意等；不能满足人需要的事物会引起人的否定性质的体验，如愤怒、憎恨、哀怨等。

人们的社会生活处处伴随着情绪的变化，有时悲痛欲绝，有时欣喜若狂；有时孤独恐惧，有时兴高采烈；有时焦虑不安，有时舒心愉悦。这些情绪反应会给躯体和心理带来不同的影响，有的情绪可以促进身心健康，而有的情绪则危害身心健康，甚至使人罹患疾病。焦虑、抑郁、恐惧、愤怒等情绪如果持续时间过长，反应程度过强，可能会对生活、工作产生很大的影响。

一、情绪对个体的积极影响

适度的情绪有积极的作用。首先，情绪具有信号作用，在人际交往和生产生活中，这些情绪提示人们对现实状况的某种不良感受，如同信号那样提醒注意并加以消除。例如，恐惧情绪提示人们远离使其感到危险的事物；愤怒情绪可唤起人们对现实的不满及与之抗争。其次，情绪具有动机性作用，可以给人们提供必要的心理动机。例如，焦虑和抑郁情绪提示现实与理想目标存在差距，这使人们的内心形成一定的张力，促使其通过行动去缩短这一差距。这就是为什么一些科学家和思想家在艰辛的研究和理论构建过程中常要经历一段被焦虑或抑郁情绪所困扰的时光，在一定程度上正是因为在研究过程中，其现实与目标的差距形成了持久的心理张力，最终促使他们坚持不懈地完成研究。

二、情绪对个体的负面影响

（一）影响思维和决策

思维是一种比较高级的心理过程，思维方式影响着人们的生活与工作。在人的一生中，会面临很多问题，都需要我们用理智做出决策，加以解决。情绪的变化对人的思维和决策产生重要的影响。如果一个人出现了情绪问题，会影响他的思维方式、思维范围、思维内容，甚至思维的准确度，常常出现极端或偏激的想法，影响人们做出正确的决策。

（二）影响身心健康

情绪对人的身心健康有很大的影响。一方面，影响人的躯体健康。我国自古就有"喜伤心""怒伤肝""思伤脾""忧伤肺""恐伤肾"之说。例如诸葛亮带兵打仗时，利用对方首领王朗脾气暴躁的特点，在阵前痛骂对方，结果令其羞怒交加，坠马而死。另一方面，个体长期受到不良情绪干扰而无法排解，也会影响心理健康，严重的甚至会罹患抑郁症、焦虑症等心理疾病。

（三）影响生活质量

在情绪低落或烦躁时做事效率明显降低，表现为思路阻塞，行动迟缓，本来能做好的事情也会感觉困难重重，无法做好。长期不良的情绪是失败的源泉，是生命的慢性杀手，使人受制于自我设置的某种阴影。如果你想成功，把梦想变成现实，就需要学会摒弃这些可能扼杀你的潜能、摧毁你希望的情绪。

（四）影响人际关系

人际沟通过程中，情绪是一个不可缺少的元素。情绪问题具有很强的影响力。在人与人之间的交往中，愉快的情绪可以增进彼此之间的接纳和理解，不良的情绪则限制彼此之间的认识与了解，影响人们的沟通质量，并且会互相传染，甚至会使人们的关系遭到破坏。

第二节　焦　　虑

一、焦虑的含义

焦虑（anxiety）是对未来的事情感到难以预测与驾驭而紧张不安的一种情绪状态。焦虑有各种不同的分类：

第一种分类把焦虑分成现实性焦虑、神经症性焦虑、道德性焦虑三种，根据精神分析学派观点，外界环境、本我、超我是导致这三种焦虑产生的根源。

第二种分类把焦虑分成特质性焦虑与状态性焦虑两种。特质性焦虑与一个人的性格、气质有很大关系，具有明显的先天性。这类人在任何情况下都比一般人容易紧张焦虑；状态性焦虑是在特定的环境下容易产生的焦虑。

第三种分类把焦虑分成现实性焦虑和病理性焦虑两种。现实性焦虑是正常人常见的。当一个人面临着自认为是未知的、危险的或重要的场景时就可能产生焦虑，如考试前、就业面试前或参加比赛前等。事情过去，焦虑便会消失；病理性焦虑是指无客观对象、无具体内容或观念的提心吊胆，而且无法摆脱。

当一个人长期不能通过调整自己的生活和观念来排除焦虑的体验时，他就有可能已经存在某种心理疾病或精神障碍了。

二、焦虑的表现

焦虑是一种情绪反应，在正常人也可以经常体验到。比如在面临考试、面临棘手的问题时会感到压力、紧张，从而激发个人的内在动力，积极寻求资源，做好准备，应对困难，使问题得以解决。但是如果焦虑的程度和环境不相称，并且焦虑并没有随着客观问题的解决而消失，为此给日常生活、学习和工作带来影响，这样的焦虑就具有了病理性的特点，就需要进行心理干预了。

（一）外部表现

焦虑发生时往往伴有自主神经功能的紊乱，如心悸、出汗、胸闷、呼吸急促、口干、便秘、腹泻、尿频、尿急、皮肤潮红或苍白等症状，有人会出现阳痿、早泄、月经紊乱等表现，这是焦虑的躯体症状表现；有时表现运动性不安和肌肉紧张，如坐立不安、搓手顿足、肢体发抖、全身肉跳，不停来回踱步，无目的的小动作等，严重时肌肉酸痛，这是焦虑的运动症状表现；有时表现为面部表情紧张、舌唇震颤等，这是焦虑的面部表情表现。

（二）内在感受

患者处于一种紧张不安、极端恐惧、害怕、忧虑、惶惶不可终日的内心体验中，客观并没有任何的威胁或危险，患者可能也说不清楚害怕什么，没有具体的对象。凡事总是往坏处着想，总是担心有不好的事情发生。

焦虑严重程度可以通过下列量表评估：汉密尔顿焦虑量表（HAMA），焦虑自评量表（SAS），症状自评量表（SCL-90），还有惊恐相关症状量表（PASS），惊恐障碍严重度量表（PDSS），7项广泛性焦虑障碍量表（GAD-7）等。

三、焦虑的应对方式

在解决焦虑问题的过程中，要经过一系列的步骤，最后使焦虑情绪有所缓解甚至消除。可供选择的方法如下：

（一）放松训练 (relaxation response)

放松训练是来访者通过一定的程式训练，达到在精神上及躯体上放松的一种行为训练方法。焦虑通常伴随着身体的紧张，放松训练可以缓和身体的紧张，同时间接缓解心理的焦虑状态。放松训练可分为肌肉放松和心理放松两种。

肌肉放松是指人为地通过降低肌肉的紧张程度来缓和焦虑水平。在一个安静的房间，最好让来访者躺在舒适的床上，或靠在舒服的沙发上，调整到最舒服的姿势。先做深呼吸20次，眼睛可以闭上，也可以微睁。接下来指导他把全身的肌肉都紧张起来，处于一种最紧张的状态，持续10秒左右的时间，突然放松下来，到一种最舒服的放松状态，体验这种从紧张到放松的感觉。

心理放松是指通过心理刺激使人处于一种放松状态。主要是为焦虑的人设置一个特定的优美环境，通过音乐、情景及屋内设置来改变心情，也可以到大自然中去，通过大自然的美来忘记烦恼，减少焦虑。

放松训练对焦虑情绪有良好的效果，该技术需要咨询师与来访者有充分的沟通和评估为前提，一方面咨询师充分了解来访者的焦虑情况，另一方面使来访者对咨询师有充分的信任。在操作前，咨询师要对在操作过程中可能出现的一些问题给予必要的解释，消除来访者的不安感，并具体要求来访者积极配合。训练在安静舒适的空间中进行，咨询师的引导语要轻柔而舒缓，如有轻松舒缓的背景音乐作为配合，则效果更好。下面是一段渐进式心理放松训练的指导语。

"现在，我将带你进入一个非常美妙互动体验之中。请发挥你最大的想象力积极参与，并且帮助你自己得到你想要的结果。

"现在请慢慢地闭上你的眼睛。想象你全身的肌肉开始放松了……现在，深吸气……深深地呼气……再做一次深吸气……深深地呼气……，每一次的呼吸，想象你呼出的气都是经过你的胸腔出来的。伸展你全身的肌肉并让它们逐渐放松下来。

"现在放松你脸上所有的肌肉……放松你的头皮……放松你的额头……和你的眉毛……放松你的眼皮……放松你的脸颊……放松你的鼻子……放松你的嘴巴……特别

笔记

是你嘴巴附近的肌肉和你的嘴唇都开始放松了……。确定你的牙齿并没有紧闭在一起而是放松的……。放松你的下巴……，上颚、下颚，特别是脸上的肌肉……现在开始放松了。"

"现在放松你的脖子……前面、后面……将这放松的感觉延伸到你的肩膀……。感觉你的肩膀渐渐的放松……摆脱任何有可能在你肩膀上的压力……。然后放松你的手臂……手臂的上部……肘部……往下一直放松到你的手腕和手掌……你的手指头……现在全部的放松。你想象着你的手臂变得很沉重……很放松……很无力……很重……就像洗过的湿衣服一样。但这是非常舒服的感觉。完完全全地放松……"

"接下来让你自己舒畅地呼吸，注意自己的呼吸变得比刚开始还要深和有规律……。感受着你的呼吸……感受着你呼吸的节奏……注意你的胸部扩张和紧缩的感觉……。让你的胸肌完全地放松……一直往下放松到你的胃……感受胃的肌肉开始放松了……摆脱任何有可能在你胃里的压力……能放松是一种很棒的感觉。现在放松你的背部……放松那些在你上背部的肌肉……从你的脊椎骨进入你的下背部……只要放松。现在你的臀部也放松了……特别是你的双腿……放松你的大腿……你的膝盖……你的小腿……放松你的脚掌……就连你的脚趾头都整个放松了……。当你开始进入更深，更放松的阶段，继续让这些肌肉放松……这是一种很轻松愉悦的感觉……完完全全地放松了……"

（二）自信训练 (assertive training)

很多人的焦虑情绪是因为对自己信心不足导致的，让来访者通过一些训练重新树立自信，建立自信心可以缓解焦虑情绪。

1. 角色互换 这种方式适用于人际焦虑的来访者。具体程序：首先，让其了解自己的焦虑表现，并且使他们下定决心要消除这种焦虑情绪。其次，确定来访者的焦虑水平，根据其心理和生理表现确定 0 到 4 的焦虑级别。第三，设置特定的情景，确定相应的角色，然后做如下交往练习：咨询师扮演一个成熟和自信的人，来访者扮演另一个与咨询师互动的角色，咨询师鼓励来访者尽一切努力使自己表现出自信的行为，说出否定词，或向咨询师提出自己的要求等。第四，将两个角色互换一下，做同样的练习。每次练习后作一次总结，提出进一步改进的意见，然后再继续练习。如果这个情景练习很令人满意，那么再更换高一级焦虑的情景做同样的练习，直到满意为止。

2. 强化训练 强化训练主要适用于对人际焦虑的控制，同时对正常人提高自信也有很好的效果。这个方法包括如下几个程序：首先，评定来访者的焦虑等级，确定其焦虑的根源。第二，进行强化激励，目的是让来访者产生改变自己心理状况的强烈动机，并希望其与咨询师达到良好的配合。第三，布置严格的活动作业，要求来访者每天完成类似的活动 5 次左右，并对活动情况作详细的记录。咨询师对每一次都要有评价，并提出进一步改进的措施。训练的时间长短因人而异，一般为一个月左右。

（三）系统脱敏 (systematic desensitization)

系统脱敏是诱导来访者缓慢地暴露在导致焦虑的情境中，并通过心理的放松状态来对抗这种焦虑情绪，从而达到消除焦虑目的的一种治疗方法。一般包括三个步骤：一是列出焦虑的等级层次表。即首先找出使来访者感到焦虑的事件，并用 0～100 之间的分值表示出对每一事件感到焦虑的主观程度，按由弱到强依次排列；二是进行放松训练，以全身肌肉能迅速进入松弛状态为合格（具体方法可参考"放松训练"）；三是进行系统脱敏，进行焦虑反应与肌肉放松技术的结合训练。

系统脱敏过程可分为想象系统脱敏和现实系统脱敏。想象系统脱敏是让来访者处于全身肌肉放松状态下，通过模拟，由咨询师做口头描述，让来访者进行想象，从最低焦虑层次

笔记

开始，想象当时情境，当真正进入情境时能保持放松状态。然后再进入下一个焦虑层次，如此渐进直到通过最后一个焦虑层次。现实脱敏是让来访者直接进入或接触导致焦虑的现实刺激或情境，使之体验焦虑，其他过程同想象系统脱敏过程。

以上是积极解决焦虑情绪的方法。除此之外，还可以使用否定、自我辩护和客观归因等消极解决方法，这些方法虽然也可以起到一定作用，但效果不会持久。

四、案例分析

无缘由的焦虑

小王是一名大学三年级的学生，大学生活很规律，和同学相处很好，学习成绩也不错。近半年以来打算考研究生，自己想更加认真学习，但不知怎么了，总是莫名的担心、不安，这种担心、不安的情绪已经影响到学习了，让他无法专心读书，尤其考试前，他感到更加焦虑，为此前来咨询，希望能缓解"无缘由的焦虑"，找回学习和考试的自信。自述在高三那年曾有过类似经历，当时特别紧张，和现在的表现差不多，结果导致考试不理想。

生活史：小学时在姥姥身边长大，那时候学习成绩不好。父母因为担心他将来考不上大学，初中时便把他接回身边，父母很看重学习，对他的成绩很在意。初一开始成绩非常不好，甚至有不及格的情况，父母非常生气，曾经因为考试不及格被父亲暴打。后来成绩上来了，父母就高兴了。

咨询片段：

……

咨询师：你可以谈一谈你近期的学习状态吗？（建立关系，教授缓解焦虑的方法）

来访者：嗯。我担心学不进去、记不住东西。其实每次学习我都是先复习，然后再预习下节课，但不论复习还是预习的时候都特别紧张，总是觉得无论看几遍都记不住。晚上回宿舍后睡不着，我会反复回想自己看过的内容，但就是什么也回忆不起来。白天惴惴不安的，无心听讲，莫名的紧张。如果老这样下去，怎么考试啊？

咨询师：我想带着这种心态学习会让你更加紧张的（肯定来访者的感受）。

来访者：是啊！我学习的时候大脑总是一片空白的，有时遇到不会的题就更紧张了，我什么时候能放松下来？

咨询师：紧张的情绪会影响你的学习效率，如果能放松下来，会怎样？

来访者：那正是我需要的，我就可以认真学习了。

咨询师：现在，我们进行放松训练，当你学习紧张时，可以尝试一下。

来访者：（坐在沙发上，尽量保持放松……）

咨询师：（咨询师打开舒缓的放松音乐，让来访者闭上双眼，全身放松，然后开始引导来访者进入放松训练——参见前文"放松训练"中的"渐进式心理放松训练指导语"）

（大约半小时后，放松训练结束）

咨询师：现在感觉怎么样？

来访者：嗯，感觉全身轻松了不少，心情也感到很平静。

咨询师：还记得在放松训练开始前我要你深呼吸吗？这个深呼吸是调节紧张焦虑和恐惧情绪的方法，反复练习可以有效放松。如果你在考试时出现紧张焦虑的情绪，不要惊慌失措，做深呼吸，让自己放松下来。

来访者：深呼吸，我记住了。

咨询师：当你放松训练时，你的注意力在哪里？

来访者：在身体的放松上啊！

笔记

咨询师：当你学习时，你的注意力在哪里？

来访者：我在想我是不是记住了这些内容？我总担心我记得不牢，会忘掉。有时候合上书，好像什么也记不起来，我就更紧张了。

咨询师：我们的记忆分为瞬时记忆、短时记忆和长时记忆三种，我们能够比较长的时间记住看过的东西，利用的是我们的长时记忆，这就好比我们的硬盘，里面存储了大量的文件。而我们把这些记忆内容提取出来，这个过程就好像把我们的文件从硬盘提到内存条里一样，你觉得我们有可能把硬盘里全部文件都放在内存条里去吗？

来访者：不能。

咨询师：所以你想通过提取信息的方式来检验你的记忆，当然会觉得你记不住，因为我们的内存条没有硬盘那么大，只能储存很少一部分信息。这就是说你是否记住和你是否能提取信息是两回事。你明白吗？

来访者：（有恍然大悟感）哦，是这样啊！

咨询师：所以你不用担心，只要你是用心复习的，书本上的知识就会储存在你的记忆中，但是你不一定都能提取出来，它需要有些刺激，在你考试的时候，你的注意力高度集中，这种刺激就能激发你的记忆自动被提取出来。所以你要做到就是让自己放松，尽力学习，学到多少大脑就会储存多少，到时候轻松应考就是了。

来访者：我明白了。我其实大可不必去做这种验证，只要我看书了，我就自然记住了，是吗？

咨询师：是的。（注意力训练，目的是让来访者训练自己把注意力放在学习本身上而不是能否记住的结果上）。来访者：（如释重负地松了口气）我觉得我真的放松些了。

咨询师：现在这个样子和考研有关系吗？

来访者：本来我没有多想，现在看来，非常有关系，我真的想一次考过，并且考入理想的专业。

咨询师：这么说，是考研成功的愿望让你现在如此焦虑的？

来访者：是的，如果我不想着考研，就不会这么焦虑。

咨询师：我知道你非常希望考研成功。那我们一起看看可能性有多大？如果以你现在的基础，再加上你放松学习，考研的胜算有多大？

来访者：其实几率挺大的……

咨询师：你过去的升学都是怎样的情况？（探索过去）

来访者：其实我高三那年特别紧张，现在想来和现在差不多，所以考的不理想，这次无论如何我要考研成功。

咨询师：你是说虽然每次的结果都不错，但是你仍然担心。你可以回忆一下，过去哪些经历和这种担心有关？

来访者：我小学时在姥姥身边长大，那时候我的学习成绩不好。爸爸妈妈因为担心我将来考不上大学，于是在初中的时候把我接回他们身边，他们非常在意我的考试成绩。我初一开始成绩非常不好，甚至曾有不及格的情况，他们非常的生气，我还曾经因为考试不及格而被父亲暴打。后来我考试成绩好了，他们就高兴了。大概从那时开始吧，我就特别在意我的考试成绩。

咨询师：嗯，这段经历对你的影响是什么呢？

来访者：我想可能是因为这个原因导致我会这么在意我的考试成绩吧？我考好了就会离看到父母不高兴和挨揍远些。

咨询师：这些是你早年的记忆，那时你小，非常害怕。这种害怕让你保持警觉，以至于你不能放松，越是有目标越不能放松。

来访者：是啊，就是这样的。

咨询师：现在的你和小时候的你有什么不同吗？或者说如果你这次考研不成功，会有怎样的后果呢？

来访者：我现在已经成人了，父母肯定不会再像小时候那样对待我，况且他们觉得我考研究生是锦上添花的事情。其实，考研只是我的一部分，即使考不上，还有其他的选择。

咨询师：是啊，现在的你和过去不同，现在的状况也和过去不同了。

来访者：这回我终于知道怎么回事了，也知道下次再焦虑的时候怎么办了。

……

案例点评：

焦虑看似莫名，其实由特定的状态所引发，正如本案例中，来访者焦虑的背后有个大大的愿望，就是成功考研。

咨询前首先评估来访者的焦虑程度和影响因素。这时咨询师要尽量采用开放式提问技术，并适时给予回应和共情，对其中的优势（如记笔记认真）也给予积极的肯定，这样可以让来访者更愿意跟咨询师袒露心声。由于患者是大学生，焦虑严重影响他的学习，所以我们可以教他一些具体的缓解焦虑的方法，比如放松训练和注意力训练。这样做的目的有三种：一是放松训练等操作可以让来访者迅速体验到从紧张到放松的感觉。二是纠正错误认知，可以让来访者不至于长时间陷在一个旧有的固着模式中，而效果往往源于改变。三是这些做法可以增加来访者对自己的把控感，从而减轻焦虑。随着咨询的深入，发现真正导致来访者情绪问题的，还是来访者早年的生活经历给他带来的创伤体验。于是在潜意识中形成了一种"我必须成功，如果不成功就糟糕至极"的不合理信念。深入的咨询帮助他理解造成自己目前如此焦虑的可能因素，让他区分现在和过去的不同，渐渐从过去经历的恐惧情绪中解放出来，最终缓解焦虑。

第三节　抑　　郁

一、抑郁的含义

抑郁 (depression) 是一种消极的情绪状态，表现为情绪低落、思维迟钝，感到生活无意义、前途无望而闷闷不乐，郁郁寡欢，严重者甚至有自杀观念。抑郁可以分为内源性抑郁和反应性抑郁两类：内源性抑郁是指由躯体内部因素如素质因素等引起的抑郁；反应性抑郁通常是指由外部环境事件所引起的抑郁，如对生活中的不幸事件、工作和学习压力等生活事件反应的结果。

二、抑郁的表现

几乎人人都在一生的某些时间中或多或少的体验过抑郁情绪。但大部分随着时间的流逝，慢慢从抑郁情绪中走出，重新步入正常生活的轨迹。如果抑郁情绪持续超过 2 周，影响学习、工作和生活，就需要专业的精神科就诊和心理干预了。

（一）外部表现

人在抑郁的时候往往会出现躯体症状，比如睡眠紊乱，表现为入睡困难、早醒、睡眠浅，也有个别人表现嗜睡；食欲紊乱，表现为食欲下降和体重减轻；性功能紊乱、精力下降、疲乏无力；有时是躯体不适症状，比如头痛、心慌气短、胃肠功能紊乱、尿频、尿急等。面部表情多表现愁眉苦脸、双眉紧蹙、心事重重、不愿理人。动作行为表现迟缓、少动，经常卧床不起。

笔记

（二）内在感受

抑郁时，个体也会出现内在的心理体验，如心情差、缺乏高兴的体验、自我评价低、对未来悲观、感到没有前途、没有希望，内心感到无用、无助和无望，严重时自责、自罪和自杀。

抑郁严重程度可以通过下列量表评估：汉密尔顿抑郁量表（HAMD）；蒙哥马利抑郁量表（MADRS）；抑郁自评量表（SDS）；贝克抑郁问卷（BDI）；症状自评量表等。

三、抑郁的应对方式

抑郁情绪的产生大多是因为人们内心具有很多冲突和矛盾没有解决，而心理咨询通过咨询师采用专业的理论和技术，给来访者提供了一个宣泄和疏导的渠道，帮助来访者减少甚至消除抑郁情绪。此外，抑郁状态的人自我评价低，信心不足，因此一般性的支持如鼓励、安慰、保证、疏导等对于初期建立治疗关系是十分必要的。

（一）认知方法 (cognitive method)

代表性的是 A. 埃利斯（Albert Ellis，1962 年）提出的合理情绪疗法，对于解决抑郁情绪起很大作用。合理情绪疗法主要包括三个主要步骤：第一，向来访者指出其信念是不合理的，抑郁情绪的产生与其不合理的信念有关；第二，鼓励、启发来访者对不合理信念提出质疑，并与之辩论；第三，放弃不合理信念和思维方式，打破旧的认知结构，建立新认知。经过多次的咨询后，来访者的抑郁情绪会逐渐减轻，进入正常的学习、生活和工作中。

A.T. 贝克（Aaron Beck，1979 年）将矫正认知与矫正行为相结合，提出认知行为治疗理论。认知行为治疗认为：当我们经历一个外部事件时，我们对事件的不同想法会带来不同的情绪和行为策略，有些想法会让我们沉浸在负性情绪中，进而干扰生活，这些想法我们称非理性思维或信念，有些想法可以帮助我们摆脱负性情绪，积极面对，这些想法称为适应性想法或信念。认知行为治疗旨在寻找患者的非理性信念，让其意识到当前困难与抱持非理性观念有关；发展有适应性的思维，教会更有逻辑性和自助性的信念，鼓励他们身体力行，引导产生建设性的行为变化，并且验证这些新信念的有效性。

（二）家庭治疗（family therapy）

对来访者及家属或亲密朋友进行恰当的教育是非常必要的。取得家庭成员的积极配合与支持，为来访者提供一个理解、温暖的环境，协助或帮助来访者进行各种训练，鼓励来访者乐观对待生活，消除抑郁情绪。

（三）放松训练

放松训练可以使处于抑郁状态的人从特定事件和环境中摆脱出来，给自己一个轻松的空间，消除抑郁情绪。

除了采用专业的心理咨询方法和技术外，有抑郁情绪的人，应该从自身做起，努力寻找减少和消除抑郁情绪的方法。

1. **调整心态**　对生活中出现的各种问题正确地对待，用乐观、积极、向上的心态去面对周围的人和事，学会从多个角度来看待问题和解决问题。

2. **积极寻求社会支持**　每个人都处在社会这样一个大环境中，并担任着不同的角色，和不同的人打交道。在这一过程中，我们要和更多的人保持良好的关系，建立深厚的友谊。当我们遇到困难或问题时，可以寻找周围的人和朋友去倾诉，获得更多的建议，社会支持的力量对人的发展是非常重要的。

3. **参加社会活动**　当我们被抑郁情绪纠缠的时候，可以转移自己的注意力，不去过多地关注让我们抑郁的事情，而是参加各种社会活动，如旅游、团队拓展活动等使自己放松下来，变换心情，减少抑郁情绪。

笔记

四、案例分析

受挫的爱情让她心情惆怅

赵女士今年30岁了，事业有成，但还没有自己称心如意的婚姻。目前她正在交往一个男朋友，但这件事让她很不开心。因为她感到自己的男朋友总在忽视她，她感到自己无论采用何种方法，都不能取得对方的回应。她已经开始萌生放弃这段已经维系了一年的恋情，但是又不甘心。多日的内心压抑让她逐渐出现了抑郁情绪。

生活史：早年父亲在外地工作，她和母亲一起生活，从小渴望有个温暖的三口之家，直到初中毕业父亲和母亲才团聚，然而父母经常因为生活琐事吵架，让她左右为难。参加工作后她不愿意回家，一直住集体宿舍，后来自己购房居住。多次恋爱史，每次均因为不满对方的某些特点而分手。

咨询片段：

……

咨询师：你愿意谈一谈男朋友让你不满意的地方吗？

来访者：他出差半个月了，我几乎每天都在给他打电话，发微信，但是给他打电话他经常不接，即便接也是简单的一两句话，发微信也是好久才回。他简直就是在无视我。

（来访者的认知模式：男友不回信息、不接电话的行为是不关心她。通过这件具体的事情，让来访者了解到自己的认知模式，同时进行认知行为治疗的心理教育，让来访者了解认知行为治疗是怎么回事，为引入认知方法做铺垫）。

咨询师：看上去让你气愤的事情是男朋友的行为，其实让你难受的是"他不关心我"这个想法。

来访者：（表情惊愕）

咨询师：你是不是不同意？这只是我的一种猜测，同样，你觉得对方在忽视你，难道不也是你的一种猜测吗？

来访者：是啊，他不回电话，就是不关心我，是谁都会这样想的吧？

咨询师：如果我们换一个想法，比如他不接电话，你在想"他肯定在忙，现在不方便接电话"，你的情绪会怎样？

来访者：就不会那么生气，反而会很平常，等他有时间再联系。

咨询师：是啊，你看同样的事情，想法不同，情绪和相应的行为就不同，是这样的吗？

来访者：好像是。

咨询师：每次出差，他都是怎样的表现？

来访者：他一出差就这样，连个电话都不知道打，信息也很少回，每次都是我给他打电话。他接我电话我能感到他挺高兴的，也告诉我他到哪里了，什么时候回来，让我不用担心。我也能理解，可是这次时间太长了，快一个月了，他还不主动联系我，我就心情沮丧了。

咨询师：听你刚才的描述，好像你的男朋友并不像是忽视你，好像你们电话联络的时候还挺开心的，只是他不主动打电话给你。

来访者：我知道他对我挺好的，但是他就是不爱说话，挺木讷的，连句安慰话都不会说。而且这一次他出差那么久，连个电话都不知道打，微信也很少发。我总觉得，他是不是不喜欢我了。

咨询师：他就是这样的人？还是就对你这样？

来访者：我问过他。他说他也知道这样不好，他原来的女朋友都是因为这个和他分手的，他说他很痛苦，他觉得他心里装着我就行了，并且有时出差很累很忙。重要的是已经打过电话,发了微信,已经联系上了,他觉得就可以了。

咨询师:看来,男朋友关注的是你们是不是沟通过了,而你在意的是他是不是主动打电话。

来访者:是啊!

咨询师:他出差不打电话,你原来的想法是?

来访者:谁知道呢?反正他一不和我联系了,我就觉得他不关心我了。

咨询师:哦,那当你这么想的时候,你的心情是怎样的?

来访者:被忽视了,心情很糟糕,感觉被抛弃了,很孤独。

咨询师:现在你的想法?

来访者:他是个被动的人,我打电话给他,他回应的很好。

咨询师:那当你这么想的时候,你的心情是怎样的?

来访者:那我会觉得多少能理解他一些吧,心情有点不好,但不会那么糟糕,以至于会怀疑要不要分手。

咨询师:是不是可以这样说,当你的男朋友关注你的时候,你的心情就很好,而你的男朋友不那么关注你的时候,你马上就感觉自己被抛弃了,心情就很沮丧。好像你的情绪是由男朋友决定的,是这样吗?

来访者:不全是,其实和我的想法有关,我现在好多了。但是他既然是我的男朋友,不管怎么着也应该关心一下我的感受吧,不能这样被动吧?

咨询师:好像一方面你理解了他,但是另一方面你又希望他不是这样的。

来访者:是啊。

咨询师:你知道他不是不关心你,但你不喜欢他这样对你,你希望他改变一下。这个问题我们下次可以讨论一下。

案例点评:

在人的一生中,有时思想会固着在某一个或一些不合理的信念上,这会使其感到很有挫败感,久而久之无法解决就很容易出现抑郁情绪。所以解除抑郁情绪,首先要打破这些不合理信念,扩展来访者看问题的视角,鼓励其从更积极的态度上去行动。

本案例咨询师采用的是典型的认知行为疗法。例如,对于来访者的男友的"不爱说话"和"一出差就不主动联系来访者"的行为,每个人可以有不同的理解,但来访者则理解为"不关心她",并且固着在这个理解上,这就成了一个不合理信念。

整个咨询过程中,通过倾听和共情的技术,让来访者更多呈现自己和男友互动的模式以及她本人的情绪变化;从中逐渐澄清了她所持有的不合理信念以及由此造成的负面情绪。在咨询过程中,咨询师多次询问来访者"你此时的心情怎么样?""如果你这么想,你有什么感受?"等,此类问题是促进来访者对自我的情绪觉察。这样做的目的是帮助来访者发现其对事件本身的不同信念会带来不同情绪,从而鼓励来访者主动选择让自己的情绪更积极的信念来指导自己的行动,而摆脱抑郁情绪的束缚。

第四节 恐 惧

一、恐惧的含义

恐惧 (fear) 是人类和动物共有的原始情绪之一,比其他任何一种情绪更有感染力。一个旁观者在看到或听到其他处于恐怖状态的人时,即使他的处境中没有任何能引起他恐慌的原因，也常常引起恐慌。

心理学上的恐惧是指人们对某些特定的环境（如广场、密闭的环境和拥挤的公共场所等）、特定的人（如人际交往）、或某一具体的物件、动物等的害怕，当面对这些场景时，表现自主神经功能紊乱的症状。

二、恐惧的表现

毒蛇猛虎，人皆惧之，黑暗、旷野、电闪雷鸣等，也许人人都有害怕和不安全感。但日常人际交往、出入拥挤、人多的场合、乘坐地铁、飞机等交通工具时，却不会如此害怕和恐慌。如果出现了强烈的恐惧，以至于无法正常生活、工作，则需要心理干预了。

（一）外部表现

当面对恐惧场景时，往往表现出自主神经功能紊乱的症状，比如脸红、气促、出汗、胸闷、心悸、震颤，血压变化、无力、甚至晕厥等；面部表情表现为瞳孔放大，嘴巴微张，面部呆滞、僵住或惊讶；身体反应最主要的是回避，一旦脱离恐惧场景后则不再害怕，也恢复正常。

（二）内在感受

当面对恐惧的场景时，内心非常害怕、担心，担心别人对自己评价不好，担心别人不喜欢自己，担心暴露在拥挤的场所中会突发疾病却无人照顾、无法得到及时的救援，严重时有濒死感、失控感。回避后内心随即感到安全和放松，但不敢轻易再次面对恐惧的场景。

恐惧严重程度可以通过下列量表评估：社交恐惧问卷（SPIN）；Liebowitz 社交焦虑量表（LSAS）；症状自评量表等。

三、恐惧的应对方式

如果是单一恐惧或场所恐惧，行为治疗是首选的处理方法。但社交恐惧的处理则是一个较漫长的过程，仅用行为治疗，效果不一定理想，认知的调整和人格的重建是重要环节。

（一）刺激情境重现（stimulus situation reconstruction）

这种方法是以行为主义理论和技术为基础的。让令人恐惧的刺激或情境反复多次地重现，使来访者逐渐适应这种刺激，而不再出现恐惧情绪。例如，有的人对毛毛虫特别恐惧，那么就不断地在他面前呈现，长期的接触可以使他对毛毛虫的恐惧减少甚至消除。

（二）强化法（reinforcement method）

所谓强化是指对某种行为给予肯定、奖励，使该行为巩固和保持或对某种行为给予否定、处罚，使该行为减弱和消退的心理过程。将来访者所恐惧的刺激和情境与他所喜欢的事物相联系，当他逐渐地接触恐惧刺激和情境时，给他喜欢的事物进行强化。这种联系的建立可以帮助来访者克服恐惧情绪。

（三）冲击疗法（flooding）

一种行为主义疗法，就是将来访者突然置于其感到害怕恐惧的刺激情境中，从而达到快速消除恐惧的目的。该方法有些不同于其他方法的程序和要求：第一，向来访者详细介绍该方法的有关情况，签署治疗的知情同意协议书；第二，对来访者进行身体及精神科检查。因为此法是一种较为剧烈的方法，会引起来访者强烈的恐惧情绪及其他心理、生理反应；第三，确定刺激物和场地。刺激物应是来访者最害怕和忌讳的事物，即引发来访者恐惧反应的根源，场地不宜太大，布置应简单，除了刺激物外别无其他。刺激物的摆放应使来访者无论在哪一方面都能感觉到刺激物的存在而无法对之回避。房门原则上要由咨询师把持，控制来访者，使其不能随意夺门而出，并要准备好地西泮、普萘洛尔、肾上腺素等应急药品以备不测。第四，具体实施。实施前，来访者可正常进食、饮水，最好排空大小便，如可能最好同步监测血压和心电。将来访者带入指定位置，迅猛地向来访者呈现刺激物进行冲击。来访者可能会有各种反应，治疗者不予以理睬，持续呈现刺激物，制止来访者的各种回避行为，但如有严重生理反应（休克、呼吸异常等）需立即停止，除此之外，一定要让来访者坚持下去。当来访者对恐惧刺激听而不闻、视而不见时，结束治疗。

通常一次治疗30～60分钟。一般需实施2～4次，1日1次或隔日1次，视效果而定。

（四）精神分析（psychoanalysis）

精神分析理论认为成人的每一种行为都可以在以前特别是童年的经历中寻找到原因。咨询师通过一些咨询技巧与来访者进行交谈，挖掘引起恐惧的原因，让来访者认识并领悟到问题的根源，并用认知方法帮助其建立合理的认识问题的态度和观念。

除此之外，系统脱敏、放松训练、宣泄等方法也可以减少恐惧情绪，一般来讲，如果将几种方法结合起来使用，效果会更好。

四、案例分析

恐惧答辩的研究生

硕士研究生小张前来咨询，称自己对即将面临的答辩感到十分恐惧。他说他从小就有"社交恐惧"，特别害怕与人交往，当众讲话，一旦需要站在台上当众讲话，就会感到脸红心跳，说话吞吞吐吐，上小学时曾经因为被老师叫到台上当众发言，结结巴巴，被同学哄堂大笑，羞愧得逃出教室，自那开始就再也没有参加过类似活动。他把全部精力都投入到学习上，在同学和老师眼中是出了名的"书呆子"。大学成绩优异，顺利考上研究生，并顺利完成全部硕士研究生课程和硕士论文，而论文答辩日期临近，来访者一想到自己即将面临众位专家发问，就恐惧得不得了。

……

咨询师：你想到自己因为社交恐惧的问题而可能会导致答辩失败时你的心情是怎样的？

来访者：我一想到这个会更紧张，更没有信心。我觉得这好像是个魔咒。

咨询师：好的，我将帮助你调整情绪，也许你仍然会感到紧张，但是你能够面对答辩专家当众讲话。达到这样的目标可以吗？

来访者：只要能让我的社交恐惧不影响我的答辩，我就太高兴了。

咨询师：等一下你要听从我的引导，并且按照我的引导仔细体验你内心感受的变化。现在你准备好了吗？

来访者：是的，准备好了。

咨询师：（逐渐播放轻松舒缓的放松音乐）现在，请你慢慢地闭上眼睛，全身放松……再放松……深呼吸，让自己的全身都完全的放松……

咨询师：现在，要求你发挥你最大的想象力，想象你自己正站在答辩现场。我相信你平时经常会因为恐惧而反复假设那个场景对吗？现在，你就来想象那个场景，当你想到了那个场景。你就点点头。

来访者：（过了一会微微地点了点头）

咨询师：很好，从现在开始，没有我的指令，你不可以睁开你的眼睛。现在发挥你最大的想象力，让这个场景在你的脑海中清晰起来——你的答辩即将开始，台下的答辩专家已经落座，你的论文已经在他们面前展开，你在台上站好，他们已经开始准备对你发问了。

（来访者的呼吸开始急促，双手开始紧张地揉搓，身体也开始紧张，有点坐不住了）

咨询师：现在，按照我的要求做深呼吸，深深的吸气……深深的呼气……

（来访者照做了几次）

咨询师：告诉我你刚才的感受。

来访者：非常的恐惧。

咨询师：如果你的恐惧感最强烈时是 10 分，最没有恐惧感的时候是 0 分，刚才那一刻是几分。

来访者：就是 10 分了。

咨询师：也就是说刚才就是你感到最严重的时候了，是吗？

来访者：是的。

咨询师：好的，继续回想着那个场景，想象着你自己真实地置身于答辩的现场，感受你那份恐惧。

来访者：不，我感到很恐惧，我有点想逃避。

咨询师：你因为感到恐惧而想逃避，这很正常。但在这里很安全，我会保护着你，你可以完全地放心。现在，再做深呼吸。深深地吸气……深深地呼气……

（来访者按照咨询师的指令做了几次深呼吸）

咨询师：你做得非常好。现在你感觉怎么样？

来访者：好像好点了，不那么恐惧了。

咨询师：非常好，深呼吸是一个让自己紧张恐惧的心情放松下来的方法。现在请你继续感受着那个场景，你来自己尝试通过深呼吸来调节自己紧张的情绪。当你感到恐惧的时候，就做深呼吸。你明白吗？继续感受着那个场景。

来访者继续感受着答辩现场的情境，咨询师可以从他的身体状态中感受到他的恐惧感，并且看到他通过深呼吸可以调节自己的恐惧情绪。

咨询师：你现在感到恐惧情绪怎么样？

来访者：似乎没有刚才那么严重了。

咨询师：你逃避现场了吗？

来访者：没有，我几次试图逃离，但是您不让我这样做，您让我深呼吸。我做深呼吸后，好像情绪好一些了，我还是尝试继续停留在这个场景中。

咨询师：非常好。如果你的恐惧感最强烈时是 10 分，最没有恐惧感的时候是 0 分，现在这个时候是几分。

来访者：大概是 5、6 分吧。

咨询师：看来有很大的改善。怎么样？社交恐惧似乎也没你想象的那么难克服吧？

来访者：可我还是觉得很紧张。

咨询师：这很正常。你希望面对社交场景一点紧张都没有吗？这太理想了。真实的情况是，任何人都会因为社交而多少有些紧张，但是大家不会因为紧张而逃离社交场合。你可能在早年经历社交失败对你造成了深深的伤害，以至于让你一旦面对社交恐惧的时候就会落荒而逃。这虽然会保护你不再出现恐惧情绪，但却也阻碍了你在这个方面锻炼自己的机会。当你去直面这个让你恐惧的场景时，你会发现其实也不过如此，没什么难的。对不对？

来访者：点了点头。

咨询师：你知道，恐惧情绪提示你在社交方面的能力不足，这需要你通过反复锻炼来不断成长自己，练多了，习惯成自然，你也就不会感到那么恐惧了。现在，我要你勇敢地面对

笔记

167

你即将要面对的答辩，就以此作为一次突破你的社交恐惧的锻炼机会。你有信心吗？

来访者：我现在有些信心了。

咨询师：好的，现在请你跟我默念："我在面对社交场合的时候会有紧张恐惧的情绪。这是我的问题。我允许我现在在这方面做得还不够好，但是我在努力。我相信通过我的努力，我的社交能力会越来越好。"好的，深呼吸，让这个信念随着你的深呼吸深深地扎根在你的身体里。以后，当你答辩或面对其他的社交场合，感到紧张的时候，就通过深呼吸来调节自己的情绪，告诉自己，这是我的问题，我要勇敢地去面对，然后深呼吸。明白吗？

来访者：明白了。

咨询师：好的，现在请慢慢地睁开眼睛，告诉我你现在的感受。

来访者：（深深地吐了一口气）我感到挺平静的，身上好像有力量感了。

咨询结束后，来访者又按照咨询师的要求，每天通过想象社交场景来锻炼自己调节恐惧情绪的能力，并去答辩现场踩点，适应环境并调节情绪。经过处理，来访者顺利地通过了论文答辩，更重要的是，他掌握了调节自己恐惧情绪的能力，并开始找到社交的自信和勇气了。

案例点评：

本案例采用的是在催眠放松状态下刺激情境重现法来消除恐惧。刺激情境重现法有两种操作，一是现场刺激，例如来访者对人多拥挤的密闭环境恐惧，咨询师就直接把来访者带到地铁站这样的场所里去，现场指导，这种方法优点是现场感强，可操作性强，来访者一旦掌握，马上就可以用到现实生活中；缺点是复杂而不易操作，而且万一来访者的恐惧情绪过度，在现场不好处理。二是用催眠的方法，在咨询室里通过咨询师引导来访者想象这个场景进行的，这种操作安全性更高（因为一旦来访者有任何过度恐惧的不适，咨询师可以马上引导来访者退出想象的场景）。但这种方法要求来访者文化素质较高，对自己的社交恐惧有一定的自我觉察，并有一定暗示性（催眠治疗中催眠师往往会对来访者先做一些简单的暗示性测试，以评估来访者是否适用这个技术），咨询师也需要经过专业的催眠治疗培训才可操作。而且该方法的现实感略低，有时来访者在催眠状态下已经可以克服恐惧了，但在现实场景中还可能重新体验到恐惧。所以，咨询师要事先告知来访者这是正常现象，让来访者不至于误以为病情复发。

在处理恐惧情绪前，我们需要和来访者澄清治疗目标，如本案例中咨询师对来访者所说"我将帮助你调整自己的情绪，也许你仍然会感到紧张，但是你能够面对答辩专家当众讲话，达到这样的目标可以吗？"由于恐惧情绪是源于个体的无力抗争感，所以它常常给来访者带来强烈的自卑心理。同时，来访者也会错误地认为只有完全消除恐惧，才能让自己彻底好起来——这种目标如果不加以澄清，往往会抵消治疗效果，治疗不可能让来访者在短期内全部消除恐惧，而是让他降低恐惧的同时学会面对恐惧情绪并继续完成自己的事情。

本案例中仍然采用放松训练，这种技术可以适用于焦虑、恐惧和愤怒等任何一种"爆发性"的情绪，它让来访者的情绪变得"舒缓"和"可操控"，同时作为催眠治疗的引导。在开始前，咨询师首先用"评量法"让来访者给自己的恐惧情绪打分，这不但可以增强来访者对自我情绪的把控感，还能便于后续的效果评价，让来访者更形象地看到这个效果的变化。催眠放松过程中，咨询师让来访者对刺激其产生恐惧的场景重现。并让来访者停留在这个场景中，直面并体验其感受，并通过调节呼吸的方法来消除其恐惧情绪。同时指出来访者的一些不合理要求——如"面对社交一点紧张情绪都没有"。催眠的最后，咨询师给来访者引入一个积极暗示，那个让来访者默念的信念通过深呼吸植入来访者的思维模式中,这样即便来访者不在催眠状态中,也可以通过深呼吸的方法来强化这个积极的信念。

恐惧情绪的消除不但依靠咨询师的操作,也依靠来访者的积极配合,来访者不但需要接受咨询,更需要在咨询结束后按照要求反复练习加以强化,使之形成新的习惯。

第五节　愤　　怒

一、愤怒的含义

愤怒(angry)是指目的性的行为反复受到阻挠而产生的情绪体验。当个体遭遇攻击、羞辱的刺激,感受到愿望受到压抑、行动受挫折、尊严受伤害时都容易表现出愤怒的情绪,有时还伴随着攻击、冲动等不可控制的行为反应。

二、愤怒的表现

当受到不公平对待时,愤怒是首先的情绪反应。工作的失败、受骗、权力被侵犯、恋爱受挫、疾病缠身、秘密被他人发现、劳累过度等都会在一定的心理条件下产生愤怒。愤怒会给人力量和压力,促进对方改变,然而持续处于愤怒中,则会对心身带来负性影响。

(一)外部表现

交感神经兴奋,伴随气促、身体、四肢及声音颤抖等;面部表情表现为咬牙切齿、面红耳赤;动作行为表现为肌肉紧绷、双拳紧握,甚至出现冲动、攻击行为。

(二)内在感受

非常生气,感到被不公平对待,感到被欺负、被冷落、被瞧不起。一腔的怒火,好像必须要发泄出来,否则会把自己燃烧殆尽。

愤怒时伴有各种情绪反应,可以根据情况选用焦虑、抑郁量表评估情绪状态,也可以选用艾森克个性问卷(EPQ)的 N 量表(神经质),评定情绪稳定与否;症状自评量表敌对分因子、偏执分因子也能评估愤怒情绪。

三、愤怒的应对方式

愤怒的处理方法有很多,各种流派均有所长。其中认知的调整仍然是解决问题的关键,包括来访者对自己的认知和对事物的认知。"改观重解"实际上就是一种认知治疗,对缓解愤怒情绪往往有戏剧性效果;而心理分析亦可使人茅塞顿开,获得领悟,因而释然。

(一)放松训练

通过一定的程式训练,达到在精神上及躯体上放松,从而舒缓愤怒的情绪。

(二)系统脱敏

当人们对某一情景或刺激出现愤怒情绪,而这种情景或刺激又无法避免时,我们可以使用系统脱敏的方式来消除这种愤怒情绪。系统脱敏的方法是诱导来访者缓慢地暴露出导致愤怒的情境,并通过心理的放松状态来对抗这种愤怒情绪。具体的程序如下:如果对某情境经常表现出愤怒情绪,我们先给他做肌肉放松训练,经过一段时间的训练,最后使来访者能够达到自我引导放松的状态。然后,用想象的方式进行训练,首先,使身体处于放松状态,在此基础上想象使他愤怒的对象,当他感到紧张和愤怒时,再一次放松自己,最后达到当他想起愤怒对象时,仍比较轻松自然。这样,愤怒情绪便可以消除。

笔记

（三）认知重构 (cognitive restructuring)

错误的、不合理的认知是引起愤怒的重要原因之一。愤怒的人对人对事的看法会发生变化，并且通常倾向用带有主观情绪色彩极明显的词汇来表达内心的愤怒，思维更加夸张，脱离事实。认知的重构是帮助人们改变思维方式，改变对人对事的看法，用合理的、理性的认知和情绪代替不合理的认知和情绪，这样可以有效地控制愤怒情绪。

（四）宣泄法（cathartic method）

用某种方式把来访者的愤怒情绪发泄出来，减轻心理压力，减少甚至消除愤怒情绪。宣泄的方式通常包括能量发泄和心理宣泄两种方式。

1. 能量发泄　能量发泄的主要方法是从事各种活动，最好是人们较感兴趣的体育运动，如游泳、举重、长跑、跳高、跳舞等，也可以从事一些体力劳动，但体力劳动的强度不要过大。从事体育活动这种方式是对待强烈愤怒的安全有效的方式，习惯性形成这样的处理方法，有利于人们度过由于愤怒而出现的危机。

2. 心理宣泄　可以到专门心理咨询机构中的宣泄室宣泄，可以到特定的场所把愤怒发泄到没有生命并且不伤害自己的事物上，也可以用言语表达的方式逐步地表现自己的不满，或通过言语表达的方式一次性地表现自己的愤怒。

（五）改变环境

周围的环境是使我们产生愤怒的重要因素之一。改变环境可以使我们远离与愤怒情绪有关的情景或刺激，当这种情景或刺激有可能引发或已经引发强烈的具有伤害性的愤怒或攻击行为时，将人们从这个情景移开，脱离这个刺激也是一个暂时有效的方法。这样一方面可以平定人们的情绪，另一方面又可以避免一些身体或社会冲突。事实上，如果可以消除环境中引起愤怒的刺激是最理想的方法。

除此之外，还可以通过人际沟通、幽默战术等控制或消除愤怒情绪。

四、案例分析

我不想做"暴君"

33岁的巩先生是一名中学教师。但由于他的坏脾气导致他的人缘极差——他经常会因为一些鸡毛蒜皮的事儿而迁怒于周围的人。每次发起脾气来都会六亲不认，和领导打、和老婆闹、甚至和岳父都会翻脸。暴躁的脾气让他的生活四面楚歌。虽然每次闹完他都后悔不已，可下次还是无法自控。巩先生自己也不明白这个暴躁的脾气究竟是从哪来的？究竟是什么原因让一个善良的人成为"暴君"的呢？

咨询师：你情绪失控能达到怎样的程度？

来访者：比如我在人行道上骑着自行车，如果有一辆汽车贴得我比较近，擦身而过，我就会和他发生冲突。

咨询师：生气时有没有动粗啊？

来访者：有过动手的行为，我曾经把校长室给砸了。

咨询师：能具体描述一下当时是怎么回事吗？

来访者：当时是加班，加完班后有一个庆功会。领导要和我喝酒，我推辞了。后来到厕所，听到那个领导在厕所里和另外一个人在谈话，对我这种行为表示非常不满，说我欠揍。我当时越听越生气，火儿腾地一下就上来了。他走时我就在后面追他。他回到了学校就跟校长汇报这个事情，我过去冲他就一拳。当时很多人拦着我，我顺手从地上捡起个暖瓶就抛过去，摔碎了，他还没有走，我又扔了两个暖瓶，然后电话、杯子、烟灰缸全砸了。最后把校长室里的茶几给摔了。

咨询师：有点像孙悟空大闹天宫的感觉。

来访者：对对对，就是那种感觉。我属于人不犯我，我不犯人的那种人，人若犯我，我必犯人，并且还一定要超过人家犯我的力度，直到别人投降为止。

咨询师：对别人是这样，对家人也这样吗？

来访者：差不多，和我妻子从谈恋爱就开始争吵。

咨询师：你这种状态已经很长时间了，为什么最近才想到来咨询呢？

来访者：我来的一个目的就是想把我的情绪有效地控制住。我觉得这不是一个什么大不了的事，但是它确确实实地影响了我的生活及工作。比如说，我连一个好爸爸都做不成。假设我们在这里谈话，我的孩子在旁边连续喊我三四次，我就要发脾气了。平时孩子向我要东西，如果一看我的脸色不好，他就会说，"爸爸，我不要了，但是你得笑！"

咨询师：孩子用不要钱或不要玩具为条件来换取你笑。作为一个父亲，听到孩子这样的话，确实挺难受。

来访者：（流泪）

咨询师：我非常理解你此刻的心情。我想你的情绪失控给自己做一个好员工、一个好父亲、一个好丈夫都带来了很大的障碍。

来访者：可真到爆发的时候又控制不住。

咨询师：通过刚才我们的谈话，我发现你发火的程度远远超过刺激的程度。没遇上事的时候，肚子里已经有一堆炸药在那儿预备着，随时可能爆炸，遇到的事只不过是一个导火索而已。

来访者：（点头）对。

咨询师：你有没有考虑我们所说的这个炸药包是怎么回事？在你的内心深处，包括过去的岁月里，储存过什么可以称之为炸药的东西吗？

来访者：我从小就生活在一个非常不和睦的家庭里。我的奶奶和我的母亲经常吵架，她俩一吵架就会波及到我们这个小家庭，使得我父亲和我母亲也经常吵架，我认为我的心情，也就是说我这个炸药包是他们一天天给我填起来的。

咨询师：那就是说从记事开始一直是这种生活状态。

来访者：事实上，我最讨厌的是家人对我父亲不公平的对待。父亲生活在一个穷苦的大家庭，作为长子，他必须靠做农活挣工分来维持家庭生活。父亲结婚后，从家里分出来单过，奶奶依然让父亲向家里交钱养活弟弟妹妹，由此奶奶和母亲之间产生了极大的矛盾，就在这种整天争吵不休的生活中，左右为难又无力处理的父亲患上了严重的疾病，在我16岁时就去世了。我总觉得我父亲是被自己的亲人逼死的、气死的，由此我对奶奶产生了无比的仇恨。尤其在父亲去世前一个星期，在和父亲的聊天中，我了解到父亲觉得他这一辈子过得很委屈（声音哽咽、哭泣），在夹缝中生活，还被贫穷压着。我就是不理解，我奶奶为什么没有为她儿子做一些事？为了自己，就可以把自己亲生儿子置于死地吗？

咨询师：你现在还是这么想是吗？还是恨奶奶？

来访者：是。我认为我父亲去世主要的一个原因就是家庭不和睦，生气造成的。平时奶奶和母亲经常吵架，我是母亲的儿子，当然支持母亲；我叔叔是我奶奶的儿子，他向着我奶奶。我现在恨我叔叔，因为我觉得我爸是他的亲哥哥，他却和自己母亲一块儿把我爸爸给整没了。

咨询师：你认为你父亲去世是你叔叔气的结果。

来访者：对，他经常打我母亲，也打我父亲。

咨询师：你叔叔打过你吗？

来访者：追过我一次，但没打着。

咨询师：你恨叔叔到什么程度。

来访者：我现在都想杀了他。

咨询师把来访者带到隔壁的发泄室，这里有沙袋、沙包、枕头等各种情绪宣泄道具。

咨询师：现在，放松自己，拆掉你理性层面上的任何道德和行为准则，只需要把注意力集中到这个沙袋上，想象这个沙袋就是你的"叔叔"，你用你最大的力气来对待它。这里是安全的，我允许你用任何方式对待它。

来访者的愤怒情绪被点燃了，他大叫着冲着沙袋捶打过去。咨询师打开室内的节奏很快的音乐，告诉来访者允许他冲沙袋大声地辱骂，把对叔叔的怒气都发泄出来，不要憋在心里。他开始大声地吼叫，冲沙袋怒吼狂骂，更加愤怒地捶打沙袋，大约过了20分钟，他的速度慢慢地下来了，最后，他停止击打沙袋，一屁股坐在地上……

咨询师：为什么会停下来？

来访者：我感觉累了。

咨询师：那你现在的情绪怎么样呢？

来访者：好像也气不起来了，好像对他没那么多怨气了。

咨询师：那你现在心里舒服些吗？

来访者：嗯，心里舒服多了。（这时他的眼里充满了泪水，开始哭泣起来。）

咨询师：好的，你可以哭出来。把自己的委屈和所受的痛苦也都宣泄出来。

来访者哭了一阵后，感觉自己好多了，最后在咨询师的引导下尝试放松，此时，来访者感到情绪很平静，再想起前面叔叔和自己早年的事情，似乎也没有那么愤怒和委屈了。

案例点评：

愤怒情绪是一种需要对外释放的情绪，在平时，因为我们的超我束缚和社会规范，使得我们不能肆意释放我们的愤怒情绪，所以多数人习惯于将自己早年开始就产生的愤怒情绪一直压抑，但是这种理智层面上的压抑就如同武侠小说中的"金钟罩"一样，总有一个"气门"，即可能诱发情绪爆发的心理弱点，我们形象地称其为"情绪按钮"。在咨询的前半部分，我们需要帮助来访者澄清他的愤怒情绪产生时的状况，分析出他的情绪按钮。在本案例中虽然没有明说，但我们可以看出，来访者的"情绪按钮"就是"感到被人侵犯"。来访者在现实生活中一旦遭遇到这种情景，就会激发起他的愤怒情绪释放，既伤害到无辜的他人，也对自己的人际交往造成严重的影响。

愤怒情绪的最佳处理途径是情绪宣泄。通过情绪宣泄，使得巩先生在不影响其他人的情况下合理释放自己愤怒、委屈的情绪。当然，本次咨询只是其中一部分，如果想切实达到效果，还需要在后续的咨询中配合情绪管理：即让来访者在现实生活中通过某些方法反复多次对自己的情绪做宣泄，就可以逐渐让自己不在外人面前变成一个情绪火药桶了。另一个咨询的方向是运用精神分析的方法分析其情绪按钮背后的动机。每个情绪按钮背后都对应着一个以前生活中的创伤性事件和由此产生的一些不合理信念，例如本案中来访者的"感到被侵犯"就火冒三丈的动机是因为小时被奶奶和叔叔"侵犯"所造成的创伤。而基于这种创伤，他所形成的人生信条就是"人不犯我，我不犯人，人若犯我，我必犯人，并且还一定要超过人家犯我的力度，坚持到底，到别人投降为止"。帮助来访者尝试突破原有的信念，尝试允许他人对自己适度的和无恶意的"侵犯"，从而克服自己的愤怒情绪。也可以通过家庭治疗，帮助来访者呈现其家庭代际关系，让他理解早年家庭中的一些发展变化，从而使其纠正对家庭关系的误读，同样起到纠正认知偏差，树立新的人生信念的作用。

在宣泄过程中，咨询师需要做的是保护来访者的安全，不但是躯体方面的安全，还要保护来访者表露的情绪，无论是何种表现形式，都不能嘲笑和忽视来访者的需求。来访者非常容易被理性道德所束缚而不能肆意释放自己的情绪，所以在情绪宣泄操作之前，咨询师需要提醒来访者觉察自己过强的超我，从而放松自己。

（王绍礼　孙春云）

第九章　婚姻家庭问题的心理咨询

婚姻家庭心理咨询是一种以家庭环境和家庭成员间的互动关系为关注焦点的独特的咨询技术。经过数十年的发展，这项咨询技术正对当代的社会发展和家庭和谐发挥着重要作用。

本章将简要介绍不同心理干预流派对婚姻家庭问题的主要理论观点；婚姻家庭咨询过程中所要用到的主要技术；不同婚姻家庭发展时期的常见心理问题及咨询要点；以及几种有代表性的婚姻家庭问题的咨询要点和案例实操等。

第一节　概　　述

婚姻家庭心理咨询关注于研究和解决发生在家庭成员人际互动中的问题，以达到维护家庭稳定和谐的目的。其咨询方式和所关注的视角也与其他咨询技术有所不同。

一、婚姻家庭心理咨询的内涵

（一）基本概念

婚姻家庭心理咨询是在特定的社会文化背景下，以家庭心理咨询理论为指导，以家庭为服务对象的心理咨询模式。其目的是协助家庭成员了解彼此间人际互动对个人的影响、发现问题、调整不良关系，发挥正常、积极的家庭功能，促进家庭关系的和谐，并有助于每个家庭成员的健康发展。

早期的婚姻家庭心理咨询认为，人们所遇到的所有人际冲突和社会关系问题，都可以在家庭关系中找到基础和缩影。随着咨询技术的不断发展，现代婚姻家庭心理咨询的更强调如下理念：家庭成员的个体发展与家庭成员间的关系之间存在相互作用。

（二）历史发展

现代婚姻家庭心理咨询起源于 20 世纪 40—50 年代在欧美逐渐兴起的婚姻辅导、儿童指导运动和家庭治疗。1942 年，美国婚姻咨询师协会（AAMC、美国婚姻家庭治疗协会的前身）成立。在当时，一方面由于社会变革过程对传统婚姻家庭观念的挑战以及越来越多的人对提升家庭幸福感的需求日益增加；另一方面由于人类认识论发展的重要变化阶段——系统论和控制论对心理咨询领域的重大启发，人们逐渐意识到，个体的心理问题与家庭因素有着密切的关系，且仅仅依靠改变家庭关系，就可以使得家庭中的每个成员都发生变化。正如英国社会学家格里高利·贝特森的"将家庭视作可调控系统"的思想——在他的理论中，精神疾病不再只被看作一种个体的病理现象，还被看作一种关系现象。20 世纪 60—70 年代，诸如内维尔、鲍恩、萨提亚、米纽琴等一大批学者致力于对该领域的研究和实践工作，婚姻家庭心理咨询得到了持续的推广和发展。

改革开放以来，中外文化交流日益增多，国外心理学界的多种流派开始进入我国。20

世纪 80 年代后期,德中心理研究院与中方合作举办了家庭治疗连续培训项目。此后,来自美国、港台等地的家庭干预专家先后到大陆开展培训,传授不同流派的理论和方法,为我国的婚姻家庭心理咨询的开展奠定了广泛而良好的基础。目前,我国婚姻家庭心理咨询已经有了一定的专业规模。

(三)目的和意义

1. 婚姻家庭心理咨询的目的　改革开放以来,我国社会经历了过去数千年所未有过的变革,传统的婚姻家庭观与时下流行的价值体系产生激烈冲突,由此带来的诸多家庭问题已经成为影响人民心理健康的重要因素。在现代社会,婚姻家庭心理咨询的目的主要包括以下三个方面:①协助家庭解决问题;②促使家庭和谐;③促进以夫妻双方为主的家庭成员的心理健康。

2. 中国家庭的传统功能及问题　在中国几千年的历史发展中,家庭的功能和互动方式一直都在变化之中。在古代,家庭单纯作为传宗接代和维持国家统治的工具,家庭成员基本丧失在婚姻中的自由权和平等权,更谈不上享受婚姻生活所带来的愉悦感受。家庭成员之间的互动方式也以儒家思想为基础,呈现重理轻情的特征,家庭各亚系统间界限僵化,家庭关系疏离,夫妻间和亲子间仅奉行着法理层面上的义务,而缺乏情感层面上的互动。这种模式更深远的负面影响还在于对家庭成员缺乏促进成长的作用,特别是在近代社会,反而对家庭成员中的进步思想起到禁锢的作用,这直接导致了中国社会的发展缓慢。在从鸦片战争开始后一百多年的动荡中,大部分中国家庭都经历了政权更迭、国破家亡、天灾人祸的数次沉重打击,很多家庭灾难造成的创伤使得家庭幸存者被迫进一步压抑,以超理智的态度投入到重建家庭的努力中,并将带有创伤的家庭文化向后代传递。

3. 当代中国家庭的主要矛盾　传统文化对于当代的家庭仍然产生着潜移默化的重要影响。例如,当前家庭中普遍存在的性教育难以启齿、恋爱不敢公开化、父母干涉子女婚姻和家庭生活等现象,都打着传统家庭文化的烙印。但随着 80 年代的改革开放,西方自由平等的婚姻价值观逐步进入中国社会,当代家庭也逐渐开始发挥保护家庭成员、促进互动和推动成长等新的功能。近 30 年来,中国基本进入社会稳定、经济腾飞的时代。在这一时期成长起来的个体没有严重的创伤经历,心理基本健康,他们在组建新的家庭时,开始关注婚姻幸福感、婚姻关系的弹性、情感交流能力和性生活质量等,对婚姻生活提出了更高的要求。但是他们无法从父辈那里学到适合当代婚姻需求的相应能力。所以在这一时期,存在传统家庭文化与现代婚姻需求不相称的现象,并且成为当代新生家庭中的主要矛盾。例如性教育匮乏和不健康性行为现象并存;子女反抗父母包办婚姻但却缺乏自由恋爱的能力;个体追求婚姻幸福,但却缺乏经营高质量婚姻的技能,甚至想不到通过学习来提升这种能力,只是片面地强调对方的不足或者家庭现实环境的缺陷;很多家庭成员渴望互动,但却缺乏情感交流的能力,家庭沟通仍然是争辩对错、以理代情,造成夫妻和亲子间的沟通困难。

4. 婚姻家庭心理咨询对于当代家庭的意义　相比欧美家庭,中国的家庭中各成员间的关系更加紧密。尽管随着时代的变迁,家庭的规模正在逐渐变小,形成简单的核心家庭模式。但是传统文化的影响使得夫妻双方的原生家庭与核心家庭之间的关系仍然"藕断丝连"。所以说,婚姻家庭问题的复杂性就在于"关系"的复杂。在当前快节奏的社会生活背景下,家庭成员难有精力在复杂的家庭关系中分析和解决问题,此时,求助专业者的指导不失为一个好方法。

新时代的家庭,亟需科学的婚姻家庭指导,才能发展出多样化、健康化、现代化的家庭模式。而健康的家庭更有助于促进家庭成员的健康成长,也可以缓解家庭成员在为社会服务过程中产生的压力,降低社会发展的负担。由此可见,婚姻家庭心理咨询不仅具有稳定

笔记

家庭、促进家庭成员的心理健康成长的重要作用，更有着推动历史发展，促进社会进步的重大意义。

二、婚姻家庭出现心理问题时的常见表现

1. 婚姻关系失和　婚姻关系失和是婚姻家庭出现心理问题时最早也是最直接表现出来的异常现象。当事人会出现以下一系列的感受：①个体的被爱感、婚姻信任感和家庭安全感下降：当事人感到对方"变心了"，对对方失去信任，甚至开始否定爱情和婚姻的安全属性，认为婚姻都是"不靠谱"的，所谓美好爱情其实都是谎言，因为在现实生活中感到自己已经找不到理想的爱情。同时，也不再感到家庭是生活困境中的避风港，配偶是自己有难处时值得信赖和依靠的人。②家庭成员间的沟通逐渐出现异常：原来彼此信任、坦诚、开放的沟通变成对对方失去沟通欲望和耐心，各自封闭内心，不再与对方交流思想和感受。由于彼此信息交流不畅，导致双方的信任感和对婚姻生活的掌控感进一步下降，最终导致婚姻关系淡化，爱情关系的唯一性和排他性的特征消失。③配偶关系仅成为法律意义上的概念，但在内心的地位已与一般朋友或熟人无甚区别，甚至形同陌路，或彼此反目成仇。如果此时有合适的条件，则可能随时促成以分居或离婚等方式宣告婚姻解体，或者虽然尚未在形式上离婚，但却以婚外情、家庭暴力等所谓"婚姻裂痕"的形式表现出来。有时我们误以为是婚外情、"第三者插足"等导致婚姻解体，但婚外情的产生其实是以婚姻关系失和作为前提条件的。

2. 性爱质量下降　性是爱情的生理基础，也是维系恋爱关系、婚姻关系和家庭关系的重要纽带。虽然在婚姻的不同阶段，性生活的频度和质量会有变化。但是当婚姻家庭出现心理问题时，往往会伴随有性爱质量的迅速下降。主要表现在性生活频度下降甚至消失；过性生活时丧失快感，敷衍了事；对对方的性能力感到不满；性生活的意愿下降；对对方的性器官、性行为方式以及对方对自己的性要求感到不满甚至厌恶等。

3. 家庭成员出现心理健康问题　当婚姻家庭关系出现问题时，往往其中的一个或数个个体的心理健康水平会出现异常，例如频繁甚至持续出现焦虑、抑郁情绪，强迫症状，睡眠障碍，工作质量下降等。严重者甚至以个体严重的精神疾病表现出来。

4. 家庭教育出现问题　对孩子的教育是最重要的家庭任务之一，最需要夫妻彼此间广泛的信息交流和经验讨论，当婚姻关系不和时，家庭教育的效率也会随之下降。因夫妻关系不和导致家庭生活不稳定、家庭暴力、婚外情、分居、离婚、或孩子被迫寄养在祖辈家中等情况，都会对孩子的心理带来严重的创伤，导致其世界观出现扭曲，继而出现学业成绩下降、情绪和心理障碍、品行障碍等异常表现和不良后果。

三、婚姻家庭心理问题的理论分析

婚姻家庭的心理咨询理论，与广义的心理咨询理论基本相同。本章中只是在心理咨询理论指导下介绍在不同理论框架下理解和处理家庭问题的思路。

（一）家庭心理咨询学派对婚姻家庭心理问题的理解

家庭心理咨询无疑是对婚姻家庭问题针对性最强的理论体系。该理论体系始于二战刚刚结束的时期，战争带来的许多家庭问题急需解决，传统的心理治疗已不能满足人们的需要。许多心理学工作者开始探索新的干预理论和方法，家庭和婚姻的研究与干预技术应运而生。家庭心理咨询技术强调家庭关系，即关注家庭成员间的互动模式和家庭对外界的反应方式，这方面存在的问题导致个体呈现并保持症状。也就是说，不是个体有病，而是关系有问题。因此，心理咨询并不直接针对来访者所表现出的症状，而是针对家庭成员间的互动模式和家庭功能进行调整。

1. 家庭系统观——家庭心理咨询学派的核心理念　受到 20 世纪 40 年代现代系统论的出现所带来的思维模式变革的影响，任何家庭心理咨询学派都将家庭系统作为最核心的概念。家庭系统观将个体所处的家庭看成一个系统，从家庭系统的结构和功能出发，在家庭成员的互动中来理解个体的行为意义，进而发掘支持个体改变的系统力量。

家庭作为一个系统，并不是所有成员的简单相加，而是依靠各成员间的互动以及家庭成员行为对整个家庭系统的反作用所组成。家庭成员依据自己在家庭中的辈分、性别和功能与其他成员连接又形成了家庭中的亚系统，使家庭保持一种较为稳固的结构而行使一定功能。由于成员特性和他们之间联系的多样性，一个个体可以同时属于不同的亚系统并有不同的身份，例如一个成员可能分别扮演丈夫、父亲、兄弟等的角色，维系着家庭的功能。家庭系统以个人和亚系统为组成单元，它们需要遵循界限和家庭规则来使家庭功能得以运行。界限是各亚系统间范围的划分，它决定了某个家庭成员属于何种亚系统，并在其中处于何种位置。同时家庭又是一个通过一定的规则进行管理的系统，家庭规则对家庭成员之间互动方式作了规定。家庭成员正是在这些规定下既完成了个体的个性发展，也使家庭系统的功能得以实现。

2. 不同家庭心理咨询流派的观点　家庭心理咨询作为心理学领域一个大的分支，在数十年的发展过程中不断推出各种干预理论和技术，也随之产生了各种不同的理论流派。它们对婚姻家庭心理问题有着各自不同的理解。但自 20 世纪 90 年代开始家庭心理咨询各流派之间的界线开始消融，各种理论之间的"整合"趋势越来越明显。

（1）系统派：系统派以鲍恩（Bowen）为代表，也被称为历史派或代际治疗学派，主要是提出了代际传递的观点，认为家庭成员出现的问题会借着与其他家人的联结关系而持续下去。婚恋咨询过程中往往能够发现当代某些个体的问题其根源在于祖辈的某一代因为某种心理创伤而出现问题，但这个问题从未被发现和解决，而是经由数代传到来访者身上。咨询师会倾向于鼓励来访者积极面对自己的问题，不单是为了帮助自己，更是为了避免自己的问题继续传递到下一代，有学者称这是一种人格层面上的"家族血统优化"。这种态度更有利于家族向着更健康的方向发展。

自我分化也是系统派的重要理论之一。自我分化的功能实际上是一个人处理压力的能力。自我分化程度低的家庭在其系统内部处理问题的能力差，问题要么以症状形式在家庭成员中那个能力最弱小的个体，一般是在孩子身上表现出来，要么通过代际传递被传到下一代。

（2）策略派：策略派家庭咨询师认为个体表现出的症状最基本的功能就是维持家庭系统的固有平衡。例如，一对夫妻来咨询"孩子学习成绩差，经常生病"的问题，咨询师发现：这对夫妻沟通能力很差，在教育孩子、家庭理财和生活习惯等诸多问题上意见不统一，经常吵架甚至动手。一旦孩子出现学习问题或生病时，父母就会暂时放下彼此的不同意见，共同为孩子的治病、辅导功课等而达成"暂时的和平"。在家庭的纷争导致家庭系统时刻处于失衡的边缘的情况下，孩子"保持"这些症状起到了维护家庭系统平衡的作用。所以，咨询师可以根据孩子与众不同的"疾病反应"来分析，帮助父母发现家庭中暗藏的关系困难并加以调节。

（3）结构派：他们认为家庭系统中的界限和规则的开放和灵活程度决定了家庭结构的内聚程度和适应性这两个重要的变量，从而影响家庭功能，进一步影响个人的发展。内聚的维度反映一个家庭成员和其他成员之间联系或分离的程度。适应性维度反映了家庭系统根据环境和发展的压力作出改变的能力。功能良好的家庭表现出彼此互有联系的内聚和灵活的适应。界限和家庭规则过于刻板的家庭，其内聚形态变得脱离，家庭成员的行为变得僵化，不能形成有效、开放的沟通。而界限和家庭规则太模糊，成员间的行为彼此纠缠不清，相互之间有太多的干扰，家庭适应性变得混乱，在此情况下成员的人格系统难以稳定，促成了精神分裂症的出现。因此，保持家庭系统的清晰界限和家庭规则的开放和灵活，对家庭功能和个体健康尤为重要。

（4）萨提亚派（Virginia Satir）：萨提亚的经验性家庭咨询深受人本主义思潮的影响，认为家庭问题的产生原因和影响因素是情感的压力。功能不良的家庭不太容易忍受对情感的明显个体化的表达，使得在这种家庭中成长的孩子与家庭疏离，他们感受到的是压制的后果，如枯燥、冷漠和焦虑。他们的表现是自我保护和逃避。一个功能良好的家庭，应该是父母的控制不多，孩子在支持他们的感受和创造性冲动的气氛中得到成长；父母愿意倾听孩子的心声，接受他们的感受，丰富他们的经验，鼓励孩子充分体验生活和完全表达自己的情感。而功能不良的家庭是自我保护和逃避的。萨提亚强调家庭中有四种不良的沟通方式：指责、讨好、打岔和超理智。这些沟通方式都是以压制感受、掩盖情感和愿望为目的的。

（二）精神分析学派对婚姻家庭心理问题的理解

1. 经典精神分析理论　弗洛伊德的经典精神分析理论认为人的精神活动的能量来源于本能，特别是代表人们一切追求快乐欲望的性欲。对家庭关系的理解也围绕不同的性心理发展阶段子女与父母的性互动方式而展开。在口欲期，婴儿通过吸吮母亲的乳房获得情感的满足，获得最原始的安全感；进入肛欲期后，母子二元关系逐渐解体，孩子开始体会到自主性；当孩子进入 4～6 岁，出现俄狄浦斯情结，表现对异性父母的亲近感，并向同性父母认同。弗洛伊德认为成人人格的基本组成部分在前三个发展阶段已基本形成，所以儿童早年环境、早期经历对其成年后的人格形成起着重要的作用。

2. 现代精神分析理论　现代精神分析学派的客体关系理论秉承了弗洛伊德的理论基础，仍然强调个体的早年经历对成年后人格的影响，但是更加关注早期稳固的客体关系对孩子成长的重要作用。例如温尼科特（Winnicott）特别强调母亲对婴儿适时的照顾的重要性，并提出足够好母亲（good enough mother）的概念："一个真实的母亲对婴儿所做的最好的事情就是足够敏感"。他认为影响力最大的似乎并不是粗暴虐待或严重剥夺，而是母亲对幼儿缺乏应答的敏感性。"足够好的母亲"会在婴儿出生后数周内处于一种被称为"原始母性专注"的高度敏感的心理状态，此时的母亲能适应婴儿的任何愿望和需要，这一点为婴儿塑造了主观全能感和持续存在感，这一时期即婴儿生命最初几个月的体验质量是婴儿今后成人期个体状态的关键。此后，随着母亲的关注逐步减少，而获得内化的稳定客体的婴儿将根据其逐渐增长的能力来应付这种局面。

这种理论或许可以给当代中国普遍存在的家庭心理问题特别是亲子关系问题提出警示。当代父母对孩子的关注更多体现在物质财富的给予和知识教育的关注上，而对于与孩子的亲情接触和人格培养层面则相对忽视，甚至有时我们是在用牺牲孩子的情感需求为代价来换取物质财富的积累。一些在当前非常普遍的社会现象更需要反思——母亲过早断奶和复工、祖父母寄养、父母进城打工、离婚家庭等的儿童，会导致其早年的稳定客体的破坏。母子过早分离对于孩子的心理健康的影响是显而易见的，这将成为家庭心理咨询工作者在未来持续的研究课题。

（三）认知行为学派对婚姻家庭心理问题的理解

认知行为学派是实证研究较多的心理干预流派之一。认知行为学派在心理学界占有举足轻重的地位，它以针对认知误区和不良行为直接加以矫正见长，具有针对性强、操作性好、疗程短、见效快的优势。

1. 从认知理论的角度看待婚姻家庭心理问题　根本原因是个体长期存在的核心信念，使其在家庭互动中产生了认知歪曲。例如：妈妈会因为孩子考试时的一点点丢分就大发脾气。因为在妈妈的核心信念中有一种"全或无"的态度。在她的心目中，孩子只有"好"和

"不好"两种表现而没有中间态。所以当她看到孩子不完美时非常焦虑，因为这样就意味着孩子再也好不了了。

2. 从行为理论的角度看待婚姻家庭心理问题　维系家庭关系良好运转需要夫妻都具备一定的能力，才能做出有利于家庭互动的良好行为。这种"爱"的能力包括自我情绪管理的能力；用不伤害关系的方式表达自己的需求、愿望和感受的能力；支持对方、善解人意的能力；尊重彼此差异、允许成长的能力；通过自己的成长影响和带动家庭中其他成员的能力等多种心理能力的总和。这些能力常常是在早年与原生家庭互动的过程中习得的。例如，丈夫一旦感到妻子违逆自己的意愿就会辱骂妻子。他缺乏善解人意、尊重对方以及自我情绪管理的能力，因为在他自己的早年生活中也没有能够培养出这种能力。

个体在家庭中的行为异常背后一定存在着认知歪曲，而这些认知歪曲除去先天的遗传或发育因素所导致的脑功能障碍外，更多是源于自己早年的成长经历，特别是原生家庭对待家庭生活的态度。对于来访者来说，在意识到自己的功能不良的认知和行为模式后，可以通过认知矫正和行为训练逐步形成更具建设性的家庭互动模式。认知行为学派既可以提供个体咨询，帮助来访者发现自己在家庭关系中的认知和行为偏差；也可以提供团体培训课程，通过学习和训练使来访者学会如何与家人互动。

四、婚姻家庭心理咨询的技术要点

（一）一般技术要点

首先，婚姻家庭心理咨询也需要以心理咨询的基本技术作为基础，如倾听、提问、表达和观察技术。在婚姻家庭心理问题的咨询过程中，可能存在同时有多位家庭成员在场并参与讨论的情况，在大量且纷乱的信息中保持良好的倾听对于咨询师来讲是一个极大的考验。运用情感回应技术对于中国的心理咨询师来讲也是一项比较难以掌握的能力，因为受中国传统文化的影响，人们常常对自己和对方的情感忽视或逃避。所以处理家庭案例，心理咨询师需要先有个体咨询的丰富经验，并且至少对自己的家庭关系有良好的理解和应对方式。

在家庭咨询过程中，任何家庭成员的地位都是平等的。心理咨询师应该对每位家庭成员的信息都及时予以反馈，这不但可以让家庭成员感到被关注和被尊重，也可以验证心理咨询师的回应是否正确而有效。

（二）婚姻家庭心理咨询的提问技术

婚姻家庭心理咨询中常用的提问技术可分为：直线式提问、循环式提问、策略式提问。

1. 直线式提问　直线式提问是推理式的，就事论事的提问，例如：父母带着逃学的孩子来咨询，咨询师就询问孩子为什么逃学。直线式提问经常指向"错误"的人或事情，但由于家庭关系的复杂性，这种提问方式所获得的信息是很有限的。

2. 循环式提问　循环式提问是探索式的提问，目的是探究、强调家庭成员间的联系。可分为四种不同的类型：第一种是让一名家庭成员评价另外两名或多名家庭成员之间的关系或相互间的交往，例如让儿子评价父母间的关系。第二种是让个体对家庭成员根据实际情景或假想情景做出的反应进行排序，例如咨询师问："对于离婚这件事，谁最伤心？其次是谁？"第三种是考察某一事件随时间而发生的变化，例如，询问当孩子生病前后，父母的关系发生了怎样的变化。第四种是启发求助者对于目前不好回答的问题提供信息，例如咨询师问妻子"假如今天你丈夫在这里，对于婚姻中存在的最大的问题，你觉得他会说些什么？"循环提问的效果不仅仅在于要向家庭中各成员提问并验证咨询师对家庭中问题的设想，而在于咨询师的提问本身对家庭具有很强的扰动作用，是为了让被提问者在不知不觉中重新审视自己的问题以及家庭中的关系和规则。

笔记

3. **策略式提问**　策略式提问经常在某一特定方向上提出新的可能性,其本质具有挑战性。具体提问方式有:

(1)前馈提问:是未来取向的提问,可以启发家庭构想对未来的人、事、行为、关系等的计划,诱导这些计划成为"自我体验的预言"。

(2)差异提问:指提问中设立两种有差别的对比情景。

(3)例外提问:例外提问可以使来访者意识到症状的出现是有条件的,并非像最初所认为的那样在所有时间、所有情况下都会出现。提示来访者对事态并非完全失控,从而有助于激发求助者及其家人的责任感并最终为自己负责。

(4)假设提问:咨询师从多个角度提出关于家庭的假设,即提出看问题的多重角度,让求助者更清楚地认识自己和家庭关系。

(三)去诊断与重新建构

去诊断是将来访者从病态标签的压抑下解放出来,解除患者角色。例如将"我是患者"改为"我表现得像个患者",暗示有些心理行为症状并非人格结构中不可动摇的部分,求助者对于症状仍具有影响力。

重新建构是指对当前的症状,系统从积极的方面重新进行描述,即从家庭困境所具有的积极方面出发,并将家庭困境作为一个与背景相关联的现象来加以重新定义,因此,这种方式有时也被称为积极赋义。例如对于反复强调自己从小被父母寄养在爷爷奶奶家中的长子在长大后固执地做些决定,其家庭成员都认为这是他小时候缺乏父爱而变得固执,但是咨询师解释为来访者从小独立生活,获得了更多的锻炼尝试的机会,因此对自己认为可以做到或有必要做的事情会有更强的信心。

问题家庭习惯于将思维固着在问题取向上,去诊断和重新建构的意义就在于帮助家庭成员转换视角,看到问题背后对于家庭关系和个体成长巨大而积极的推动作用。

(四)其他常用技术

婚姻家庭咨询还会常用家庭图谱、家庭雕塑、模拟家庭等咨询技术,以直观的方法再现家庭内部成员间的相互关系,加深各成员对家庭关系的感受。

第二节　不同婚姻家庭发展时期的心理问题及咨询要点

家庭本身是有生命的,就如同组成这个家庭中的每个个体一样。希尔和汉森最早在20世纪30年代提出了家庭生命周期(family life cycle)的概念,指的是一个家庭依照一定的轨迹,从诞生、发展、分化,直至消亡的运动过程。在这个过程中,家庭特征以及其中各个成员间的相互关系也在发生着动态的变化。美国社会心理学家杜瓦尔将一个家庭生命周期分为八个阶段:新婚期、育儿期、学龄前期、学龄期、青少年期、成年期、空巢期、老年期。在我国,由于家庭成员间的关系复杂,家庭生命周期不像西方那样清晰,一般粗略地划分为三个阶段:即家庭形成阶段、家庭成熟阶段和家庭解体阶段,每个阶段都有各自的家庭任务和心理问题。

一、家庭形成阶段

这个阶段是指家庭初次建立后约两年内的时间,或者到第一个孩子出生前,相当于杜瓦尔八阶段学说中所指的新婚期。在这个阶段,夫妻沐浴在新婚激情中,但同时也将面对如下问题:

(一)新婚关系调适

结婚意味着法律和社会世俗认定的关系变化,以及由此带来的生活方式的改变和夫妻双方心理上的变化。人们把这一时期称为"新婚磨合期",因为夫妻双方容易在这个阶段由于不适应新婚生活而陷入摩擦。

1. 夫妻双方在新婚关系调适方面面临的心理任务

（1）确立夫妻的角色：随着合法的婚姻关系确立，双方的社会角色从两个彼此独立的个体转变为夫妻。世俗评价夫妻关系时存在一种思维定式，即在社会、经济和生活的大多数方面人们习惯于把夫妻看成是一体的。这种角色的转变往往会带给双方一定程度上的紧张感。

（2）发展能够相互满足的性关系：一旦进入婚姻关系，性行为也带有了某种责任感。夫妻双方都会在性生活的时间、频次、形式、前提条件、效果和质量等方面提出要求。同时，生育和避孕问题也容易成为夫妻间的矛盾。例如双方父母往往希望夫妻"早生贵子"，但年轻夫妻却渴望多些时间过二人生活。夫妻间也常会因为彼此间都希望让对方更多承担避孕责任而发生矛盾。

（3）初步确立家庭规则：夫妻双方在婚前各自的生活方式需要在形成家庭后逐步协调统一。何时做、谁来做、怎么做等都需要重新调整。在相互沟通和妥协过程中，逐步形成家庭生活互动模式，如同一整套不成文的"规则和制度"。

2. 新婚阶段出现问题的心理背景

（1）对新环境的不适应：当人生步入新的阶段的时候，都会有相应的不适应的情况出现。大多数个体在半年内都能够重新适应一个新环境。夫妻双方彼此间的沟通能力和接纳态度将决定这个适应过程的时间长短和最终适应效果。

（2）个体对新婚生活的过度理想化：个体会对婚姻本身存在过度的期待，或者对夫妻角色存在不现实的理解。这种曲解有可能是在原生家庭中所培养的。一些影视或文学作品对婚姻关系的艺术加工也会给未婚个体正确认识婚姻关系带来障碍。

（3）夫妻双方缺乏良好的沟通：良好的婚姻沟通需要夫妻双方具有建设性而非冲突的沟通技能，但这种高素质的沟通技能往往在其他的人际关系中并不那么需要的。所以在没有组建家庭之前，不少个体既没有发现自己的沟通能力不足，也没有意识到自己需要培养这方面的技能。而在婚后，又往往将责任片面地推向对方，使得双方更没有耐心培养这种建设性而非冲突的沟通技能。

（4）夫妻双方自身的人格缺陷：在新婚阶段出现心理问题的，往往源于双方在结婚之前就已经存在自身的人格缺陷。例如：一些个体在平时压抑感受，过于追求完美，自我中心。如果个体将这类人格特质带入婚姻，那么在新婚阶段就很容易出现沟通不良。

3. 新婚关系调适方面的咨询要点　新婚适应本是一个自然现象，完全可以随着时间的推移而自然改善。在这个过程中，夫妻双方最需要的就是有意识地觉察到问题的存在，并且在相互包容的氛围中让这些矛盾慢慢弥合。而在新婚阶段前来寻求咨询的夫妻双方，往往是不愿包容而急于"解决问题"。咨询师的主要策略是提高来访者对婚姻和性的认知水平、对各种新婚常见问题合理化、指导来访者处理具体问题的技能、发现来访者的人格问题并引入个体咨询加以解决。

（二）与原生家庭和姻亲的关系调适

男女个体结婚后，各自的亲属之间自然形成姻亲关系。相比欧美，中国人的亲属关系更为复杂，也更加被重视。处理这类关系也需要耗费更多的精力。

1. 姻亲关系对于新婚夫妻关系的影响　姻亲关系良好，会提升夫妻的幸福感；年轻的夫妻也能够从长辈姻亲中获得家庭生活的经验；孩子也更容易得到来自其他亲属的照料，这些都有助于家庭关系的维护。但另一方面，姻亲关系也可能对夫妻关系带来负面影响。其中，最常见的现象就是原生家庭对新生家庭的过度介入。如果夫妻一方过度依赖原生家庭，也会使得另一方感到受到冷落或不被尊重。

2. 姻亲关系调适的基本原则　姻亲关系的调整需要夫妻双方共同的努力，需要注意以下几个基本原则：①新建立的家庭要以一个独立的整体去面对其他关系，配偶要放在第一位；②觉察到双方的姻亲关系给自己现有的家庭带来的影响——包括对家庭实际环境的影响和对自己情感体验的影响，并且暂时允许目前的现状，将其视作新婚期的问题；③尊重对方的原生家庭文化差异，即便其中某一方感到不舒服，也要给对方一个逐渐过渡的时间；④努力锻炼自己的独立应对困境的能力，将问题局限在自身或现有家庭内部，以免父母过于担心年轻夫妻"没经验"而出面干预现有家庭的生活；⑤切忌在这个阶段中只站在自己的角度要求对方，彼此不肯忍让，在道德的层面上指责对方，甚至向自己父母告状，将夫妻间的摩擦升级成两个家族的纷争。

3. 婆媳关系问题及其处理原则　在姻亲关系中，问题最多也最难处理的就是婆媳关系，因为婆媳关系涉及潜意识的心理互动。在新婚阶段，如果婆媳关系出现问题，甚至可能影响到夫妻关系的稳定。

（1）产生婆媳矛盾的主要原因：婆媳矛盾的主要原因是婆媳自己对于关系认知的错位，具体包括以下几点：①婆媳间只是名义上的"母女"关系，相互间没有血缘关系，也没有自小到大的抚养过程，所以不会像真正的母女那样相互适应。②婆婆与妻子所处时代的"代沟"过大。妻子在家庭事务中唱主角甚至左右丈夫决策的现象在现代社会中并不少见，但在婆婆所处的传统家庭的伦理中，婆婆拥有相当的主导地位，这就有可能形成婆媳为了争夺家庭事务的决策权而直接发生冲突。要处理好婆媳关系，比一般的姻亲关系需要更多的双方调整、适应和包容。

（2）处理婆媳关系的注意事项：在处理婆媳关系方面，咨询师要清楚如下几点：①将婆媳关系定位为"母女"本身是一个社会性的认知误区。婆媳之间本身既没有血缘关系又没有亲密情感链接，她们的关系是由她们共同爱着的男人为纽带联系起来的。②婆媳关系其实更像是"亲密战友"的关系，双方共同合作为了家庭的稳定和自己所爱的男人的幸福做出努力。同时，婆婆由于对自己的儿子有更多的照顾经验，在此方面可以给妻子更多的经验分享，并在"如何做一个合格的女主人"这一生活命题中给予妻子更多的指导。③丈夫是调和婆媳关系的重要"纽带"。婆媳都想控制丈夫和家庭生活的主导权，但丈夫却在冲突中不作为，导致婆媳关系紧张。所以，咨询师帮助"婆-夫-媳"三方调整自己在家庭中的位置和关系，提高丈夫的调节能力是处理婆媳关系的关键。

另外，在咨询中也发现在婆媳关系问题背后可能隐藏着另一个家庭问题。婆婆作为原生家庭的妻子，与自己的丈夫关系不和，但却并不觉察和加以维护，而是将自己的情感过多灌注在自己的儿子——即新生家庭的丈夫身上，从而将妻子边缘化。这一类的案例中，往往可见婆婆有很强的控制欲和自我中心等特点。

（三）家庭责任的确立与调整

当夫妻关系确立后，随之而来的就是家庭责任。小到洗碗做饭，大到育儿和家庭经济维持等都是夫妻需要共同承担的责任。在婚姻中履行责任是维系家庭生活的关键，而且夫妻双方彼此履行家庭责任，会给对方有"责任感"的良好印象，有助于维护夫妻关系。

1. 家庭责任的概念和特征　所谓的家庭责任，可以理解为个体为了维护家庭系统的正常运转而做出的自己的努力，具体表现在为家庭带来物质或精神上的支持。家庭责任存在以下几个特点：①普遍性：所有的家庭成员，包括最弱小的孩子在家庭生活中的任何时候均承担着家庭责任；②分工性：在维持数年稳定的家庭关系中，我们往往会看到各个家庭成员间会达成某种默契的分工，例如谁在外赚钱、谁在持家等；③持续性：家庭责任并非凭借兴趣满足一时之快,而是需要长期维持,有时未必有乐趣感存在。例如一个人为全家人做饭数年如一日;④灵活性:健康的家庭关系中,各个家庭成员的责任虽然有分工,但是不是一成不变的,也有一定灵活性,如其中一个成员因为某种原因不能履行责任时,其他的成员会慢慢调整加以弥补。例如原来妈妈做饭,而当妈妈生病卧床后,爸爸或孩子可能逐渐学会了做饭。⑤相对性:家庭责任是社会超我的体现,往往会在一定程度上与个体本我的需求有一定对立,具体表现在每个家庭成员都不可能在家庭中完全地随心所欲,这就是家庭责任与个体自由的相对性。

2. 家庭中的责任承担与责任缺失　在一个健康家庭中,在家庭成立之初,夫妻二人往往会凭借最初的兴趣喜好和性格特点而尝试履行家庭责任,并在新婚磨合阶段,经过沟通和相互适应,达成分工上的默契。比如,夫妻二人在还没有结婚前都在工作,也都会料理家务。但在婚后,逐渐形成一方赚钱养家,而另一方专心操持家务。在这个协调和适应的过程中,会经常出现分工不明确、协调不好的现象,从而形成新婚阶段的夫妻矛盾。

在一个病理的家庭中,我们往往会看到家庭责任缺失的现象,例如有的父母没有尽到抚养义务,也有的子女被过度溺爱,以至于既没有承担家庭责任的觉悟,也不具备相应的能力。接待这类问题咨询时,咨询师需要评估双方在履行相应责任时的能力、意愿以及对方的期待,有针对性地进行调整。

二、家庭成熟阶段

当家庭度过了新婚的磨合阶段后,就开始逐渐进入家庭成熟阶段,其重要标志就是生育并教养孩子。当然,这个阶段也是家庭生命周期中最主要的阶段,相当于一个个体的青壮年期。除了亲子养育问题外,家庭经济问题、维系夫妻关系等问题也都是在这个阶段需要面临的问题。

(一)亲子关系问题

家庭的最主要的职责是养育后代。在这个过程中,家长除了给孩子提供良好的饮食居住环境和教育条件外,维护良好的亲子关系也是非常重要的。亲子关系是指父母和子女间互动的关系,它具有血缘性、亲情性、长期性等特点。良好的亲子关系是家长能够将自己的教育意志传递给孩子的关键,对于儿童、青少年的社会化具有极其重要的作用。

1. 最容易出现的亲子关系问题　当代中国社会中最容易出现的亲子关系问题包括三个方面:①地位不平等:父母处于中心、主导地位,子女处于被动、依赖地位。父母通常以自己的视角评估孩子的情况,强制性地下达指令,很少顾及孩子的现实状况和心理需要,孩子只能被动、消极地接受父母的意志。②情感互动较少:随着中国人的社会竞争日趋激烈,许多父母因工作繁忙,越来越少有时间陪伴孩子,导致孩子对父母产生陌生感和疏远感。在农村,这样的情况更为严重。许多年轻父母纷纷外出打工,"留守儿童"和"留守老人"在家相依为伴,导致亲子间互动缺失。③互动内容过于单一:父母单纯重视子女的学习成绩。为了能使子女学业优异,许多父母常把子女的学习时间安排得很满,剥夺了子女休息、娱乐和社会交往的时间。同时,孩子的学习兴趣培养、人格完善、审美能力的发展、心理安全感的培养等诸多方面却没有得到重视。

2. 父母教养方式对于亲子关系的影响　父母教养方式是父母教养态度和行为的集合,是父母在抚养子女的日常活动中所表现出来的一种对待孩子的固定的行为模式和行为倾向。父母教养方式是亲子关系中最为重要的影响因素。

美国心理学家鲍姆林德(Diana Baumrind)把父母教养方式归纳为两个维度:其一是父母对待儿童的情感态度,即接受—拒绝维度;其二是父母对儿童的要求和控制程度,即控制—容许维度。根据这两个维度的不同组合,可以形成四种教养方式:权威型(接受+控

笔记

制）、专断型（拒绝＋控制）、溺爱型（接受＋容许）和忽视型（拒绝＋容许）。不同的教养方式无疑会对儿童的社会性发展和个性形成产生重大影响。

3. 亲子关系问题咨询的注意事项　①亲子关系问题有可能作为一个独立的问题呈现出来，也有可能是在父母咨询孩子学习或心理问题时被咨询师发现。②亲子关系问题常常在学习阶段被发现，但其问题根源往往能够追溯到童年阶段。③亲子关系问题是父母和孩子双方共同互动的结果，咨询师应该避免站在父母或孩子当中选边站，不要站在一方的对另一方进行道德评判，从而失去了咨询师中立的立场。

（二）家庭经济问题

1. 财务安全感　财务安全感是家庭经济良好的关键指标，这是指家庭对自己的财务现状有充分的信心。这个指标既有现实的物质基础，也包含有自身的心理建设。处于社会底层的家庭，因为家庭财务水平较差，家庭成员的个体心理健康水平、家庭和睦程度都较差。但一些高收入家庭，由于过度投资于商业，甚至连房产等都已成为银行贷款的抵押物，这时家庭的财产虽然很多，但是财务安全感却不一定高，同样会影响到家庭成员的心理健康和彼此的关系和谐。保障财务安全的方法主要有：①确保家庭中有相对稳定的收入——如至少夫妻一方有稳定的工作或其他合法经济来源；②有适度的家庭理财能力和家庭财产储备；③有效控制家庭债务在家庭可承受范围内；④彼此间信任对方的劳动能力和财务管理能力，特别是在出现短时间的经济困难时，更应该彼此信任对方而不方寸大乱；⑤对家庭财产有合理的管理，对家庭经济风险有敏锐的觉察度，避免挥霍无度或坐吃山空；⑥有必要的"救急"渠道，当短期出现家庭经济危机或需要大量资金办事时，能有可靠的亲友给予救济和资助，或者有一定的抵押物来向银行申请贷款。

2. 咨询师需要明确的家庭经济特征

（1）家庭财富的主要创造者：最常见的现象就是男性是家庭中的经济支柱。女性收入较少甚至不工作。既往有研究发现，夫妻收入比在 2：1 时，夫妻关系最为稳定。这是建立在夫妻都持有比较狭隘的家庭决策观，认为经济基础决定上层建筑而得出的结论。后续的调查发现，越来越多的夫妻逐步超越了这个逻辑关系，愿意将家庭看作一个整体来评估，那么这个财富主要创造者就会是建立在夫妻恩爱的基础上权衡利弊做出的最佳选择。例如，有的妻子之所以不上班不是因为没有劳动能力，而是因为评估发现夫妻都上班还要请保姆照顾孩子，经济上并不划算还影响到孩子的健康成长；有的丈夫更喜欢带孩子而同时妻子有很好的事业，遂逐渐形成"女人在外打拼男人相妻教子"的生活方式等。越是开放的社会，家庭经济越呈现出多样性。

（2）家庭财产管理类型：按照家庭财富的独立与否可分为三类：①独立型：夫妻二人的收入各自支配，这样做的好处是双方财富独立，特别是双方的工作都带有很大的不确定性时便于支配财富，例如夫妻二人都在开自己的公司。但这样做的缺点是在需要大量资金共同完成一件大的开支时，就涉及需要双方协商如何分担这个压力了。②共享型：夫妻双方不管挣钱多少，都会放在一个共同的资金池中使用，这种模式在中国家庭中最常见，其优点是便于聚拢全家之力来承担诸如购房等的大额开销。但是缺点是双方的财务独立性较差，其中一方非常容易依靠控制总资金池的方式来阻止对方的消费权。于是，绝对采取财富共享方式的家庭，非常容易培养出"留私房钱"的习惯，将一小部分灰色收入自己占有，最初的目的当然是方便灵活使用，但日久也容易给夫妻带来彼此不信任的隐患。③灵活型：平时做到财富共享，但又适当允许双方有可自由支配的"零钱"。基于夫妻双方的性格差异，财富共享的情况下非常容易使其中一方倾向于总管财务。如果总管财务的这方既能积极保证家庭财产稳定，但又在基于彼此信任的基础上主动支持对方，这样做将会给夫妻关系增色不少。

3. 家庭经济问题咨询中的注意事项　在家庭经济中最有可能出现以下两方面的问题：①家庭整体的财务安全感不足，这种现象一方面是家庭中真的出现了财务危机；另一方面可能是夫妻双方自身的心理承受能力差，从而"杞人忧天"。后者常见于房贷导致夫妻心理压力增加，进一步导致夫妻关系不和。②由于家庭经济特征导致其中一方的财务安全感不足，例如一个做生意的丈夫倾向于将资金全部掌握在自己手中，甚至不惜抵押全部房产用于投资，而对于一个居家育儿的妻子来说就带来了极度的不安全感。

财务是一个家庭中比较敏感的话题，如无必要，在咨询过程中不必主动涉及。但如果咨询师在咨询过程中发现夫妻关系不合可能与财务问题有关的，则可以邀请夫妻双方透露一些信息。咨询师需要动态评估家庭的经济特征，以及这种特征对于夫妻双方的个人财务安全感的影响。

（三）中年家庭的性爱以及夫妻关系维系问题

俗话说"七年之痒"，是指长期处于婚姻状态中，会给人带来潜移默化的心理变化。夫妻间潜在的矛盾在此时容易变得尖锐，夫妻关系容易走入低谷。

1. 家庭关系维系困难　在这个阶段不容易维系家庭关系的原因有以下几个方面：①双方结合的目的已经达到，对维护关系不再像新婚阶段那么有动力；②光环消退，爱人的形象由理想变为现实；③朝夕相处，出现了审美疲劳，感情变得平淡；④生活现实压力使得双方都没有太多时间去照顾自己的形象以及关心对方的心理感受；⑤夫妻二人经过多年的生活沉淀，无论在个人能力和人格魅力上都较刚结婚时显得更为成熟，此时的个体对异性有着非常大的吸引力，当夫妻关系本身有裂隙的时候，容易使第三者介入家庭。

2. 性爱困难　在中年家庭中，性爱是一个大家避而不谈但却对夫妻关系影响很大的因素。女性在 35～40 岁前后会达到她们性反应的高峰期，过去的心理压抑感和障碍会一扫而光，不再矜持，此时对丈夫的性需求最高。而大多数男性从 30 岁开始性冲动急迫程度就逐渐减弱，接近 40 岁时，男子的性快感已经显著下降，甚至在忙碌或身心疲累时出现不能性唤起的现象。这时丈夫感到自己力不从心，不能满足妻子需要，而妻子则容易对丈夫的性能力感到失望。50 岁左右的妇女受更年期影响，性需求差异很大，有正常的性生活并且身心健康的女性能保持其性反应力，而也有的女性在更年期前后的性反应力会呈现"断崖式"下降。而丈夫在此时的性需求虽然不比年轻，但是仍然能够保留每周一次左右的性高潮，只是勃起和射精需要更长时间和更强烈的刺激。如果此时女性性需求明显减少时，就不再愿意为了唤起丈夫的性欲而付出更多的时间。有的男性会因此与妻子关系疏远，甚至因为被妻子奚落或者自觉性功能下降而不能接受，这又会进一步疏远与妻子的关系。

夫妻之间需要首先了解对方此阶段的性反应特点，特别是彼此之间的差异，理解并接纳这一点，放松身心去享受性生活，而无论是在性反应特点上给对方的否定，或者对自己附加缺陷性的判断，都是不利于此阶段夫妻的性调适的。

（四）更年期问题

1. 更年期家庭问题的原因　核心原因是内分泌水平的急剧变化，尤其是女性，在更年期容易心情烦躁，易激动，容易出现失眠、注意力不集中、情绪不稳定、记忆力下降、情绪低落等。一般来讲，女性更年期的心理状态与其性格有很大的关系。平时心态较为健康的女性，在更年期阶段可以顺利度过而不出现太多心理问题，对身体的变化也能很好适应。而出现更年期的较强情绪变化者，往往在早年就有性格敏感、刻板、要强、苛求完美等特点。因为这样的性格特征，在突然出现身心功能的剧烈变化时，会因很难适应而产生心理落差，从而进一步加重负面情绪的堆积。女性会因为在这个阶段身体不适，心情不好，常将不满发泄到丈夫身上。特别是会将过去对丈夫多年隐忍下来的不满在此阶段全部发泄出来，给对方以"无理取闹"的感觉。由于男性的激素撤退水平非常缓慢，"更年期"现象常不明显。

笔记

所以在这个阶段，男性很难理解女性的身心感受，认为妻子"小题大做"。而丈夫的无视和批评，会给妻子以"不体贴"的感受，从而加剧夫妻间的矛盾。

2. 更年期家庭问题的咨询要点　夫妻关系会在这个阶段蒙受重大的考验，如果处理不当，会使婚姻质量受到很大影响。前来咨询的夫妻往往争执多年，婚姻濒临崩溃，而出现矛盾的双方会站在道德层面抨击对方，而不会将更年期的心理变化视作问题根源。咨询师首先需要评估夫妻矛盾是否因更年期的心理变化所引起，方法是纵观整个家庭历程，看双方的矛盾性质和程度是否在更年期阶段发生了变化。针对更年期的家庭问题，最重要的是咨询师需要指导夫妻放下对对方的理性评判，接纳双方的身心变化特征。

解决更年期问题，妻子自我的身心调节非常重要。最关键的是不要刻意抗衡更年期阶段的身心变化，也不要强求自己达到曾经的标准，选择顺其自然地度过。健身、太极拳、放松训练和中医养生操等都会对减轻不适感有帮助。而当代流行于欧美并正传入中国的静观（Mindfulness）技术的练习可以有助于来访者提高自己的觉察力和心理稳定度，并帮助自己与身体做链接。更有助于缓和负面情绪，以更加平和的心态面对生理心理上的剧烈变化。

总之，家庭成熟阶段，是一个家庭的关键阶段，也是最容易出现危机的阶段，激情消失、压力增大、生理心理变化，相当一部分家庭在此阶段都会因这三方面原因而出现危机。家庭关系不是建立之后一劳永逸的，需要不断精心维护才能保持恒久的积极动力。

三、家庭解体阶段

随着孩子长大成人，逐渐远离自己的亲生父母，原生家庭已经步入尾声。此时夫妻进入老年，由于生理和心理机能的变化，使得劳动能力下降，生活范围缩小，社会地位下降，逐渐淡出了社会的主场，进入与世无争、颐养天年的状态。夫妻关系从最初的激情逐步过渡到亲情，双方常年生活在一起，已经对彼此的生活方式非常了解，配合也比较默契，所以争吵相对变少，生活趋于稳定而规律。但是也有些家庭会由于早年遗留的一些个人困扰和关系嫌隙，使得在这个阶段出现家庭不睦的现象。

（一）空巢问题

1. 空巢状态下的家庭问题　孩子远离家庭，夫妻二人再次回到二人世界。由于没有了孩子的链接，夫妻之间开始重新回到直接关系中。大多数的夫妻会逐渐弥合过去数十年的嫌隙，珍视余生的陪伴，形成相濡以沫的"老伴"。在这个阶段特别是早期，会形成"第二次蜜月期"，此时夫妻表现更加恩爱，比如会一同旅行、一同学习新技能。但以下三种现象也非常常见：①夫妻中有一方有某些专业技术，如大学教授或技术人员，退休后由于没有了单位对行动的束缚，反而可以更加自由地施展自己的才华，开设讲座、著书立说、或搞发明创造，如果另一方能够陪伴左右，甚至承担起经纪人或生活秘书的角色，则可以夫妻合力创造出新的产业。但也有可能因为一方太过重视事业而忽视关系培养，或者另一方因为身体或心态的原因没能形成合力，使得夫妻关系反而疏远，成了"你做你的大发明、我跳我的广场舞"的现象。②夫妻平时将全部心血都倾注在子女身上，甚至忽视了自己的生活和感情建设，当子女远离后，夫妻二人体验到强大的丧失感，从而感到情绪低落和生活索然乏味，终日沉浸在对过去的回忆中。如果夫妻中只有一方是这种情况，则会因为思维落差而使夫妻间关系疏远。③夫妻在平时一直有关系破裂的隐患，只是为了孩子而克制自己的行为，而当孩子离开家庭的时候，即是重新暴露矛盾的时候。例如孩子刚上大学父母即离婚的现象就是如此。

2. 空巢问题的成因　夫妻在空巢期的心理问题，往往都是早年夫妻关系问题的延续。在前文中所述的三种夫妻的问题分别有如下原因：①是在婚姻早期，夫妻任务分工过于刻板。这种现象需要夫妻之间相互理解，求同存异。要么彼此尊重对方的习惯性选择，要么就是在调整的过程中努力趋同；②亲子关系过于紧密，当孩子长大离家独立之后，失落感、孤独感增强，空巢的现实加重了负面情绪；③夫妻双方往往都有"超理性"的性格特征，多讲"理"而不讲"情"，苛求完美，自我中心。

3. **空巢问题的咨询要点**　由于老年人的性格固化，改变的可能性不大。所以咨询师在此问题的咨询中要更多运用倾听、共情等技术，促进来访者倾诉，做好情绪释放。一般而言，当情绪适度释放后，夫妻双方还是有能力面对现实的。

（二）丧偶问题

1. 丧偶老人的常见问题

（1）哀伤反应：丧偶在老人更常见，60 岁以上人群约三分之一为丧偶，女性人数是男性的两倍。丧偶本身是一种严重的丧失体验，当其中一方离去时，健在的一方则需要独自承担丧偶之苦，这种痛苦来自两个方面：其一是从对方身上看到自己的未来结局，其二是因为对方的离去而使得自己失去了精神支持而独自面对痛苦。

库布勒·罗斯（Kubler-Ross）五阶段模式是最著名的居丧期反应模式。

第一阶段：否定与分离期（denial and isolation）　典型的反应是"这不是真的，肯定弄错了"。一些老人可能短期出现妄想体验，如坚信已经故去的亲人仍然在世等。

第二阶段：愤怒期（anger）　特征是"为什么是我呢"。此阶段表现出敌意、愤怒、怨恨、嫉妒等情绪。

第三阶段：讨价还价期（bargaining）　此阶段的丧偶者还不能完全接受现实，还在或者试图挽回后果，或者期待奇迹的出现。

前三个阶段所经历的时间非常短，往往是在丧偶事件发生后的 72 小时内出现的应激反应。

第四阶段：抑郁期（depression）　当确认亲人的去世已经成为事实，丧偶者也逐渐真实面对现实的时候，丧失感、抑郁情绪就出现了。

第五阶段：接受期（acceptance）　此阶段的丧偶者已经变得很疲倦、虚弱，他们接受了现实，表现出平静、顺从。这个阶段会一直延续数周至数月之久。

这是一个理论模式，具体情况因人而异。哀伤反应的性质、强烈程度以及持续的时间取决于个体自身的感受及独特经历，大多数人三个月之后可以逐渐恢复正常的生活和情绪，但会残留对逝者的怀念和基于对死亡的觉察而产生的人格改变。但如果悲伤或抑郁情绪持续 6 个月以上，甚至出现幻觉、妄想、情感淡漠、惊恐发作等，则被称作病理性居丧反应，这时需要有精神专科介入。

（2）离群索居：夫妻中的一方故去后，另一方则独自一人居住。时间长了渐渐孤僻、离群索居，表现为独往独来，对他人怀有厌烦、戒备和鄙视的心理；凡事与己无关、漠不关心，自我封闭。丧偶老人应该尽量避免独居，一方面是老人自己应该有意识地多参与社会活动，甚至再婚；另一方面家人和亲友也应为丧偶老人创造条件避免客观上的长期独居。例如让父母和儿女同住，或者为老人安排养老院。

（3）再婚问题：丧偶不只是丧失了亲人，还意味着丧失了作为"丈夫"或"妻子"的身份，这种继发丧失很容易被忽视，但会给当事人带来更深远的痛苦。所以，有的丧偶老人在配偶死亡后不久就渴望再婚，这种现象以男性居多。然而，丧偶老人再婚面临着很大的阻力，家庭成员往往会将其简单地理解为对逝者的不忠，而没有理解丧偶老人实际的心理需求，更没有帮其改善。

2. **丧偶问题的咨询要点**　如果来访者因为丧偶而求助咨询，咨询师需要提供给来访者良好的陪伴和共情，鼓励来访者倾诉思念之情和表达对死亡的畏惧，对其情感鼓励其表达、予以共情，对其心理诉求予以理解和支持。咨询师可以通过让来访者在回忆与故去亲人的

笔记

往日生活中,让丧失者加强自我力量,以有利于健康的方法解除悲伤。在一般情况下,我们要帮助来访者以更为积极的心态面对死亡,但在实际的咨询过程中必须在有足够的共情和支持的情况下方可实施。

老年人的再婚问题涉及到多方利益,但当事方一般都不会把直接利益挑明,这样的沟通效率非常低,很容易引发伤感情的争吵。咨询师需要在充分倾听各方意见、充分共情,建立良好的咨访关系后,分析出各自的情感需求所在,并加以协调。特别需要注意的是,咨询师应该避免过度卷入,失去自己的中立态度。

老年人体质较差,在倾诉的过程有可能因为过于激动而诱发某些躯体疾病,故老年人前来咨询时,咨询师需要向他本人及其家属详细了解来访者的身体情况,并做好风险告知。在咨询过程中也要密切关注其呼吸、脉搏、血压等生理反应,保证安全。

第三节　婚姻家庭实际问题咨询要点

在婚姻家庭咨询领域,会遇到各种各样的现实问题以及相关的心理问题。婚姻和家庭生活中较为常见又有代表性的实际问题包括离婚、再婚、婚外情、家庭暴力、酗酒、精神疾病,对这些问题需要加以具体分析并且需要关注一些咨询要点。

一、离婚

(一)离婚家庭常见的心理问题

随着社会发展,我国的离婚率呈现快速增长的势头。据民政部发布的《2016年社会服务发展统计公报》数据显示,2016年全国办理离婚手续的共有415.8万对,离婚率为3.0‰,而在2002年这一数据仅有0.90‰。一般来讲,大城市的离婚现象更为明显,北京、上海、深圳、广州的离婚率排在全国前四位,分别为39.0%、38.0%、36.25%和35.00%。造成离婚的前五大主因分别为:婚外情、家庭暴力、性格不合、婆媳不睦和不良嗜好。

1. 离婚的心理影响　离婚(divorce)对于每个家庭成员都会有重大的影响,对于夫妻而言,在离婚前往往会有愤怒情绪。离婚一方会产生被对方欺骗和背叛的感受,对对方感到失望,对自己感到质疑和自责,甚至对婚姻、爱情本身产生质疑。有人会有不现实的思想,如期望对方不要离开自己,或者梦想奇迹会出现,也有的人可能会威胁要自杀或伤害对方。而当事实不可挽回时,有的人会表现出不同程度的绝望感和抑郁情绪,产生应激反应,如整日卧床、哭泣、失眠、食欲下降、通过吸烟饮酒或吸毒等方式来麻醉自己,甚至产生自杀想法或行为。

2. 离婚对于儿童的影响　大约3/4的离婚家庭都有孩子,儿童往往是离婚家庭中最大的受害者。父母离婚对儿童造成的影响通常包括以下几个方面:①离婚是被动地丧失亲人的关爱,这是最直接的心理创伤;②抚养孩子的父母经济状况通常会比以前差,在工作和生活上陷入两难境界,与孩子互动的时间和精力投入都明显减少;③单亲父母一人身兼父母两个身份,对孩子失去原有的呵护,在教养过程中急躁、发脾气等现象增加,造成亲子关系恶化;④离婚之后,没有抚养权的一方父母逐渐疏远孩子;⑤离婚后抚养孩子的一方常会抱怨对方,使得孩子对爱情产生质疑,甚至影响到其成年时的择偶标准和婚姻安全感。

孩子的问题值得重视。孩子常常会感到不适应,出现愤怒和敌意的情绪反应,对学习和参加社会活动的兴趣减退,变得自暴自弃。一般而言,作为一个创伤性事件,离婚的第一年特别是头三个月是离婚双方以及孩子都最艰难的阶段。第二年后大多数生活趋于稳定,开始适应新的生活和人际互动模式,情况逐渐好转。但是创伤印记和由此产生的对爱情、婚姻的认知偏差有可能延续很长时间,甚至是终生。极少数会持续出现情绪障碍、学业和工作能力下降以及严重的适应障碍。

（二）离婚家庭心理问题的咨询要点

离婚是一种应激性生活事件，离婚双方往往更多关注到对方的是非对错，而咨询师要注意将双方的关注视角引导到情感体验上。咨询师应通过倾听、共情对来访者做充分的情感支持。咨询师也可以和来访者回顾整个婚姻经历，重新思考离婚决策，以及探讨离婚后的生活打算。这可以帮助来访者对自己可能是冲动性决策做出更加深入的反思。需要注意的是：离婚咨询的主旨并非"劝和"，而是帮助来访者更有力量处理自己的情绪，处理离婚事务，以及对离婚与否做出更理智的决策。

如果发现离婚家庭中存在诸如抑郁、焦虑、亲子关系和儿童行为问题等，可以通过系统的家庭干预，帮助家庭成员发展出建立更强关系的技能，从而增强家庭的复原力。下面介绍一个案例：

来访者，女，32岁，大学文化，已与丈夫分居半年。目前与父母同住，有一子，现年2岁。刘女士半年前发现丈夫有外遇，随后和丈夫关系下降至冰点。之后，丈夫索性以"出差"为由分居，并暗中谋划将家庭财产转移至自己和其他人名下。来访者在最近意识到丈夫的行为，因而决定和丈夫离婚。

在这个案例咨询过程中，咨询师首先同来访者共情，建立良好的咨访关系。之后，允许来访者控诉丈夫的种种"不端行为"，待情绪得到适度释放后，咨询师提醒来访者注意前来咨询的目的。咨询师这样做的目的是避免成为单纯的"诉苦大会"。咨询师帮助来访者分析阐释当前的困境的背后心理学原因，促进领悟和修通，与来访者一起梳理思路，从心理上自我成长。同时，针对来访者的比较严重的抑郁情绪，咨询师要提醒来访者求助精神科专科医生。

具体案例对话过程详见本章数字教材。

二、再婚

（一）再婚家庭常见的心理问题

再婚家庭的夫妻关系更加微妙，由再婚（remarriage）产生的问题比初婚家庭复杂得多，也更容易因此带来心理伤害。具体来说，既往婚姻经历对再婚者的心理影响、带入新家庭的未成年子女的融入都是再婚家庭中需要重视的问题。

1. 既往婚姻对再婚者的心理影响　既往的婚姻经历一定会给再婚者心中留下一个深刻印记。主要包括以下几个方面：①既往婚姻中的一些经验和互动模式，以及再婚者重新进入婚姻的理由都会对新的婚姻家庭产生各种不同的影响；②既往婚姻成为一个重要的参照模板，当再婚者不愉快的时候，会习惯性地用过去配偶的优点和今天配偶的缺点比较；③再婚的家庭还会和前任配偶存在经济或情感关系，特别是牵扯到子女问题、在前段婚姻中的承诺时，这个关系会更加复杂；④另一方也容易对配偶的前夫或前妻的存在感到威胁，从而增加对配偶忠诚度的质疑。

2. 再婚父母与带入家庭的未成年子女的关系　如果一方有孩子，再婚的夫妻都要面对如何与这个没有血缘关系的孩子相处的问题，未成年的孩子也有接受或不接受继父母的问题。如果双方都有子女带入新的家庭，那么双方继子女也需要适应对方家长和这个并无血缘关系的兄弟姐妹。唐绍洪指出：当孩子成为你再婚中的一部分时，某种微妙的冲突之源就会产生。这些冲突之源包括：①认为一方总是把子女放在这种关系的首位；②因为发现配偶只想自己帮助抚养孩子而不让别人去批评或约束孩子而产生的受挫感情；③很少有人喜欢抚养别人的孩子；④孩子通常像其生父或生母，这会令继父或继母感到嫉妒；⑤孩子要求与其离婚的生父或生母相会。

（二）再婚家庭心理问题的咨询要点

各类再婚家庭在遇到心理问题时，常常会求助心理咨询师。咨询师也需针对具体问题，帮助来访者做如下处理：

1. 再婚者的自我调适　再婚的夫妻双方都需要调整好自己的心态，恢复心理平衡，尽量不要把自己过去的婚姻生活经历和感受带到新的婚姻中。即所谓带着"初心"去迎接新的婚姻生活。当然，咨询师可以提醒来访者对过去的婚姻失败的经历做建设性回顾，总结经验教训，以利于维护新的婚姻关系。

2. 支持再婚者接纳对方的过往　咨询师需要提醒来访者这样一个原则：每一个进入再婚家庭的人，都要做好充分的思想准备，与他（她）的"过去"和平相处。咨询师需要帮助来访者在咨询环境中释放对配偶的不满情绪，并且为来访者提供更多的分析，促进来访者领悟。

3. 扮演好继父母角色　咨询师需要为来访者提供如下建议：①不要奢望马上取代孩子心目中的亲生父母地位，相反，要鼓励他们和自己的生父母保持联系；②顺其自然，适度允许子女对配偶的暂时不接纳。不要刻意营造全家和谐的假象，特别是不要刻意督促或威胁自己子女和继父母保持良好关系；③在处理继亲子关系时，再婚夫妻间需要先进行沟通，达成共识。彼此约定对所有子女一视同仁，鼓励孩子表达，增加相互了解，通过共同娱乐活动等方式，增加彼此的亲情。

下面介绍一个案例：

来访者与现夫再婚3年，婚后也有了自己的女儿。但是来访者发现丈夫总会和前妻联系，担心丈夫对自己不忠。咨询师通过共情建立良好的咨访关系后，咨询师发现来访者的丈夫的确是非常爱她，而只是迫于儿子的缘故而不得不和前妻继续保持联系。在这里，咨询师运用合理化的方法，帮助来访者发现其丈夫仍然与前妻保持关系的必要性，也确立了丈夫对来访者的真实感情，帮助来访者确信自己在婚姻中的牢固地位。然后，咨询师鼓励来访者理解丈夫，并可以多关心丈夫的儿子，一方面拉近自己的女儿与她的同父异母哥哥间的关系，另一方面帮助丈夫分忧，以更高的智慧培养自己和丈夫的关系。

具体案例对话详见本章数字教材。

三、婚外情

（一）婚外情现象的心理分析

婚外情（ultra-marriage love）是指已婚者与配偶之外的人发生恋情。在很多时候，这个词与"婚外恋"是相通的，并无程度或形式上的差异。婚外情单纯从字面上看是一场恋爱，但从本质却涉及恋情的合法性和忠诚度等重要内涵。婚姻本身是一种责任关系，而忠诚是婚姻责任中的核心内容。婚姻中只要有一方不忠，就会严重破坏婚姻关系，配偶为了避免冲突而蓄意隐瞒对方，将会对个人、家庭造成更大的破坏。

导致婚外情的原因众多，涉及个人自身、婚姻本身以及社会大环境等各个方面。有关婚外情流行着一些错误的观念：比如：每个人都不是绝对忠诚的；婚外情一定是配偶的错误，正是因为配偶有不足之处，才促成了婚外情；发现了婚外情的最佳反应是佯装不知，这样可以避免婚姻危机等。在家庭内部，婚外情出现时，往往"受害者"一方会站在道德的制高点上对"婚外情"的一方大加鞭笞，发泄愤怒情绪，但是有可能因为激怒对方而使得对方放弃缓和关系的努力。婚外情的确会带来婚姻危机，但是不一定会直接导致婚姻的毁灭。如果夫妻双方都能真诚地对待并积极处理，最终还是可以度过危机的。

（二）婚外情的咨询

婚外情带来的家庭危机在咨询中的处理步骤如下：

1. **应急措施** 应及时评估那些正在激情状态、准备仓促离婚的来访者，采取紧急措施加以阻止，并让他们明白咨询师有信心帮助他们度过危机。

需要注意的是，婚外情的受害方往往会站在道德的制高点上，动用所有的社会资源对对方进行攻击，试图以此挽回婚姻，或者发泄自己的不满情绪。但这只会让婚姻走向破裂。咨询师需要最先提醒来访者避免这种冲动行为，评估来访者的行为已经对现有婚姻造成了怎样的影响，并且要求来访者不要再继续这个行为，或者将发泄情绪的行为局限于咨询环境中。

2. **让所有相关人物一同就诊** 在初步共情，让第一来访者适度释放情绪后，提供一个平和、安全的场所，让婚姻双方共同来探讨到底发生了什么。

3. **定位问题** 使来访者了解为什么一方会做出不忠的行为。逐渐让来访者了解到不忠行为的现实原因及其背后的潜意识动机。

4. **使所有来访者都冷静** 让来访者明白任何歇斯底里的表现都只会让问题越来越糟糕。在采取行动前，应该考虑行动的策略。咨询师需要帮助来访者培养这样的信心——人们是可以耐受不忠行为的伤害，并且可以渡过这样的风波。

5. **找出解决方法** 帮助来访者选择行动的策略，特别是如何面对婚外情、如何面对婚姻、如何面对双方的关系等。咨询师应该让双方甚至包括婚外情的第三者都意识到自己有权选择自己的生活。

6. **讨论下一步行动方向** 根据婚姻双方对婚姻的需求，帮助双方达成妥协。

7. **结束咨询** 了解双方的担忧，决定双方如何面对今后的婚姻危机或不忠行为，确定应该做出的改变，让双方相信婚姻是可以度过危机并达到圆满的。

案例

来访者向咨询师"痛诉"丈夫变心的种种"劣迹"约 15 分钟。咨询师以接纳的态度，倾听来访者的所有陈述，并适时共情。确定来访者遭遇了丈夫婚外情事件后，咨询师评估了来访者在这段经历中的行为。当发现来访者在和丈夫争吵，而丈夫正在逃避，来访者想要试图闹到丈夫的朋友和家人那里，咨询师阻止来访者这样做。通过和来访者的沟通，发现丈夫婚外情背后存在着夫妻间的矛盾，来访者对丈夫的唠叨；也发现了来访者对丈夫的勤劳，就此鼓励来访者对丈夫温柔以待，以妻子的柔情和关心，在家庭层面上支持丈夫，从而挽回夫妻关系。

具体案例对话详见本章数字教材。

四、家庭暴力

（一）家庭暴力现象的心理分析

家庭暴力（domestic violence）是家庭成员中一方对其他人进行的肉体、精神和性方面的伤害。2001 年 12 月 24 日我国《最高人民法院关于适用〈中华人民共和国婚姻法〉若干问题的解释》中对家庭暴力的定义是"行为人以殴打、捆绑、残害、强行限制人身自由或者其他手段，给家庭成员造成一定伤害后果的行为。"家庭暴力的受害者常常是女性和儿童。家庭暴力的发生率并不少见，1975 年美国的一项调查显示 28% 的夫妇曾经经历过家庭暴力。2003 年我国的调查发现 16% 的家庭发生过家庭暴力，涉及总人口将近 2 亿。家庭暴力本身是一种违法行为，但是常常不被报告，因为不少文化群体对于家庭暴力的认知存在很大的差异，对于女性和儿童的暴力行为通常不被认为是虐待。暴力行为和许多因素有关，成长于暴力家庭环境的儿童，长大后更容易成为施暴者；婚姻暴力在年轻的配偶比年老的配偶更常见。酗酒、低自尊、低经济水平、子女过多、与社会疏远的家庭的暴力行为会增加。在我国，家庭暴力的产生既有历史原因,也有现实原因。

1. 历史和社会原因　由于封建夫权父权思想的根深蒂固,很多时候,丈夫对妻子、父母对孩子的体罚并不被大众视为暴力。例如女性在遭遇家庭暴力时求助警方,却往往被认为是"家务事"不予过问,或者只是批评教育,并无任何法律严惩,受害者求告无门只好放弃投诉,这会使得施暴者更加肆无忌惮。近些年来,婚外情现象增加,导致夫妻关系恶化,据司法部门的调查,婚外情已经成为家庭暴力的主要、直接的诱因。

2. 女性的性格特征和经济原因　有的女性在心理上依附于男性,男性也想当然地认为自己是家庭的主宰,在这种"大男子主义"盛行的家庭中把打妻子和子女视作天经地义的事情。也有的女性本身没有经济独立性,特别是下岗女工,也会在一定程度上形成对男性的心理依附。而家庭经济水平下降也使男性的压力增加,对于家庭中不顺心的事如"孩子不听话"的忍耐力更低,殴打妻儿成为其发泄情绪和释放压力的一种方式。

3. 遗传和成长经历原因　心理学研究发现,家庭暴力者的原生家庭中,人格障碍和精神疾病的发生率明显偏高。提示这一类父母可能给孩子遗传了基因素质,使得孩子存在人格和行为异常。还有些家长经常打骂孩子,孩子可能在长大后将这种行为习惯带到新家庭中。

4. 家庭暴力后的"蜜月现象"掩盖问题　家庭暴力发生后,施暴方在释放了情绪并冷静下来后往往会"意识到自己的错误",或者因为惧怕社会和法律的惩罚而被迫对受害者屈服,受害者为了"大事化小"也只好原谅施暴者,双方进入一个暂时的"蜜月期",给执法者和邻居以"重归于好"的假象掩盖了问题,从而使得社会力量放松了对暴力家庭的监督和持续支持。但是,由于家庭暴力的施暴方很大程度上是由于其人格特质以及家庭互动方式所决定的,所以当类似的家庭矛盾再次出现时,暴力现象还会再次出现。所以说,家庭暴力后的"蜜月现象",仍然是属于暴力行为的整个过程的一部分。

(二)家庭暴力的咨询

1. 咨询早期阶段　遭受家庭暴力的来访者此时往往失去自我控制,分不清解决问题的方向,不能做出正确选择,所以此时的重点在稳定心理和情绪。同时,确保咨询环境的私密性非常重要,因为长期被暴力伤害的来访者有如"惊弓之鸟",他们害怕求助的情况被施暴者知晓而再次受到伤害。如果评估来访者已经出现应激反应,甚至符合创伤后应激相关障碍(PTSD)诊断标准,则需要为来访者提供为来访者提供精神科和心理危机干预机构的转诊服务。

2. 咨询进行阶段　在得到充分的心理支持后,来访者有了一定的心理能量来面对困境,此时可以帮助来访者深入应对暴力事件带来的伤害,具体操作包括:①帮助来访者调整认知,使其认识到自己的非理性和自我否定部分,进而强化理性和自强的部分,获得对生活的控制;②帮助来访者寻找社会支持系统,包括其他家庭成员、朋友、亲戚、社会团体、法律保护服务等,及时对家庭暴力进行干预,避免进一步的伤害;③向来访者提供科学的处置态度——"零容忍":受害方必须在第一次受到家庭暴力时就应该及时意识到"这是家庭暴力",并且明确表示绝不示弱,对对方的行为约法三章;如果来访者已经多次遭受暴力,那么从下一次开始采取上述措施;④要鼓励来访者树立证据意识,在受到严重伤害时要注意收集证据并适度将证据提供给公安机构备案;⑤鼓励来访者对婚姻做理智选择,如果暴力行为持续发生,要选择勇敢地走出家庭,自立自强开始新的生活。

3. 咨询结束阶段　咨询师需要随访来访者,持续提供心理援助。原则上讲,直到暴力行为得到了有效控制,并且来访者重新获得了面对新生活的勇气和心理动力,咨询才算成功。

研究证明,不只是受暴者需要心理治疗,施暴者也需要接受心理治疗。在美国的一些州，被判决的施暴者会获得一个是去监狱还是去参加为期 6 个月的心理干预的选择权。结果显示，完成了心理干预的施暴者，一半以上的人停止了暴力行为。在我国尽管并无相应法律规定，但是咨询师可以提醒来访者寻求精神专科咨询。如果评估施暴者可能存在精神问题，根据《精神卫生法》有关规定，来访者是有权以监护人身份要求"110""120"协助强制送施暴者住精神病院的。

案例

来访者女性，42 岁，已婚，普通工人，饱受丈夫殴打 3 年，丈夫是一个下岗工人。

咨询师并不知道来访者前来咨询的目的。而在咨询的一开始，来访者表现出对咨询环境的不信任，引起了咨询师的关注。咨询师重申保密原则，让来访者放心，并且从来访者的紧张引入话题。这才让来访者放心说出自己丈夫长期暴力殴打自己的情况。咨询师进一步评估来访者有来自孩子的心理支持，而单位并没有真正支持来访者。来访者有离婚的意愿，但是由于被施暴方的"赔礼道歉"所迷惑，所以仍然在犹豫。咨询师介绍了家庭暴力的"蜜月现象"，并且介绍了家庭暴力处理的"零容忍"态度。鼓励来访者依法维护自己的权利。

具体案例对话详见本章数字教材。

五、酗酒

（一）酗酒者家庭的心理问题

1. 酗酒（excessive drinking）对家庭的影响　酗酒行为对家庭有严重的消极影响，酒精会缓慢但不可逆地损伤大脑的认知功能。长期酗酒的人性格偏激、固执、自私、懒散、不求上进、言而无信、情绪控制不良、丧失社会和家庭责任感。酒精依赖病程越长，这种变化越明显。到了晚期的酒依赖患者既不能照料家庭和承担义务，也不能很好地照顾自己。另外，由于患者本身丧失劳动能力，使得家庭经济陷入困境。酗酒者行为能力下降，从而增加了其他家庭成员特别是配偶的负担，酗酒也会妨碍夫妻间的有效交流与问题的解决等。生长在酗酒者家庭的孩子会出现各种心理、行为以及学业上的问题，并且他们本身很可能也会出现问题饮酒，尤其是男孩子。所以，常年酗酒者的家庭存在极大的危机。

2. 酗酒者配偶与酗酒者的性格"搭配"　酗酒者的配偶常常呈现出一定的性格特征：大多表现隐忍、懦弱的性格。酗酒问题难以根除，除了患者本身的原因外，还跟配偶与患者的互动方式有关：不少酗酒者的配偶在对患者饮酒的态度上表现暧昧，一方面不停抱怨患者不能承担责任，另一方面却没有勇气强制其戒酒。在求助专业机构的态度上也是如此，一方面宁可将患者送入医院，即便完成了治疗疗程也不肯接患者出院；但另一方面却对医院的严格管理多方挑剔，甚至发现有的妻子会利用探望患者的机会违反医院规定偷偷给患者带酒。这个现象的出现很有可能是由于配偶对常年所处的境遇感到恐惧和无力，因此对酗酒者产生的情绪依附和暴力屈服。

（二）酗酒者家庭的心理问题咨询

治疗酗酒者及其配偶是极具挑战性的工作，研究表明，让酗酒者的配偶也参与到心理咨询中会增加成功治疗的可能性，同时在心理咨询中，探讨婚姻问题也会增加夫妻双方关系的凝聚力和满意度。目前聚焦酗酒问题的婚姻咨询是解决"酒精型婚姻"问题的最有效的治疗方式。

1. 酗酒者的处置原则　酒依赖本身是精神疾病的一种。根据《精神卫生法》规定，家属完全有权强制送患者戒酒。目前多家精神专科医院都可收治酒依赖患者，甚至开设有专门的戒酒病房。

目前，在国际和国内都开设有"AA 戒酒协会"，由自愿戒酒的患者自发组建，也为相互

笔记

监督戒酒，相互提供支持发挥着重要的作用。如果患者能够自愿参加这样的组织，对于预防复饮、缓和家庭关系都有积极的意义。而让无酒精使用问题的配偶参与治疗能显著提高疗效，同时增强患者亲近社会的功能。

2. 帮助配偶与患者互动　配偶与患者的互动方式可能是导致患者疾病迁延不愈的重要原因。咨询师在帮助酗酒者配偶时需要对其做好如下认知矫正：①积极配合咨询，而且目标明确就是强制戒酒；②帮助配偶为患者设定好不能触碰的底线，一旦做到这一点，住院环境就成为戒酒的一个重要行为矫正治疗手段；③觉察自己想要逃避责任的意图，例如为了"眼不见心不烦"而回避接患者出院，或者在患者再次复饮后因为拗不过他而纵容其饮酒行为。

案例

来访者的丈夫 45 岁，持续大量饮酒十余年，目前已被精神科确诊"酒依赖"。患者妻子要求丈夫长期住封闭病房，但是患者不同意。为此在探视时已发生过多次争执。于是，在本次探视的过程中，主管医生请心理师来为患者和家属提供咨询。

咨询师发现来访者正在和丈夫争吵，因为丈夫向妻子保证绝对不再饮酒而强烈要求出院，而妻子基于以前丈夫的酗酒陋习根本不相信他的保证。咨询师帮助来访者及其丈夫共同理解"出院"与"不出院"背后各自的利益。咨询师建议丈夫能够获得出院的机会，可以参加 AA 戒酒协会，以及与妻子达成"复饮则立即送医"的承诺，督促患者不能言而无信。

具体案例对话详见本章数字教材。

六、精神疾病

（一）精神疾病患者家庭的心理问题

1. 精神疾病 (mental disease) 对家庭的重大影响　家庭中有成员罹患精神疾病，对于家庭而言毫无疑问是个重大挑战。首先，由于精神疾病所导致的功能下降，会影响患者的劳动和人际交往能力，进而影响家庭收入和家庭交流；其次，患者的异常情绪经常会传递给配偶和孩子，使得整个家庭都笼罩在这个情绪阴霾中。在精神疾病患者家庭中的未成年儿童既不能得到良好的照料，也没有足够的安全感。不仅如此，由于父母的认知偏差还影响到孩子对现实的理解，因此导致社会适应困难。

2. 精神疾病家庭成员心理咨询要点　咨询师要熟悉各类精神疾病的相关知识，并掌握《精神卫生法》中关于精神疾病转诊的相关规定。在咨询过程中需要关注以下几个方面：①提高家庭成员对于精神疾病的认知，特别要消除家庭成员对疾病及家庭现状的合理化解释，如认为是患者的自己"不争气、人品差、命不好"等，鼓励家庭成员及时送患者就医。②给予家庭成员以心理支持，如倾听家属在护理过程中的艰辛，鼓励家庭成员参与到患者的治疗过程中。③消除患者和其他家庭成员对于理想家庭的不现实期待，让他们基于现实条件重构家庭关系。

（二）抑郁症所致的婚姻家庭问题

1. 抑郁症与家庭问题的相互关系　抑郁症与婚姻家庭问题之间有着不可分割的关系，婚姻问题和抑郁症之间可以互为因果。抑郁症对家庭最大的伤害在于影响到孩子的健康成长——一个有抑郁症的母亲很难做一个温和的、包容的母亲，从母亲的角色中很难获得满足感，并对做母亲的资格缺乏足够自信，这些对孩子来说都是极大的创伤。而抑郁症的父亲对孩子的影响更大，会导致青春期阶段的孩子丧失融入社会和挑战挫折的勇气。这样的影响即使在父母抑郁症状缓解后仍然存在，甚至会导致子女的心理障碍。

2. 如何在家庭层面处理抑郁症问题　目前针对抑郁症的药物和心理治疗效果均较好，

最大的问题是很容易被漏诊以及治愈后容易复发。咨询师在面对抑郁症患者时，需要评估家庭环境中对患者康复的有利和不利因素，鼓励家庭成员一同参与到干预中，提高对疾病的认知，培养既对患者康复有利又不伤害到其他成员的家庭互动模式。

在心理咨询过程中，发掘婚姻中的支持性因素非常重要。其中，常见的支持性因素包括：①内聚力（夫妻或家庭成员在一起从事愉快活动的时间）；②对全部表达的接受；③配偶的援助；④自我支持；⑤配偶的可依赖性；⑥亲密感与坦白。合理利用这样的资源，对抑郁症患者及其婚姻有很好的修复作用。

（三）焦虑症所致的婚姻家庭问题

1. 焦虑症与家庭问题的相互关系　焦虑症会对婚姻家庭造成极大的负担。同样是由于情感的"感染性"特征，一个焦虑的患者其配偶及孩子也常常会有强烈的紧张不安感，容易出现生理和心理问题。江开达2005年的研究表明，大约50%有分离性焦虑症患者的父母也有焦虑障碍或其他情绪障碍。而焦虑症患者会渴望将诸事控制在稳定的局面，墨守成规，害怕挑战。有的焦虑症妈妈甚至会因为担心孩子出危险而阻止孩子的户外活动和同学间交往。有时其他家庭成员不得不挑战患者的控制，由此造成家庭矛盾。

2. 如何在家庭层面处理焦虑症问题　由于婚姻中一方或双方的焦虑症所致的婚姻问题，除了聚焦于患者本人焦虑症的药物和个体心理治疗外，也应接受聚焦于婚姻关系的心理咨询。在对个体进行心理干预的同时，如果家庭能够一同参与会有事半功倍的效果。一些以家庭为单位开展群体练习的方法包括：放松训练、自我报告训练、生物反馈和静观练习等。

案例

来访者小张现年21岁，男性，是一名大二学生，在大一时因抑郁症出现自杀行为，住院治疗而休学一年。在得到充分的药物治疗控制抑郁后，小张渴望尽快复学，而妈妈却要求他继续休学一年，母子因此发生争执。妈妈前来求助心理咨询师。

经过咨询师的分析，发现妈妈是一个过度焦虑的人，自小因为生怕来访者出事而严格管束，使得孩子失去太多在社会中锻炼的机会。而现在她也同样过度担心孩子的抑郁复发。咨询师提醒妈妈转换参照视角，从其他人的"心怎么都那么大"反观到自己担心自己的孩子担心得过分。鼓励妈妈在情感层面上为孩子松绑，并在咨询师的帮助下独立面对自己的焦虑。

具体案例对话详见本章数字教材。

（武雅学）

第十章　　不同年龄阶段的心理咨询

人的发展是一个终生的过程。埃里克森（E. H. Erikson）将人生发展分为八个阶段，指出每一个发展阶段都存在着一对矛盾或危机。哈维格斯特（R.J. Havighurst）则认为，在人生发展的历程中，每一个阶段的人都有必须完成的发展任务。人不是一个封闭的系统，而是在与环境的互动中成长的。社会的变迁使人不断面临新的机遇和挑战，也会带来新的成长课题。在心理咨询中进行评估时，求助者的年龄发展阶段是必须予以考虑的重要因素。

第一节　儿童期心理咨询

儿童期是一个非常特殊的阶段。由于人们很难清晰地回忆起幼年的生活，所有的回忆中都夹杂了长大后经验的处理，我们又很难和孩子们用同一个话语系统交流，成人往往透过有色眼镜来解读儿童的各种思想和行为问题。在某种意义上来说，人最不了解的是自己，对自己最不了解的是儿童阶段。

一、主要心理特点

（一）童心是儿童心理的集中反应

舒伯（D.Super）认为，儿童是人生中一个重要的角色，即使到成年期，这一角色的扮演也是整个生涯发展的一个组成部分。儿童最大的心理特点就是具有一颗童心，透过童心看到一个世界，也用童心去理解世界，他们的行为则是童心的外现。具体来说，童心大致有以下五个特点：

1. **灵性的感受**　儿童是天生的"泛灵论"者，年龄越小越是如此。儿童处在"自我中心期"，完全以自己的感受为标准去推导外界。儿童无法对有生命和无生命的事物进行有效区别，常把人的意识动机和意向推广到无生命的事物上。一个直接的例子就是，当儿童摔跤感到痛而哭泣时，父母打打墙壁或踩踩地板可以使儿童停止哭泣甚至转哭为笑，因为墙壁、地板以及任何物品在儿童眼中都和自己一样，挨了打会痛的。

儿童相信童话里的故事是真的，相信他所接触的一切都会像自己那样有感受。对他们来说，外面的一切都可以是他们的朋友，可以和他们对话，当然也可以是可怕的威胁，而且可能有东西会故意伤害自己。儿童自己有灵性的感受，所以在他们的眼中，一切都是有灵性的，没有区别。完全将自己的内心投射到所接触的事物中去，创设出一个我们成人很难理解的，对他们来说却是非常真实的世界。

2. **好奇的探究**　儿童是天生的"探险家"。对他们来说，眼前的一切都充满了神奇，都要去探究，都想去摸一摸、拿一拿、动一动。他们总在试探着去认识世界，弄清究竟。例如，很多小学生仍喜欢将手头的东西大卸八块，直到不能再拆卸为止。童心的这一特点还表现在认知需求上——原因探究，这一强烈而广泛的认知探求往往使成人伤透脑筋。儿童的好奇心与成人的榜样和强化关系密切。

3. 沉迷的活动 儿童还是天生的"行动家"。对儿童来说，只要是他们自己愿意从事的活动，总是沉迷其中。他们不会像成人那样在活动时，同时能够从活动中跳出来审视所从事的活动，而是整个心身都和当前的活动连接在一起，成为活动的一个部分、一个零件、一个要素，往往进入忘我的境界。所以当我们看到儿童沉醉地活动时，需要看到那个活动才是那个儿童，活动中的那个孩子只是其中的一个要件。

4. 非功利的态度 儿童也是天生的"非功利主义者"。他们在各种自发的活动中，目的就在于活动的本身，在于活动的过程，没有功利的考虑。可以这样讲，当成人开始让儿童逐渐滋生功利之心时，就开始了一个人童心的压抑过程。

5. 处在当下 自完形治疗理论诞生以来，"活在当下"渐渐成了健康生活的一个重要指标。咨询中也对即时性、此时此地给予高度的重视。殊不知，对儿童来说非常简单、非常容易，因为本来如此，他们总是处在当下，他们的感受和行为都是即时性的，总是和当时的环境与当时的感觉连在一起。

由于儿童总是处在当下，他们的想象和现实是不分的。如儿童拿着玩具武器做战士打仗时，他们俨然就在一个真枪实弹的战场，射击时嘴巴里发出的声音在他们那里就是真的枪炮声，周围一切都成了战场，没有其他存在。当成人看到儿童旁若无人、煞有介事地玩着自己的游戏时，可能觉得好笑或不理解。殊不知，对正在其中的儿童来说，他们正处于自己想象出来又实践着的世界之中。

一个人的童心不会随着发展而逝去，只可能因为成熟被压抑或扭曲，非常遗憾地成为一个人成熟的代价。

（二）成人羡慕是儿童心理的共同特点

儿童生来处于弱势，一切都在成人的掌控之下，看到的也是一个成人控制的世界，对儿童来说，成人就是一个无所不能的超人，由此产生成人羡慕。成人羡慕后面的动力是希望能掌控环境、获得自由的需要。

1. 模仿和认同成人角色 儿童会在各种游戏中模仿成人的角色，并且极其投入，从中满足做成人的愿望，感受自己的力量，获得一种控制感。与此同时，儿童会对父母、老师和其他自己喜欢的成人产生较强的认同感，通过对成人个性品质的效仿，增加自我"强大感"的意识。认同带给儿童以榜样的力量和发展的动力，对儿童性别意识和道德感的发展具有重要影响。

2. 成人依赖与服从 儿童羡慕大人、想做大人，但又做不成大人。在儿童眼中，力大无比的成人对他们来说都是权威，只有服从；另外，限于自身的心身力量，他们又离不开成人的照顾和保护，需要从成人那里获得安全和温暖，由此又特别依赖成人。根据达蒙（Damon）对权威认知发展的研究，小学低年级的儿童以比较容易盲目的服从父母权威为主，而小学中高年级的儿童除自觉自愿的服从父母的权威外，可能会对父母的强制命令产生反抗情绪。因此，小学生家长应重视自己在儿童心目中威信的建立，改变过于严厉的教养方式。此外，进入小学后，儿童会认同教师的权威，并将教师的权威性放到最高，超过父母。

3. 自由成人假设 在儿童眼里，成人是绝对自由的，想做什么就做什么，想做什么就能做什么。他们也许会在生活中学会一些控制父母的行为方式（如哭闹、撒娇、不吃东西等），这些行为后面潜含着一个意识：他们认为只要对家长控制成功，就能满足自己的任何愿望。

（三）两极性思维与行动性思维

儿童时期思维的基本特征是以形象思维为主，在发展中逐渐转化为抽象逻辑思维为主。这种过渡要经历一个演变的过程，从而构成童年期儿童思维发展的基本特点。儿童的思维是两极性的，进入小学改变也不是很大。在他们的头脑中，事物总有一个单线的因果关系，

笔记

非黑即白、非好即坏。不要老师教，他们也会无师自通地用"因为……，所以……"造句来构造世界。

儿童思维的另一个特点是行动性，思维总是和行动联系在一起，这也是他们喜欢拆卸东西的一个原因。他们若想搞清一个事情，总离不开动作，这说明儿童的心智化过程还没有发展到成熟的水平，他们不善于使用语言，而是通过行动完成思维过程。

（四）情绪情感的动因与调节

儿童最初的情绪反应是与生理需要相联系的，随着年龄的增长，活动和接触的范围扩大，儿童自我的情绪体验由与生理需要相联系的情绪体验（愉快、愤怒）向社会性情感体验（自尊、委屈、羞愧等）不断深化、发展。

对3岁以前的婴儿来说，情绪的内容多与个体保存本能、安全感的获取和其他生理需要有关，这个时期的儿童如果受到惊吓或者安全感没有得到满足，会对儿童的心理发展产生影响。幼儿阶段的儿童，由于大脑皮层功能尚未完善、大脑的分化能力不足和内抑制力较差等原因，受惊吓后，容易产生情绪的泛化，如被一只老鼠惊吓后，长大后可能见到皮草也恐惧，因此，安全感的满足仍是重要的。此外，随着引起情绪反应的社会性动因不断增多，幼儿阶段开始，自尊感、荣誉感和道德感等社会性情感体验逐渐得到发展。自尊感是最值得重视的幼儿自我情绪体验，儿童在3岁左右产生自尊感的萌芽，到童年期，自尊感具有稳定性。自尊需要得到满足，将会使人自信，体验到自我价值。父母的教养方式和同伴关系等因素会对儿童的自尊水平产生影响，而儿童自尊水平的高低又与以后的情绪发展和适应性有一定的相关性。

儿童情绪的自我调节能力较差，婴幼儿期的儿童情绪稳定性较差，善变、易受暗示，容易受外界事物的影响和支配，随着年龄的增长，儿童控制和调节自己情绪情感的能力会逐渐加强。与成人相比，儿童的自我评价能力总体还很差，成人的言语、态度和对儿童的评价在其个性和情绪情感的发展中起着重要作用。在儿童阶段，如果成人因为言语和错误对待等不当行为而伤害了孩子，可能给其个性和情绪造成不良影响，产生消极的后果。此外，家庭不和、夫妻关系紧张等不良家庭关系，会影响儿童安全感和自我价值感的形成，造成儿童心理压力。

（五）儿童话语系统的语言限制

不同于成人，儿童虽然看上去能说会道，但对语言符号的象征意义理解有限。由于一般知识的缺乏和认知能力的局限，使儿童难以通过相关话语发展会话主题和维持长时间的会话。他们的思维具有行动性的特点，因而他们的内心世界常常和活动是连在一起的。如果仔细观察儿童与儿童之间的沟通就会明白，他们有自己的一套话语系统——非语言化的、行动着的话语系统。说儿童的语言限制是用成人的标准，如果我们能够理解儿童的语言，就会很容易发现他们非常丰富的内心世界。对儿童咨询的研究发现，游戏、活动、行为产品（如涂鸦）等都是儿童独特的语言。

（六）人际互动对儿童心理的影响

婴儿期充满了依恋和控制，最终应该达成一种平衡。婴儿处处依赖父母，父母紧紧地控制着儿童的行为，亲子交往的质量和安全的亲子依恋关系是健康自我发展的重要条件，安全型依恋的儿童社会技能发展得更好，成年后可以拥有信任而稳定的人际关系，并具有良好的与他人分享感受的能力，更容易适应新的环境。儿童的依恋是一个不断发展的过程，家庭情况和亲子关系的变化，会在某种程度上改变早期依恋的性质。幼儿期的儿童开始出现反抗父母的控制，要求行为活动的自主和实现自我意志，亲子关系的特点从父母对其行为的单方面控制逐渐转变为父母与儿童一起做决定，同时对儿童的决定给予监督和指导。亲子关系逐渐转变为平等、互相尊重的合作关系，有利于儿童独立性的发展。平衡的控制关系和教养方式有助于孩子的健康成长。

儿童的交往对象从以父母为主逐渐转移到以同龄伙伴为主，同伴关系主要是指年龄相同或相近的儿童之间在相互交往过程中建立和发展起来的一种人际关系，从婴儿期最松散的意义上存在着的同伴关系逐渐发展到各种复杂的、互惠的相互协作关系。同伴关系有利于儿童社会认知、社会交往技能的发展和健康人格的形成，并对儿童的学校生活和学习产生影响。

二、主要心理问题

普鲁特和布朗（Prout & Brown）综合一些研究认为：儿童的心理障碍基本上是一个发展的问题，"除了一些极严重的精神问题或行为外，许多看似问题的行为其实只是正常发展过程中的偏离。成人身上被当作病态的行为对儿童或青少年却未必是不正常的。"这是一个极具启发性意义的看法，在发展或成长过程中看待儿童的心理问题，从他们自身发展阶段的价值中看待他们产生的这样或那样的心理困扰，这些问题就成了一个成长性的课题。

相对于成人，儿童的个性很不稳定、反省自己和调控行为的能力有限，这本身不是一个问题，而且恰恰是很正常的，使他们具备很大的可塑性。儿童的这一特点使他们在正常发展过程中常伴随许多行为问题。许多研究表明，儿童在特定阶段出现的一些特定行为，经常使父母或教师感到头痛，往往被看成是"有问题"，但实际上是正常发展的一部分。如果要对这类儿童进行心理咨询，可能要处理的不是这些问题本身，而是由这些问题带来的与家庭系统、学校系统冲突的解决。所以根据儿童心理发展任务来看他们的问题是很重要的。儿童心理障碍的内容本来并不十分复杂，但由于儿童不能像成人那样通过丰富的语言来宣泄内心的压抑，所以心理障碍更多以行为障碍为主。

（一）儿童行为问题和情绪问题

研究者根据大量临床记录和流行病学调查的数据资料，总结出儿童成长过程中容易出现的两大类问题：行为问题和情绪问题。

儿童行为问题主要表现为躯体攻击、言语攻击，破坏行为，不负责任、不服从或不良人际关系等一系列的问题。具有这类问题的儿童可能由于未能在成长中学会自我控制，或者在早期家庭中学会了不同的行为规范，往往很难遵守适合于他们的社会行为规则和规范。儿童情绪问题主要表现为恐惧、抑郁和害羞，通常比行为问题持续短暂、表现温和。许多研究发现，大多数具有行为问题的儿童，很大程度上同时具有情绪问题。

（二）注意缺陷多动障碍

注意缺陷多动障碍（attention deficit hyperactivity disorder，ADHD），就是通常所说的儿童多动综合征（Hyperkinetic syndrome），主要表现为与年龄不相称的注意力易分散，注意广度缩小，不分场合的过度活动和情绪冲动，并伴有认知障碍和学习困难，智力正常或接近正常。约 5% 的儿童患有 ADHD，家长们可能在儿童处于婴儿期就注意到症状，但大多数儿童直到 4 岁才能诊断为 ADHD，学龄期儿童症状明显，有这种障碍的儿童在课堂上常常违反纪律和袭扰他人，但他们自己是很难自控的，因此不能简单地将他们的行为看作是品德问题。

该症产生的原因还不很明确，韦斯（Weiss）认为它是生物 - 心理 - 社会诸因素影响的结果。一般认为该症主要和儿童神经系统发育的不成熟有关，是一种大脑发育中的功能性障碍。一些研究发现出生时体重低于 1500g 的婴儿，患 ADHD 的风险增加 2～3 倍；孕期饮酒可能增加儿童患此病的风险；感染和铅等神经毒素接触史以及家族遗传因素，也会有所影响。家庭和心理社会因素，如父母关系不和、教育方式不当、父母性格缺陷、父母中有反社会或物质成瘾行为、童年与父母分离、受虐待、家庭经济困难、住房拥挤、学校的教育方法不

笔记

当以及社会风气不良等因素均可能是儿童患病的诱因或症状持续存在的原因。

（三）学习障碍

学习障碍（learning disorder）在 DSM-5 中被称为特定学习障碍，是指儿童在学龄早期，同等教育条件下，出现学习技能的获得与发展障碍。包括阅读、计算、书写的问题，远低于年级平均水平。这类障碍不是由于智力障碍、中枢神经系统疾病、视觉、听觉障碍，或是情绪障碍所致；而是多起源于认知功能缺陷，并具有神经发育过程的生物学因素。此外，不良的家庭环境和教育方式、学习动机水平低、学习兴趣差、情绪易波动、自我意识水平低等心理和社会因素也是学习障碍发生的诱因或者原因。学习障碍可继发或伴发行为和情绪障碍，但行为和情绪障碍不是学习障碍的直接后果。如果此障碍一直未被诊断和治疗，儿童可能会不喜欢或讨厌学业，可能导致低自尊、抑郁和其他问题。除学习不良外，学习障碍比较常见的表现有：

1. 注意力不集中，做事磨蹭，有头无尾，缺乏时间观念和任务感；社会适应技能缺陷，凡事都要依赖别人；缺乏良好的学习习惯与学习方法。

2. 缺乏学习兴趣，缺乏好奇心，对人对事缺乏兴趣；或学习兴趣肤浅、范围狭窄、兴趣不能稳定持久。

3. 缺乏学习动机或学习动机多停留在短暂、肤浅的消极水平上，具有游移摇摆的特点，缺乏强大而稳固的动机支持。

4. 学习态度不良，目的不明确，呈现一种漫无目的的学习倾向；缺乏学习热情和自觉性；自制性和坚持性差。

5. 活动过度，问题行为、违纪行为多、自我控制力差，不易与同学建立良好人际关系；寻求反面心理补偿，出现逆反心理及情绪对抗。

6. 自我评价差，容易感到挫折、忧郁、焦虑、窒息感、压抑感，易自卑及封闭。

三、咨询的技术要点

（一）儿童咨询的独特性

儿童心理咨询的咨询关系和过程具有不同于成人的特点，主要表现在以下几个方面：

1. **语言发展水平和能力**　限于语言和认知的发展水平，儿童无论在通过语言表达自己和理解他人方面都有困难。在成人咨询中最常见的以"谈话"为主要形式的咨询，在儿童那里就会受到限制。所以，在儿童心理咨询中一个特别的课题就是充分运用非语言技术。作为一名儿童心理咨询师，需要对儿童独特的表达方式有较好的了解，比如说眼神、表情、身体的姿势、动作、语音、语调等传递了什么，利用这些信息了解儿童并与之沟通。在沟通过程中，要注意言语和非言语的协调一致性，只有言语和非言语搭配得好，才会起到更大的作用。如你信任一个孩子，用特别亲切、慈祥和充满信心的样子看这个孩子，当他问到"你觉得我能做好吗"，你还没说话这个孩子有可能就得到鼓舞，比你直接说"我相信你"，但是表情没有相应的变化要好得多。

2. **咨询动机与领悟能力**　儿童在咨询动机上和成人有很大的不同，成人常常能意识到自己问题的存在，而儿童则往往不承认或者没有意识到问题。成人会自己决定或在别人的鼓励下决定是否接受咨询，虽然咨询过程中会有阻抗或拒绝，但在寻求专业帮助上是主动的；而儿童却不太可能有这样的动机。另外一种常见的情况是，大多数接受咨询的儿童是由家长或教师的要求而来的，自己是非自愿的。

从人格发展来说，成人已相对稳定，而儿童仍处在不断变化的过程之中。他们的防御机制尚未建立，自我概念还未确立，他们的认知发展水平尚处于皮亚杰提出的具体运算及其以前阶段，这使儿童在领悟、觉察、自省以及运用语言表达自我的能力上与成人有很大差距。针对这种情况，儿童心理咨询师应该尽量采用玩具等生动形象的道具和活动开展工作，启发儿童领悟。

3. **环境的控制**　相对于成人，儿童更加受制于环境，比如他们不能决定是否搬家、父母是否离婚，不能决定是否调个座位、更谈不上换一个班级或学校。他们不能像成人那样有可能对环境的改变做出较为主动地选择，在环境面前，儿童是个弱势群体，对环境有很大的依赖。基于此，儿童咨询中，将其生活环境纳入咨询系统就显得非常重要，我们一方面要帮助儿童尽量有效地应对环境的压力，另一方面要努力营造适宜儿童身心健康发展的生活环境。

从以上一些扼要的分析可以看到，儿童心理咨询的独特性对咨询师的要求更高。

（二）与儿童的沟通

儿童有着非常丰富的内心世界，也生活在自己的经验世界之中。和成人一样，他们也有拥有自己、维持自己和提升自己的需求；他们也有自己内隐的态度、价值观及人格特质；在和环境的互动中，他们也会感受到压力，也有内在的冲突、自己的情绪和困扰。只不过，建构他们内在世界的参照系是和成人不一样的，所以图景也和成人不同。对于儿童的心理咨询，我们要了解孩子的行为，最好是从孩子本身的参照架构着眼，看清楚孩子和孩子的世界，就如同这个独特的个体看待自己和他的世界一样。

咨询中需要来访者去感受自己的、私人的经验世界，并将这些感受和体验在咨询关系中分享出来。成人的自我发展水平和言语能力都可以达到这一要求，而儿童不仅言语能力受到限制，并且自我及自我概念还有待进入青春期后的主观化建构。这时，他们是不可能像成人那样用语言符号来表征和传达对自己的经验世界的感受和情绪的。因此以下几种方式就成为与儿童沟通的重要渠道：

1. **游戏**　游戏是每个孩子喜闻乐见的活动方式，是一种与儿童沟通的有效方式。儿童可以通过游戏，来表达其丰富的内心世界。重要的情绪经验通过游戏能被表达和重新赋予意义。通过游戏，还可以将现实中无法处理、控制的情景改变为象征性的、可控制的。在游戏中，儿童可以宣泄情绪，学习责任和规则，也可以重新体验挫折；在游戏中，儿童可以有身体的接触，可以用社会能够接纳的方式表现其攻击性，同时可以学习如何与人相处；游戏可以为儿童的想象力插上翅膀，也有助于其人格特质的形成。

游戏与儿童心理发展的关系是多方面的，其中对儿童情绪发展的研究指出：游戏时，儿童正负面情绪都会出现，就像在真实生活中所经历的一样。因此在游戏中，儿童的情绪，特别是负面的情绪，就成为研究者了解在适应上有困难、情绪上有障碍儿童的方式之一。儿童在游戏中可以"复活"他们的快乐经验，也能修复自己的精神创伤。针对儿童发展起来的游戏治疗，是一种较为适合儿童的心理咨询模式。

2. **绘画**　绘画是儿童表达自己愿望的语言和符号，也是儿童非常喜欢的动作游戏。我们可以将儿童的绘画过程看作他们的说话过程：他们的画就是他们的文字，他们作画的过程就是在与自己或咨询师沟通。从儿童的绘画中，可以看到他们对世界的经验和怎样组织这些经验，可以看出他们对这些经验的反应和感觉，可以发现他们的愿望和需要，可以体现他们对自己的概念。在儿童那里，相对于言语活动，绘画是他们自我探索、自我表露和自我实现的主要而又特殊的途径，是他们的重要语言。

当人在感受自己的内心世界时，会出现许多情境，呈现出来可能就是一些图景。虽然儿童还不能借助言语充分呈现和袒露自己，他们的画却能够形象地展示出他们的内心世界及其变化。

3. **其他方式**　儿童在一般的体育运动、舞蹈、音乐、表演、讲故事等活动中，都能非常投入，并且将他们内在的愿望、需要、情绪、想法等投射其中；在这些活动中展现自己、表达自己，与别人互动。这些都是儿童的语言，借助这些活动，也是和儿童很好的沟通途径。

笔记

（三）家庭的引入和以父母作为咨询对象

引入家庭是对儿童咨询的一个较好途径。实际上，家庭治疗的探索就是从儿童个案的咨询开始的。由于儿童对环境的依赖要大大高于成人，家庭的引入可以从协调家庭系统的角度解决儿童的问题，而不单单将儿童作为咨询的对象或问题的所在，从而更有效地解决儿童的问题。另外，家庭的引入还对咨询师处理好来访者和父母的关系带来帮助，并且可以调动父母的资源协助儿童改变。

孩子的问题往往是一个家庭系统问题的表现，引入家庭治疗是一个方面，有时直接将父母作为咨询对象也是很有必要的。大量儿童咨询的案例表明，许多儿童的问题和父母对孩子不满意以及被不当要求和对待有关。父母往往不去处理自己对孩子的情绪、挫折感、无价值感等，反而变本加厉要求孩子改变以让自己满意，这样又加重了孩子的问题。许多时候，当父母转向处理自己要面对的问题，包括处理好对孩子良好的愿望和接纳孩子实际情况的关系，这时，孩子的问题就会出现转机，甚至不用再对孩子做工作。

（四）几个特别问题的处理

1. 攻击行为　攻击行为又称侵犯行为，是指针对他人的敌视、伤害或破坏性行为。主要表现为对身体的侵犯，言语的攻击以及对他人权利的侵犯。精神分析理论认为人生来具有的死亡本能追求生命的终止，各种暴力行为和破坏性活动，是敌意的、攻击性冲动产生的根源；新行为主义者则把攻击行为作为应对挫折的结果，攻击可以减轻挫折的痛苦，被攻击者发出的痛苦信号称为二级强化物；社会学习理论的代表人物班杜拉把攻击行为看成是通过直接强化或观察学习而习得的；社会信息加工理论强调了认知在侵犯行为中的作用，认为一个人对挫折、生气或明显的挑衅反应并不过多依赖于实际呈现的社会线索，而是取决于他怎样加工和解释这一信息，由于儿童过去的经验和信息加工技能不同，因而在对攻击行为的认知上有很大的个体差异。对于攻击行为的矫治可采用以下多种方法：

（1）榜样示范：避免让儿童观看暴力电视、电影、书刊，以免模仿；提供给儿童内容健康的娱乐节目，注意引导儿童分辨大众传媒。家长必须注意自身修养，不要因自己对某些事情不顺心而在孩子面前毫无顾忌地攻击别人。夫妻之间要避免争吵打骂，为孩子树立良好的榜样。对孩子教育要求要一致，既不可打骂，也不可溺爱。

（2）家庭咨询：与成人相比，孩子的行为更易受环境的影响。实践证明，生活在一个有良好家庭气氛、有充裕玩耍时间以及有多种多样玩具环境中的孩子，攻击行为会明显减少。

（3）行为矫正：行为矫正是处理儿童攻击行为常用的也是比较有效的方法，如识别并去除攻击行为的奖励物，可减少儿童攻击行为的发生。

（4）问题解决技巧训练：具有攻击行为的儿童通常存在认知缺陷，例如交流技巧、解决问题的技巧、冲动和情绪控制等方面的技巧。问题解决技巧训练包括以下几个步骤：帮助儿童理解问题，将问题在头脑中以恰当的形式再现出来；定出获得结果的计划；实施计划；检验结果。要教会孩子懂得宣泄自己的感情，把自己的烦恼、愤怒通过适当的途径宣泄出来，尽可能使孩子的攻击行为减少到最低的限度。

（5）积极寻求环境支持：许多有攻击行为儿童的家庭不愿意采用家庭咨询，一些家庭功能严重紊乱的儿童也不适合使用家庭咨询。因此，还需要为此类儿童寻求更多的环境支持：一是可以发展一些社区干预计划，借助社会的力量来帮助这些儿童；二是可以实施一些学校干预计划。

（6）培养孩子丰富深厚的思想情感：有些孩子见到小动物，会去虐待它，以发泄内心的痛苦和愤恨。有这种行为的儿童可能对自我不满，或者在爱的关系上受到挫折。家长要从各方面关心他、爱护他，可以让孩子通过饲养小动物来养成孩子的仁爱之心和爱怜之情。这种鼓励亲善行为的方法，可培养孩子丰富、深厚的思想情感，是纠正孩子攻击行为的一条

笔记

行之有效的途径。

2. 欺凌行为 欺凌是一种特殊形式的攻击行为，是指强势个体对弱势个体重复实施的故意攻击行为。小学儿童的欺侮行为的发生率较高，严重影响儿童的身心健康和发展。受欺凌的儿童通常会表现出恐惧、焦虑、抑郁、失眠、做噩梦、注意力涣散、逃学等后果，并且受欺凌的儿童的自尊心将受到严重影响，这种影响可能会持续终生。而经常欺侮他人的儿童，学龄期间的攻击行为如果得不到矫正，可能造成以后的行为失调或暴力犯罪。

针对欺凌行为，应该通过宣传等手段，提高学生、教师、家长对欺凌行为的认识，了解其所产生的严重后果和可能要承担的法律责任；加强对欺凌事件易发地点的监控，为受欺凌者提供保护；及时进行有效的心理干预和疏导，减少欺凌行为给受欺凌儿童带来的心理创伤。同时，通过角色扮演、自控能力训练和移情训练等方法对欺凌者进行攻击行为的心理矫治。

3. 害怕和恐惧 对于儿童的害怕和恐惧症状常采用以下方法进行矫治：

（1）行为矫正：系统脱敏是针对恐惧的常用且有效的方法。此方法首先要进行全身放松训练；然后，帮助儿童建立恐惧刺激等级表，恐惧等级评定以儿童主观感受为标准；最后再进行恐惧刺激与松弛活动相配合的活动。

（2）认知咨询：一般说来，对于年龄接近或大于 10 岁的儿童采用认知咨询效果较好。认知咨询着重于将引发焦虑和恐惧的思维调整至理性的认知方式，从而形成适应良好的行为方式。

（3）生物反馈疗法：帮助儿童进行自我全身的放松训练，用生物反馈仪效果更好，这一方法对年长儿童更为适用。

此外，对于年幼儿童的游戏和音乐咨询、对于严重焦虑和恐惧儿童的药物咨询也是可选的方法。

4. 儿童注意缺陷多动障碍 儿童注意缺陷多动障碍是由生物、心理、社会多因素引起，因此矫治时也常针对这三方面进行综合治疗。对已经被精神科医生诊断为注意缺陷多动障碍的儿童，在生物医疗医学治疗的同时，心理咨询师可以采取适当的咨询措施，以协助他们度过这一困难阶段，防止由此而带来的负性影响，从而获得较好的发展。

（1）环境支持：家长和老师在孩子教育中起着各自不同的作用。帮助父母和教师了解多动症的有关知识和照管方法，改变将多动症儿童当"坏孩子"的看法，并改变简单粗暴的教育方法，重视正性强化教育，多支持和鼓励。加强教师和父母之间的联系，了解儿童在学校和家庭表现的情况，使两者教育相结合，效果更好。如开展家长和教师的座谈会等形式增强双方的信任。必要时，可寻求心理咨询师的帮助。

（2）行为矫正：用行为矫正的原理，在生活、教育训练中，当儿童适当行为出现时给予不同方式的强化；当破坏性等不适当行为出现时，给予消极反馈。每日"家-校"行为报告卡就是一种有效的课堂行为管理干预办法。这种方法要求教师将儿童在学校中的表现记录在一张卡片上，每天向家长汇报，使家长及时了解孩子在校的表现，并给予一定奖励和惩罚。行为矫正疗法在提高儿童认真完成任务的时间和准确性等方面效果显著。

（3）认知行为干预：利用自我指导训练法，训练儿童的自我控制、自我指导、多加思考和提高解决问题的能力。训练目的在于使儿童养成自我调节的习惯和能力。可以通过以下两种方法帮助儿童进行自我指导训练：一是让儿童边说指导语，边完成某项作业，如"我现在要做作业了，必须集中注意力，认真细心地做，第一题是"，逐渐由出声的自言自语向内心独白过渡，这样有助于儿童集中注意力，较快地完成作业；另一种是视觉意象法，如让 ADHD 儿童想象自己成为一个动作缓慢，正在泥沼里打滚的笨重的大象，通过视觉意向来缓行。

自我调节的一个重要成分是有意识地评价刚刚做出的行为，并在必要的时候改变行为模式。在儿童未形成自我控制之前，必须由成人在旁边进行指导和督促，给予及时的反馈，这样可以促使他们积极改变不良行为。研究表明自我调节可以帮助 ADHD 儿童控制过度活动、改变不良行为、提高学习成绩和增强自信心。

（4）疏泄疗法：一是情绪疏泄，二是精力疏泄。对他们过多的精力要给予宣泄的机会，可指导他们参加跑步、踢球等有系统程式的体育训练，同时要劝止一些攻击性行为。

5. 学习障碍　对学习障碍儿童的矫治，可以参考以下方法：

（1）行为矫正：行为矫正是针对学习障碍问题较早形成的，较为完善的一种干预模式，常用的方法有代币法、赞扬、惩罚、反应代价、行为合同、自我控制法等。

（2）认知行为干预：研究表明，学习障碍儿童在思维过程中所使用的认知和元认知策略不同于正常儿童。认知行为干预对学习障碍儿童进行认知策略、自我控制和自我指导训练，帮助学习障碍儿童形成主动的、自我调控型的学习风格，提高学习策略的使用水平。

（3）知觉器官和心像介入策略：儿童扮演在学习技巧上的一些游戏，将学校科目的学习及所记忆的材料透过角色扮演以提高具象和理解。

（4）情感介入策略：以团体和个别的方式鼓励学生表达有关他们自己和学业的成就。

（5）人际关系的介入策略：利用其他儿童的指导帮助学习障碍的儿童，研究发现同伴指导策略和集体学习，有助于提高阅读障碍儿童的阅读流畅性和理解力，促进儿童学业能力的提高。

第二节　青春期 - 青年前期心理咨询

青春期 - 青年前期可能是人生中最为青春勃发、生机盎然的一个阶段，也是个体开始发现自己的时期。对青少年来说，一切都是新的，连他们自己也是新的；他们开始挣脱成人的怀抱，去探索自己和憧憬未来，去描绘和追逐自己的理想。

一、主要心理特点

（一）青春期是个体成长的过渡期

青春期最大的特点就是，要从幼稚走向成熟。个体从进入青春期开始到完成青春期的过渡阶段，会遇到许多新的问题和挑战。青少年会经历混乱、探索、认同的过程，最后以一个崭新的面貌继续自己的人生历程。

1. 从生理现象看青春期　青春期首先是一个正常的生理发育阶段，是指人在生长发育过程中出现的以性成熟为主的一系列身体形态、生理功能、内分泌的急剧变化阶段。人在这一阶段的生物学变化表现在两个方面：一是身高、体重、胸围、肩宽和骨盆宽等身体形态出现了所谓"第二次生长高峰"；二是神经、心血管和呼吸等系统的生理功能的日趋完善，性器官和性机能的迅速成熟，女性月经来潮、男性遗精，以及伴随性生理成熟而来的身体形态的另一种变化——第二性征的出现。从生物学意义上讲，人在一生中从不成熟到成熟的生长发育过程在 20 岁左右完成，而青春期则占了这一过程的一半或稍多一些，一般在 10～20 岁左右。10～14、15 岁是生长发育最为迅猛的青春前期，14、15～20 岁则是生长发育逐渐缓慢的青春后期，其中女性约比男性约早 2 年进入青春期。不过，青春期的起始年龄、发育速度与程度、成熟情况又是存在较大个体差异的，以一些主要生理指标的平均水平为指标，存在着早熟、平均和晚熟三种正常类型。青春期生理方面的急剧变化是青春期其他变化的生物学基础。

2. 从心理现象看青春期　青春期同时又是一种心理现象。青春期生理上的急剧变化，给青少年的心理活动带来了巨大影响，身心发展迅速而不平衡的特点，使青春期个体的心理活动常常处于矛盾和冲突状态,容易产生各种危机。在人生发展历程中,青春期是一个人第一次经历的要给自己带来极大心灵震撼的心理剧烈变化阶段。对青春期心理变化的考察,主要是以一个人包括性意识在内的自我意识迅速发展为中心的。个体进入青春期后对自我的突然发现和性意识的觉醒带来了两个方面的问题:一是强烈的独立意识、成人意识和内心体验的复杂与深刻;二是开始克服自我中心把自己放入社会生活大舞台。自我意识的迅速发展,使他们强烈关注自己的外貌和个性的优缺点,具有强烈的自尊心,更加注重自己的能力和所在群体中的社会地位。在内、外因素的影响下,青春期个体表现出更加明显的反抗心理,对外界一切强加的力量和父母的控制予以排斥与反抗,进入第二逆反期。第二逆反期是青少年心理发展中的正常现象,父母、老师和相关人员应该给予正确认识,理解并帮助他们顺利度过这一人生的重要转折期。

(二)发现和确立自我同一性

自我同一性的概念由埃里克森提出,指一种关于自己是谁、在社会上有何地位、将来会怎样等稳定的自我形象和自我历程的体验。青少年期是自我同一性形成的关键期,确立自我同一性和防止社会角色的混乱是这一时期的基本发展任务。随着自我意识的不断觉醒,青少年自我的内部开始变化,主观的我与客观的我、现实的我与理想的我逐渐分化出来。自我的确立,使他们体验到内心里的自己,"我是谁"这个问题出现了。同时,自我与他人的关系问题在人生中也第一次真正凸显出来,由此带来人际关系中自我感受越来越强烈;对于社会和他人的评价不再像儿童那样无条件地接受或服从,而是有了自己的考虑。内部分化另一个结果是,青少年开始感受到内在的心理矛盾和冲突,而且开始了人生中的自我寻觅或自我确认。

(三)性别觉醒

性别觉醒是自我概念形成的一个重要部分,其心理意义要大大高于生理意义。性生理的成熟是自然而然的过程,但在文化、学校、家庭的作用下,性心理的成熟则在青少年那里存在更大的个别差异。总体上说,青少年的性别觉醒表现在三个方面:

第一,性别角色意识形成。曾经的"两小无猜"时代一去不复返,即使是一些生理上还没有进入青春期的初中生,在青少年的校园文化下也开始意识到性别的社会意义;意识到社会中的人不论什么角色,都可以从性别上分为男性和女性,而且两者之间存在一条严格的界限,性别帷幕从此拉起。随之而来的是明确意识到自己所属的性别阵营,性别角色意识开始形成,同时异性那边成为一个陌生而神秘的世界,好奇、探究的心理也就形成了。

第二,性别角色的自我塑造。性别角色意识的形成带来青少年开始自觉的性别角色自我塑造,以及对异性的性别角色塑造,自觉地从"男子汉"或"好姑娘"的角度来塑造自己和期待异性。这种性别角色的塑造,又受到社会文化的鲜明影响。比如现在的"靓""美""酷""帅"的标准都带有鲜明的时代性。

第三,情窦初开。随着生理的性成熟和性心理的发展,青少年开始对异性关系产生特别的感受,产生对异性在认知和情感上的需要、兴趣和探究,出现所谓的早恋现象。青少年的这种恋情,是成人很难理解的。总体上讲,这一时期特别是中学以前的男女之恋,和成人与"谈婚论嫁"联系在一起的恋爱相比性质上存在很大的差异。这也是成人仅从自己的角度要求青少年对待恋爱问题往往不能奏效的一个原因。

(四)思维监控能力的迅速发展

青少年思维发展的基本模式是由形象思维、抽象思维向辩证逻辑思维过度,创造性也得到了快速发展,其中一个非常显著的特点是思维监控能力的迅速发展。思维监控是指为了保证达到预期目的,在思维活动过程中将思维本身作为意识的对象,不断的对其进行积极主动的监视、控制和调节的能力。随着自我意识的高度发展和主体自我和客体自我的分

笔记

化，青少年对思维等认知活动的自我意识和自我调节能力迅速增强，进而改进思维策略。思维监控能力的发展是思维发展趋于成熟的重要标志。

二、主要心理问题

（一）青少年的情绪行为问题

从咨询的角度去看青少年的心理问题，除了早期家庭影响以外，这一时期重要的发展任务以及由此带来的发展压力，是咨询师需要考虑的。哈维格斯特提出了一个非常经典的青少年发展任务表，对咨询师了解青少年所面临的压力和需求十分重要：①接受个体的生理和性别角色；②建立与异性和同性的新的同伴关系；③从情感上独立于父母；④获得经济独立的保证；⑤选择职业并为其作准备；⑥发展合格公民所要求的智力技能和概念；⑦获得社会公认的责任行为模式；⑧为婚姻和家庭生活作准备；⑨建立与个体环境相和谐的价值观。克普兰德（Copeland）认为，青少年对发展压力的反应可能表现出某些情绪状态和行为：

1. 高敏感性　青少年情绪体验丰富，对外界刺激表现出高度的敏感性。基于独立意识，加上情绪的高度敏感，一些在成人看来不起眼的小事情，可能会引起他们剧烈的反应，造成很大的问题。有时这种反应不一定会在成人那里表达出来，压抑在心中也会产生较为严重的情绪或行为问题。由于身心发展与所面临的发展中的矛盾，烦恼、孤独、焦虑和压抑等消极情绪体验增多。

2. 情绪波动　青少年的情绪变化很快、情绪反应也很强烈，具有一定的冲动性和两极性，情绪表现带有很大的波动性。

3. 冲动行为　青少年容易产生冲动行为，特别是在情绪高涨或激动的时候，常常给他们自己和其他人带来麻烦，严重的会涉及青少年犯罪，甚至反社会行为的发生。

4. 行为抑制　有些青少年因压抑而产生行为抑制，出现社交退缩、"无气力"等社会适应不良现象。

（二）考试焦虑

考试焦虑（test anxiety）是个体由于面临考试而产生的一种特征性的心理反应，是在应试情境刺激下，受个人认知评价、人格特征和身心因素的影响，产生的以对考试成败的担忧和情绪紧张为主要特征的心理反应状态。学习是青少年期的主要任务，面对升学等各方面的学习压力，在外部环境的客观因素和学生自身主观因素的相互作用下，考试焦虑问题已经十分普遍和严重。引起考试焦虑的客观因素包括：考试情境、不良的家庭教育方式等；主观因素包括：易出现考试焦虑的人格特征和遗传素质、过高的学业期望、学习技巧和考试经验的缺乏、过低的自我效能感、对考试情境（难度和机会等）和自我的不良认知等。

考试焦虑主要表现为认知、情绪、行为和生理几个方面的问题。认知方面主要表现为：注意力集中性差，记忆力下降，学习效率低、思维僵化。情绪方面主要表现为：紧张、焦虑和各种担忧，如担忧考试失败对未来前途的影响、担忧别人的评价和对自我形象的影响等。行为方面主要表现为：坐立不安、防御或逃避考试和学习。生理方面主要表现为：失眠、心慌、头痛、恶心呕吐、尿频尿急等。此外，考试焦虑还会对个体的人格、人际关系和社会适应能力等心理健康方面产生消极的影响。

考试焦虑威胁着青少年的身心健康和发展，应重视对考试焦虑的干预，常用心理咨询和干预方法包括：

1. 心理教育　向青少年介绍学习和考试相关知识，帮助他们完善学习技巧和丰富考试经验，制定合适的学业目标；充分复习准备，提高考试信心；使他们对考试焦虑常见表现有一定的认识，增强自我心理调节能力，有效应对学习压力。

2. 认知行为治疗　帮助来访者分析考试焦虑的成因，使他们正确评价自我，纠正对考试情境和自我的不良认知；引导来访者主动监控自己的情绪、思维和行为等意识活动，逐渐克服考试焦虑。

3. 放松训练 包括呼吸放松训练、肌肉放松训练、意向放松训练、音乐放松训练、正念放松训练等。

4. 系统脱敏 让来访者列出产生考试焦虑的事件，并按照焦虑水平由低到高的顺序制定脱敏等级表；从焦虑水平最低的事件开始，先让来访者在放松状态下想象脱敏，然后在现实生活中接触这一事件，即使有轻度的紧张也不要回避；逐级进行脱敏。

5. 体育锻炼 通过体育锻炼，不但可以提高来访者的身体素质，减少考试焦虑引起的身体不适反应的程度，还可以起到对焦虑的治疗作用。

（三）体像障碍

体像障碍（body image disturbance）是因自我身体意象带来的心理困扰，往往出于对自己的外貌特征的不满、担忧，进而使整个自我概念受损，影响生活和适应的一种状况。身体关注是青少年自我意识觉醒的一个显著特点，身体形象在他们的心目中非常重要。体像障碍成为青少年发展过程中发生率极高的一个心理问题，并会在很大程度上影响到他们的发展和在校适应。一些患神经性厌食的青少年，往往是从体像障碍开始的。

青少年通常不会说出他们自己对体像的担忧，由此带来的适应不良往往会被家长和老师忽视，而看作是学习、品行问题。青少年如出现体像障碍，需得到及时有效的心理咨询。

体像障碍的心理咨询主要包括：

1. 心理教育 向青少年提供有关信息资料，如中学生高、矮、胖、瘦的一般标准，一些身体外表变化的科学知识，别人（特别是他们的同龄人）对他们外貌身材的评价等，帮助他们形成客观正确的自我概念；共同寻找解决问题的方法；建立对生活事件和症状的正确态度。

2. 支持性心理咨询 建立良好的咨访关系是心理咨询成败的关键。此类来访者除了诉说自己躯体上的问题外，往往还有着无效的咨询经历，情绪紧张而焦虑。咨询师要特别耐心地倾听他们的倾诉，对他们表示关心、理解和支持。咨询师既要对他们的痛苦表示理解，又要引导他们将注意力集中在既定的咨询目标和已经获得的成果上。

3. 认知治疗 让来访者认识到虽然困扰是真实的，但并不存在器质性病变，对生命、健康不会带来威胁，学会与症状共存；帮助他们认识自己的困扰，分析引发困扰的因素；鼓励来访者识别自己的错误认知和不适当的思维，用准确的中性言语去描述自己的"缺陷"，避免用笼统、充满情感的语言去描述，重建正确的问题概念和对待问题的态度；通过认知性家庭作业，调查总结别人眼中的自己与自己眼中的自己进行比较等多种方式，去重建内在的自己。

4. 家庭治疗 调整来访者所处环境对矫正问题行为、发展健康行为极为重要。有研究表明，短期或长期的家庭治疗对改善体像障碍的来访者的人际关系十分有效。

（四）性心理问题

个体发展到了青少年阶段，才真正开始对性和两性关系有自主地感知、觉察和体验，也是因为是人生的第一回，由此产生的心理困扰也就成了青少年的一个突出问题。主要表现为手淫、性功能和性行为、异性交往和早恋等问题的困扰。

1. 手淫问题 在青少年有关性问题的咨询中，手淫引起的困扰占很大比重，主要是因为传统观念引起的不必要的担心和对手淫的恐惧引起的。当今，国际上广泛接受的新观念是：手淫既不是不正常的，也不是对身体有害的行为。手淫的对象是自身，属个人私生活，不涉及他人，不违反法律和道德标准，应教育青少年不必对自己进行道德谴责。而且适当的手淫可以缓解性紧张，合理满足性需求，又不会导致性传播疾病或怀孕，有利于身心健康的维护。有的青少年手淫次数过频，要教育他们适当的控制并注意生理卫生。

2. 性功能、性行为问题 近年来随着社会的多元化、媒体对性的关注等，性功能、性行为等方面的困扰也开始增多。关于性功能和行为的问题，在咨询中有一个伦理上的两难冲突问题，特别是中学生的这些困扰，诱因往往来自他们私下的性活动和从各种渠道得到的有关性行为的信息。面对中学生提出的有关阳痿、早泄、高潮等问题进行咨询，要注意与成人进行这方面的咨询有所区别。应加强青少年性健康教育、协助青少年了解性知识，树立正确的性观念。在咨询实践中发现，青少年的这些问题总是和异性交往及其感情纠葛连在一起，从异性交往切入是一个比较好的思路。

3. 青少年异性交往及"早恋" 青少年对特定异性同伴的好感、爱慕是性意识发展的必然结果。青少年两性交往的咨询与辅导主要包括：

（1）青少年性别角色意识的辅导：帮助青少年全面地了解男女之间的差异；帮助他们认识造成这些差异的原因，树立正确的自我态度，塑造健康的性别形象。

（2）正确认识青少年的两性交往：青少年两性交往是正常的情感和心理发展的需要，是进行社会适应和自我完善的重要途径，应该得到尊重和鼓励。如果家长或者教师对青少年的两性交往过于敏感，甚至强行制止，可能激发青少年的反抗情绪和逆反心理，有时反而会"弄假成真"。

（3）正确对待"早恋"：对青少年来说，本身就不存在成人式的爱情，他们与异性间的情感瓜葛和成人之间的那种爱情，有形式上的一致性，但实质上是不一样的。因为他们的身心发展尚未完全成熟，自我意识的发展也在逐步完善，经济又尚未独立，所以他们还不能正确处理恋爱这一复杂问题。这种"朋友式的恋爱"是纯洁的，但是同时也会给他们的学习生活带来很多不必要的烦恼。因此应该加强对青少年恋爱的心理辅导，尽量避免"早恋"。

（4）走进青少年的心灵，做他们的参谋：引导青少年珍惜性、善待性、欣赏性、赞美性，性是人生最美丽的花朵，不能轻易处置它、甚至摧残它，而要珍惜、爱护、善待它。青少年容易冲动，文化、媒体的刺激或异性在一起时突发的冲动，有可能使他们暂时忘却一切。要引导青少年学会自我保护，要让他们知道有关性病、艾滋病的防治常识，对由婚前性行为带来的身心伤害有清楚的认识。引导他们学会如何将性的关系限制在相互帮助和支持的情感领域，避免过分的身体接触及与他人在过分隔绝的场合私下接触。

（5）终止"早恋"的策略：当"早恋"给青少年带来很大的苦恼，影响其正常的学习生活时，应让青少年掌握终止恋爱的策略：①冷却法：早恋的情感是很强烈的，要淡化这种情感需要有个过程，要逐渐疏远彼此的关系，以冷却热烈的恋情。②搁置法：早恋的男女同学提出分手后，要尽量避免两个人的单独约会和接触，不再向对方开启爱的心扉，尽量保持纯洁而珍贵的友谊。③转移法：积极参加集体活动或专注于文化知识的学习，加速情感转移。

（五）生涯发展

从生涯发展阶段上看，青少年期跨越了"成长期"中的"能力期"（13～14岁），延伸至"探索期"的"试探期"（15～17岁）。在能力期，青少年对于未来考虑的主要是能力及工作条件，以及如何发展自我形象，并且了解工作意义。在试探期，青少年在思考生涯问题时，重要考虑的是需要、兴趣、能力及机会，并在学业、活动和工作中加以尝试。

17、18岁开始，青少年进入了转型期，现实状况在生涯抉择上占了很重要的位置。他们可能忽然发现，眼前的抉择和自己今后的人生道路是那样密切关联，可能会使一些没有准备好的青少年茫然、不知所措，这有可能使他们为自己找到还有时间的借口，放弃自主选择，交给老师或父母，或者听天由命。这是一个人一生中一次重要的转型期，顺利度过这一时期，可以使得他们在即将到来的现实抉择期更有效能。

三、咨询的技术要点

（一）咨询关系

韦纳（Weiner）指出迅速与青少年建立咨询关系对于青少年心理咨询取得成功是非常关键的，其重要性远远超过对其他年龄群体的心理咨询。青少年有对成人拒绝的一面，咨询关系的建立成为一个特别问题。

1. **处理非自愿的来访者**　由于接受咨询的青少年大多是从父母老师的视角出发认为他们需要咨询，自愿前来的不是很多。许多青少年来访者在咨询开始时会不耐烦，不愿与咨询师交流。他们甚至会将咨询师看成是父母、学校或其他强迫他接受咨询的个人或机构的代言人。他们可能没有意识到当前的处境或问题，他们拒绝对眼前的问题负责，推卸责任，或无视自己被送来咨询的原因。他们初次来咨询时通常会保持怀疑与警戒，甚至害怕。

青少年来访者非自愿的特点与儿童又有所不同，大多数儿童最初并没有意识到咨询的重要性，而青少年则清楚地认识到他们是被送来咨询的，而且知道送他们来接受咨询的人可以强迫他们一直接受咨询。青少年非自愿的特点可能导致其不愿与咨询师建立关系，甚至认为没有必要作出改变。

咨询师对他们的尊重和接纳尤其重要，尤其要尊重青少年的话语权，以青少年的话语系统去与他们沟通，才能建立起有效的工作联盟。要尽量使用青少年可了解的言辞沟通，消除咨询可能影响其独立性的顾虑，应该避免出现长时间的沉默、非支持性的反应或对他们所提问题作冗长的回答等。咨询师尤其要了解当前青少年的价值观、流行风尚、口头禅等，并对与青少年社会和情绪发展水平相关的压力保持敏感，争取他们的合作与协助。要避免以成人的文化价值观念去衡量青少年，对他们进行压制性的说教或拼命讲道理；要以青少年内心世界的架构和参照系达到对他们共情的理解。

2. **权威认同**　权威认同是青少年自我同一性形成过程中要解决的一个重要问题。有两种情况需要注意：一种情况是对权威的不满、反抗、叛逆或逃避。这通常是因为童年期对权威充满期待，进入青春期后对所遇的权威感到失望；或者由于从小习惯了绝对服从权威形成潜在的压抑和反抗情绪，到青少年期因独立性增强而发泄出来。另一种情况是自己丧失信心、难以建立起自己的独立性和权威性。这种情况通常发生在一些儿童期有了较好的成就感和威信感的青少年身上，由于社会变迁带来的压力，感到无法应对而产生自我怀疑或否定。

对青少年来说，在对权威认同的同时保有自己的独立性，能作为一个独立的人存在和决策规划自己的将来，就较好地完成了这方面的发展任务。

无论咨询师自己的观点如何，在咨询过程中咨询师通常会被当作权威的角色来对待。咨询师需要考虑到青少年在权威认同方面的特点和任务，为青少年提供一个良好的与权威互动的示范，有利于他们积极的权威认同模式的形成。与成人的心理咨询有所不同的是，对青少年咨询时，咨询师可在适当的情况下特意谈及别的青少年的生活与行为或一些人物传记中提及的这些人青少年时期的生活，帮助他们学习生活经验，并且向咨询师模仿与认同。这是青少年在发展过程中很需要的心理欲望，特别是缺少父母或其他可模仿的成人时，效果很好。

3. **责任承担**　成人世界对待青少年的态度通常存在着矛盾，即一方面要求、希望青少年能够自主自立，承担起自己应该承担的人生责任；另外一方面又在很多方面不能放心，不给他们承担责任的机会。在咨询关系中的责任承担就是要将青少年应承担的责任交还他们，具体来说可从以下几方面着手：①在咨询开始时就要完成关于心理咨询的相关说明，让青少年认识到咨询的宗旨是助人自助，从而将他们引入咨询，明确他们应承担的责任；②对青少年知情权的尊重；③咨询目标和技术的共同确定。

当然，咨询师必须努力保持青少年独立与依赖的平衡，既不将青少年当孩子，也不将他们当作可以完全自由地作决定的成人看待。

（二）家庭治疗和学校心理咨询

1. 家庭治疗的应用　家庭治疗（family therapy）是以整个家庭为对象的一种心理咨询方法或模式。由于青少年的问题和家庭牵连更加密切，家庭治疗在解决青少年问题上具有特别的适应性和有效性。青少年咨询师最好能学习和掌握家庭治疗，应用于实际的咨询之中。

2. 学校心理咨询　除了少数严重心理障碍外，青少年咨询工作大多数可以在学校里进行。当前全国各地中小学普遍开展心理健康教育工作和学生咨询工作，咨询师对学校心理咨询有一定的了解是非常必要的，即使咨询师不在学校里服务，和学校心理咨询人员合作对解决青少年的心理问题也大有裨益。

第三节　青年后期 - 成年期心理咨询

青年后期 - 成年期是人生最为务实的一个时期，跌跌撞撞地走过青春，终于将理想交给现实去历练，好像终于找到世界是个什么样子，生命应是怎样的价值。从这一阶段开始，个体成为一个有能力承担社会责任和义务的真正意义上的社会人。恋爱、婚姻、家庭的确立，专业、职业的选择和事业的发展，使这一时期的个体面临家庭、社会中的多重任务，承担着多种角色，个体的发展受诸多因素的综合影响。

一、主要生理和心理特点

（一）生理变化

这一时期介于青年前期和老年期之间，是生理成熟的延续阶段，又是生理功能从旺盛逐渐走向退化的转变期。

1. 身体变化　青年后期一直到约 50 岁前，是人生中身体上最为稳定和旺盛的时期，各项生理功能完善而成熟，处于生命的全盛期。此后约到 60 岁，随着年龄的增长，身体开始发生一系列变化，如体重增加，身体发胖，头发开始稀疏、变白，视力、听力有所下降等；神经、循环、呼吸和运动系统的生理功能开始衰退，对各种疾病的抵抗力下降。

2. 更年期　成年期的后期生理变化的一个主要表现是更年期的到来。一般情况下，女性的更年期要比男性早，约在 40～60 岁之间，是指女性绝经前后的一段时期。即指性腺功能开始衰退直至完全消失的时期，其持续时间的长短因人而异，一般为 8～12 年。女性在此时期会出现第二性征逐渐退化，常出现女性更年期综合征，表现为出汗、面部潮红、心慌、头晕等自主神经功能紊乱的一系列症状，还可能伴有失眠、焦虑、抑郁等症状。这些症状由内分泌改变因素引起，同时又受心理和社会因素的影响。男性的更年期约在 45～60 岁之间，主要表现为以性功能减退为主的一系列变化，伴有自主神经性循环功能障碍，精神状态和情绪时常变化。

更年期是每一位男性和女性生命过程中必然经历的一个阶段和自然的生理现象，更年期的困扰更多的是因文化观念因素导致的，特别是性别文化，所以更年期心理问题在妇女那里较多。因此，咨询师需要意识到，更年期不仅仅是生理问题，同时也是心理问题和文化观念问题。只要中年期个体对更年期有正确的认知，积极主动地进行生理和心理调适，必要时接受专业的帮助，就能够达到身心平衡，顺利度过更年期。

（二）心理变化

1. 认知能力的变化　感觉功能开始减退，40 岁以后视敏度和视觉感受性逐渐下降，听觉阈限也随年龄增长而逐渐提高。思维的现实性、灵活性、智慧性和辩证逻辑思维得到了进一步发展，思维活动达到了更加成熟的水平。这一时期的认知发展主要体现在智力的发展变化上。按两类智力——晶体智力和流体智力的发展模式，成年人的流体智力随年龄增长而缓慢下降，这种智力水平的下降与组织信息能力以及在工作记忆中保持信息的能力密切相关；晶体智力则随年龄增长而继续上升，成年期经验的日益丰富和知识不断积累是其呈上升趋势的基础；智力技能保持相对稳定；实用智力不断增长。

2. **人格特征** 这一时期的人格相对稳定，变化主要表现在倾向性上。按照荣格的理论，人到中年，特别是进入中年后期更多地表现出内倾性的特点，反思和内省成为中年期心理活动的一个重要特色。从个体心理发展过程看，青年期以前的社会化过程要求个体适应社会环境，从而要求他们的心理活动多指向外部，所以他们的意识倾向也更多地表现为外倾性。中年后期需要寻找自我意识的平衡，再由于知识和经验的积累，他们变得老练持重，遭遇挫折时能够反思并更多的使用幽默、升华、利他等成熟的防御机制应对，对待成绩能够依据确定的目标进行适当的评价，也能够根据实际需要和期望适宜地调整自己的目标。此外，中年期个体的性别角色进入整合阶段，向着男女同化的"完美人格"的境界发展。

3. **社会角色及心理效应** 这一时期是人生中承担主流社会角色的时期，成熟的性别角色，职业角色，公民角色，家庭中的丈夫与妻子、父亲与母亲角色等。相对于儿童、青年前期和老人的各种社会角色，青年后期到成年期的个体承担着控制社会和家庭的主要角色。事业、家庭，子女教育、赡养老人，都是这一时期的重要任务。这一时期的个体要从完成真正进入社会的过渡、适应社会、保持发展势头，到开始准备淡出主流社会，进入向老年期过渡的一个漫长过程。可以说，这是个体在社会中实现自我价值的关键时期，也是人生真正的黄金时期。同时，这一时期又是个体全面体验人生酸甜苦辣的过程，成败、得失、荣辱、进退等，个体感受到的人生压力从强度到难度上都是空前的。

二、主要心理问题

（一）中年期的发展任务

同其他发展阶段一样，中年期也有其特定的发展任务。而人生每一时期的发展任务，也意味着个体要面临的生存压力和需求。较好的完成发展任务是促进个体发展和减少心理问题发生的重要前提。

哈维格斯特提出了中年期的七项发展任务：①承担起成人的公民责任与社会责任；②建立与保持生活的经济水准；③帮助青少年成为有责任心和快乐的成人；④开展成年人的业余、休闲活动；⑤将自己与作为个人的配偶联系起来；⑥接受并适应成年的生理变化；⑦调整与年迈父母的关系。舒伯则综合自己关于建立期和维持期生涯发展任务的研究，认为中年期生涯发展的任务大致有以下几方面：①寻求职业的稳固和升迁；②确立一个具备重要性与安全的职位；③维持职业和生活上的固定不变；④接受自身条件的限制；⑤找出在工作上新的难题；⑥发展新技巧；⑦维持在职业领域中既有的地位与成就。

综合学者们的看法，中年期发展的任务主要体现在：①家庭、社会和个人责任的承担；②稳定与发展家庭和事业；③寻求新的突破；④维护生活的整全。埃里克森认为，成人在发展中要面临和处理的内心冲突是：亲密感-孤独感、繁殖感-停滞感，而交往的范围和要应对的人际关系问题也是一生中最大最多的。

（二）中年压力

从中年期发展任务和要面临的冲突可以看出，通常情况下，这时期是个体一生中的心身负荷最为沉重的时期，许多中年人会感受到非常巨大的压力。

1. **婚姻家庭** 中年期要经历家庭生命周期中从哺育孩子、处理青少年孩子关系到空巢家庭的一系列过程，来自方方面面的变化会带来各种新的挑战和压力，如离异丧偶的变化所导致的各种压力和问题，因为子女教育而产生的诸多家庭冲突和问题等。夫妻在这一过程中也会有各自的成长变化，影响家庭的稳定性，产生冲突在所难免。如果夫妻对此没有觉察和反思，不少冲突就会成为个人的恩怨，而不是夫妻携手共同去面对，家庭压力于是更大更高。

2. **生涯转型或危机**　生涯转型（career transition）是指从一个生涯阶段到另一个生涯阶段的变动，转型可以很平稳或很顺利，个人的经验不需要有太突出的变化。生涯危机（career crisis）是指于生涯阶段的变动时必须发展出新的方案，以应对突发问题的困境。当一个人面临生涯转型时，因个人情况而异，也可能就是一种生涯危机。

荣格（Jung）认为，中年之前人们的生活取向为适应和顺应外部世界，忙于生计，并不知道所选择的路自己是否喜欢。到了中年期，生活取向转为适应和顺应内部世界，人要寻找真正的自己，重新认识评价自己，有些人会突然对自己以往的选择产生无价值感。这时，有许多人会按照内在自我的指引重新调整人生方向，重新思考职业定位，争取找到后半生的事业。在这一转型过程中，个体会经受很大压力，有的甚至陷入生涯危机，一些成人甚至会碰到失业、单位破产等问题。

3. **健康问题的焦虑**　中年期个体的身体或心理功能从开始感到旺盛，到后期发现逐渐出现很多衰退的变化。更年期客观上的一些性功能和体力上的减退，事业或职业上逐步的积累带来的强烈保护欲望，使得中年后期的人感到心身疲惫，老年期的各种身体健康问题似乎也在临近中年后期的人们。身心的变化会使一些中年期的人产生很大的压力，不愿接受、又不得不接受，无端给自己一个命题——与衰老搏斗或抗争。所以，哈维格斯特对中年期提出一个任务就是：承受并适应中年期生理上的变化。不承受和适应的结果是带来更多的心身问题。

4. **个体内在冲突**　人到中年，随着时光的流逝，在年轻人和老年人的双向参照下，成年人可能像青春期突然发现新的自己一样突然感到所谓"青春不再"和"邻近退隐"。这种意识会使许多人更加介意自身的成败得失，开始追忆他们过去的选择，往往会更加关注他们曾放弃的选择并怀疑现有的选择，产生一种急迫感；希望去体验生活所给予自己的一切，并全力找出深层的含义，然后作出相应的决定和行为。中年人开始不断遭遇丧失或挫折，例如父母、家人、朋友的疾病、死亡以及自己的困境。

5. **社会变迁的压力**　当前社会变迁的加速，各种新的价值观念不断涌现，对渴望稳定的中年人是一个严峻的挑战：他们有许多感悟和成就，但要用原有的参照架构去衡量；他们的知识和经验，更加适合当初创业时的社会环境；他们还想在职场中进一步成就与发展，不愿意像老人一样从职场中退隐。凡此种种，中年期的人对崇尚经验、变化缓慢更情有独钟。社会的发展无疑给中年人不断提出改变的课题和带来新的压力。

6. **心理疲劳**　中年人是社会的中坚力量，家庭的中流砥柱。许多中年人常常陷入角色超载、角色冲突和角色满溢的纠缠中。他们在开创自己的事业、处理各种复杂的人际关系、扮演多重社会角色的过程中，要不断权衡利弊；总是处于一种思考、焦虑、郁闷、担心的压力之中，表现出心身疲劳的一系列症状，导致个体对工作和家庭满意度的降低，还会导致个人主观幸福感的降低。面对这种问题，可以通过倾诉、给自己更多的私人空间、树立正确的成败观等方式进行自我调适，如果需要也可以向心理咨询师获取更加专业的指导。

三、咨询的技术要点

（一）中年期夫妻咨询
夫妻关系问题是来访者常见的苦恼的来源，进行夫妻咨询往往比个别咨询有更高的效率。夫妻咨询是将问题聚焦于夫妻间的人际关系，应用多种心理治疗理论和技术对夫妻关系进行调适，降低夫妻冲突，使夫妻双方互动改善的咨询和治疗方法。

1. 引发夫妻冲突的主要因素　婚龄较长的中年人，往往会因中年期的诸多压力引发夫妻冲突，甚至产生婚姻危机。根据我国一些在城市和农村社区开展夫妻冲突咨询的实践者的研究发现，夫妻间的情感问题或情感偏离，除极少数与婚姻道德问题有关外，大多数来自家庭冲突无法解决：①社会性别观念引发的冲突：社会变迁带来人们对丈夫和妻子角色期待的变化，但传统的"男主外、女主内，男强女弱，大丈夫、小女人"等观念仍然造成一些夫妻之间的冲突；②夫妻沟通模式不当引发的心理氛围紧张：夫妻不能坦诚、一致的沟通，使许多问题积压下来，形成隔阂；③经济因素引起的压力：中年期的夫妻承担支撑家庭的责任，经济压力及经济纠纷往往成为夫妻情感疏离和冲突的导火索；④子女教育引起的压力：中年期夫妻往往会忽视自身关系问题，共同聚焦于子女的教育和成长，反过来夫妻自身的问题往往又和子女教育问题纠缠在一起，使夫妻冲突更加复杂；⑤家庭变化引起的压力：在婚姻家庭的生命过程中，家庭变化会给夫妻带来新的挑战，其间夫妻各自也会产生一些变化，引发冲突；⑥个人差异和意见不合引起的压力：中年期夫妻要面对许许多多的具体生活问题，一些原本就有但被双方忽视的个性与行为习惯差异、观念冲突等会凸现出来，有时会形成难以协调的冲突；⑦其他家庭危机：亲人伤亡、家庭财产损失等意外事故，婚外情、性生活不协调等引发的夫妻冲突。

2. 夫妻咨询中的一些问题　夫妻咨询需要经过专门训练，有时咨询师也可以两人共同承担，形成四人互动的咨询情境。在夫妻咨询中需要特别注意的一些问题包括以下几个方面：①夫妻咨询的实质：从关系中寻找问题产生的原因，会从夫妻互动反应模式入手，将其放在家庭或社会系统背景下，分析夫妻关系影响因素，对夫妻关系做出调整，重建夫妻动力系统，帮助其达到新的平衡，进而促进问题的解决。②模式的综合性：不同咨询派别对夫妻问题的关注点有所不同，有的关注个人原生家庭的影响、有的强调此时此地沟通的改善、有的聚焦于具体问题的解决等。研究者发现，夫妻问题非常复杂，任何一种单一的咨询模式都有其局限性，需要根据问题的不同、来访者需求的差异，采取综合的咨询模式。③解决途径："重新定义"被认为是一个较为有效的解决途径。因多重的压力和忙碌，中年期夫妻往往没有时间反思进入婚姻早期业已形成的双方心照不宣的协议和相处模式，不能适应新的变化，从而导致夫妻关系出现问题。重新定义，包括引导夫妻重新定义他们的过去，减少夫妻之间的相互指责，增加双方对过去选择的责任感。重新定义现在，协助夫妻理解当前的痛苦，明白中年生活所面临的影响，减少在婚姻中想解决所有问题的过度责任；重新定义将来，协助中年夫妻修正自己的目标和梦想，从而相应的改变现有的婚姻模式来实现这些目标和梦想。④咨询师的匹配性：不同年龄和阅历的咨询师在中年夫妻咨询中都有优势和限制，如果咨询师在年龄、经验、阅历上有相似性，会有更多的共同语言及相互认同，更容易推进咨询进程，年轻的咨询师热情、开放和乐观，较有感染力，但可能会去纠正中年夫妻不想纠正的一些问题，也可能被中年夫妻看作自己的孩子而不信任；年长的咨询师在经验和技巧上都有优势，但可能因自身面临中年问题而投射到咨询之中，影响咨询效果。心理咨询师应该下大力气提高为中年夫妻咨询的技术水平，而不是绝对追求只有具备相当婚姻经历的咨询师才能做夫妻关系咨询。

3. 心理障碍的夫妻咨询　夫妻关系对人的影响非常巨大，许多研究发现中年期心理障碍和夫妻亲密关系有关。因此，将婚姻关系引入中年期心理障碍的咨询就很自然了，如酒精依赖的夫妻咨询、焦虑症的夫妻咨询、抑郁症的夫妻咨询。夫妻关系是人类最为亲密的关系，许多和人际关系有关的心理障碍都离不开夫妻关系的影响。因此，采用婚姻咨询的方式治疗中年期心理障碍，还被用在人格障碍咨询、夫妻性问题咨询等方面。

笔记

（二）中年期生涯咨询

1. 生涯转型与危机　当一个人面临转型时无法做到很好的应对，这次转型就可能成为一种生涯危机。如何面对生涯转型和危机，是成人生活中的重要课题。

斯克劳斯伯格（Schlossberg）提出了转型的四种类型：①预期型：如高中毕业、结婚、开始工作等，这些都是可以预见或预测的生涯危机。②非预期型：指一些意外事件导致需要转型，如家庭成员的死亡、被炒鱿鱼或被调任等。③长期困扰型：这种状况包括工作地点的往返耗时甚久、不可理喻的上司、对期限压力的担忧或者是体能状况不适等。④非事件型：指一些个人希望发生但永远不会发生的事情，如有人一直期待着晋升或被调任到令自己满意的岗位工作等。

霍普森和亚当斯（Hopson & Adams）提出的转型类型：①自愿转型：通常是主动要放弃原来的工作，去从事自己想要的职业。②非自愿转型：典型的例子是被炒了鱿鱼或被辞退。预期型的转型可能是非自愿的，如早就预期到组织里会有人事变动并可能涉及自己，但实际被调任时很不情愿。而非预期型的转型也可能是自愿的，如主动把自己的时间空下来，以便进入下一份工作。但通常情况下，危机都是非预期型和非自愿型的。

2. 生涯事件（career events）　引发生涯转型或生涯危机的事件称作生涯事件，通常有以下几种类型：

（1）标准角色转型事件：这种事件带来的是角色的改变或丧失，往往是预期型和自愿型的，会提前知道而有准备，如生完孩子后再回到职场上。标准型如果是非预期型的，往往会成为一种危机。

（2）非标准事件：如被炒鱿鱼或裁员，突然丢了工作。非标准事件比标准型事件更可能成为生涯危机。

（3）持续性的职业问题：指持续了很长一段时间的生涯问题，因为日积月累造成了巨大影响，终于导致生涯危机，如令人不适甚至危险的工作环境、工作上持续性的压力。另外一种在别人看来可能不是问题，但在当事人那里成为重大危机，例如和同事或上司长期难以相处，不能融洽，久而久之造成情绪上的压力。

3. 处理转型和危机的模式　霍普森和亚当斯提出的成人生涯转型的模式，被大多数心理学家认可和运用。这一模式描绘了转型的七个阶段，其中包括各阶段之间的关系以及心情和时间状态。个人的沮丧或兴奋与否，和转型当时的本质有关；而其他状态则和沮丧或正面情绪的程度有关。

（1）按兵不动：当一个人发现自己被炒了鱿鱼或被裁员时，最初的震惊反应通常是按兵不动。这段时期可能是短暂的几分钟，也可能长达几个月。其持续时间取决于该事件的性质和内容，以及个人的心理结构。

（2）减低损害：指想让这个变动看起来比将产生的变化轻微一点。通常，当事人会否认这种变动，或者告诉自己真的没有关系，事情还是会好转的。

（3）自我怀疑：这时会产生很多感受，最常见的是对自我以及自己的能力感到怀疑，不知道是否能够供养自己和一家人。另一种常见的反应是焦虑，因为不知道未来会发生什么，对未来产生恐惧、悲伤和愤怒。

（4）不再深究：当事人开始抛开愤怒、紧张和挫败等感受。如果到了这个时候，他们终于接受了事实，于是开始将自己从原来的状态中抽离出来，重新眺望未来。

（5）试验：个人可能会发展出一股力量，觉得"现在我自己可以处理了"。事实上，人们只是一厢情愿地认为事情该如何如何，他们可能会对其他有相同遭遇的人提供一些意见，在某种情况下也可能想要和其他人连成一气（如和相同工作领域中的重要人物谈谈），然后再向前冲刺。

（6）寻找意义：这时，个人不但想要了解事件的不同差异在哪里，也想知道是为什么。这是一个觉察的过程，从中人们不仅试着了解别人的感受，也要了解自己的感受。也许这时他们能够了解公司裁员或倒闭的原因，而变得比较客观。

（7）内化：这是转型期的最后阶段，指价值观和生活状态的改变。当事人可能会发展出一些新的应对技巧，并且在这场危机以后，获得心灵、情绪与认知上的成长。

4. 转型期的生涯咨询

（1）生涯转型期的应对技能：布拉默和亚伯拉吉（Brammer & Abrego）发展出一个基本的应对技能模式，以帮助成人处理转型期的生涯危机：①认知与回应技能，通过这类技能，接受"有问题的状况是构成生活的正常部分"的观念，并能对自己的价值与限制，遇到问题时可能出现的状况等作出评估，对自己目前状态中的冲动成分评估等。②评估、发展与利用外在支持系统技能。③评估、发展与利用内在支持系统技能。④减少情绪与生理苦恼技能。⑤规划与执行改变技能。

这些技能通常在帮助处于生涯转型期的人能真实感受目前的状况，以在危机到来之前，有充足的时间做好未来规划。以及帮助那些常常感到对生涯变化无力回应的人，能理性的回应生命中发生的变化。通常，生涯咨询师采用团体的方式介绍这些技能和训练参与者。

（2）转型期生涯咨询的主要内容：朱克（Zunker）介绍了成人转型期生涯咨询的七个主要内容，并认为根据这些内容分别设计咨询方案，可构成一个成人转型期生涯咨询的较为完整的体系。

1）经验确认：通过面谈、协助来访者写自传等形式，仔细评估过去的经验是否能用在新的生涯选择中，充分发掘与调动自己已有的个人资源，增加自身的生涯满意度，发现新的生涯选择的可能性。

2）兴趣确认：主要借助心理测验，确认并评估自己的职业兴趣、特别的兴趣、与经验有关的兴趣、潜在的与职业和副业有关的兴趣等，以便能和后面的教育和训练规划联系起来，拓展自己的可能性。兴趣的确认还具有提升生涯满意度的效果。

3）技能确认：通过"自我分析"、"自我评估"和标准化测验，鼓励成人从各种所从事的工作中发现自己的技能，作为以后生涯探索中的重要因素，为新的目标选择和确定提供更加真实的依据。

4）生活风格确认：采用心理评估和"价值澄清"工作，对个人的价值与需求予以澄清，包括理清业余生活或工作有关的价值，与生活和工作有关的追求标准与层级，确认自己满意和不满意的影响因素，确认对未来成就的潜在期盼，澄清渴望的工作环境、组织和同事关系等。以明确"我是什么""我曾到过哪里""我还想到哪里"，从已有生涯经历中看到自己的整体价值追求和生活风格，并对未来生涯变化中的自我把握心中有数。

5）教育与训练规划：提供资讯，帮助成人在对自己多方面确认的基础上，规划接受继续教育和训练的计划，有针对性地发挥自己的优势、提升自己的能力，拓展新的适应面，增加新的可能性。

6）职业规划：提供专业资讯，包括职业、职场讯息，评估职业机会，结合自己和家庭的需求评估职业，确认职业目标并为之规划特定的教育和训练计划。

7）终身学习规划：以工作坊或团体习作的方式，练习作决定的技巧，澄清长期和短期目标的技巧。确认自己的生活风格偏好，重新组合目标并比较新的目标组合和旧有组合之间的差异，进一步发现自己，并理清与家庭预期有关的目标，发展出一个有弹性的终身学习规划，以及发展终身学习的技能。

除了对这一时期个体的特别问题进行关注外，还应该帮助这一时期的个体掌握一些压

笔记

力管理和应对策略,更好的应对来源于方方面面的压力,保持健康的身心状态。

第四节　老年期心理咨询

夕阳无限好,人间重晚晴。人到老年是自然现象,接受年老的现实,享受天伦之乐,也是人生快乐圆满的重要组成部分。一个心理健康的老人,不是一个苍老的弱者,而是一个淡定的智者,安度晚年,享受智慧人生的从容,是老年心理健康的最佳境界。

一、主要生理和心理特点

(一)生理状况

进入老年期,身体的各个器官系统,都会发生一些衰老性变化,生理功能趋于退化,效用减低。主要表现为:头发花白或者脱落、皮肤松弛、脊柱弯曲等外貌和体形逐渐衰老的变化;听觉、视觉减退,嗅觉、味觉和皮肤感觉敏感性降低;性的欲望与能力也在继续减退,但是老人仍会有对性的兴趣与需要。老年人更有可能出现行动迟缓、对疾病抵抗力下降和适应能力减弱等表现。

(二)心理状况

1. **认知能力**　老年期的认知活动较为复杂,认知能力的变化具有一定的个体差异性。总体来说,老年期的认知能力呈现出减退性变化的趋势,但是某些高级认知能力如晶体智力、思维等方面还保持着一定的发展和提高。

记忆力方面,老人会开始遗忘琐碎的事,记忆不如从前,主要表现为机械识记、再认、回忆、记忆广度和短时记忆等方面的减退。老年人的心理世界逐渐表现出由主动向被动、由朝向外部世界向朝向内部世界的转变。因此很容易回忆往事,遇到事情也容易联想到往事,越是高龄,这种回忆往事的趋势越明显。他们经常要回顾自己过去的生活,尤其是当他们孤独寂寞,或者情绪比较低落的时候,就会经常想起以前年轻力壮的时候做过的事情。想到了这些事情的时候,潜意识当中就希望周围的人对这些加以肯定。

智力方面,老年期的智力随着年龄的增长呈现一定的衰退倾向,但是并非全部减退,智力的变化存在一定的个体差异性。老年智力减退主要表现为记忆障碍、思维固执、注意力集中较困难和痴呆等方面。流体智力逐渐减退,晶体智力保持相对稳定,甚至有所增长,直到七八十岁以后才略有减退。需要注意的是,老年期智力下降的程度和其接触的环境与文化因素存在相关,通过认知训练和环境刺激,可以促进智力的保持和改善认知能力。

2. **情绪和情感**　老年期的个体,由于生理、心理功能的退化以及社会角色和地位的变化,在外貌、配偶、健康、专业、社会地位等方面的丧失的影响下,容易产生衰老无用感、孤独感、疑虑感、忧郁感等消极情绪情感。但这并不是老年人情感世界的全部,在一些研究调查中发现,老年人可能已经建立了一种成功适应损失的机制及以具有弹性的自我形象去处理人生困境的能力,老年人在情感的特点上未必就如人们通常认为的那样一定是脆弱的。除消极情绪情感外,老年人同时具有轻松感、幸福感、满足感等积极的情绪情感。他们很多事情都愿意自己干,不愿意麻烦别人,但是又不愿意孤独,而且比较担忧和恐惧孤独。他们想要安静,又害怕寂寞;需要陪伴,又害怕烦乱。

老年人的情感特点与其他年龄段一样,会因个人的性格、性别、成长经历及文化背景等因素而有所不同。例如一向心理上没有基本安全感的人,到了中年以后,就容易显出来,对许多事情都担忧,也容易患上忧郁与焦虑的情况。由于老年人形成了比较稳固的价值观和较好的自我控制能力,情绪状态一般比较稳定,起伏波动较小。但因老年人中枢神经系统存在过度活动的倾向和内稳态的调整能力变差，老年人的情绪体验强烈和持久，一旦被激发，就需要较长的时间才能恢复平静。

3. **性格与态度**　老年人在个性方面会将本来的性格特点增强。有些人随着脑功能的减退，变得比较谨慎，固执；有的甚至变得比较容易疑惑，不相信别人，采取防范的态度。老年人更倾向于拘泥刻板的行为，他们经验丰富，也注重自己的经验，并希望子女接受自己的经验。他们不容易接受新的事物，对社会的变化疑虑重重，好固执己见，对由此而引发的矛盾不易理解，从而喋喋不休，爱发牢骚。老年人的自我中心性加强，我们会看到很多老年人，在年轻的时候忽略了自己，到了老年的人生阶段以后往往呼唤关爱，呼唤关注，觉得别人对自己不够关心。有时候我们经常听见一些老年朋友抱怨说，我这身体不好，我这儿不舒服，就是这些年让你们给我累的。其实这个话潜台词就是说你们现在应该回报我，关心我，爱护我，照顾我，这也是一个很正常的表现。有些年轻人面对老年人的种种抱怨困惑不已，感觉就是搞不清楚老年人到底要什么，实际上很多时候老年人其实呼唤的是一种关注和爱护，并不一定是需要很具体的东西。需要强调的是，老年期个体的个性虽然发生了某些变化，但个性的基本方面是持续稳定的，并且稳定多于变化。

4. **社会角色及心理效应**　老年人要经历一些社会角色上的改变，工作变得越来越不重要，休闲活动，家庭、家人以及社区服务变得越来越重要。退休以后生活的重点在于个人的居所、朋友以及空闲时间的利用等。

老年人在家庭中的角色也在转变。子女都已经进入成人的阶段，多半已经成家立业，经济独立并且很活跃地从事社会各种活动。因此年老的父母要脱离过去一家之长的角色，跟自己的成人子女建立成人间的家庭伦理关系，尊重彼此的想法与意见，排除以家长控制下一代的姿态与角色。总之，老年人在家庭中还将保有长者的伦理地位，然而却不再担当家庭决策者的角色。

从社会到家庭的角色改变，带来老人的一个重要人生适应和发展问题，伴随着生理和心理功能的衰退，这种适应和发展本身成为老人的一个重要压力源。

二、主要心理问题

（一）老年期的发展任务

哈维格斯特提出了老年期的六项发展任务：①能适应逐渐削弱的身体力量和健康状况；②适应退休生活；③接受配偶的死亡；④加入同年龄组（老人社会）；⑤承担社会与公民义务；⑥保持满意的物质生活。

埃里克森则指出，老年期要面临内心冲突是：完善感—失败、绝望感。

美国心理学家佩克（Peck，1968）拓展了埃里克森的老年心理社会危机的概念，强调老年人对生活事件的适应能力，主张从提高老年人认知与应对老龄化带来的任务或挑战的角度来促进老年心理社会的发展。

（二）角色改变的焦虑

1. **社会角色的改变**　老年人需要接受与适应社会角色转变与生理衰退的事实，从实际的工作中慢慢淡出，能面对与接受身心变化，并做适当的适应与生活上的调节，去完成老年阶段的发展任务。有些人不认识这个事实，忽略年老阶段的来临，甚至经由否定的心理而去更增加工作量，扩展事业，打扮或整形，反而不能适应无法抗拒的年老阶段的到来。

2. **家庭角色的改变**　随着年岁进一步增加，年老父母跟成年子女的关系需要逐渐地改变，发生亲子关系的"倒转"或"反哺"现象，可能需要成年的子女来照顾自己并向子女学习很多适应生活的能力与技巧。随着这种亲子关系角色与职务上的对调，可能会引起一些心

笔记

理上的适应问题。例如在经济、生活各方面或许要依赖子女；也得多少听他们的意见，甚至受子女的管制等。在这样的状况下，如何保持长者的尊严，但又去接受下一辈的协助，是很微妙的心理适应。

（三）退休的心理适应

退休是老年人要面对的一个重大的生活事件，会带来社会地位、经济收入等方面的变化和一系列的适应问题。有的人经历了期待、过渡和适应等阶段，能够很好地接受和适应这一变化；还有一部分老人面对退休的变化难以接受和适应困难，会感到怅然若失、不知所措，表现出焦虑、抑郁、厌倦等不良的情绪情感，影响到身心健康。

能否正确认识和适应这一变化，直接关系着老年人的身心健康和主观幸福感的获得。心理咨询师可以从如下几个方面对退休问题给予老年人咨询和指导：①积极接纳老年人因退休适应问题而带来的各种负性的情绪情感，提供情感上的支持；②帮助老年人建立对退休生活的正确认知，使他们认识到退休是人生老年阶段必须经历的生活事件，对退休生活有正确的预期；③帮助他们重新看待和评价自我价值和能力，改变把职业成就当成自我价值体现的唯一来源的情况；④鼓励老年人通过发展家庭角色和工作以外的其他社会角色等获得满足感和成就感，分化对工作角色的专注；⑤提高老年人对老年期身心变化的认识，对未来生活中可能遇到的除退休以外的其他生活事件做好一定的心理准备，积极面对和主动适应，从而减少各种心理社会危机事件对退休适应和身心健康的影响。

（四）最后一次心理诞生

詹姆斯·卢格指出，人生中有三次大的心理诞生：①婴儿的心理诞生，标志是同与母亲融为一体的状态分离，继而产生并形成特征的个性化；②青春期的心理诞生，出现于儿童期的猛烈断裂，与家庭和同辈群体的差异拉大，导致对自我同一性的寻求；③老年期的心理诞生，要面临人生的最后一个实实在在的现实，接受自己死亡的命运。卢格进一步指出，人生的最后一次心理诞生包括同自我的基本分离，由此与更多的人形成更紧密的整体联系——同整个人类联结起来——同时又保持自我的存在，因而继续指引自己成长和临死的过程。

许多心理学家都指出，如果老人对自己的死亡不能采取现实态度，他就不可能在今后的余生中继续积极的发展、改变自己。因为继续学习、爱和成长都要求老人对临死过程和人生的结束采取接受态度。不过，这又是对老年期的一个巨大挑战，现实的死亡可能性、同辈亲朋好友的离去，都可能对老人带来很大的心理压力——死亡恐怖或焦虑。研究发现，老年人对死亡这一人生中不可避免的客观存在的态度更加理性，相对其他年龄阶段的个体，老年人对待死亡多持有更加接纳的态度，死亡恐怖和焦虑也相对减少。

（五）老年期心理障碍

1. 阿尔茨海默病　阿尔茨海默病（Alzheimer's disease，AD），是一种病因未明的进行性中枢神经系统退行性疾病，以不断进展的记忆障碍、全面智能减退、个性改变以及精神行为异常为主要临床表现，是老年期痴呆的常见类型。阿尔茨海默病是一种与年龄相关的疾病，患病率随年龄增加而增加，65岁以上的老年人痴呆的患病率为5%，80岁以上的患病率可达20%以上。流行病学研究提示，阿尔茨海默病的发病危险因素包括年老、痴呆阳性家族史、女性、低教育水平、抑郁症病史等。

目前，针对阿尔茨海默病尚无特效疗法，因此针对该病的早期预防和干预就显得尤为重要，具体措施有：经常动手动脑；积极活跃的老年社交，多和他人交流沟通情感；减少心理应激，提高心理健康水平；积极参加文体活动；合理膳食、适当补充卵磷脂；自觉防治高血压、动脉粥样硬化等与老年性痴呆直接或间接相关的疾病；如果出现阿尔茨海默病的早

笔记

期症状，及时就医寻求帮助，家属应配合医护人员对早期患者进行认知等方面的康复训练和心理辅导。

2. 焦虑症　焦虑症是最常见的老年期心理问题之一。能引起老年人心情紧张的心理因素很多，包括对自己适应环境困难而来的烦恼，和家人发生冲突性的关系，对自己身体健康的过度担心等。老年人的焦虑症比较容易表现为急躁性的焦虑或烦恼，常与抑郁情绪同时发生，表现焦虑与抑郁的混合型。老年人表现出焦虑的情况时，首先要排除是否是由躯体疾病或药物性原因所致，如患有甲状腺功能增高的情况，脑部血液循环欠佳等躯体因素或是受药物副作用而发生的结果等。

3. 抑郁症　抑郁症是老年期常见的心理障碍。老年人在遭遇心理上或生活上的困难时，容易自觉无力去克服所面对的问题，对事情觉得缺少希望，就容易心情不佳，悲伤，没兴趣，甚至失去对生存的欲望。老年人抑郁的特点是：诉说自己心情忧郁的情况比较少，诉说身体不适比较多，因而容易与疑病症和躯体化障碍混淆；他们还会诉说睡眠不好，胃口不佳，便秘等。如果对平时喜欢的嗜好突然失去了兴趣，服用的药不肯服用，不在乎自己的身体健康，也可能是情绪低落的表现。如果平时不喝酒而突然喝起酒来也要引起关注。如果开始整理自己的物品，向家人做一些事务安排的交代，则要注意他们自杀的可能性。

4. 躯体形式障碍　躯体形式障碍是仅表现躯体症状的心理障碍，这些躯体症状又不是躯体疾病的表现。它包括躯体化障碍、未分化躯体形式障碍、疑病障碍、躯体形式的自主神经功能紊乱、持续的躯体形式的疼痛障碍、其他躯体形式障碍等类型。躯体形式障碍有几个核心特征：第一，来访者的障碍以及对护理的需求是真实的，不可轻视；第二，来访者不会像诈病那样自觉地或有意识地结束症状；第三，躯体形式障碍的来访者选择了"患病角色"，这样因疾病获得了精神解脱或得到了他人更多的关注和关心。

心理学对躯体形式障碍的解释通常有以下观点：认为是一种心身疾病，是因为遭遇了应激与挫折从而导致躯体不适，有些人不习惯诉说心情的不适，习惯于用躯体疾病来诉苦；由于文化的特点，人们常常对焦虑或忧郁的诉说不给予反应，而只对躯体疾病给予关心，强化了躯体疾病的诉说；这是一种比较幼稚的行为表现，只会表达身体的不适，不会在情绪的层面上澄清、理解和表达自己。

5. 失眠症　失眠症是指睡眠启动和睡眠维持障碍，有多种表现形式，包括入睡困难，早醒、睡眠不实、醒后再睡困难，睡眠感缺失等。失眠症在老年期比较常见，大约有 1/3 的老年人存在入睡困难和睡眠维持困难，2% 的老年人在白天过度困倦，此外，老年人常常抱怨睡眠质量差，醒后仍然十分疲劳。上述情况如每周发生 3 次或以上并持续 1 个月以上，就可提示诊断为失眠症。

失眠可引起焦虑、抑郁等情绪，并对社会功能产生一定的影响。老年人出现失眠症，最主要的处理措施是教育和认知行为干预，必要时同时接受药物治疗。常见教育和认知行为干预方法包括：睡眠卫生的教育；睡眠限制疗法；刺激控制疗法；认知行为疗法和放松训练等。

三、咨询的技术要点

根据老年期的特点和生活状况，老年心理咨询要注意以下一些方面：

（一）建立生活技巧

老年人身心的发展特点决定了他们在飞速变化的社会中适应性的降低。因此，对于老年人的咨询，帮助他们建立生活技巧是非常具体而有效的帮助。这样可以缓解老年人因生活适应问题导致的焦虑、紧张等情绪，提高他们照顾自己的自信心。首先，是尽可能帮助他

笔记

们领会新的时代精神，使他们理解主流的价值观念、生活方式的涵义，不至于面对时代的变迁有强烈的故步自封的倾向，努力帮助他们对变化保持一种开放的心态。其次，是在具体的生活层面上给予帮助，包括老年时期人际关系的处理技巧、遭遇困难时的求助渠道、现代社会的生活常识，更具体来说包括现代化设施的使用、城市交通线路图等。

（二）建立支持团体

老年人容易对自己未来的生活产生忧虑，体验不再被重视和被需要，产生自己对社会没用、没价值感等，尤其是随着身体的衰老、退休的前后而容易陷入抑郁情绪中。支持团体可以帮助老人面对变化，克服孤独感，重新寻找自己的价值和生活的意义，从而更加充实快乐地生活。参加团体的老人常常有共同的问题，在团体中以一种"经验分享历程"的团体讨论方式，能够起到去独特化的作用，宣泄情绪，分享自己应对老年期到来的思想、态度和经验，彼此都能够感受到支持。

（三）生命回顾

生命回顾可以强化老年人生活的价值感。老人的脑子里充满的是过去的事情，他们喜欢回忆过去的事情，特别是有印象的好事或坏事，靠谈过去的事情来填充目前的精神活动，因此咨询时可利用老人的这一特点。老人通过在生命逝去前的回忆，梳理一生的经历，享受、体验成功，从而使自己体验到充实感。遇到对于自己人生不满意的老年人，可以帮助他们进行意义换框，以另一视角看待自己走过的生命历程。

生命回顾对于陷入麻烦和正与死亡抗争的老人也有很大帮助。鼓励他们回忆过去，通过部分解决其自身或与他人的冲突，努力帮助他们找到现实意义。可以布置家庭作业，如回顾生活中的重大事件、照片或记录；可以要求他们写自传或与朋友、家庭重聚。他们可能发现自己对冲突的忍耐性增高，负罪感和恐惧减少，创造力和施与感增强，更加接纳生活现实。

回顾过去是为了启迪未来。生命回顾后，展望未来能够从容面对死亡，安排好身后事。最后焦点再回到现实，活在当下。对老年人来说，当下有何困难，要如何去减少痛苦，当下的生活如何安排得充实、乐趣、有意义是咨询的核心内容。

（四）支持性咨询

从人生发展的过程看，婴幼儿与老人特别需要支持与协助。婴幼儿的自我功能尚未成熟，而老年人的自我功能逐渐衰退，对挫折的处理能力已经逐渐减少。因此，对老年人的心理咨询多是支持性的。

当老年人面对心理上的困难或痛苦时，最需要的莫过于他人的同情、安慰、支持与鼓励。支持性倾听不仅能了解病情，更主要的是还可让老人感觉得到咨询师肯花时间去听取他们，关心他们，而感到安慰且放心，这本身就可起到咨询上的基本效果。因此，一方面通过支持性倾听，容易建立良好的咨访关系；另一方面这种倾听本身就是一种很有效的咨询技术。老年人容易回首往事，对他们多采用支持性倾听，可以起到情感的宣泄作用。有些老年人的烦恼可能是源于缺乏知识，或受不正确观念的影响。这时咨询师在倾听的基础上可提供给他们所需要的知识，纠正不合理的想法，可减少他们的烦恼。一般来说，配合着老人的心理，多谈比较正性的话题，灌注希望，咨询师可以指出他们具有的长处、解决问题的可能性，并许诺供给支持，共同去处理困难。对于躯体方面疾患，可以给予比较正性的解释，但不应提供不切实际的保证。

支持性咨询的实施，关键在于能与老人建立良好的关系，能以高水平的共情来体会他们的处境，并且以"职业性"的立场关怀他们的困难，让他们感到咨询师关心他们，自己可以信任咨询师，并可依靠咨询师来解决困难。当然，咨询师也不能只是支持而失掉调节性的判断。成功的咨询师要能评估他们的自我能力，判断所需的支持程度，适当的提供帮助。要能运用他们的潜在能力，自行痊愈，不能过分的保护，让他们过分依赖咨询师。

（五）沟通技巧

与老年人沟通时，我们要细致地观察和捕捉他们的表情和行为变化。如果老人总是吞吞吐吐、欲言又止，或者总是提别人的故事或者自己以前的经历，那就说明他们可能对目前的状况有些意见但又不愿意提及。此时，我们不妨主动询问，通过问问题、举例子等方法，替老人把心里的话说出来。

（孙正海）

第十一章　团体咨询理论与应用

　　团体咨询是心理咨询的重要形式之一，最早是在对慢性病患者与神经症患者的咨询中发展起来的，后来逐渐应用于正常人的发展性问题和人际关系问题等方面。团体咨询被认为是比个体咨询更复杂的咨询方法，不仅需要心理咨询师娴熟的个体咨询基本功，而且还需要咨询师系统学习团体咨询的理论和技术，并在大量的团体咨询实践中建立和发展出与个人特点相匹配的咨询风格。目前，团体咨询日益受到学校、社区、医院及其他社会心理服务机构广泛重视，并得到推广应用。

第一节　团体咨询概述

一、团体咨询的概念

　　团体咨询（group counseling），又称群体、小组咨询或者辅导。它是在团体情境中提供心理帮助与指导的一种心理咨询的形式，通过团体中的人际交互作用，团体成员探索自己内心，寻找有效的问题解决途径，拟订具体可行的目标，并在团体中尝试改变行为，学习新的行为方式。

　　团体咨询一词最早出现在 1931 年，当时较偏重于团体教导（Group instruction）。一段时间内，"团体咨询"与"团体辅导"互为运用，两者难以区分。1947 年随着美国国家训练实验室的成立以及团体动力学的蓬勃发展，传统的团体辅导产生很大变化，融入更多的咨询技巧与行为分析方法，团体辅导逐渐发展成"团体咨询"，各类团体不断面世，如勒温的"技术性团体"，国家训练实验室（NTL）的"敏感力训练团体"，罗杰斯的"会心团体"等等。与此同时，有些带领者也开始将精神医学的知识技能运用到团体中，开始运用团体进行心理咨询。

　　团体辅导、团体咨询与团体心理治疗有其相通之处：三者都是运用团体的方式来处理成员的问题，帮助他们身心和谐发展；三者皆由受过专业训练的带领者运用科学性、系统性的方法带领；三者的理论架构有区别，但都以心理学为基础，需要考虑团体动力等因素。但三者也存在着差异。团体辅导和团体咨询更多面向的是一般人群，功能上更侧重在预防性、教育性和发展性上。团体治疗主要对象为病人，功能上更侧重治疗性。团体辅导一般采用教学活动、演讲、讨论和互动等技术；团体咨询一般采用分享、探索、引导、澄清、面质和反馈等技术；团体治疗会根据带领者的理论流派的不同而采用不同的咨询和治疗技术。在团体导向方面，团体辅导主要是信息和成长导向，团体咨询是以问题解决和成长为导向，而团体治疗多以行为认知重塑和人格重建为导向。持续时间方面，团体辅导一般时间最短，一次或者固定的几次；团体咨询一般多为 8～12 次，而团体治疗的时间一般比较长，通常由带领者的理论流派决定。通常情况下，团体辅导的带领者多为教师和咨询师，团体咨询的带领者为咨询师，而团体治疗的带领者一般均为治疗师。

二、团体咨询的发展历史

团体心理咨询开展至今，已经有百余年的历史。20世纪初，受医疗条件的限制，患有肺结核的患者缺乏有效的治疗方法，患者只能终生带病，而且也被周围的人所回避和歧视，因此患者往往情绪低落，心情抑郁。在1905年，美国的内科医生约翰.普拉特开创了团体"课程"——思维控制课来治疗他的结核患者。普拉特医生的团体被认为是团体咨询的开端。

而后，团体在不同的领域得到了探索与发展，心理学家们也开始将团体引入到心理治疗中。1928年，奥地利的著名心理学家阿德勒及他的同事们开展了以阿德勒个人心理学为理论基础的团体咨询与治疗。第二次世界大战之后，心理问题猛然增多，对心理咨询与治疗的需求旺盛，团体心理咨询这种形式也蓬勃发展起来。1940年，英国精神病学家福尔克斯率先在英军北部战区的神经症治疗中心开展了患病士兵的集体分析性治疗。

1949年，美国著名精神病专家沃尔夫首先将弗洛伊德的经典精神分析理论应用于集体心理治疗。他在集体心理治疗中采用自由联想、梦的解析、分析移情等方法，将小组成员被压抑的情绪、内心冲突暴露和宣泄出来，然后加以疏导，使他们对症状逐渐获得领悟。

20世纪50年代，行为流派开始兴起。美国心理和精神病学家拉扎鲁斯首先将行为疗法运用到团体心理治疗领域。从行为主义的视角出发，心理治疗就是一种学习的过程，因此团体可以为个体提供学习新行为、新态度和新认知的机会，并且团体可以提供社会环境的强化作用，使得成员的变化得以巩固和强化。20世纪60年代，人本主义心理学兴起，美国著名心理学家罗杰斯大力提倡的会心团体受到欢迎，在学校发展尤其迅速。会心团体有多种形式，如成长小组、自我肯定训练小组、基本交朋友小组、任务定向小组、小团体经验、实验室训练小组、基本人际关系训练等。这类团体咨询的共同特点是以心与心之间交流沟通为基础进行团体体验。

20世纪50年代，团体心理咨询进入到了亚洲地区。1991年10月，中国心理卫生协会大学生心理咨询专业委员会根据大学心理咨询工作的特点以及大学生心理发展特点，组织了为期两天的团体心理咨询培训班，由从日本筑波大学心理学系留学归来的樊富珉带领，这是我国举办的第一个团体心理咨询培训班。二十多年来，团体咨询作为一种非常有效的咨询形式，在我国蓬勃发展起来。

三、团体咨询的特点

团体咨询与个体咨询的区别不仅是人数的不同，更是在互动程度、助人氛围、适合处理的问题类型、咨询技术以及工作场所方面有着很大的区别。其最大的区别在于来访者对自己问题的认识及解决是在团体中通过成员之间的交流、相互作用、相互影响来实现的，这就使得团体咨询具有独特的优势。同时，团体咨询也存在着一定的局限。

（一）团体咨询的优势

1. **高效节能、资源丰富** 个体咨询是咨询者与来访者一对一进行的过程，相对于个体咨询，团体咨询是一个带领者同时与多个成员的互动、多个成员之间互动的过程，工作效率成倍增长。团体咨询因为多人参加，"不论他们是在交流信息、解决问题、探索个人价值还是发现他们的共同情感，同一团体的人都可以提供更多的观点，从而提供更多的资源"。团体成员在团体中充分互动，既有机会听到和自己类似的忧虑，也可以通过观看他人怎样解决个人问题而受到启发，可以学到更多的东西。团体蕴含着充分的资源，这种团体成员之间的相互激发与相互学习，是个体咨询中所没有的，团体成员也会比在个体咨询中学到更多、更易发生改变（图11-1）。

笔记

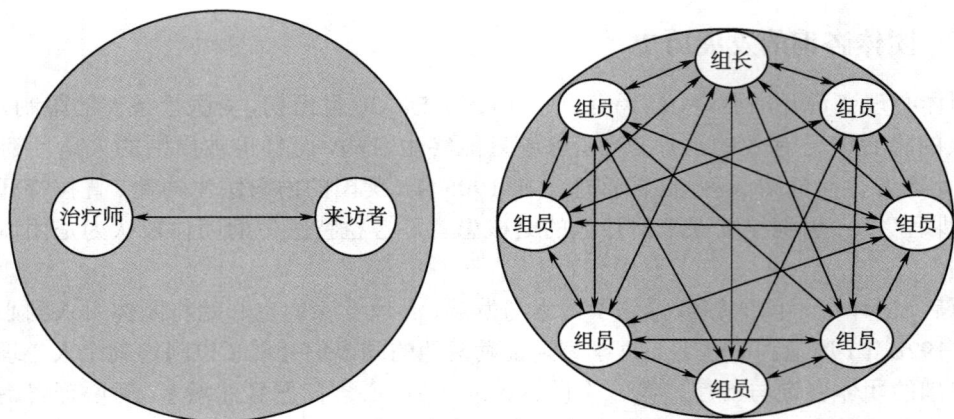

图 11-1　个体咨询与团体咨询互动模式图

2. 团体动力强劲，可推动个体发生深刻改变　团体并不是个体的单纯叠加，团体中蕴藏的群体动力深刻影响咨询过程，推动团体成员发生改变。团体作为一个社会的缩影，提供了真实生活的情景再现。团体成员能在一个真实的人与人相处的环境中反思自己的日常生活，探索自己与他人相处的方式，并学习有效的社交技巧。这是个体咨询无法比拟的。

3. 效果容易巩固　如前所述，团体是社会的缩影，成员在团体中的言行往往是他们日常生活行为的反应。团体咨询创造的类似真实社会生活的情境，为参加者提供了社会交往和发现自己行为模式及其问题的机会。在充满安全、支持、信任的团体气氛中，成员通过示范、模仿、训练等方法，可以尝试某些新技巧和行为。如果成员在团体中能有所改变，这种改变会比较容易迁移到团体之外的现实生活中，也可以及时把实践中的问题带回团体来讨论与处理。所以团体咨询可以使个体较快发生改变且容易巩固。

（二）团体咨询的局限

1. 难以照顾个体差异　团体咨询中，尽管成员的问题和需要有相似性，但个体差异还是存在。由于团体人数多，团体动力千差万别，带领者很难均匀分配注意力，客观上难以照顾到每个成员，因此投入多的成员收获大，而比较被动的成员收获相对少一些。因此，在同一个团体内，每个成员的体验和收获是不尽相同的。

2. 团体咨询并不适合所有的个体　在某些情况时团体的助人功能会受到限制，如：团体内过度依赖、过度封闭、过度自我中心或过度偏执的成员，他们较难在短期获得收获，有时还可能妨碍团体的发展，对其他成员产生一些负面影响。

3. 对带领者的要求较高　团体咨询绝不是数个个体咨询的叠加，相比个体咨询而言，对带领者的要求相对更高。只有热情而能力不足的带领者可能会给团体成员带来较大的负面影响。因此，团体带领者不仅要学习个体咨询的理论和技巧，还要学习团体咨询的相关技术和技巧，并对团体动力学有所掌握。

四、团体咨询的类型

团体咨询因考虑的因素、设计的内容不同有多种分类标准。目前团体分类的依据主要为团体设立的目标、功能、性质、时间及成员的需求等。团体分类的向度并非彼此排斥，一个团体可能同时属于不同的类别。

（一）根据团体功能

1. 成长性团体　此类团体注重成员的身心发展，协助成员自我认识、自我探索进而自我接纳和肯定。成长性团体是较为广泛的团体咨询形式，如：自我成长团体、自我肯定团体、领导才能拓展营等。

笔记

2. **训练性团体**　此类团体注重成员生活能力的充实与正向行为的建立。如：人际关系训练团体、敏感力训练团体、亲子效能训练团体等。

3. **治疗性团体**　此类团体注重成员经历的解析、人格的重塑与行为的重组。如：精神分析团体、存在—人本主义团体、心理剧工作坊、家庭系统排列等。

（二）根据团体内容

1. **结构性团体**　此类团体较注重针对团体所要达成的目标设计活动以引导成员参与学习。因此这类团体具有预定设立的目标和活动内容。带领者的角色明确，团体在预定的目标和方向下进行，成员的自主性和自发性相对较小。

2. **非结构性团体**　在此类团体中带领者根据成员的需求、团体动力的发展以及成员互动的关系来决定团体的目标、过程及运作方式。带领者主要的任务是催化、支持，以非指导性的框架进行。

（三）根据团体人数

1. **大团体**　此类团体人数多在 35 人以上，如研讨会、班级团体等。此类团体多属于教育类型的团体。

2. **中团体**　此类团体人数约在 20～35 人，如研讨会、训练营等。

3. **小团体**　此类团体的人数约在 20 人以下，咨询和治疗性质的团体一般的人数在 6～10 人左右，8 人左右为宜。

（四）根据成员参与情况

1. **开放性团体**　此类团体成员较为不固定，成员的加入或退出均需要尊重个人的情况、需求和意愿，成员的流动性会带来不同程度的冲击，例如读书会、理论学习小组等。

2. **封闭性团体**　此类团体成员固定，熟悉程度高，团体凝聚力与信任感较强，成员的加入或退出都会影响团体动力。一般而言大多数的咨询团体、辅导团体都属于封闭性质。

3. **定期开放性团体**　有些治疗团体会制定一个封闭期，如 20 次为一个治疗周期，到期时根据自愿的原则有些成员离开，有些成员愿意继续留下，咨询师再补充一些新的成员加入，对于新的成员来说必须要参加一个周期，而老的成员可以以 4 次治疗为一个周期。在决定离开前，老成员需要向团体汇报，并在报告后参加完一个 4 次治疗的周期再离开。

（五）根据团体时间

1. **密集性团体**　此类团体进行时间较长、不固定，根据团体动力与成员的情况而定，最常见的是马拉松团体。

2. **常态性团体**　此类团体进行时间固定，每次约 1～3 小时，连续进行 8～10 周或者更长，每周 1～2 次。

（六）根据成员背景

1. **同质性团体**　此类团体成员的属性特质较为相近，包括性别、年龄、学历、职业、处境、问题等等，如"单亲妈妈"团体、"婚姻危机调适"工作坊等。凝聚力理论作为同质性团体的理论依据，即团体的吸引力是影响疗效的重要中间变量，团体最重要的目标就是要建立一个富有凝聚力、和谐融洽的团体。因此同质团体的成员之间容易产生"在一起"的感觉，凝聚力强，相互沟通与支持性较高。

2. **异质性团体**　此类团体成员自身的条件或问题差异性大、情况较为复杂，所需要解决的问题大相径庭。异质性团体以社会缩影理论和失调理论为依据。前者认为团体是一个宏观社会的缩影，团体成员被鼓励去发展新的人际互动模式，因此为了使成员学习的机会最大，团体应该由不同类型的人员组成。后者认为团体内应该包含具有多种不同人际风格以及内心冲突的成员，当个体处于一种不和谐或失调的状态时，将采取行动来缓解这种失调状态，这样学习和改变就可能随之发生。异质性提供了一个微型社会的缩影，使参与其

笔记

中个体的人际互动模式清晰地呈现出来，并与他人连结、互动。使个体知晓并努力改变不良的人际互动模式，强化积极、有效的人际互动模式，并将团体中获得的成功经验移植到现实生活中去，进而解决在现实中遇到的问题。但异质性团体因动力复杂，带领者的催化和引导非常重要。

（七）根据理论背景

1. 心理分析团体　协助成员重新经验其早年生活经历，发现与过去事件有关联而对目前行为有影响的被压抑的体验或情感，对于心理问题的根源产生顿悟和修通。

2. 行为治疗团体　帮助团体成员消除不适应行为，学习新的和较为有效的行为模式。

3. 理性情绪治疗团体　教导团体成员必须为自己的困扰负责，并帮助他们认清并放弃困扰背后的不合理信念，并代之以合理的、较能容忍的信念。

4. 会心团体　提供安全氛围以便成员能探讨各种感觉。协助成员更能接受新经验并对自己的评价更有信心，鼓励成员活在当下。发展开放、诚实和自然的关系。强调此时此地，并利用团体克服疏离感。

5. 沟通分析团体　协助成员去除自我与他人互动中所使用的不当脚本和游戏。对成员早期的决定做检验和挑战，并给予自己的新觉察做决定。

6. 心理剧团体　催化压抑感觉的发泄，提供顿悟，协助成员发展新的、有效的行为。探索有关冲突解决的可能性，并引导他们去体验生活的重要部分。

五、团体咨询的有关理论

（一）比昂的基本假设理论

比昂假定人们在团体中始终在两者之间挣扎：一方面成员在意识层面的目的是参加团体，而在集体无意识层面又提出了不同的议程（agenda）。无意识的议程旨在满足人们原始的欲望，因此成员们在无意识的、意识之外的过程里共谋，这让团体看上去是为了另一个目的而开展。

比昂提出了三种基本假设：依赖基本假设、战斗/逃跑基本假设、配对基本假设。在依赖基本假设（dependency basic assumption）中，团体成员表现出无助、不成熟和依赖的特点，而将带领者投射为无所不能的，并期待带领者拯救他们。成员对带领者的期待是如此的理想化，终将导致带领者的失败，团体中的挫败感由此产生。在战斗/逃跑基本假设（fight/flight basic assumption）中，团体遇到敌人时会选择战斗或逃跑。带领者需要找到敌人，并且带领团体进入或者远离战斗。生病或体弱的成员在团体内是没有生存空间的，成员们反对知识和拒绝内省。配对基本假设（pairing basic assumption）的特点是希望，团体一直在等待"救世主"的拯救。"救世主"从来没有真正出现过，而成员们一直在等待被救赎，"救世主"或许会以一种新的方式或其他创造性的形式降临。这三个基本假设实际上与口欲期、肛欲期和前俄狄浦斯期的基本过程是平行的，它们常常呈现了一些人们想否认的潜意识内容。基本假设会对所有团体产生作用，在某些情况下它们有助于任务的完成。

（二）团体焦点冲突理论

团体焦点冲突理论认为（Whitaker & Lieberman，1964），团体成员为了缓解紧张和焦虑感，接连不断地解决成员们的无意识冲突，这样的冲突就是团体焦点冲突。这种类型的冲突始终隐含着一种希望（令人不安的动机）和一种恐惧（反应的动机）。团体的解决方法要么是允许——实现一部分希望（以及伴随的焦虑），要么是约束——禁止满足所有希望（因此也不会体验到焦虑）。一旦团体找到了解决方案，成员们就会继续探讨下一个新的冲突。团体带领者需要评估团体成员忍耐焦虑的程度，尽量在成员最佳的忍耐范围内提供解决方法。带领者所做的事情就是为了建立和维护安全的氛围，在这样的氛围下，成员才不会感到被评判，同时也可以促使成员去发现能够解决问题的方法。

（三）福克斯心理分析

福克斯提出了团体过程四个层面的理论假设：①当前层面（current level）：团体的真实情况是怎样的，包括团体设置、带领者与成员的身份、团体会面的氛围？②移情层面（transference level）：团体成员的移情是怎样体现的？成员和成员之间的移情是怎样的？成员与咨询师之间的移情是怎样的？整个团体的移情（成员如何看待整个团体，像母亲还是父亲）是怎样的？③投射层面（projective level）：成员投射给另一个成员的原始部分客体是什么？是否有成员会看到愤怒来自于他人而不是自己呢，或者来自于他的欲望、或是爱？是否有成员变成了替罪羊，即所有人将自己鄙视的那部分内容投射到了某个人身上？④原始层面（primordial level）：团体的集体无意识是这样的？人们对于图腾和禁忌的记忆是什么？团体中的女性和男性的意象又是什么？福克斯相信团体的力量是有疗效的，他认为带领者需要创造一个有助于团体形成的设置，带领团体从出生走向成熟，给予团体充裕的时间寻找出路，只有当团体脱离了成长轨道的时候才着手干预。

六、团体咨询的疗效因子

团体是一种非常高效的心理咨询手段，疗效的产生是一个非常复杂的过程，这种相互作用被称为"疗效因子"，可归纳为如下11种主要的要素：

（一）希望重塑（instillation of hope）

希望的重塑和维持对任何心理咨询来说都是非常重要的，希望不仅能够让来访者坚持参与，而且来访者对咨询的信心本身就具有治疗效果。有研究显示，咨询前对获得帮助的高度期待与积极的疗效之间有显著的相关性。团体带领者需要尽一切努力来增加来访者对团体疗效的信心。在咨询开始之初，带领者要增强来访者的积极期望、去掉负性的成见，还要对团体的治疗性质进行清楚有力的说明。在咨询进展中，带领者需要时常提醒团体成员注意所取得的进步。而且，带领者相信自己以及相信团体的效能也是非常重要的。

（二）普遍性（universality）

许多来访者来咨询时忧心忡忡，认为他们是唯一的不幸者，这种感觉来源于他们所承受的严重的生活压力以及较为严重的社会孤立。尽管人类的问题非常复杂，但仍然具有某些共同的本质，团体成员很快就能看到彼此的相似之处。当来访者感受到自己和别人的相似之处并且与他人分享自己最深层的忧虑时，伴随而来的宣泄以及来自他人的完全接纳会使他们获益良多。

（三）传递信息（imparting information）

包括带领者提供的教导式指导和带领者或者成员给予的忠告、建议、直接指导等。教导式指导具有多种形式：传递信息、改变病理性思维、提供理论框架或者解释疾病过程等等。这种指导能在团体初始阶段具有基本的亲和力，直到其他的疗效因子发挥作用。当来访者对疾病的症状的来源、意义和严重性非常不确定而产生担心和焦虑时，提供理论框架和解释可以帮助他们减轻由不确定带来的焦虑，获得对症状的可控制感。这本身就具有疗效。

团体成员之间的直接忠告往往暗示并传递了成员间相互的兴趣和关心。在以人际互动为焦点的团体，给予忠告和寻求忠告的行为常常作为不良人际关系状况的一个重要线索。而其他更为结构化的团体则能对直接建议和指导进行具体而有效的利用。最有效的忠告是给出比较系统的可操作的指示或者是一系列关于如何达到目标的可供选择的建议。

（四）利他主义（altruism）

维克多·弗兰克尔认为生命的意义不可能靠刻意的追求获得，当我们超越自我，当我们

笔记

专注而忘我的时候，它便会出现在我们的体验中。团体成员通过付出而有所收获，不仅从接受帮助中获益，给予的行为本身也能有所获益。有些来访者深感自己毫无价值，当发现自己对别人很重要时，这种体验会使他们振作起来并感到自尊。团体可以帮助成员摆脱病态的自我关注，转向相互提供支持、建议和领悟。

（五）原生家庭的矫正性重现（the corrective recapitulation of the primary family group）

对大多数来访者来说，在他们最初也是最重要的团体（即原生家庭）中都有过非常令人不满的经历，而治疗性的团体在许多方面都类似于家庭：有权威／父母的角色、同辈／兄弟姐妹的角色、深刻的人际关系、强烈的情感，以及深厚的亲密感和敌对的、竞争的情感。一旦能克服最初的不安，成员迟早会以"曾经的"互动方式与带领者和其他成员互动。早期家庭冲突的复现是重要的，矫正性的复现更加重要。在团体内，早期形成的、抑制个人成长的人际关系模式不断地被探索和挑战，个体被鼓励不断地探索和尝试新的行为，并运用到团体之外。

（六）提高社交技巧（development of socializing techniques）

社交技巧的学习可以是直接的方式，如通过角色扮演来帮助团体成员学习求职时如何与面试官交流：也可以是比较间接的方式，如在动力式的团体中，成员通过与其他成员的互动发现是自己对别人傲慢的态度使自己处于人际疏离的境地。经过较长时间团体治疗的成员有机会学习到如何有效地回应他人；如何解决冲突；如何较少地评价而更多地体验和表达共情。这些学习经验对实际的社会互动有很大的帮助。

（七）行为模仿（imitative learning）

在个体咨询中，来访者的言谈举止会逐渐与他们的咨询师相似，在团体内也存在着类似的效应。行为模仿在团体的早期阶段的作用更为重要，来访者会对比较资深的成员或是带领者进行认同模仿。这样的模仿可以使个体一点一滴地学习他人的行为，继而放弃一些不良的行为。

（八）人际学习（interpersonal learning）

人类总是生活在成员关系密切、持久的团体中，对归属感的需要是一种强有力的、根本的、具有普遍性的动机。互动式的团体通过纠正扭曲的人际关系使个体能够产生更为丰富的情感体验，参与人际交往，以获得现实的、相互满足的人际关系。此类团体早期的重要步骤是将治疗目标从减轻痛苦转到人际功能上，如将抑郁转换为人际问题——被动依赖、孤独寂寞、压抑愤怒、担心分离——然后在团体中着眼于这些人际关系问题。

弗兰兹·亚历山大在描述精神分析的治疗机制时介绍过"矫正性情感体验"：在来访者同意的情形下，使来访者暴露于他过去不能处理的情感经历中，然后帮助来访者经历矫正性情感体验，这种体验可以修复来访者既往经历中的创伤性影响。在团体中，矫正性情感体验有以下几个方面：

1. 来访者冒险表达人际关系方面的强烈情感。
2. 团体的支持足以使这种冒险发生。
3. 现实检验允许来访者通过团体成员的一致性确认，对事件重新认识。
4. 承认某种人际感觉和行为或所逃避的人际行为是不恰当的。
5. 个人与他人更深入更真诚地互动的能力最终得到促进。

在团体中，成员的在体验（情感层面）中获得理性（认知层面）的修通，最终了解到：别人如何看待他（指该成员，下同）的行为；他的行为带给别人的感受；他的行为如何创造了别人对他的观点；他的行为如何影响他对自己的看法。

（九）团体凝聚力（group cohesiveness）

团体凝聚力类似于个体咨询中的咨访关系，但它远比个体的咨访关系要复杂得多，并不太好界定。团体凝聚力可被归纳为团体对其所有成员的吸引力，较强的团结意识，有"我们"感觉，成员对团体有较高评价，能抵抗来自团体内部和外部的威胁，以保护团体不受侵犯。凝聚力强的团体较为稳定，有较高的出勤率及较少的脱落。现有的研究表明：团体稳定性十分关键，早期退出的来访者无法从团体中获益，同时也妨碍了团体其他成员的进步。凝聚力有助于自我暴露、冒险及在团体中建设性地处理冲突——这些都会促进团体的成功。

（十）宣泄（catharsis）

宣泄意味着：成员可以讲出心事，对其他成员表达出负面或正面的感情；对团体带领者表达负面或正面的感情；学习如何表达我的情感；能够说出困扰我的事，而不是压抑下来。但宣泄是产生疗效的必要但非充分条件，即情绪宣泄只是治疗的一部分，必须与其他因素互相补充。

（十一）存在意识因子（existential factors）

存在主义注重对死亡、自由、孤独及人生意义的探寻，认为人类最大的冲突是与生俱来的、关于存在的最终意义。人只有与结束生命的力量达成和谐的关系，才能真正严肃地看待自己的生命。团体中的存在意识因子包括：了解到生命有时候是不公平的；了解到生命中有些痛苦和死亡终究是无法逃避的；了解到无论我和别人多亲近，我仍须独自面对人生；面对生死，我更能诚实地生活而不被细枝末节的小事羁绊；认识到无论从别人那里得到多少指导和支持，我终究必须为自己的生活方式负起责任。

第二节　团体的形成

一、团体形成的背景

（一）团体形成前需要思考的问题

团体组成前，带领者必须要考虑清楚，将要带领的是什么性质的团体？团体的目标是什么？什么样的团体设置可以达成目标？目标导向是团体咨询的一个重要原则，团体目标大致可以分为三大类：

第一类以开发心理潜能，促进人格成长，增进心理健康为目标。主要是教育机构（如各级各类学校）的咨询人员组织的发展性团体咨询。参加的对象都是正常的，健康的，处在成长过程中的青年学生。通过团体内的讨论，以及形式多样的、有趣的活动，使团体成员共同探讨成长发展中关心的问题，加深对自我以及对他人的认识，开发身心潜能，促进人格成熟。

第二类以敏感性训练为目标。目的是训练如何有效地处理人际关系，训练生活技能，增进社会适应。主要面向企业、政府机关、训练管理人员、营销人员，立足于人际关系的学习、理解和协调。学校也常常用于学生，协助他们有效地掌握社交技能。

第三类是治疗目标。由专业心理治疗机构的咨询人员面向那些心理偏离正常，有明显症状的个体。目标是缓解消除症状，恢复心理平衡，达到心理健康。由于参加者必须面对层次较深的冲突和困扰，一般花时间比较多。

以上三类团体咨询目标是一种宏观的概括。具体到每一个团体，目标应更为具体明确和可操作。

作为团体咨询的设计者，在确定团体咨询目标时，还必须充分考虑以下问题：我为什么要领导这个团体？团体咨询的主要任务是什么？如辛格勒（Singler，1977）曾就一个中风患者团体确定了这样的目标：通过支持性的气氛减低患者的焦虑，增进患者的自我接触，重新建立自尊，减低社会性孤立；另外，还要针对以及协助患者处理因中风而出现的抑郁、恐惧、

笔记

自我中心,和身体及情绪上的对别人的依赖。

此外团体带领者还是要考虑,个人是否具有能力和经验带领团体?团体组成是基于成员的需要还是辅导工作的需要?此类团体过去实施的效果如何?是否有足够的治疗和参考?等等。总之,在团体形成前带领者需要仔细考虑有关问题。科瑞认为团体组成前需要考虑:①架构内容;②实际操作;③过程;④评估,包括成员的筛选、招募与技术的运用。

(二)团体咨询的准则

1. 团体导向 团体咨询和个体咨询的一个重要不同是要创建一个治疗性的团体,对每一个团体成员的心理帮助是在这个团体中实现的。团体带领者要将团体作为一个整体来考虑。团体是一个整体,由成员及成员之间的相互影响组成;而团体中的每一个成员,也影响着团体并受团体影响。所以,团体绝不是其中每一个成员的简单累加。在团体中的咨询活动一定要考虑到团体的发展,即使有时针对某个成员进行工作,也要同时兼顾整个团体的发展需要和发展水平。

2. 利用资源 如前所述,团体咨询具有比个体咨询丰富得多的资源,这些资源比咨询师个人的能量大很多。一个好的团体带领者应懂得充分相信团体的资源,放心利用团体的资源,在发展良好的团体基础上,有些问题可以直接交给团体,团体带领者只需负责维护团体运作的氛围和走向。而且大量的实践研究表明,成员认为产生的重要疗效往往是通过成员之间的互动产生的。

3. 保密 在个体咨询中强调的保密原则在团体咨询中显得尤为重要,保密是让团体成员觉得安全的基本条件。在个体咨询中,保密是咨询师单方面的问题,容易做到;在团体咨询中,涉及成员之间的相互保密,情况变得更为复杂。团体带领者有必要在团体一开始就强调保密原则,并形成书面的契约,并且在发现有可能出现泄密的情况时重新提出来讨论,直至使保密成为成员的本能反应。当然,和个体咨询一样,保密原则在必要的时候也可以打破,如出现自伤与伤人的危险或涉及违反法律的部分。

4. 自愿 自愿原则不仅指参加团体要自愿,而且在团体咨询过程中团体成员的投入程度也要自愿。有的人迫于其他人的要求而参加团体咨询,调动他本身的内在动机变被迫为自愿是很重要的步骤。而在团体咨询过程,团体成员的投入很可能受到团体压力的影响。虽然适度的团体压力可促进成员的自我探索和表露,但过大的团体压力也许会导致成员更加退缩或不适当的暴露,从而可能导致成员的退出。允许成员用自己的方式参与团体咨询是很重要的。团体带领者能做的是让他们看到不同状态可能导致的不同结果,自愿地做出选择。

二、团体成员的选择

(一)团体成员甄选的条件

团体带领者在筹划团体咨询时,就应该根据团体的目标明确服务对象。通常,参加团体咨询的成员可以是背景、问题相似的人,也可以是背景不同的人。从团体咨询的特点看,参加团体的成员应是自愿报名参加,并怀有改变自我和发展自我的强烈愿望;愿意与他人交流,并具有与他人交流的能力;能坚持参加团体活动全过程,并遵守团体的各项规则三个基本条件。

那些性格极端内向、羞怯、孤僻、自我封闭的人,和有严重心理障碍的人不宜参加团体咨询。团体成员的排除标准如下:

1. 急性精神病;

2. 严重自杀意向;

3. 严重的反社会特质;

4．过于退行或想法紊乱；

5．主要依靠如否认、退缩、退行、回避、投射、冲突外表化，见诸行动等防御机制；

6．极度害怕自我暴露；

7．物质滥用活跃期；

8．严重偏执狂；

9．无法忍受团体设置；

10．无法同意团体方针；

11．对他人缺乏兴趣；

12．智力低下；

13．语言的掌握不足；

14．无心理学头脑；

15．严重的身体疾病。

然而，对于某些特质如过于退缩、对他人缺乏兴趣而言，恰恰团体可以提供合适的人际环境，帮助个体有所改变。心理咨询情境中似乎永远存在着这样的悖论，如：心理咨询需要建立在安全信任的基础上，而前来咨询的来访者往往存在着安全感差、无法和别人建立信任的关系。因此，团体的带领者决定是否要把某种特质的成员纳入团体前需要仔细考虑和权衡，不仅仅要考虑该成员是否可以在团体内获益，还需要考虑该成员对团体可能带来的影响。

总的来说团体成员的选择是一个复杂的过程，但有些研究可以为带领者提供指导意见，如组织密集的人际互动心理治疗团体的原则（亚隆，2010）如下：

1．来访者能够在团体这个微观世界中重新创造他们典型的人际关系模式。

2．人格和依恋不仅是诊断的预测变量，更是团体内行为的重要预测变量。

3．来访者要有一定的人际交往能力，以充分利用人际交往团疗。

4．极端喜欢控制他人或极端顺从的来访者会削弱团体治疗的疗效。

5．积极参与并乐意承担社会风险的成员，将会提高治疗的效果。

6．具有心理领悟性的来访者对有效的互动治疗团体是至关重要的，团体中这样的来访者太少将会缓解降低治疗的效果。

7．不可信的、自私的、低合作性的来访者可能会抵制人际探索和反馈，更适合支持性团体。

8．高神经质和完美主义倾向的来访者需要更长期的治疗，以达到症状和功能上的有意义的改变。

（二）团体成员来源的途径

团体成员的来源途径主要有三种：一是通过宣传手段，成员自愿报名参加；二是带领者根据平时咨询情况，选择有共同问题的人，建议他们报名参加；三是由其他渠道、如其他咨询人员转介而来。

发展性团体咨询主要是通过广告、通知来招募成员。

治疗性团体通常是由医院或专业心理咨询与治疗机构组织一部分个案参加。对这些个案需要明确诊断，并对他们的背景有较为清楚地了解，对已接受的咨询或治疗的个案需要向他的咨询师了解情况，确定是否适合参加这个团体。对于这样的成员，仍然需要征得本人的同意。

（三）团体成员筛选的方法

主动报名、自愿报名参加团体咨询的申请者并不一定都适合成为团体成员。因此，团体带领者还要对申请者进行甄选，以便排除一些无法在团体中得益，而只会阻碍和破坏团

笔记

体的人。常用的甄选方法有直接面谈,心理测验和书面报告。

1. **面谈**　面谈甄选一般由团体带领者按约定的时间与报名参加团体的人一对一地见面,持续时间 15～30 分钟,不超过 1 个小时为宜。在面谈过程中带领者要对成员参加团体的原因、动机,过往的团体经验、期望、具体要求等进行了解。书面甄选就是让候选成员填写一张表格,提供必要的信息。例如:年龄、性别、婚姻状况、生活环境、参加动机、面临的主要问题、期望等。

在人际互动心理团体中,可通过面谈了解未来的团体成员处理人际关系的此时此地现实的能力(亚隆,2010)。来访者是否能对会谈的进程做出评价?是否能理解或接受咨询师对会谈进程的评论?是否能够并且愿意指出会谈中最令他不舒服或最令他愉快的部分?能不能说出自己希望咨询师如何看待他?在会谈中,需要详细询问来访者的人际关系和团体关系、同早年玩伴的关系、最亲密持久的友谊以及与同伴或异性间的亲密程度。

2. **心理测验**　心理测验可以利用测评结果评价申请者是否适合参加团体,主要关注申请者的人际关系方面的三个层面:

(1)成员与其他人能否建立深入而良好的关系,包括是否有被人喜欢的倾向,自己是否喜欢他人或关心朋友。

(2)个人对权力的态度,包括自己如何接受权力或使用权力,对领袖的看法和服从的程度。

(3)个人坚持自己原则的程度,包括在公开场合如团体聚会时能否坚持己见。

此外,还需要利用心理测量排除不适于参与团体的个体。

3. **书面报告**　指要求申请者书面回答一些问题作为筛选的依据。常见的问题有:你为什么想参加这个团体?你对团体有什么期望?你有什么问题希望在团体中得到帮助?你认为自己可以对团体有哪些贡献?请写一篇简单的自传,说明你一生中重要的事件和人物。

三、团体的创建:地点、时间、规模和准备

(一)地点

团体咨询需要在能够保证成员活动的隐私和自由的地方进行,场地的选择与布置需要考虑到:舒适性、非干扰性、隐密性等。团体成员最好能排列成圆形,以利于彼此互动。团体中间除非活动需要,避免有任何桌椅、花木等障碍物。

场地的安排、道具的运用也需要配合团体的性质及功能来进行设计,如团体活动需要笔、纸或垫板等物品的配合;当团体具有教学功能时,可能需要在有单向玻璃、录像设备或是观察员在场的情况下进行团体。此前需要向来访者说明情况并签署知情同意书。此外,团体地点的布置与带领者的理论流派或个人风格相关。如当有成员缺席或迟到时,有些咨询师倾向于移开空椅、形成一个更紧凑的圈,并观察迟到成员加入团体时选择的座位,借此观察成员之间的关系。有些咨询师倾向于保留空椅,因为他们认为只要没有明确退出团体,每个人在团体内都应该有位置,有时沉默和缺席是一种强有力的表达,对团体动力有影响。

(二)时间和频率

聚会时间涉及总的聚会次数、每次聚会的具体时间安排、每次聚会的时间长度等。聚会频度指每次聚会的间隔,是一周几次还是一周一次或多周一次。一般而言,团体经由初创期、过渡期、工作期到结束期需要一个发展的过程,团体产生有助于成员改变的因素也需要时间。作为来访者和带领者,自然而然希望疗效能迅速出现,但事实证明,学习的迁移是

个艰辛漫长的过程，需要一定的不可被削减的时间方能实现。团体咨询每次 90～120 分钟、每周 1～2 次是较常用的安排。

团体的总时长与团体的特征和目标有关。对于结构性的团体辅导而言，一般 8～12 次较为常见。对于团体咨询和团体治疗而言，短程团体正迅速成为一种重要的形式。"短程"是功能上而非时间上的界定：短程团体是指以最短时间达到某个特定目标的团体，因此短程团体有高效团体之称。处理急性生活危机（如失去工作或亲人）的团体可能会持续 8 次，处理某些重大危机（如离婚、退休）的团体可能会持续 14～20 次，改变人格问题的"短程"团体则可能会持续 60～70 次。

有些研究发现，有较少困扰的来访者一般需要较短的治疗时间就可以达到明显的改善，有时只需要 8 次甚至更少的时间就能让这类来访者达到良好的水平。大多数有成长问题困扰的来访者需要大约 50～60 次的团体才能得到改善。那些有明显人格障碍的患者则需要更长时间。

因此，带领者需要根据团体的目标、针对的人群、自己的理论取向等合理地设置团体的总时长及频率等。

（三）团体的规模

团体的大小可以根据成员的年龄及背景、带领者的经验以及能力、团体的性质与类型、成员问题的类型等因素来确定。如针对癌症患者的减压训练团体可容纳 40～80 个成员，由广泛性焦虑患者组成的心理教育团体的规模以 20～30 人为宜，结构性、主题明确的团体活动成员以 10～20 个为宜，马拉松式的治疗团体可容纳 16 个成员，互动式治疗团体的规模以 7～8 人为最佳。

（四）团体的准备

亚隆（2010）指出，团体带领者在准备阶段必须完成以下目标：

1. 澄清误解、消除不切实际的恐惧与非理性的期望。对团体最常见的误解是：团体中将发生的事情是难以预期的，如在团体内被迫进行的自我暴露；团体咨询不如个体咨询，因为疗效的好坏与受到带领者关注的程度成正比；在团体中和许多有明显情绪问题的来访者一起本身就是有害的。

2. 预测团体中可能出现的问题并尽量减少和避免这些问题。常见的团体问题有：在团体初期成员无法领悟团体目标与个人目标之间的关系，因而感到迷茫和困惑；团体初期成员的不稳定表现如缺席、迟到是影响团体发展的最大障碍；在最初的几次团体中来访者可能会因为没有获得足够的"表达时间"或是"带领者的关注"而产生挫败感和焦虑情绪；小团体及团体外交往对团体的影响。

3. 向来访者提供一个认知框架，使他们能够有效地参与到团体中。

4. 营造一种对团体现实和积极的预期。

以上的目标可以通过在团体开始前的面谈来达成。在面谈过程中，带领者在充分了解成员参加团体的原因、动机，过往的团体经验、期望、具体要求等的基础上，需要做一些团体准备工作。这些工作包括：向来访者讲解基本的团体发挥作用的方式；如何参与团体能获得最佳效果；让来访者对团体中的挫折和失望有所预见，尤其是初始阶段；对团体的设置做原则性的说明，并就加入团体签署协议；灌输来访者对于团体的信心，提高来访者对效果的期望；设立有关保密性和小团体的基本规则。

第三节　团体带领者

影响团体成功的因素很多，就团体内部而言，带领者所言所行是决定团体成效的重要因素之一。团体带领者的人格特质、熟练技巧、策略运用和领导风格都会影响团体的过程与动力的发展。带领者必须适时地催化团体气氛，激发团体动力的运转。常见的催化技巧包括：关怀成员；用活动激发成员的参与意愿；将成员的经验、感觉和行为言语化、具体化并客观地赋意，促进成员支援自我状态；将团体视为一个社会体系处理，可运用团体方案和活动达成团体目标的运转和转化。

一、带领者的领导模式与特质

（一）领导模式

勒温（1944，1951）将带领者的领导模式分为三种：权威式、民主式和放任式（表11-1）。

表 11-1　三种领导模式的比较

项目	权威式 （authoritarian）	民主式 （democratic）	放任式 （laisser–faire）
含义	团体内所有的事情均由带领者决定； 以带领者个人的观点评论成员的工作，在团体过程中对成员保持冷淡的态度	带领者鼓励并协助团体内的事物的讨论与决定； 带领者客观地或以事实观点评论成员的工作；在团体中尽量做适量的干预，不做过多的介入	带领者避免参与决定，完全由成员决定； 带领者一般不主动评论成员或调整团体过程，只在应成员要求时提供各种有关信息，但不参与讨论
基本假设	怀疑人的独立判断力，认为人无成熟的鉴别力，从事任何工作都必须要请示专家或权威的带领者	认为团体的成长并不是带领者全然要负责，而是每个成员要负责	带领者相信成员的角色是与自己相同，团体成员要自己对整个团体的发展负责。拒绝接受任何的功能、关系、责任
行为表现	对成员的行为会做许多分析、解释，以帮助人解决困难。若是带领小团体，倾向于去判断、分析和评价	提供良好的气氛与资源，适当地以团体关系来帮助成员，不拒绝成员的依赖，而是有技巧、有方向地协助个体消减其焦虑	对成员的一切不予引导，全取决于大家的讨论，将团体模糊不清的事物、状况抛给成员去解决，不做指导
团体内的沟通形态	辐射型沟通：成员彼此较少互动，大多与带领者交流，此亦为一般团体初期发展的情况	网状型沟通：沟通有系统，并不完全集中在带领者身上	混乱型沟通：沟通混乱，没有目标没有脉络，成员私下互动，影响这个团体动力

领导模式可配合不同的团体性质、不同的团体发展过程、不同的阶段目标，综合性加以运用。一个团体的带领者可能在团体的不同阶段采用不同的领导模式。举例而言，团体带领者的基本任务之一是创立与维系一个团体，团员的纳入和排除应由带领者决定，此时带领者采用的是权威模式。在某个团体的第一次活动中，有一个团体成员受到其他成员的集体攻击并被威胁要被开除团体。此时带领者要做的事情不是采取民主或放任的方式开除这名成员，而是应首先考虑这名成员对团体的影响如何、此时团体的动力是什么。当团体进入工作阶段，成员打破对带领者的全能性幻想、不再那么依赖权威，他们可以通过彼此的互动获得成长，此时的带领者更多采用的是民主模式。

（二）带领者特质

带领者的行为和对团体的介入反应受个人的价值观、人格特质和心理需求的影响，这些内在因素与外在行为同等重要。科瑞等人（1994）认为有效的领导人特质包括：自我身份的明确认定；自我尊重与自我欣赏；认识与接纳自己所拥有的力量或权力；改变的意愿；持续与深入地对自己与他人的觉察；对人生模糊性的忍受力；能发展独特的咨询风格；能不断地去同理他人的经验；活泼有力的生命观；诚信；幽默；允许自己犯错、认错；以"现在"为导向；不断创造自我；做抉择以塑造生命；真诚关怀别人的福祉；投入工作寻得意义。崔若（Trotzer，1977）则主张有效的带领者必须具备 7 项特质：自我觉察；开放；有弹性；容忍不明确；积极；有人性；人格成熟与统整。

不难发现，上述的要求近乎于"完美"。然而世界上并无完美的人，而且带领者竭尽全力在团体内扮演完美的形象也是对团体有害的。在团体内，尤其是团体初期团体成员倾向于把带领者投射成为全能化的权威，只有当团员打破对权威形象不切实际的理想化才能更接纳自己及他人身上的不完美。

徐西森（2003）提出带领者必须要具备的三项基本特质：①自我觉察。自我觉察的带领者能够容忍不同的个人价值观，并且能了解自己的价值观、行为能对团体产生怎样的影响。②弹性与开放的特质。"开放"有助于成员感受到安全感，可以在团体中表露不同的意见，"弹性"使带领者能充分运用团体动力，激活此时此地，时时以团体的发展阶段和成员的需求作为运作团体的指导。③人性观和人格成熟度。一位有效的领导需要对人有兴趣，热爱工作，对人尊重，可以理解自己及其他人在生命不同阶段的种种经历，并能体会成员在解决问题过程中的一切努力。能够坚强地面对团体中的挑衅、冲击，能够对自己、成员、专业负责，这样才能协助成员学习良好的行为模式，获得人格的正向改变。

二、带领者的角色与基本任务

（一）带领者角色

团体咨询中，咨询师通常称为带领者。他的角色基本上是促成团体成员之间的相互沟通，帮助向其他成员学习，带领他们建立起自己的个人目标，并鼓励把自己的观点思考转换为在团体之外付诸实施的具体方案。带领者主要在于引导团体成员着眼于此时此地的经验，并了解他们希望在团体中解决的问题之根源。

1. **技术专家**　在团体的开始，成员对一个团体如何运作很茫然，带领者必须利用自己的知识和技巧推动团体成员，通过不同途径来塑造团体文化。其中，包括明显的教导和具体的建议。例如，带领者可以教导成员彼此之间用直接的口吻自由地对话，而不是单单与带领者对话；在团体过程中，成员的发言或提问指向带领者时，带领者带着尊重倾听，并恰当地将视线转移投向其他成员，会不着痕迹地提醒成员向其他成员讲述，数次之后成员自然习惯彼此之间的互动。对于适当的、对团体发展有利的行为，带领者会用语言和非语言行为来做出正强化。而对破坏性行为，带领者可用不作回应、面无表情等进行负强化。总之，在团体咨询过程中，带领者就像个舵手，把握着团体的前进方向，包括活动前的动员，活动中的启发、鼓励、引导，活动结束时的总结和事后的效果追踪、反馈等。

2. **模范的参与者**　成员的成长有一个很重要的渠道就是向带领者学习，同时带领者的示范作用也是建立团体常模最重要的方式。所以带领者在团体中必须全身心投入，成为一个模范的参与者。在团体中，带领者的一言一行对其他成员都会发生较大的影响。尤其是在团体的初创阶段，带领者不经意的动作和眼神都可能导致团体出现不适当的行为形态。例如有些带领者在介绍自己的时候，只说纯资料性的语言，其后成员的分享也很可能倾向资料性、表面化，不接触自己的感受层面。成熟的带领者会自然地做个人化的有深度的分享，促使成员学习探讨自己。凡是带领者希望成员做出的行为，自己也要率先做出示范，可以有效地推动团体的前进。有时强调自己的成员角色，淡化专家角色，强调每个团体成员都和带领者一样对团体发展负有不可推卸的责任可以有效触发成员的责任感，并且在团体碰到问题的时候,敢于从专家角色退到成员角色,把问题交给团体,也可极大调动成员积极性与内在资源。

总之,带领者在团体咨询中扮演的角色多种多样,需要根据团体的性质,团体发展的阶段,团体活动以及环境做出灵活选择,扮演最适宜的角色,推动团体发展。

(二)带领者的基本任务

徐西森(2003)认为团体带领者有两项基本任务:促进团体和活化维持团体。

1. 促进团体　带领者作为团体的创始者,需要根据团体活动设计、成员需求以及此时此地等情况开启团体活动。团体的动力复杂,带领者需要细心地观察每个细节,在恰当地时候介入,如(对某个成员说)"我记得你曾经说过非常想知道别人对你的看法,刚才有几个人给了你回应,不知道你从中学习到了什么"。团体成员遇到发展瓶颈或是个人困扰时习惯于求助于带领者,有时带领者需要适当地提供信息和意见。结构性的团体进行前的主体设定、计划拟订、成员反馈等环节都需要带领者认真分析和评估。

2. 活化与维持团体　带领者应随时给予成员激励,对于成员在团体内外表现正向行为给予正性强化。在团体初期带领者需要更积极主动地促进团体凝聚力的形成,当团体进入到工作阶段,成员彼此之间可以很好地工作时带领者可适当转换功能,变成"跟随者",观察团体动力发展。当团体发展出现困难时,带领者需要促动团体,如团体气氛沉闷、陷入较长沉默时,带领者可以对整个团体说:"我注意到今天的团体有些特别,大家都在沉默,谁能帮助我,告诉大家团体发生了什么。"

亚隆(2010)认为团体带领者的任务是设计出工作线路,并促使其启动,使它以最大的效能来运转。他将治疗团体比喻为一部巨大的发电机,带领者大多处于核心位置,带动团体工作、体验并交互影响;有时带领者相当于机械师,给这部发电机上润滑油、锁紧螺钉、排除故障或更换零件。他认为带领者的基本任务是:①团体的创立与维系;②团体规范的建立;③激活"此时此地"并予以阐释。当然,所有技术的基础是带领者与成员间必须建立持续、积极的关系,技术在关系之上发挥作用。

1. 团体的创立与维系　带领者对于团体的创立和召集是责无旁贷的,带领者为团体提供专业服务是团体存在的前提,带领者要为团体设定聚会的时间和地点。团体开始后,带领者要承担管理者的角色,特别要预防成员的脱落。一个来访者在团体早期脱落可以被视为治疗上的失败,不但对脱落的来访者来说有害,对留存的成员也有不利的影响。团体开始之初,来访者彼此之间相互陌生,因此是通过与带领者建立的关系来维系团体,在此基础上发展团体的凝聚力。带领者需要处理持续的迟到、缺席、亚团体的产生、团体外交往以及替罪羊,以防止这些现象对团体凝聚力的影响。

2. 团体规范的建立　个体咨询师和团体咨询师在基本角色上有着显著的差异。在个体咨询中,咨询师是唯一造成改变的直接力量,而团体咨询师是在较为间接的层面上运作。团体的疗效因子的启动来自于团体成员的互动,因此团体咨询师的工作就是尽可能地创造一种团体规范,以有促进有效的团体互动。

团体的规范是由团体成员对团体的期待、带领者及较具影响力的成员外显或内隐的引导而形成的。在建立团体规范时,带领者的言行具有很强(通常是内隐的)的作用。一些研究显示:当带领者在某成员的行动之后给予评论,此人就会成为团体的注意中心,而且往往在后续的聚会中被赋予重要的角色,当带领者的评论相对较少,其言论的介入效果就越大。那些展示温暖和技术专长的领导能更经常地引导出积极的结果:他们的团体成员获得了更大的自信心,对团体活力以及带领者角色有更加深刻的意识。

研究表明,间接地促进团体成员互动或团体行为发生,比直接推动这种行为的效果更好。举例而言,在人际互动取向的团体内,咨询师需要激活"此时此地",利用团体成员之间、团体成员与咨询师之间的互动来进行团体。但应该如何激活此时此地呢？尤其在团体初期，成员并不了解怎样此时此地以及如何利用此时此地。在这个时候，咨询师要做的并不是禁止成员谈论小组以外的事情、直接要求大家回到此时此地，而是在恰当的时候将团体引导回到此时此地，如（对某个成员说）"我注意到当 A 在谈论自己的经历时，你的眼角有些湿润，不知道你的内心有着怎样的情感"，或者在团体成员自发地在此时此地进行互动时地给予正性强化，如（对某个成员说）"我注意到你今天有些特别，你在用自己的情感体验 A 而是像原先那样直接给予建议或指导"。

3. 激活"此时此地"并予以阐释　此时此地所产生的效果由两方面构成，任何单一方面均不具有疗效。第一层面是体验性的：团体成员生活在此时此地，他们对其他成员、咨询师和团体本身都会产生强烈的感受。团体中即刻发生的事件比团体之外或过往发生的事件都更为优先。这种聚焦于此时此地感受的方法大大促进了每个成员在团体这个社会缩影中自发、自然地互动；促进了回馈、情绪宣泄、自我暴露和社交技巧的发展。第二层面是历程阐释：仅有体验是不够的，疗效的产生需要在体验基础上的反思，即团体成员可以对发生在此时此地的体验进行反省和思考。因此，咨询师在此时此地具有两项独立的任务：一项是激发团体进入此时此地，另一项是促成自我反省循环。

三、协同带领者

团体形成前，带领者必须考虑是一个人带领团体还是与其他带领者共同领导。所谓协同带领者（co-leader）是指协助带领者带领团体的人。有的研究者认为协同带领者是"副组长"，其角色是辅助、催化团体及支持成员。有的研究者认为协同带领者与带领者不分伯仲，两个带领者合作能够相互补充和支持，拓宽带领者的观察视角和认知，碰撞出更多的策略。下面将逐一介绍两种视角下的协同带领者。

（一）"组长 VS. 副组长"

柯翰和李金（Cohen&Lipkin, 1978）认为协同带领者对团体动力的发展有以下的好处：

1. 减少成员"带领者万能"的不切实预期。
2. 具有示范作用，使成员了解团体内允许不同的意见。
3. 具有替补作用，以免因带领者缺席而影响团体的进行。
4. 减少带领者压力，提供必要的支持、协助。
5. 具有弹性作用，活化团体的领导风格。
6. 具有咨询作用，当团体面临专业伦理与转介问题时，带领者有咨询商讨的对象。

（二）"不分伯仲"

尽管有关单独与协同治疗的疗效对比的研究较少，但有些关于家庭和婚姻的协同治疗表明：协同治疗至少和单独治疗一样有效，而且在某些方面还优于单独治疗。亚隆（2010）指出，协同治疗既存在优势也存在着潜在的危险。

协同带领者能够互相补充与支持，拓宽视角，衍生出更多的治疗策略。当一名咨询师在关注某位成员时，另一位咨询师可以关注团体内其他成员的反应。协同还可以催化移情反应，如由不同性别组成的咨询师团队更易激发团体内的针对原生家庭的移情反应（把咨询师投射为父母）。对于新手咨询师而言，协同更有利于成长。有同伴在场可以明显地减低焦虑，面对巨大的团体压力时也能更为客观和有能力应对。协同咨询潜在的危险来源于两个咨询师的关系可能出现的问题。此外，两位咨询师的理论取向不同也可能给合作带来影响。如果两位咨询师在团体内彼此竞争，争夺组员对自己的认可和支持，将会给团体带来灾难。因此，协同咨询师需要彼此坦诚，对自己及对方的气质、秉性等各方面有一定的了解，最大限度地相互补充。

笔记

四、带领者的专业伦理规范

所谓伦理就是指在处理人与人、人与社会相互关系时应遵循的道理和准则。它试图从理论层面建构一种行为的法则体系，即"我们应该怎样处理此类处境，""我们为什么又依据什么这样处理"。它是指人际关系之间符合某种道德标准的行为准则。心理咨询作为一个特殊行业，需要特定的伦理准则来规定相应的行为准则。

为了适应心理咨询专业的蓬勃发展，建立心理咨询的专业形象与专业地位，同时也为了维护咨询双方的权益，中国心理学会于 2007 年制定了临床与咨询工作伦理守则（第 1 版），规定了善行、责任、诚信、公正、尊重五个原则。

台湾地区则在 1988 年提出了相应的"辅导专业人员伦理守则"，其中有关团体咨询的伦理守则如下：

1. 组成团体以前，带领者应实施团体成员甄选，以维护全体团员的利益。

2. 领导团体时，应明确告知团体有关团体的性质、目的、过程、使用的技术、及预期效果和团体守则等，以协助当事人自由决定其参与意愿。

3. 尊重团体成员的人格完整是团体带领者的主要责任，领导团体时，应采取一切必要及适当的安全措施。

4. 带领者不要为自我表现，选用具有危险性或超越自己知能或经验的技术或活动，以免造成团员身心的伤害。倘若为团员的利益，需要采用某种具有挑战性技术或活动时，应先熟悉该项技术或活动的操作技巧，并事先做好适当的安全措施。

5. 领导团体时，应会同团员订制团体行为原则，规范团员的行为，以免造成对团体生活的不利影响或身心伤害。

6. 带领者应具有适当的领导团体的专业技能和经验。

7. 领导开放性或非结构性团体，或以促进自我成长及自我了解为目的的团体时，宜采用协同领导，并应特别注意团员素质及性格，慎重选择，以避免因某些团员消极或破坏性行为影响团体效果。

8. 带领者应尊重团员参与或退出团体活动的权利，不得强制成员参与或继续参与他不愿意参与的活动，以免造成团员身心的伤害。

9. 带领者应特别注意保密原则，经常提示团员保密的伦理责任，并预告团员重视自己的隐私权及表露个人内心隐秘的限度。

10. 若需要将团体活动过程录音或录像时，带领者应先告知团员录制的目的及用途，征求团员之同意，并严守保密原则。

11. 为实验研究目的而实施团体辅导时，研究者应预先声明研究的性质、目的、过程、技术与活动、研究结果资料的运用及安全措施等，让受试者自由决定是否参与。

伦理守则是实施咨询工作时的行为指导原则，不应只是道德判断的标准，而应该是一门身体力行的实践哲学。作为团体带领者应在带领团体前、过程中及结束后遵守这些相应的伦理规范。

第四节　团体领导技巧

为了使团体咨询发挥其应有的效用，作为一个团体带领者，除了必须要有团体动力的知识和团体咨询的理论外，还必须了解和掌握团体咨询的各种技术和方法，才能有效地引导团体发展，达到团体咨询的目标，促进团体成员的成长与改变。在使用这些技术需要注意以下两点：

笔记

1. **与团体发展水平相适应**　带领者在与个别成员的探讨与互动时，探讨的层面与深度要考虑到团体的发展水平。团体中各个成员自我表露的程度是不一样的，和他们的求助意愿、自我保护和自我觉察等联系在一起。有些求助意愿迫切、自我体验较深又较少防卫的成员，可能一开始就能做较为深入的自我表露。但在团体伊始，大多数成员还带有对团体的疑虑、对深度暴露存在疑虑，这时某个成员过深的表露可能会使其他成员更加焦虑，对团体和表露的成员均无益处。但如果带领者觉察到团体的发展已经到了可以更为深入的水平，就可以通过个别条件成熟成员的个人表露催化团体，增强团体的深入和凝聚力的发展。

2. **照顾和调动其他成员参与**　团体咨询的动力永远在团体之内，因此要避免在团体进行个体咨询。当某个成员进行自我表露时，带领者要观察其他成员的反应，适当的时候与其他成员连结，邀请其他成员给予回应，带领者则只是在其中起调节作用。这样既保证了其他成员的参与，也能充分利用团体的资源。

团体心理咨询方法与技术繁多，这里介绍初层次领导技巧、高层次领导技巧，连结与阻断技巧，团体习作。

一、团体中的初级、高级技巧

初级技巧旨在促进团体动力的开展，有助于带领者与成员、成员之间关系的建立（表11-2、表11-3）。

表 11-2　团体咨询中的初级技巧

名　称	简要描述	使用的目的和希望的结果
共情 empathizing	通过理解成员的而使成员感到被接纳和认同	培养咨询中的信任；交流理解；鼓励更深层次的自我探索
积极倾听 active listening	非评判性地倾听成员的言语和非言语表达	增加信任感和成员的自我暴露与探索
澄清 clarifying	在包括情感和思维的层面抓住信息的要点；通过集中于信息的核心来简化成员的陈述	帮助成员处理情感和思维中的冲突和迷惑；在交流中达到一种有意义的理解
支持 supporting	提供勇气和强化	创造出一种气氛以使成员保持被期望的行为；在成员面临冲突时提供帮助；创造信任感
解释 interpreting	对特定思想、感受、行为提供可能的解释	鼓励更深的自我探索；对思考和理解某种行为提供新的视角
总结 summarizing	将会谈中相互作用的要素整合在一起	避免琐碎的谈话，达到聚焦和指明方向，以便咨询的连续性和目标实现
反映 reflecting	将沟通的要点反馈给当事人，以便当事人能检视自我	让当事人有机会了解未意识化的内容和情感
提问 questioning	提出开放性的问题，帮助成员进行关于什么样（what）的行为和怎么（how）行为的自我探索	引出进一步讨论；获得信息，刺激思考，进一步澄清和聚焦，促进深入的自我探索
促进 facilitating	在团体中形成清晰和直接的交流；帮助成员承担团体方向上增加的责任	增进成员中有效率的交流，帮助成员在团体中实现自己的目标
反馈感受 reflecting feelings	交流对感受内容的理解	让成员了解他们在言语层面上如何被带领者倾听和理解

笔记

239

续表

名　　称	简要描述	使用的目的和希望的结果
重述 restating	澄清成员所述要表达的意思	判断带领者是否正确理解了成员的陈述；为成员提供支持并协助澄清问题
激发 initiating	促进团体中的参与并介绍新的方向	加快团体咨询过程的步伐
非语言 non-verbal	用眼神、表情、动作、姿势等行为来引导成员参与团体	有助于强化正向的言语行为，消退消极的言语行为

高级技巧可以促进成员自我了解，开启团体动力的发展方向，以达成团体的功能和目标。

表 11-3　团体咨询中的高级技巧

名　　称	简要描述	使用的目的和希望的结果
重述 restating	澄清成员所述要表达的意思	判断带领者是否正确理解了成员的陈述；为成员提供支持并协助澄清问题
保护 protecting	保护成员远离群体中不必要的心理冒险	劝阻成员在群体参与中的可能冒险；减少风险
设定目标 setting goals	计划团体过程中的特殊目标，帮助成员制订具体和有意义的目标	指出团体活动的方向，帮助成员选择和澄清他们自己的目标
建议 suggesting	对新行为提供建议、信息、方向和观点	帮助成员发展出思维和行动的多重选择
对质 confronting	挑战成员，让他看到其言行或者身体信息和言语信息间的差异；指出其矛盾或冲突的所在	鼓励诚实的自我审视，促进潜力的充分应用；引出对矛盾自我的意识
立即性 here and now	通过此时此刻的反应澄清带领者与成员、成员之间、成员与团体之间的关系	有助于理清情感、关系，催化团体
评论 evaluating	评定团体过程中个体和团体动力的进展	增进更好的自我意识；更多的理解团体运动及其方向
给予反馈 giving feedback	在对成员行为进行观察的基础上表达出具体和诚实的反应	提供他人感受的外部观点；增加成员的自我意识
模仿 modeling	通过行动示范，让成员看到所希望的行为	提供可取行为的范例；激励成员充分发展他们的潜能
开放自我 disclosing	表达对团体中此时此刻事件的反应	促进更深层次的团体相互作用；创造信任；学习将自己展示给他人的方式
整合 integrating	团体结束前、讨论告一段落的时候协助成员整理学习心得	实现团体目标，协助成员内化学习经验，并运用到生活中

二、团体中的连结与阻断

成员各异、经历与体验多样、视角与观点多元，带领者需要以团体的视角看成一个整体，就像是一个人内在的不同层次和方面一样。从一个人来说，有时问题就出在内在的混乱和失调，咨询的结果就是达成新的内在和谐。引入团体，将不同的成员连结起来是带领者始终要做的一项工作。

笔记

连结包括两个方面的含义，一是将成员间所表达的观念、行为或情绪的异同之处，给予衔接、产生关联，或把成员未觉察到的一些片段资料予以串联，启发成员从不同的视角重新检视个人的资料，产生领悟和整合；二是从成员的表现中找到团体新的主题，或需要特别处理的内容，提示出来，引起全体成员的注意，促进大家探讨共同关心的问题，使团体聚焦。连接技术的恰当运用，是调动和运用团体资源、聚合团体、提升团体凝聚力的有效手段，也是在团体背景下扩展个体谈话技术效能的重要途径。

同样是因为成员各异，团体中会出现一些阻碍团体进程、分散团体焦点甚至违反团体规则的现象，适时恰当地阻断这些苗头非常重要。使用阻断技术时要注意：①共情：无论成员出现何种需要阻断的情况，不用外在规则去评判，接纳成员的看法和行为，不要批判和评价，更不要贴标签。②团体定向：在共情的基础上，从团体的角度出发，让大家意识到，从个人来说也许是有道理的，但从团体来说，不能对团体进展和别人有伤害。③灵活：阻断是通过一些处理让有碍团体发展的现象不再继续，阻断不是惩罚，惩罚带来的效果是成员感到不舒服而停止。带领者发现需要阻断的地方时，须根据具体情况灵活处理，可以不跟进、不给强化；可以放大其他成员有利的声音或强化有利的行为；可以引导其他成员分享感受以引起出现不良表现的成员的反思或警醒；对于出现成员间的相互攻击、批判等现象，带领者又要具体扼要地陈述发生的事情，温和而坚定地提醒这违反基本的团体规则。

三、团体习作

在多种类型的团体中，为了吸引团体成员的积极投入和融入，引发和促进成员互动与成长，常常需要专门设计或安排一些团体练习，也就是团体习作。一个好的习作常常可能起到促进团体的作用。

（一）团体习作的种类

团体习作有非常多的类型，如纸笔练习、身体运动、接触练习、分享、媒体、游戏、画、音乐、录像等。以下列举一些常用的类型：

1. **纸笔练习**　是团体咨询过程中使用最广泛、最便捷、最有效的习作之一。通过纸和笔用书写的方式表达成员的观念和想法，然后在组内分享。要深化对主题的认识和思考，通过分享进一步自我认识和了解他人，有助于话题聚集。我是谁，生命线等都属纸笔练习。

2. **身体运动**　通过肢体活动的方式来表达某些主题或思想。可以用来热身，激活团体气氛。是团体咨询中常用的方式。有轻柔体操、呼吸放松、叩击穴位等。

3. **接触练习**　指团体训练需要通过成员肢体上的接触来强化彼此的感受。通过肢体接触带来感觉上的刺激，也会增进彼此的沟通和信任，提升团体凝聚力。常用的有信任跌倒、盲行等。此种练习应尊重成员感受，如不愿意时不应勉强。

4. **美术与工艺**　绘画是一种表达内心世界表达自我的好方法，尤其创造性的绘画最能表达人的真实自我，通过作品投射出成员的独特人格特质或想法。有时比语言更有意义地反映绘画者的情感和想法。自画像、家庭树都属这一类型。

（二）使用团体习作的原则

1. **目标定向的原则**　团体习作应该围绕团体目标选择或设计；在组织一个练习前，应清楚使用目的以及引发的后果。带领者在选择和使用团体习作要考虑一个问题：通过这个练习要得到什么？一些带领者仅仅关注习作的程序和组织，忽视实用习作要达到的目标，这种情况要注意避免。

2. **团体定向原则**　总体上说，习作的使用是为了推动成员的互动和团体的发展。选择和设计习作时要充分考虑到团体发展过程和团体动力状况，考虑到成员的特点，习作对成员互动的密切程度和对成员个人开放程度的要求。总之,习作需要适合团体发展的水平。

3. 熟练原则　在使用习作前,带领者应熟悉该项活动。首先须是自己作为成员参加过的习作,对活动过程及个人感受有体验;其次须是自己带领过的习作,对活动的组织有体验。使用不熟练的习作,带领者易掉在习作程序里,带领的过程中看不到团体、看不到成员,难以根据此时此地的情况给予处理。

4. 参与原则　带领团体习作,带领者应注意到成员的个别差异,注意引导所有成员的参与。如一些纸笔练习,要注意帮助不善文字表达的成员;一些身体运动或接触练习,要考虑到不同成员的身体状况和个人习惯;一些互动类的习作,要注意调节"活跃"成员和"安静"成员表达和个人呈现的机会等。

5. 渐进性原则　习作的安排注意逻辑性、层次性与衔接性。特别是在结构式团体中,使用的习作较多,带领者在做团体计划时要根据团体目标认真选择和设计,使不同的习作能成为一个逐渐深化团体关系、提升团体凝聚力、触动成员探讨和反思的结构。

6. 咨询效果原则　运用团体习作时,场面会变得较为活跃,看上去好像很热闹,一些带领者会热衷于"搞活动",一个练习接着一个练习。但习作本身不是目的,而是通过习作发挥咨询的作用。带领者要牢记使用习作是在"干什么?"首先,习作本身就有咨询作用,在成员参与习作的过程中,身体的放松与舒展、相互的接触、个人的清理和反思、勇敢的表达、内心的体验等,都是非常重要的经验,许多改变就在习作进行过程中发生了。带领者对这些要有认识和感觉,否则习作容易流于形式。其次,练习结束后成员之间坦诚的交流和分享是习作非常重要的一个环节,千万不能忽视,习作安排要给团体分享留有充足的时间,成员在团体中就刚才练习中的感受、经验的分享和相互之间的反馈,对个人来说又是一个清理、澄清和反思的机会,一动一静,让习作的咨询效能充分产生出来;对团体来说,又是一次增强成员之间的联结、发挥团体资源丰富的优势、提升团体凝聚力的机会。

第五节　团体咨询的过程

一、团体发展阶段与特点

在团体咨询过程中,通常要经历四个阶段:开始阶段、过渡阶段、工作阶段和结束阶段。

(一)开始阶段

团体的开始阶段,通常是整个团体成败的关键环节之一。在整个团体的发展中,也是最困难和具有挑战性的时期。在此阶段团体成员常因担心自己的言行会不会被他人接受而小心翼翼;有时团体可能会出现沉默尴尬的气氛;成员彼此不信任;讨论流于非人化、集中在解决问题、有人会因无意义的社交式对话而感到沉闷;倾向于谈论别人而不是自己,等等。

在这一阶段成员最强烈的心理需求是获得安全感。带领者的任务是协助成员相互间尽快熟悉起来,增进彼此了解,明确团体目标,订立团体规范,建立安全和信任的关系。这是团体咨询进行下去的条件。随着活动的逐渐深入,成员之间的关系也开始由表及里,由浅入深,变得愿意表达,开放自己,对团体的目标表示认同,团体的凝聚力和信任感慢慢形成。

(二)过渡阶段

在一个团体能够开始从事有成效的工作之前,通常都会经历一个相当艰难的过渡阶段。在这一阶段,团体成员面临他们的焦虑、抗拒以及矛盾冲突,而带领者则帮助他们了解如何着手去处理成员的问题。

在这一阶段的普遍特点是焦虑和抗拒以及矛盾冲突不断地增加。这些情绪随着团体的发展会被随之而来的真诚、坦率和信任所代替。通常这时的团体成员会以对自己或对团体陈述或询问的形式，来表达他们的焦虑。焦虑产生于害怕让别人在超出一般公众认识的程度上了解自己，也产生于害怕被评判和被误解；焦虑也产生于对团体情境中的目标、规范、所期望的行为缺乏明确的认识。

另外矛盾冲突在团体的过渡阶段中扮演着中心角色。这一阶段成员的行为以消极的评价和批评为特征，他们往往对其他成员采取批判性的态度，却不愿意去知道别人对自己的看法。另一个特征是喜欢控制，团体成员努力争取权利并建立一种社会等级秩序。往往还挑战团体带领者，成员会对团体带领者所认识、所感受的内容进行公开对质。向带领者提出异议、挑战，常常是成员走向自主的一个重要步骤。与个体咨询一样，阻抗是这一阶段一个不可避免的现象。带领者在此阶段怎样看阻抗是非常重要的。

这一阶段的团体成员最重要的需求是被真正接纳和有归属感。带领者的主要任务是提供鼓励与挑战，使成员能面对并且有效地解决他们的冲突和消极情绪以及因焦虑而产生的阻抗。使团体达到彼此间有效地建立成熟关系的阶段。

（三）工作阶段

这一阶段的特征是探讨重大问题和采取有效行动，以促进理想行为改变。也是团体成员们需要认识到对自己生活负有责任的时候。

在团体经历了前面的挣扎以后，在此阶段，成员之间产生了彼此间的信任。这是因为，带领者在团体中有能力发展出一种心理上的安全。团体的士气也出现了。大家内心的感受能够畅所欲言地表达，彼此间的矛盾和冲突得到建设性地处理之后，团体出现凝聚力。带领者在促进信任方面，适当地鼓励成员之间的彼此支持，并向别人表达自己对他的关注和兴趣。强大的凝聚力能促进团体中成员活动性的行为，比如自我表露、立即性、相互性、面质和冒险，以及把观念内化为行为。这时的团体对于成员而言是最有吸引力的，成员如有一种"这团体是我们的"感觉。

在此阶段成员最主要的需求是利用团体解决自己的问题。这一阶段带领者的主要任务是协助成员解决问题。带领者不仅要示范，而且要善用团体的资源，在充满信任、理解、真诚的团体气氛下鼓励成员探索个人的态度、感受、价值与行为，深化对自我的认识、令成员将领悟化为行动，进一步增强成员之间相互支持和帮助，鼓励成员尝试新行为。

（四）结束阶段

在这一阶段团体成员需要面对团体即将结束、成员必须分离的事实，心头充满离情别绪。成员应对自己的团体经验做出总结，并向团体及团体成员告别。带领者的主要任务是使成员能够面对即将分离的事实，给予心理支持，并协助成员整理归纳在团体中学到的东西，肯定成长，鼓舞信心，将所学的应用于日常生活中，使改变与成长继续。

在团体的最后阶段，成员对分离的情感常常采取回避和否定的形式，带领者需要协助成员对此进行充分地表露并进行探讨。带领者要使那些有深刻失落感和哀伤情感的成员能获得公开讨论的机会；带领者也有责任使成员始终了解到团体结束的现实和意义。

在此阶段，带领者要鼓励成员说出他们针对离开团体面对日常生活现实的恐惧和担忧。团体成员在团体中找到了一个不必害怕被拒绝且可信任的安全场所，他们害怕失去这种亲密和支持，他们还担心不能同样地对团体之外的人保持信任和开放。带领者的责任是提醒这些成员，如果我们的团体是亲近、关怀、具有支持性，那是成员共同努力的结果，也是成员们用行为做出的承诺。因此他们可以在团体之外的各种关系中做出同样的选择和约定，同样会取得成功。带领者促进成员相信，当你自己改变的时候，你生活中其他的人也往往会有所改变。

由以上可见，团体发展的不同阶段，团体和成员都面临不同的问题，带领者也相应地面临着不同的任务。

笔记

二、结构、半结构性团体的基本结构与首次聚会

（一）基本结构

不同目标的结构、半结构性团体，通常包括以下几点：

1. **热身**　两次聚会通常相隔一周，简单的热身可以令成员尽快进入小组状态。

2. **连结**　邀请成员分享一周来的一些感受，如果上次聚会布置有作业，可以就作业情况分享。

这个环节的目的主要是将本次聚会和前一次聚会连接起来，时间不宜过长，带领者要注意对成员分享时间的控制。

3. **围绕本次聚会主体和目标的活动**　聚会主要时间用在这个环节。结构性团体要进行设计好的活动，半结构式团体则随着团体的浮动进行围绕目标的探讨。

4. **分享与小结**　主题活动中，成员的个人化呈现增多，也可能会就某些成员探讨的较深入。这时，引导成员就本次聚会分享，就团体分享，让每个成员再次有个团体的连接，同时也是让前面主题活动的经验让每个成员得到分享。这是非常重要的一个环节，使整个主题活动有一个团体的提升。

5. **布置作业与结束**　结束时，可布置作业，作业不一定是计划安排的，而是要根据本次聚会的情况决定。即使结构式团体计划安排的作业，也要考虑本次聚会中团体的变化，需要的话要调整。

结束时，带领者要讲明下次聚会的时间。

（二）首次聚会及结构

首次聚会如何运作，不但为团体定下基调，同时对团体日后的发展，往往产生决定性的作用。在整个团体的生命历程里，对带领者而言，开始最早的，通常也是最困难最具挑战性的。所以，很多带领者会花很多精力来设计首次团体聚会。

各类团体首次聚会的目的是一致的——建立团体。团体建立不好，后面的计划再好也无法实施。所以，首次聚会可以有一个共同的结构。

1. **热身**　成员第一次聚会，互不相识，没有团体归属感。每个成员都带着各自生活里的角色来到一起。让这些角色退去，大家感受到一个新的角色——这个团体的成员之一，是首次热身的目的。首次热身的意义很大，有时要用较长的时间。通常用游戏的方式进行，不一定用自我介绍、相互认识的游戏，关键在于让大家放掉原来的角色，"进来"——进入小组。

放掉角色是个指标，当看到成员都能投入地游戏时，就可以考虑结束了。

2. **带领者介绍**　主要内容包括：带领者自我介绍，简要说明小组目的和内容。成员相互认识是每一种团体首次聚会都要做的。小组开始，一切都是要带领者带头（榜样作用），自我介绍对有的成员来说是有压力的，带领者先自我介绍非常重要。

3. **成员自我介绍**　成员自我介绍，相互认识。可以用一些趣味性的游戏性进行，但也不一定。因为看上去这只是一个相互认识，但带领者要意识到，这是团体中成员首次自我分享，而自我分享是各类团体中主要的活动，所以非常关键，这是初步建立团体亲和关系的重要一环。有些带领者在这个活动的设计上花很多时间动很多脑筋，但如果忽视了这个目的，有时反而费力不讨好。

4. **分享对团体的期望与担忧**　引导成员分享对参加这个团体的期望和担心，从带领者来说，可以了解成员对团体的需要，因为担心也体现了需要，考虑团体下一步怎样发展，计划要不要调整。对成员来说，这时的个人分享又深入了一点，而且带领者在鼓励分享对团体的要求，能感觉到带领者对团体的重视，还能从别人的分享中感受到大家对团体的重视。

所以这是从初步的亲和关系向建立团体认同、凝聚团体的重要一步。分享过程中，带领者引导出一种相互尊重、接纳、不否定别人的氛围非常重要。

5. 制定团体契约　用讨论的方式，订立团体契约。带领者要引导出一些最基本的，如尊重、接纳、不否定和批判别人、保密、守时等，还要根据团体成员的具体情况和场地条件提出一些有针对性的规则，如活动中不吸烟，活动中不开手机等。

6. 作业与结束　通常要布置一个作业，首次布置作业的作用主要在这项活动本身，即让成员开始就有这样的经验：聚会只是团体的一种活动，结束后，团体还在，只是各自回到自己的生活中，需要回顾体验团体中的感受和经验。

三、团体咨询过程中的"问题"成员

每个进入团体的成员都带着自己无法解决、但迫切需要解决的问题，因此每个成员似乎都是"问题"成员。但有些成员的明显的行为问题会使带领者感到棘手、其他成员感到厌烦，如果处理不当会对其本人及团体带来负面影响。所以，团体带领者需要采用一些方法和技术处理这些问题行为。

（一）垄断发言的成员

有些成员在团体内喋喋不休，通过各种方式抢夺发言，他们会不厌其烦地向团体描述团体外的经历，或者连珠炮似的向其他成员提问、建议、发表评论。在团体的初始阶段，垄断者往往获得别人好感，因为他们看上去热情主动，积极的发言可以打破沉闷尴尬的气氛。但随着团体的进展，其他成员会越来越无法忍受喋喋不休者，因为后者占用了团体大部分的时间，其他成员感到挫败和愤怒，对喋喋不休者甚至带领者产生怨恨。如果这种情况一直持续，团体的凝聚力会受到严重影响，团体内出现冲突的可能性加大，有些成员甚至会萌生退意。

作为带领者，首先应思考垄断发言者喋喋不休行为背后的动因，他们的发言并没有反映他们个人内心深处的忧虑，而是吸引注意、证明立场、发泄不满等。他们用长篇累牍的发言使自己与团体保持距离，拒绝和他人建立真正亲密的关系，避免与他人产生任何有意义的联系。与此同时，其他成员也是这种垄断行为的"帮凶"：当有人喋喋不休时其他人可以不必参与团体发言，他们可以把喋喋不休者作为愤怒的出气筒，而不必为团体的任务负任何责任。然后，带领者可以谨慎地带领所有成员探索这一现象背后的意义。团体不应该排斥垄断者，而是应该不断邀请他进入团体，带领者需要鼓励团体不断给予反馈，帮助垄断发言者自我观察，即不管他多么希望被他人接受和尊重，但事实上他们的表现会造成愤怒、拒绝和挫败。这一过程需小心谨慎，不能演变成"批判会"或者让垄断者成为"替罪羊"。

（二）沉默不语的成员

有研究显示，投入团体越多、越主动的成员收获越大；沉默不语的成员从团体获益较少。在团体内保持沉默可能有多种理由：有些人对自我暴露感到害怕，有些人希望和团体或其他成员保持距离，有的人担心别人不喜欢自己，有些人用沉默来控制团体，因为在团体内保持沉默是一种强有力的行为。作为带领者，不仅要考虑改变沉默的行为（用更为建设性的行为替代），而且还要帮助他们了解沉默行为的意义。带领者要保持一种态度，一方面允许来访者自行调整参与程度，另一方面定期评论他们的非言语性行为。

有时带领者需要直接与沉默者对话，邀请他加入团体，如（对沉默组员说）：当 A 说他的经历的时候，你有什么想法或感受么？当然，有时带领者会感到困惑，担心沉默者会依赖于自己的邀请，也会担心沉默者运用这种通过邀请的方式获得注意、控制带领者或团体。有一种可行的干预方式是将自己的担心向沉默者坦诚：每当注意到你在团体内沉默时，我有一种纠结，一方面想邀请你说些什么，一方面又担心你会不会依赖于我的邀请。还有就是

笔记

适时地强化沉默者的积极性，即当他摒弃恐惧加入团体时自己或是邀请其他成员给予沉默者正性强化："看到你今天有些不一样，虽然你有些犹豫和紧张，但是你还是迈出了重要一步。"或是"大家有没有注意到，今天的 A 有些不一样。"

（三）拒绝帮助的抱怨者

拒绝帮助的抱怨者经常在团体内玩一种"是的……但是……"的心理游戏。他们往往带着一个个人议题向团体求助，在团体内的成员或是带领者给予回应时，他找各式各样的理由拒绝大家提供的帮助，使得给予帮助的人感到很挫败，而后他会认为：你看，确实没有人可以帮助我。埃里克·伯恩认为，这样的抱怨者以受害者的形象进入团体（但其实是扮演迫害者的角色），邀请大家给予帮助，团体其他人员"被表象所迷惑"，于是开始扮演拯救者的角色，在被他不断拒绝之后，其他成员逐渐感到困惑和挫败，进入到受害者的角色，而抱怨者带着"谁也帮助不了我"的印证离开。

抱怨者的行为模式似乎是试图解决他对依赖性的矛盾冲突：一方面他们感到无助，希望完全依赖于他人（尤其是权威式的人物），另一方面他们对他人不能信任甚至充满敌意。针对这一类型的成员，带领者最需要注意的是小心这样的陷阱。诚然，即使作为非常有经验的咨询师，也会掉入各种来访者制造的陷阱里面去，原因在于来访者带着各式各样的缺陷或冲突进入团体，他们用这样或那样的陷阱来展现他们的问题行为模式，所以掉进去在所难免。但咨询师与普通人的区别在于：咨询师可以运用自己掉进陷阱的感受（反移情）去理解来访者的缺陷或是冲突，并进行干预，而不是直接被自己的感受（反移情）驱使，做出这样或那样的"反击"（咨询师的见诸行动）。当带领者意识到抱怨者所设下的陷阱时，需要小心应对，一方面避免团体因这样的陷阱陷入一片混乱，一方面要适时地运用团体让抱怨者对自己的这种模式有所了解。团体是一个特殊的场所，在这里，成员最重要的收获之一就是可以观察到自己做了什么让别人有何种反应。

（李　梅）

第十二章 心理危机干预

当人们面临突发灾难、重大生活事件或精神压力等困境时，日常的手段和方法不足以应对眼前的处境，原有的平衡被打破，会感到痛苦不安，这种心理失衡带来的心理困扰就是心理危机。心理危机干预是指通过向危机当事人提供有效的帮助和心理支持，调动他们自身的潜能，恢复他们的适应水平，从而使其获得新的技能，用以防止或减轻心理创伤潜在的负面影响的过程。心理危机干预工作者了解心理危机干预的理论与模式，掌握心理危机评估的方式、心理危机干预的模型与技术，可以帮助危机当事人更快地从危机中走出来，以更积极的心态面对生活。

第一节 心理危机干预概述

一、心理危机干预的概念

（一）心理危机干预的定义与目标

从 20 世纪中叶心理学家就开始了对心理危机的研究，提出了相关概念。美国心理学专家卡普兰（G. Caplan）在 1964 年最早提出了心理危机（psychological crisis）的定义，即当人们面临困境时，日常处理问题的手段和方法不足以应对眼前的处境，原有的平衡被打破，出现暂时的心理困扰，这种心理失衡带来的心理困扰就是心理危机。在这一定义中，卡普兰认为心理危机的产生不但与应激事件有关，还取决于个体解决应激的有效资源及个体对困难情境的评估。之后国内外学者虽然对心理危机的内涵做了很多界定，但基本沿袭了卡普兰的定义。2003 年美国心理学专家克里斯提（Kristi Kanel）总结以往的研究，认为心理危机的内涵有三个基本部分组成：第一，发生危机事件；第二，危机个体感受到危机事件并因此感到痛苦；第三，以前解决问题的方法无法解决目前的问题，引起个体认知、行为和情感方面的功能失调。因此，心理危机不是个体经历的事件本身，而是个体对自己所经历的困难情境的一种心理反应状态。

心理危机干预（mental crisis intervention）又称危机干预、危机管理、危机调停或危机介入。心理危机干预是指向危机当事人提供有效的帮助和心理支持，调动他们自身的潜能，恢复他们的适应水平，从而使其获得新的技能，用以防止或减轻心理创伤潜在的负面影响的过程。危机干预的目标具体来讲，可以分为三个层次：一是帮助危机当事人减轻情感压力，降低自伤或伤人的危险；二是帮助当事人组织、调动支持系统应对危机，避免出现慢性适应障碍，恢复到危机前的功能水平；三是提高当事人的危机应对能力，使其更加成熟。

（二）心理危机的特点

1. 危险与机遇并存 在中文里，危机包含了"危"和"机"，前者代表了危险，后者代表了机遇。一方面，危机可能导致个体严重的病态或过激行为；另一方面，危机中潜伏着机会,它带来的痛苦或焦虑迫使当事人积极改变,寻求帮助,这就有可能打破个体原有的定势和习惯,增强适应环境的能力,带给个体成长和自我实现的机遇。如,失恋或离婚,有的个体会从中汲取教训,总结经验,领悟到爱情的真谛,为将来的生活积极准备;有的个体很快投入到新的感情关系中,试图用一段新的恋爱来忘记过去;还有的个体自暴自弃采取极端手段放弃生命,甚至报复他人。前述三种情况中的后两种,就是没有抓住机遇实现自我成长,以至于以后的感情生活也不能幸福。

2. 危机的系统破坏性　个体所处的环境决定了危机处理的难度,个体的社会支持系统直接影响问题的解决和新的平衡的建立。如果社会支持系统中很多人在同一时间受到危机事件的影响,如地震、洪水、台风、核污染、恐怖袭击等自然和社会事件,整个系统就会卷入进去,以邻里、社区、地区或国家为单位的整个生态系统都需要重建。发生在 2008 年 5 月 12 日的汶川大地震,在数秒内使近 9 万人丧生,数万个家庭被彻底改变,重新建立新的生活结构,认识生命、认识自然成为幸存者的课题。

3. 危机干预的困难性　当个体处于危机时,其可利用的心理资源降到最低点,有可能使处于危机中的个体拒绝成长。危机干预工作者帮助处于危机中的个体重新建立平衡,要灵活运用专业的心理学支持。但无论哪种方法,都有其适应性,没有包治所有心理危机的万能方法。

4. 危机的普遍性与特殊性　危机的普遍性是指,在特定情况下,没有人能够幸免。例如美国"9•11"事件发生后,亲身经历的市民和幸存者都产生了不同程度的心理创伤。心理危机的特殊性是指,面对同样的情况,有些人能够成功地战胜危机,另外一些人则不能。

5. 危机的不可避免性　不管是否愿意,危机闯入了我们的生活。面对危机,我们必须做出选择。我们可以积极应对,也可以选择逃避,即使不做任何行动,也是一种选择。

二、心理危机干预的历史与现状

(一)国外概况

科学或专业性的危机干预服务不足一百年。危机干预的机构分为专业性和非专业性两种,前者由心理学家、精神病学家和社会学家主持,后者由志愿人员投入,具有慈善性质。

1942 年美国波士顿椰林音乐厅发生大火死亡数百人,心理学家林德曼通过对受难者家属的调查研究对哀伤的心理过程进行了研究,提出了"哀伤辅导"的概念。1957 年美国心理学家在洛杉矶建立了首家专业性质的自杀预防中心,此后许多国家,尤其是发达国家相继建立了功能相同的机构。20 世纪 70 年代初,随着危机干预理论研究的不断成熟,心理危机干预正式成为世界卫生组织(WHO)的研究课题。近 40 年来,国外一些发达国家建立了较为完善的心理危机干预系统,如美国建立的公共心理健康反应联合体(The Mental Health Community Response Coalition,MHRC)在"9•11"事件中发挥了重要作用。日本、以色列等危机高发国家在此领域也积累了较为丰富的实践经验,每当危机事件发生后,政府或有关机构会立即组织专业人员开展心理干预工作。

非专业机构由经过培训的志愿人员组成,活动经费由慈善机构或大型企业赞助,志愿人员利用业余时间参加。目前,非专业自杀预防机构已经形成国际性网络,主要机构如下:①撒玛利亚组织(Samaritan Organization),该组织创建于 1953 年,目前已发展到 30 多个国家,1974 年该组织更名为国际益友会(Befrienders international),总部设在伦敦。②国际生命线(International Life line),1963 年在澳大利亚建立,目前在 12 个国家 125 个城市建立了 200 多所热线服务机构,总部在澳大利亚昆士兰。③国际紧急电话咨询联盟(International Federation of Telephone Emergency Service),1960 年在柏林建立,后来扩展到欧洲所有国家,总部在日内瓦。

心理危机干预方面的学术组织有：国际自杀预防协会（International Association for Suicide Intervention），1960 年成立，总部在维也纳，1995 年总部迁址美国芝加哥。国际死亡学和自杀学协会（International Association of Thantology and suicidology），1992 年在墨西哥成立，总部在墨西哥城。另外，许多国家都建立了相关的学术组织，但名称不一，如自杀预防协会、自杀学协会、危机干预协会。

（二）国内概况

我国最早成立的危机干预机构是南京危机干预服务中心，成立于 1991 年。此后，北京心理危机研究与干预中心于 2001 年成立，2004 年杭州心理危机研究与干预中心，深圳心理危机干预中心和四川心理危机干预中心也先后挂牌。这些专业机构的建立，为自杀的研究和预防、处理突发事件、对重大灾害的相关人群的心理干预与恢复做出了重要贡献。我国的心理危机干预起步较晚，北京大学精神卫生研究所是国内最早从事灾难研究的精神卫生机构，在 1988 年云南澜沧地震时即对灾区人群进行了现场研究与心理危机干预。1994 年的新疆克拉玛依火灾后，北京大学精神卫生研究所的专家对伤亡者家属进行了心理救援。从 2002 年大连空难开始，我国对重大灾难后的心理危机干预走上了系统化的轨道。2003 年 SARS 期间，心理危机干预事业进一步得到政府和相关部门的支持。在 2008 年汶川大地震、2010 年玉树地震后心理危机干预事业得到了全社会的空前关注，取得了显著的成绩，但同时也暴露出了统一协调管理不足，工作模式不够规范，队伍不够专业等问题。

国内的学术组织中国心理卫生协会心理危机干预专业委员会于 1994 年在常州成立，每年举行一次学术会议。中华预防医学会伤害预防与控制分会于 2005 年成立，定期举行学术会议。

（三）心理危机干预的发展方向

从心理危机干预的历史来看，危机干预经历了从主要由志愿者从事的民间运动发展到专业化的分支学科的过程。以后的危机干预将不仅仅限制在精神卫生领域，而会发展成为人类服务的一个重要分支。不同的机构将会相互合作，危机干预服务将会延伸到全国各个地区，并向着系统的、合作的、积极的、预防的策略方向发展。

三、心理危机的临床表现

（一）心理危机的常见异常表现

1. **感知觉障碍** 常出现错觉或幻觉，过分敏感或警觉，对痛觉刺激反应迟钝。

2. **情绪情感障碍** 悲伤、麻木、冷漠、内疚自责、愤怒、易激惹、紧张、焦虑、无助、绝望等。

3. **行为障碍** 精神运动性障碍多见，激越、动作杂乱无目的、易激惹、木僵、暴饮暴食、强迫行为、责怪他人、不信任他人。

4. **思维障碍** 意识障碍、定向力障碍、思维迟钝、强迫性、重复性记忆、自发性言语、思维无条理、记忆力减退等。

5. **注意障碍** 注意力增强或不集中，注意力涣散、狭窄，注意转移困难，无法做出决定等。

6. **躯体化障碍** 易疲倦、肌肉紧张或疼痛、手脚发抖、多汗、心悸、呼吸困难、头痛、肠胃不适、失眠、噩梦等。

（二）心理危机导致的应激和应激相关障碍

危机事件发生后，根据当事人不同的个性特征，有无干预，时程长短，危机的性质及强度，常见的应激和应激相关障碍有：

1. **急性应激障碍或称急性心因反应** 指在受到急剧、严重的精神刺激后立即（一个小

笔记

时内)表现出强烈的精神运动性兴奋或抑制,甚至木僵,或者反应性朦胧状态。

2. 急性应激精神病 指受到强烈的精神刺激后,以妄想、严重的情感障碍为主,症状内容与精神刺激因素明显相关,一般不超过 1 个月。

3. 延迟性心因性反应或称为创伤后应激障碍(PTSD) 指在经历异乎寻常的灾难性心理创伤的一段潜伏期后,延期出现或长期持续的精神障碍。表现为闯入性的反复出现的创伤性体验、噩梦、持续性的警觉状态、惊跳反应增大、选择性遗忘等。

4. 持久性心因反应 指由于刺激源长期存在或长时间处于不良的环境中诱发的精神障碍。主要表现为有一定现实色彩的妄想、障碍等。症状至少持续三个月,有时可长达几年。

5. 适应性障碍 指因改变长期存在应激源或因生活环境改变,在个体人格缺陷的基础上,个体表现出焦虑心境、抑郁心境等情感障碍,或躯体性不适,或行为退缩等行为,但一般不表现出精神病性症状。一般不超过 6 个月。

第二节 心理危机干预的理论与模式

一、心理危机干预理论

关于心理危机干预,不同的学者从不同的角度出发,提出了各自的理论观点,目前尚无统一的心理危机干预理论。亚诺希克(Janosik E.H.)将危机理论分为基本危机理论、扩展危机理论和应用危机理论三个不同的层次。除了以上三种危机干预理论之外,还有一种折衷主义的危机干预理论,即从所有危机干预的方法中,有意识、系统地选择和整合各种有效的概念和策略来帮助求助者。

(一)基本危机理论

基本危机理论首先由林德曼(Lindeman E.)提出,用以帮助人们深入理解个体因亲人死亡所导致的悲哀性危机。林德曼通过研究认为,人在经历亲人死亡后正常的悲伤反应包括:总回忆死去的人,认同于死去的人;表现出内疚或敌意;日常生活中出现某种程度的紊乱;某些躯体的诉求等。这些亲人死亡后出现的哀伤的行为反应是正常的、暂时的,可以通过短期干预技术对这些悲哀行为进行干预,使其得到及时解决。卡普兰进一步完善和补充了这一理论,将其结构扩大到整个创伤事件。卡普兰认为,危机是一种状态,造成这种状态的原因是生活目标实现受到阻碍,且用常规的行为无法克服;阻碍的来源既可以是发展性的,又可以是境遇性的。所有的人都会在一生中的某个时候遭受心理创伤,但是应激和创伤的紧急状况本身并不构成危机,只有主观上认为创伤性事件威胁到需要的满足、安全和有意义的存在时,个体才会进入应激状态。林德曼和卡普兰在对心理危机干预时都采用了平衡/失衡模式。

(二)扩展危机理论

扩展危机理论是在继承林德曼等人的基本危机理论的同时,吸取了一些其他比较先进的理论成分,如精神分析理论、系统理论、适应理论和人际关系理论等形成的。

1. 精神分析理论 精神分析理论认为一个事件会成为心理危机,与个体童年早期的创伤与情绪经历有关。该理论有助于理解个体心理危机的深层动力机制。

2. 系统理论 系统理论认为人与人、人与事件之间是相互关联和相互影响的,他们中的任何一个成分的改变都会导致整个系统的改变,而不应单独强调处于危机中的个体的内部反应。贝尔金(Belkin G.S)进一步指出,该理论"涉及到一个情绪系统、一个沟通系统及一个需要满足系统",所有属于系统的成员都对别人产生影响,也被别人所影响。相较于传统理论仅将焦点集中于个体将发生的变化，系统理论更倾向于从社会和环境的范畴而不是从影响个体的线性因果关系来考察危机，无疑具有重大意义。

3. 适应理论　适应理论认为适应不良行为、消极的思想和损害性防御机制对个体的危机起着维持的作用。当适应不良行为改变为适应性行为时，危机反应就会消退。这意味着帮助个体克服因危机导致的失能，并向积极的功能模式发展，需要打开功能适应不良链，使不适应行为转化为适应行为，促进积极的思维并构筑防御机制。在危机干预工作者的帮助下，个体能够学会将旧的、懦弱的行为变化为新的、自强的行为，这样的新行为可以直接在危机条件下起作用，最后将达到危机解决的目的。

4. 人际关系理论　人际关系理论的要点是：如果人们相信自己，相信别人，并且具有自我实现和战胜危机的信心，那么这个人的危机就不会持续很长的时间；如果人们将自我评价的权力让给别人，他们就需要依赖别人获得信心。因此，一个人自我控制的丧失与他的危机会持续相等的时间。人际关系理论的最终目的在于将自我评价的权力重新交回自己的手中，这样做会使人心中获得对自己命运的控制感，重新获得采取行动应付危机境遇的能力。

（三）应用危机理论

应用危机理论是指，危机理论的应用需要有一个灵活的态度，每一个人和每一次危机都是不同的。因此，危机干预工作者必须将每一个人和造成危机的每一个事件都看作是独特的。根据心理危机的来源，布拉默将心理危机划分为发展性危机、境遇性危机和存在性危机三大类，詹姆斯（James R.K.）则从生态理论的视角提出了生态危机。

1. 发展性危机（development crisis）　也称成长性危机、内源性危机或内部危机，相较于境遇性危机，发展性危机是常规发生的、可以预期的，是个人在正常的成长和发展过程中，因急剧的变化或转变所产生的异常反应。人生是由一系列连续的发展阶段组成的，每个阶段都有其特定的身心发展课题。当个体从某一发展阶段进入下一阶段时，原有的心理和行为能力不足以完成新的课题，而新的心理和行为能力尚未建立起来，发展阶段的转变常常会使他处于心理失衡的状态。例如，身心发育急剧变化的青少年；对婚姻生活缺乏足够心理准备和处理夫妻角色能力的新婚夫妇；缺乏足够育儿本领的年轻父母；缺乏足够心理准备的退休老人等。如果没有及时为承担新角色培养新的能力和应对方式，每个人都有可能产生发展性危机。如果个体有时间和机会对发展性转变做出适应性调整，比如，获得相关信息，学习新技能，承担新角色，就会减少危机对个体心理上的冲击和损害。但是如果一个人没有及时建设性地解决某一发展阶段的发展性危机，他未来的成长和发展就会受阻，他就会固着在那一阶段。诺曼（Norman）进一步指出，即使危机是由外部事件引起的，心理危机干预者也应注意个体目前的发展阶段，因为发展阶段和危机事件的交互作用可能会影响个体对危机做出反应。

2. 境遇性危机（situational crisis）　又称外源性危机、环境性危机或适应性危机。是个人遇到无法控制或预测的突发或超常事件时所产生的异常反应。卡普兰（1974）根据产生危机的原因将境遇性危机分为三种：

（1）丧失一个或多个满足基本需要的资源。具体形式的丧失如亲人亡故、失恋、分居、离婚、使人丧失活动能力的疾病、肢体完整性的丧失、被撤职、失业、财产丢失等；抽象形式的丧失如丢面子、失去别人的爱、失去归属感、失去特定身份等。丧失引起的典型的情绪反应是悲痛和失落。

（2）存在丧失满足基本需要资源的可能性。比如得知自己下岗、离退休等。

（3）应付生活变化对个体原有能力提出更高的挑战。常见的情况是本人地位、身份及社会角色的改变所提出的要求超过了个体原有的能力。例如，由中学升入大学的生活适应、毫无准备的职位升迁等。典型的情绪反应是焦虑、失控感和挫折感。

3. 存在性危机（existential crisis） 是指伴随着重要的人生问题，如关于人生目的、责任、独立性、自由和承诺等出现的心理内部冲突或焦虑。例如，一个 40 岁的人，认为自己从没做过有意义的事，从未对自己所从事的专业或所在的组织产生过独特的影响；再比如，一个 50 岁的人从未结过婚，从未离开过父母，从没有过独立的生活，现在却不知道该如何开始；也可以是一种压倒性的、持续的感觉，如一个 60 岁的人觉得自己的生活是毫无意义的，这种空虚永远无法以有意义的东西来弥补。

4. 生态危机（ecosystem crises） 是指生态环境被严重破坏，使人类的生存与发展受到威胁的现象，是生态失调的恶性发展结果，主要由人类盲目和过度的生产活动所引起。生态危机通常是由某个事件引起，该事件的后果几乎会影响到在环境中居住的每一个人。自然现象中的环境危机，如飓风、洪水、地震、火山爆发、海啸、暴风雪、泥石流、干旱、饥荒和草原/森林大火等；生物学的生态危机，如流行性疾病、一个巨大的石油泄漏事故的影响等；政治方面的生态危机，如战争中，一个灾难性的难民危机，或种族清洗；经济方面的生态危机（经济危机），如 20 世纪早期的经济大萧条。生态危机有其发生和发展的过程，这种危机在潜伏时期往往不易被察觉，但危机一旦形成，几年、几十年、甚至上百年都难以恢复。

（四）折中的危机干预理论

目前，危机干预的理论研究已逐渐从任务指向操作，将各种理论和方法很好地结合在一起，选择适当的方式以符合危机个体的需求。折中的危机干预理论是指从所有危机干预的方法中，有意识地、系统地选择和整合各种有效的概念和策略来帮助危机个体，而不局限于任何教条式的理论方法。该理论主要由以下三个任务组成：①确定所有系统中的有效成分，将其整合为具有内部一致性的整体，适合需要阐述的行为的资料；②根据对时间和地点的最大程度的了解，考虑所有相关的理论、方法和标准以评价和操作临床资料；③不确定任何特别的理论，保持开放的心态，对得到成功结果的方法和策略不断地实验。

二、心理危机干预模式

目前，国际上还没有统一的危机干预模式，但是所有的干预模式目标是一致的，即减轻危机受害者的急性症状，恢复其主动性，防止或减轻心理创伤和创伤后应激障碍（PTSD）。常用的危机干预模式主要有以下几种类型，这些模式为不同的危机干预策略和方法提供了基础。

（一）三种基本的危机干预模式

贝尔肯（Belkin）等提出了 3 种基本的危机干预模式，即平衡模式、认知模式和心理社会转变模式。

1. 平衡模式（equilibrium model） 平衡模式主要用于早期干预，帮助人们重新获得危机前的平衡状态。个体无法用以往的方法解决当前的危机时，会出现心理或情绪的失衡。帮助个体宣泄负性情绪，恢复心理平衡是危机干预的首要目标。遭遇危机时，个体往往会惊慌失措，失去对自己的控制，找不到解决问题的方向，不能做出适当的选择。因此，危机干预者的主要任务在于安抚受害者的情绪，之后再进行干预使其获得应付危机的能力。只有个体觉得自己情绪稳定并持续一周左右时，继续往下干预才是有效的，在此之前分析个体产生危机的深层原因则是没有益处的。例如，除非当事人同意活下去是值得的，而且这种思想已经稳定至少一周，否则挖掘当事人自杀意念产生的深层原因并无益处。平衡模式可以说是最纯粹的危机干预模式。

2. 认知模式（cognitive model） 认知模式以埃利斯（Albert Ellis）的理性情绪疗法和贝克等人的认知疗法为基础，认为心理危机的形成并不是事件本身引起的，而是个体对事件的错误思维引发的。因此，人们对危机事件的歪曲的思维才是心理危机干预的重要对象。认知模式通过校正错误的思维方式，帮助当事人克服非理性的思维与自我否定，提高自我控制能力，帮助求助者恢复心理平衡，克服心理危机。认知模式多用于危机稳定后的干预。例如，在失恋的来访者情绪稳定后，校正来访者对亲密关系和亲密关系破裂的认识，以调动来访者的潜能恢复心理平衡。

3. **心理社会转变模式（psychological transition model）** 心理社会转变模式认为人是内外因素共同作用的产物。在心理危机干预的过程中要同时考虑个体的内部和外部因素，不仅要考虑求助者的心理资源和应对方式，还需要了解求助者的家庭、同伴、社区、职业等外部环境。危机干预者需要帮助来访者评估与确定求助者的内部和外部因素的状况，将其内部资源与社会支持和环境资源充分调动整合起来，指导其重新获得应对困难的方法，使求助者提高应对应激事件的控制能力。心理社会转变模式和认知模式一样，适合危机稳定后使用。

（二）对支持资源的整合模式

对社会支持资源的整合模式是指通过从所有危机干预的方法中，有意识地、系统地选择并整合各种有效的方法和策略来帮助当事人的方法。比较有代表性的整合模式是集教育、支持和训练为一体的社会资源工程模式。2000 年，诺斯（North C. S.）等人在对一些社会团体，如警察、团体领导等，进行危机干预培训时提出了社会资源工程模式。通过培训，这些团体能够最大程度的利用团体内的心理健康资源对面临危机的个体提供最初的危机干预服务，帮助受害者减轻情感上的痛苦。

（三）评定 - 危机干预 - 创伤治疗干预模式

评定 - 危机干预 - 创伤治疗模式（assessment-crisis intervention-trauma treatment，ACT）是美国学者罗伯茨（Albert R. Roberts）对一些危机干预策略整合后提出的一种综合性危机干预模式，简称为 ACT 危机干预模式。这是一种专门针对突发性危机和创伤性危机的心理危机干预模式。该模式强调干预者要尽快对当事人进行心理危机评估，根据当事人的心理危机程度，促使当事人接受相应的系统的心理治疗，以帮助当事人彻底摆脱心理困扰。危机干预者曾使用 ACT 危机干预模式对"9. 11"恐怖袭击后的高危人群进行危机干预，取得了明显的效果。

第三节 心理危机干预实践

一、心理危机干预的对象与评估

（一）心理危机干预的对象

在危机干预工作中，一般常把具有下面五类问题的人作为首选：

1. 目前的心理失衡状态直接与某一特别诱发事件相关的人。
2. 有急性极度的焦虑、紧张、抑郁等情绪反应或有自杀危险的人。
3. 近期具有丧失问题的人。
4. 求助动机明确并有潜在能力改善的人。
5. 尚未从适应不良性应对方式中继发性获益的人。

（二）心理危机干预中的评估

评估是心理危机干预的前提条件，也是心理危机干预的第一步，并且贯穿干预过程的始终。危机干预者需要对身处危机中的当事人进行持续评估，并根据当事人的反应灵活的调整干预策略。评估的内容主要包括确定个体经历的突发事件的严重程度；确定个体的精

笔记

神状态和能力水平；确定个体对自我或对他人的危险性；确定个体对危机可能的解决方法、应对方式、支持系统和其他方法。目前，常用的评估模型主要有以下 4 种：

1. 三维危机评估模型（the triangle assessment form，TAF） 三维危机评估模型和分类评估量表由梅耶（R. A. Myer）和威廉姆斯（Williams R.）等人于 1992 年提出，是最常使用的心理危机评估模型。该模型主要用于评估个体面对危机事件时的情感、认知和行为反应，帮助危机干预者理解当事人的危机反应。

三维评估模型的分类评估量表由 3 个分量表组成，分别评估当事人的情感、认知和行为三个方面受影响的程度。分类评估量表由描述性项目和数量化评分项目组成，采取 10 级评分制。①情感评估包括对愤怒 / 敌意、焦虑 / 恐惧、沮丧 / 抑郁三项内容的评估。②认知评估包括对侵犯、威胁和丧失三项内容的评估。③行为评估包括对接近、回避、失去能动性三项内容的评估。

危机干预者可以根据量表得分情况判定来访者各方面的心理危机程度，灵活调整治疗方案。一般来说，低分（3～12 分）表明，当事人不用接受治疗或者仅需干预者的倾听便可解决问题；中等得分（13～23 分）表明，干预者与当事人需共同努力应对危机；高分（24～30分）表明，当事人很脆弱，需要一定的社会支持，干预者需要主动与当事人合作并采取指导的方法帮助当事人解决危机问题。例如，1 位遭受暴力袭击而出现心理危机的女性医生接受三维危机干预评估，其情感方面得分为 9 分，认知方面评分为 9 分，行为方面评分为 8 分，总分 26 分。此时危机干预者根据得分可以判断当事人属于高度心理危机，应迅速采取相应的干预措施。此外，危机干预工作者还需要尽可能把当事人当前的状态与危机前的功能水平进行比较，确定危机发生后，当事人情感、认知和行为功能水平的受损程度。

2. 阶段性评估模型 阶段性评估模型是布兰德（Brende J.o.）对美国 1987—1998 年发生的特大洪灾进行详细研究之后提出来的。该模型认为个体从应激反应到症状消除或恶化一般需要经历 5 个时期。①即刻应对期（immediate coping），一部分灾后幸存者出现思维混乱或充满恐惧的症状，还有一部分幸存者则表现出更强的思维能力和承受力。②适应早期（early adaptation），部分危机幸存者开始否认灾难的出现，这是一种危险的应对反应。大多数幸存者虽然不会出现这种极端的反应，但是也会表现出对现实的冷漠，从而降低无法控制的环境所带来的威胁感。③适应中期（mid phase adaptation），危机当事人意识到"与死神擦肩而过"时，开始出现反复回忆或体验危机事件经历的症状。④适应晚期（late phase adaptation），危机事件发生后的 1～3 个月，当事人常常表现为忍耐力下降、抱怨增多、缺乏幽默感和信任感，并常伴有头痛、恶心、胸痛和疲乏等躯体症状。⑤消退或症状发展期（resolution or symptom development），在这一时期，当事人的心理危机要么慢慢减弱，要么会进一步加重，发展成为焦虑、抑郁、酒精或物质依赖等相关障碍，还可能出现强迫、惊恐发作、梦魇或失眠等。阶段性的评估模型，为我们理解心理危机在不同阶段的表现提供了一个框架，使危机干预者可以针对处于不同危机阶段的来访者展开工作。一般情况而言，在条件允许的情况下，最好在 48 小时内为求助者提供专业诊断及相应的干预治疗，防止更为严重的症状出现。

3. 人与环境互动的评估模型 威尔逊（Wilson J. P.）在 1999 年提出了人与环境互动的评估模型。该模型主要用于评估个体遭遇的应激事件及其应激反应。不同类型的危机事件会引起人们不同的应激反应。在危机干预过程中，首先要了解危机是一次性的还是复发性的，即了解危机是由突发性的、境遇性的事件引起的，还是由慢性的生活事件导致的。对这两种危机状况引发的心理危机的干预并不相同。对于一次境遇性危机，往往通过直接的干预，当事人能较快恢复到危机前的平衡状态，应用正常的应对机制和利用现有的资源；而受复发性慢性危机影响的当事人，往往需要较长时间的干预，建立新的应对策略，一般需要转诊接受较长的心理治疗。通过对危机事件的评估，干预者可以根据应激的类型来分析受害者的反应。

4. 对求助者的替代应对机制、支持系统和其他资源进行评估的模型　在整个危机干预过程中，危机干预者应该收集各种相关的资料，并评价这些资料的意义。评估可应用的可替代的解决方法时，必须首先充分考虑求助者本人的观点、能动性以及应用这些方法的能力，包括对求助者自伤和伤人可能性的评估，常用的辅助评定量表有汉密尔顿焦虑量表（HAMD）和汉密尔顿抑郁量表（HAMA）。危机干预者的个人建议则作为附加部分加以考虑。替代的解决方案应将各种对当事人有益的资源都考虑在内，即使当事人可能只需要一两个具体的建议或行动步骤，危机干预工作者也需要与当事人充分讨论，列出各种可能性，并逐步分析评价。在这一过程中，重要的并不是当事人采用所有的建议并付诸实施，而是当事人深切地感受到自己做出了选择并且为自己的选择做出计划和行动，而非接受危机干预工作者强加的建议和方式。

无论使用哪种评估模型，获得哪种评估结果，危机干预工作者都需要在心理危机干预过程中不定期地或多次反复地进行评估的任务。首先，危机事件本身是一种不稳定的、容易变化的情境。危机干预人员需要对情境变化保持觉察、对情境变化可能带来的风险进行评估，以确保危机当事人的安全。其次，对危机当事人的心理状态及其变化进行不断地评估，能够使接下来的干预措施能够满足情境变化的需求。再次，有些无法预料的潜在因素可能会再次刺激危机当事人，使其心理或行为反应出现反复，干预工作者此时需要对危机当事人进行评估。最后，连续的评估有助于判断之前已经进行的其他干预措施或任务是否取得效果，或者是否需要再次进行。

二、心理危机干预的模型

（一）阶段模型

已有的针对个体的心理危机干预模型大多属于阶段模型（step model），即将心理危机干预视为一个线性发展过程、按照危机事件的时间进程来构建干预措施。目前，应用较多的是由吉列兰德（Gilliland B. E.）和詹姆斯（James R. k.）提出的六阶段模型，主要包括：

1. 确定问题　从当事人的角度，确定和理解危机当事人本人所认识的问题。这一步的关键技术是共情，危机干预工作者需要站在危机当事人的角度来感知或理解危机情境，否则，他所做的任何努力都会不得要领，对危机当事人没有任何意义。

2. 保证安全　在危机干预中，危机干预工作者要将保证当事人安全作为首要目标，把当事人对自我和他人的生理和心理的危险性降到最低。需要强调的是，尽管吉利兰德和詹姆斯将保证安全放在第二步，但是他们强调每一个步骤都是灵活的，这也就意味着安全问题在整个危机干预过程中都要优先考虑，并贯穿始终。

3. 给予支持　强调与当事人的沟通与交流，使当事人了解危机干预工作者是完全可以信任，能够提供帮助和支持的人。在这一步骤中，危机干预工作者要以无条件的、积极的方式接纳危机当事人，在尊重当事人的前提下，给予当事人所需要的支持。

4. 提出并验证可变通的应对方式　让危机当事人认识到有许多可变通的应对方式可供选择，其中有些选择比别的选择更合适。危机当事人在失衡状态下，通常会觉得无路可走了。危机干预工作者可以从以下三个方面帮助危机当事人寻找可供选择的应对方案。①情境支持，指危机当事人过去和现在所认识的人中，谁会关心当事人发生了什么；②应对机制，指危机当事人可以用来摆脱危机困境的各种行为、行为方式或环境资源；③危机当事人积极的、建设性的思维方式，即当事人对危机情境及问题的重新思考或审视。有效的危机干预工作者可能会想出无数适合危机当事人的应对方案，但不需要一一探讨，主要探讨少数几种对危机当事人而言现实可行的方案即可。

5. 制定计划　指与危机当事人一起制定行动计划以纠正其情绪的失衡状态，这是第四步骤的自然延伸。这个行动计划应当具备以下4点要求：①确定可以提供支持和帮助的个体或组织团体等；②这个计划应当着眼全局，能够系统的解决危机当事人的问题；③这个计划对危机当事人而言是切实可行的，危机当事人能够理解并掌握的具体而确定的行动步骤；④计划的制定应当是以危机当事人为主导的，让危机当事人感觉这是他自己的计划，因而更愿意去执行计划。在计划制定过程中，最核心的问题即是要充分发挥危机当事人的控制力和自主性，帮助他们重拾对生活的控制感并重获信心。

6. 得到承诺　让危机当事人复述所制定的计划，并从危机当事人那里得到明确按照计划行事的承诺。在这一阶段，危机干预工作者需要主要注意的是，在结束一个干预疗程之前，一定要从危机当事人那里获得诚实的、直接的、恰当的承诺保证。在随后的干预疗程中，危机干预工作者要跟踪危机当事人的计划执行进展，并对危机当事人做出必要而恰当的反馈报告。

（二）任务模型

尽管阶段模型具有良好的应用效果，但对拥有一定实践经验的干预人员来说，心理危机干预的实施过程并非如此理想化。最典型的例子就是危机当事人在干预过后可能会出现症状反复，这就需要干预人员根据实际情况重复或调整干预措施。梅耶（Myer R. A.）等对来自心理学研究、临床咨询、医学及社会工作领域的10个代表性模型进行了内容分析，将多样的心理危机干预过程、环节或措施拆解、归纳为3个连续任务和4个焦点任务，初步构建了一个任务模型（task model）。这些任务就是心理危机干预的主要成分。

1. 连续任务（continuous task）　连续任务是指心理危机干预过程中需要持续不断或者多次反复进行的任务，主要包括评估、保障安全和提供支持。它们是心理危机干预的基础性任务，既相互区别又相互联系，并且没有特定的实施顺序，需要不断地或持续地实施，以帮助危机干预工作者根据危机当事人的心理危机发展状况调整干预进程，保证心理危机干预的合理性与有效性。

（1）评估：大多数心理危机干预模型都认为，在条件允许的情况下应当尽可能地对危机当事人的认知、情感和行为反应进行较为全面的评估。

（2）保障安全：保障安全是贯穿心理危机干预过程始终的一个重要任务。保障安全不仅仅是指尽可能降低危机事件对危机当事人及相关人员的生命威胁，还包括在多种危机事件中不让危机当事人独处。因为一般认为此时的危机当事人不能管控自己的行为，可能会伤害自己或他人。危机干预工作者应当尽可能的与当事人待在一起，直到他们恢复自控能力，并且获得他们有关安全的郑重承诺。出现急性心理障碍的危机当事人可能会出现导致身体受伤的行为，例如，失眠时吃过多的安眠药。尽管当事人并非主动自杀，但危机干预工作者有必要提醒危机当事人注意安全，并让他们做出不伤害自己或他人的承诺。遭遇突发紧急事件的人们很容易情绪崩溃或变得极度脆弱，对此，干预人员需要采取必要的措施安抚他们的情绪。安全保障还可能涉及与危机事件有关的儿童、救援人员及危机干预工作者的身心安全。此外，危机干预工作者还必须警惕那些可能会改变当事人行为或影响相关人员的潜在危害因素，例如，来自旁观者的干扰。

（3）提供支持：提供支持是心理危机干预过程中的关键任务。一般认为，危机当事人因为自身无法应对危机事件并且缺乏相应的社会支持而陷入心理危机中。在危机干预中，不仅在危机发生时为危机当事人提供支持，还需要帮助他们找到危机结束后能够继续提供支持的资源。在心理危机干预过程中，支持是一个从"非直接支持"到"直接支持"的连续体。非直接支持类似于个体咨询中心理咨询师所给予的那种支持，而直接支持则是干预人员对危机当事人进行心理与行为的控制或支配，如，在危机当事人无法正常行使功能而使身心安全受到严重威胁时替他们做主或要求他们执行某种行动。此外，提供支持应当还包括阻止危机当事人情绪进一步失控，并为混乱局面重建秩序。例如，危机当事人因为恋人意外去世而感觉丧失了生活的意义并考虑自杀。悲痛的当事人常常情绪紊乱、心理脆弱，丧失自我调节的能力，甚至感觉无法继续活下去。此时，干预工作者需要给予他们共情和无条件支持，提供积极的反馈，陪伴在他们身边。危机事件结束后，危机干预工作者还需要建立资源提供长远的支持，例如，寻找心理咨询师提供系统的心理治疗。

2. **焦点任务（focused task）** 焦点任务是指心理危机干预中需有在某个阶段集中进行的任务，主要包括建立联系、重建控制、问题解决和后续追踪。需要强调的是，虽然在通常情况下，焦点任务可以或多或少的按照顺序进行，但有些危机事件可能并不允许这些任务按照上述顺序进行而需要做出某些调整。如，与危机事件中情绪崩溃的当事人首先建立联系是很不太可能的，危机干预可以先从重建控制入手，然后再建立联系。另外，心理危机的不稳定性与反复性也可能需要反复进行这些焦点任务。

（1）建立联系（contact）：建立联系几乎是心理危机干预模型中的一个必选任务，但是不同模型的侧重点不同。有些模型认为建立联系仅仅是建立接触，有些模型认为建立联系是指融洽关系的建立，有些模型则强调建立联系就要充满支持和同情地与危机当事人在一起，建立工作联盟。通常情况下，建立联系是心理危机干预的首要任务，但是在某些情况下需要延后进行，例如当事人具有生命危险的时候，应当首先建立安全感再建立联系。而罗伯茨（Albert R. Roberts）认为，危机干预的第一步应当是评估，第二步才是建立融洽的关系。

（2）重建控制（re-establishing control）：重建控制主要是指干预工作者帮助危机当事人调节他们对危机的反应，可以分为两个层次：第一个层次，是通过危机干预帮助当事人重建控制，包括帮助危机当事人重建危机导致的内心混乱的秩序，以及对危机事件表现出强烈反应的危机当事人进行直接干预，如，干预工作者代替危机当事人做有助于解决危机的决策。第二个层次，是通过危机干预提高危机当事人的重建控制的能力，常用的技术有降低事态等级（de-escalation）技术和言语限定（verbal limits）技术，鼓励危机当事人重新建立控制事态的信心，为危机当事人重新注入解决困难的力量。例如，帮助危机当事人意识到危机事件只是我们人生中可能会出现的众多问题之一，理解危机事件的意义，帮助当事人认识到正在发生事情的性质、帮助他们将危机事件的意义组织进入他们的世界观，使用积极的自我对话，重获解决困难的力量。但执行任务的关键在于从危机当事人那里获得执行行动计划的承诺，这份承诺既可以是书面的也可以是口头的。

（3）问题解决（problem-solving）：问题解决的首要成分是定义危机（defining crisis）。帮助危机当事人解决问题，首先要对危机进行很好的定义和解释。因此，在很多危机干预模型中，定义危机都是第一步，危机定义或解释的好坏直接关系到危机干预工作者的后续干预策略或措施的有效性。定义危机的重点在于判断危机的性质、检查可替代的方法、找出过去事件、探索认知或情绪、找出功能损伤等等。

在危机被界定或问题被解释之后，危机干预工作者就可以推动危机干预进入下一环节。但是，如果评估发现了新的信息，如，出现了新的安全威胁，危机干预工作者可能需要重复危机界定或问题解释的任务。例如，对于一个刚刚失去爱人的危机当事人，危机干预工作者可能将这个问题定义为当事人需要获得丧亲支持；如果干预期间发现危机当事人感觉生活毫无意义，那么就需要从安全的角度对这个问题重新定义；如果干预期间危机当事人披露多次使用酒精麻醉自己，就需要从酒精滥用的角度进一步定义这个问题。

问题解决的另一个主要成分是制定计划，即帮助危机当事人制定有助于解决危机的措施。完成这个过程主要的方法包括头脑风暴、发现可能获得的额外帮助、挖掘潜在资源、给

笔记

予鼓励、评估计划的有效性及帮助来访者选取符合现实的措施等，以确保制定明智的、可操作性强的计划。需要强调的是，制定的计划要获得当事人的认同与履行，让当事人在执行计划解决问题的过程中获得自主性和掌控感。

(4) 后续追踪（follow-up）：后续追踪可以帮助危机干预工作者了解危机干预的长期效果，干预措施的有效性和干预工作者的能力，改善心理危机干预服务。后续追踪可以是正式的，也可以是非正式的，但危机干预工作者都需要事先与危机当事人达成共识，即告知他们在干预后的一段时间内（通常是一个月）会对他们的心理状况进行追踪评估。追踪评估既可采取面谈也可采取电话访谈的方式。如果干预时间比较长，追踪评估也可阶段性地对危机当事人进行评估，以促进危机当事人对环境的觉察、提高干预效率和效果。

以任务模型为理论基础开展对心理危机干预工作者的培训，相较于阶段模型而言，能够更好地培养危机干预工作者在实际危机干预过程中的灵活性，应对实际上可能比较混乱的危机，取得较好的工作效果。另外，任务模型还有助于改进对心理危机干预的督导。在文本、视频或音频文件的帮助下，督导师可以运用任务模型分析某个案例中的心理危机干预过程，可以区分出哪些任务完成了，哪些任务没完成或错过了，找出干预过程中的关键点，建议相关人员应当重新进行哪些具体的任务，从而提高干预的效率和有效性。

三、心理危机干预的基本技术

危机干预的目标是恢复或重建危机当事人的心理平衡。围绕这一目标，危机干预工作者可以根据危机当事人的实际情况与自己所擅长的干预治疗方法，采取相应的心理干预治疗方法，如认知行为治疗、短程动力学治疗、焦点解决治疗、意义治疗、表达性艺术治疗等等。一般来说，危机干预的技术一般分为支持技术和干预技术两大类。支持技术主要是指通过疏泄、暗示、保证、改变环境等方法，给予危机当事人情感支持，降低其情感张力，建立良好的沟通和合作关系，为以后进一步的干预做准备。需要注意的是，支持是指给予情感支持，而不是支持危机当事人错误的观点或行为。危机干预是一种特殊形式的心理咨询与治疗，心理咨询中的干预技术都可以使用，如，倾听技术、表达技术、观察技术、提问技术等等。干预技术的基本策略为：主动倾听并热情关注，给予心理上的支持；提供疏泄机会，鼓励危机当事人把自己的内心情感表达出来；解释危机的发展过程，帮助危机当事人理解自己的处境，理解他人的情感，建立自信；给予求助者希望，使其保持乐观的态度和心情；培养当事人的兴趣，鼓励其积极参与有关的社会活动；注意发挥社会支持系统的作用，使当事人多与亲朋好友接触和联系，减少孤独和隔离。

目前，心理危机干预过程中，对焦虑、紧张的处理，一般使用焦虑放松技术（生物反馈、放松催眠、自我训练等）、休息和娱乐（参加社交活动、发展兴趣爱好）及安慰和保证等；灾难心理危机干预和灾后 PTSD 的防治多使用认知行为治疗进行；闯入性画面的处理可以采用眼动脱敏再加工（EMDR）；对灾难救援人员以团体形式进行干预可以采用紧急事件应激报告（CISD）；对儿童多采用表达性艺术治疗。

（一）焦虑放松技术

焦虑放松技术是通过帮助求助者体验生理和心理的各种紧张后的放松，克服救助者焦虑的一种技术。焦虑放松技术首先由德国心理学家雅各布森（Jacobson）提出的，经过沃尔普的修正，现已成为使用最为广泛的行为治疗技术之一。目前最常用的放松技术有肌肉放松训练、呼吸放松训练、冥想放松训练和音乐放松训练。

（二）认知行为治疗

认知行为治疗是灾难心理危机干预和灾后 PTSD 防治中重要的心理治疗技术，包括美国在内的多个国家都将认知行为治疗作为一线的灾后心理危机干预和 PTSD 防治指南心理危机干预技术。在心理危机干预中，认知行为治疗主要包括了认知重建技术的成分以及暴露疗法的内容。认知重建法，又称"认知替代"，指将旧的心理图式和规则转换成新的图式与规则。认知重建法认为，并不是事件本身而是认知，即人们对事件的解释，才是引起情绪和行为问题的原因。消极的认知、情绪和行为相互作用并且不断加强，必然会形成恶性循环，这是情绪和行为障碍不能扫除的重要原因。在心理危机干预中，改变危机当事人对于危机事件的不合理认知，能够帮助危机当事人重建控制感，恢复心理平衡。暴露疗法通过让危机当事人长时间暴露于导致其症状出现的危机事件的想象中，使危机当事人能够正视危机事件，为危机当事人提供对创伤情景再加工的机会，从而降低危机当事人对创伤情景的反应。尽管有研究表明认知行为治疗在灾难后早期的心理危机干预中也有一定的疗效，但目前仍然主要用于心理危机稳定后的干预中。

（三）眼动脱敏与再加工技术

眼动脱敏与再加工（eye-movement desensitization and reprocessing，EMDR）技术是加利福尼亚的研究者弗兰西恩（Francine Shapiro）博士在 1987 年至 1990 年间发展出来的。该理论认为，创伤事件破坏了大脑信息加工系统的生化平衡，干扰了信息加工系统原本具有的适应性处理功能，并把个体关于这一事件的感知"锁定"在神经系统中。而通过反复眼动，能活化大脑这一自动信息处理系统，解除"锁定"。另外，EMDR 还通过再加工过程，产生认知重建，恢复大脑信息加工系统的平衡。这种方法一般分为以下 8 个步骤：

1. **诊断性访谈**　借助谈话，获取有效信息，了解应激源、主要症状以及现在需要解决的问题等，进而介绍 EMDR 的治疗方式和原理。

2. **准备**　确认来访者适应情况，并且演示治疗方法：治疗师和来访者相对而坐，相距约 1 米。来访者双目平视，治疗师用并拢的示指和中指在来访者视线内有规律地左右晃动（间距约 60cm，频率约每秒晃动一次），要求来访者始终注视着治疗师的手指眼球左右转动。可对治疗师与来访者间的距离、手指晃动间距及频率做相应调整，以来访者感到合适为准。

3. **认知分析评价**　引导来访者对应激事件及相关体验、情绪进行回忆性描述，协助来访者找出对创伤事件的负性认知，提出积极合理的正性认知。其中，对创伤材料的情绪/感受的评价分值可分为 11 级（没有感到伤害为 0 分，感受到伤害的最大极限为 10 分），对认知有效度的评价可分为 7 级（认为完全错误为 1 分，完全正确为 7 分）。目前，经常使用 SUDS 量表，对来访者的创伤影像、想法和记忆进行评估。

4. **眼动脱敏**　首先，引导来访者回到创伤事件时的"状态"，并保持住，然后在治疗师的带动下做眼球运动，对这一"锁定"信息进行解释。来访者在治疗师的协助下，对自己的认知进行多次评价，而治疗师根据这些评价以及来访者的反应，调整脱敏进程，以降低对创伤性材料的情绪/感受评价值。

5. **植入**　即指以指导语向来访者植入正向自我陈述和光明希望，取代负面、悲观的想法以扩展疗效。

6. **身体扫描**　以植入为基础，让来访者闭目"检查"全身各个部位的感受，如果有存在不适感则针对这一症状再次进行眼动，直至出现正性认知体验。

7. **结束**　告知将结束治疗，解答来访者的疑问，并要求来访者做治疗后记录。如果需要，约好下一次治疗时间。

8. **再评价**　若有遗留的或是新的问题，则再次开始新的眼动治疗。

目前，国内外的一些心理学家主要应用 EMDR 技术，对受创伤后产生诸如恐怖症、焦虑障碍、抑郁、创伤性闪回，以及童年痛苦创伤性经验所致的人格障碍和心理障碍、儿童和青少年的痛苦（如被虐待）等疾病，即创伤后应激障碍（PTSD）进行治疗，取得了良好的治疗效果。

笔记

（四）紧急事件应激报告技术

紧急事件应激报告（critical incident stress debriefing，CISD）技术是麦切尔（Mitchell）在20世纪70年代提出来的，最初应用于维护应激事件救护者的身心健康，后来被多次修改完善并被推广使用，现在已经成为对遭受各种创伤的危机当事人进行干预的一个基本工具。CISD 的目标是防止和降低创伤性事件造成的症状的激烈度和持久度，帮助危机当事人尽快恢复心理平衡。CISD 可分为正式援助与非正式援助。非正式援助由受过训练的专业人员现场进行应急性干预，整个过程大约需要 1 小时。正式援助通常在危机发生的 24 或 48 小时内进行，大约共需要 2～3 小时，多以团体的方式进行，分为 7 个阶段，具体包括：

1. **介绍期（introduction）** 指导者和小组成员做自我介绍，指导者说明 CISD 的规则，强调保密性。

2. **事实期（fact phase）** 要求所有当事人从自己的角度出发，报告危机发生时的所在、所见、所闻、所为、所嗅等。

3. **感受期（thought phase）** 鼓励当事人暴露自己有关危机事件的最初的和最痛苦的想法，从事实转到思想，开始将事件人格化，表露情绪。

4. **反应期（reaction phase）** 这是当事人反应最强烈的阶段，指导者对表露情感反应的当事人要表现出更多的关心和理解。

5. **症状期（symptom phase）** 从心理、生理、认知与行为方面确定当事人的痛苦症状。

6. **教育期（teaching phase）** 帮助当事人认识到其躯体和心理行为反应在危机事件压力下是正常的，可以理解的；与当事人讨论积极的适应和应对方式；提醒可能存在的问题。

7. **再登入（re-entry）** 对前面的讨论进行总结，回答问题并考虑需要补充的事项，提供进一步的信息服务。

CISD 提供了一个安全的环境让当事人用言语来描述痛苦，并有小组和同事的支持，在需要时能得到进一步的支持，对于减轻各类事故引起的心灵创伤、保持内环境稳定有重要意义。

（五）表达性艺术治疗

表达性艺术治疗（expressive art therapy）是指通过各种艺术媒介（绘画、音乐、舞蹈、心理剧等）进行心理咨询与治疗的方法。表达性艺术治疗是一种非言语性心理治疗，通过艺术的形式了解当事人的内心世界，帮助当事人表达内心的感受，并且可以让当事人通过自由联想调节和稳定情感，消除负性情绪，治愈精神疾病，这让危机干预工作者能够灵活运用不同的表达手法，达到与危机当事人心灵上的沟通。下面简单介绍几种在危机干预过程中经常使用的表达性艺术治疗的方法：

1. **结合安全岛、保险箱等危机干预技术缓解情绪，营造安全心理空间** 安全岛和保险箱技术都是冥想类技术。人在遭遇了危机事件后，情绪上会有剧烈的波动起伏，通过想象安全岛，可以重建内心的安全感，并调节改善情绪。因此，想象的画面并不重要，想象中的体验才是最重要的。保险箱技术能够把创伤性材料"打包封存"是当事人至少能保留劳动的前提条件。将绘画或沙盘技术与安全岛和保险箱技术相结合，可以使危机当事人的想象更加具体、生动和具有操作性。

2. **通过艺术的方式帮助危机当事人体验和表达创伤经验** 例如，通过自画像进行自我探索，认识与众不同的自己；通过生命彩绘，整合创伤经验，帮助当事人理解危机事件对自身的影响、意义与性质；通过心理剧表演引导危机当事人感受当时角色的心理状态，并用独白的形式表达内心的想法和感受；通过音乐冥想舒缓情绪，并使用肢体语言进一步表达情绪。

3. **结合智者危机干预技术，帮助危机当事人重新获得面对危机事件的力量和勇气** 通过绘画、心理剧、沙盘可以使内在智者更加具体、生动和具有可操作性，更容易讲述与智者在一起的故事。

第四节　几种常见情景下的心理危机干预

一、自杀

（一）概述

自杀是人类的悲剧，自杀者的自杀行为对家人、朋友情感上的冲击可能会持续很多年，并可能影响家庭中几代人的生活。自杀是生物、遗传、心理、社会文化及环境等因素相互起作用的结果，全社会需要综合、协调、有效的措施共同防止自杀行为的发生。

（二）自杀的干预策略

危机干预工作虽不能百分百的预防具有高度危险的当事人自杀，但研究证明，评估、提供支持、和干预措施对这些人有帮助。

对有自杀意念或自杀未遂的当事人的评估包括三个方面：危险因素、自杀线索、呼救信号。

尽管对自杀的危机干预要具体问题具体分析，制定高度个人化的干预措施，但在干预过程中有一些共同的干预原则和策略。

1. 儿童、青少年的干预策略　对有自杀危险的儿童，危机干预和治疗的长期目标是帮助他们获得对未来的希望，并愿意活下去；如果有亲人去世，帮助他们顺利度过居丧过程；帮助他们整合自我价值和自我接纳，建立恰当的个人责任感；帮助他们生活在能够得到尊重、照顾和保护的安全的环境中。

对有自杀危险的青少年的危机干预和治疗的目标包括：帮助他们树立对未来的期望并发展出自己规划未来的能力；建立完整的自我概念，而不是错误的认定只有通过成绩、成就才能获得关爱、肯定和实现自我价值；建立和谐的自我概念，可以接受自己暂时失败，并能将失败视为自身成长的经验；建立社会支持网络以平稳过渡到成年期。

2. 成年人干预策略　危机干预工作者要尽快和成年当事人建立起一种能够沟通及可信赖的关系，引导当事人讲出他们的痛苦，减少他们的无助感，重建希望感。在许多自杀危机干预的例子中，签署双方同意的协议是必要的帮助措施，这些协议可以给成年当事人提供一些具体的即时的做法。另外，危机干预者应当引导危机当事人发现自己自杀和求生欲望的心理冲突，并且获得一种关于他们难以决策的矛盾心理的新观点。最后，大多数有自杀企图的危机当事人会认为他们失去了生活的控制能力，危机干预者可以使用前面提到的阶段模型和任务模型帮助他们觉察他们具有控制自己的想法、感觉、行为的能力，并且帮助他们区分内部事件和外部事件，进而帮助当事人重新获得希望，帮助他们认识那些通常对他们有效的可行的选择。

对有自杀危险的老年人进行危机干预治疗的目标包括：帮助他们建立社会支持网络；接受老龄化带来的生活方式变化；接受来自各种渠道的帮助；怀着希望看待自己。

（三）自杀咨询中的注意事项

在自杀咨询和干预中有十个"不要"，可以说适用于所有的自杀咨询和干预：①不要对当事人说教；②不要对当事人的选择、行为提出批评；③不要与当事人讨论自杀的是非对错；④不要被当事人的掩饰性语言所误导；⑤不要否定当事人的自杀意念；⑥不要让当事人一个人留下，或者因为周围的人或事而转移目标；⑦在急性危机阶段，不要诊断、分析当事人的行为或对其进行解释；⑧不要让当事人保留自杀危机的秘密；⑨不要把过去或现在的自杀行为说成是光荣的、浪漫的或神秘的；⑩不要忘记追踪观察。

二、灾难

（一）概述

人类社会总是难以避免各种天灾人祸。在我国，仅各类自然灾害平均每年就使 2 亿人受到程度不等的影响。相当比例经历了灾难的人会表现出躯体、情感和行为的反应。灾难后有效的心理干预，可以帮助幸存者和遇难者家属积极应对，近期效果可以达到减轻痛苦，增强日常活动能力，尽快稳定身体、认知、行为和情绪反应；远期效果可以达到在认识上把灾难作为生活的一部分，防止和减少精神疾病的发生。

灾后的心理危机干预从时间上可以分为三段：①紧急期，即灾难发生后的一两天内；②灾后早期，大致是灾难发生的第 3 天到 8～12 周；③康复期，从灾后第 8～12 周开始。危机干预的对象包括灾难幸存者、遇难家属、灾难救援人员及各种有关组织机构的工作人员。

（二）紧急期心理干预的主要内容

1. **保护（protect）** 采取措施保护幸存者免受二次伤害或再次暴露于创伤刺激，包括：帮助幸存者尽量不受旁观者和媒体的干扰；尽力营造一个安全的避难所；尽量减少或避免危机当事人接触和暴露于灾难刺激。

2. **直接给予指导（direct）** 灾难幸存者可能会处于震惊、麻木状态，或者有一定程度的人格解体，这时给予和蔼而坚定的指导是必要的。对于能自由行动的幸存者，要指导他们远离灾难发生地及可能存在的危险，并与严重受伤的幸存者保持距离。

3. **重建社会联系（connect）** 幸存者可能会失去他们所熟悉的社会联系，支持性的、非评价性的言语或者非言语沟通可以使幸存者体验到友好和关心；同时，要积极帮助幸存者与亲人重新建立联系，并帮助幸存者与能够提供准确信息和能够提供额外帮助及支持的地方建立联系。

4. **紧急医疗护理（acute care）** 对于极度恐慌的悲伤的幸存者，危机干预工作者需要一直陪伴在旁边或者有其他人陪伴，直到幸存者的情绪平稳下来。如果必要，考虑使用药物。最重要的是保证幸存者的安全，通过言语或非言语方式与幸存者产生共情。

（三）心理急救

心理急救（psychological first aid）是一种用于帮助身处灾难或恐怖行为直接后果中的幸存者的模块式方法，目的是减轻灾难事件带来的悲伤性反应，增强适应性功能和应对技能。心理急救主要由以下策略组成：①以同情的方式建立富有人性的联系，加强幸存者的安全感，恢复幸存者身体和情绪上的平衡状态；②帮助幸存者表达他们的需求和忧虑，提供实用的援助和信息；③提供应对策略，鼓励幸存者及其家庭在康复过程中扮演积极角色。研究表明，应激事件报告技术是一种对灾难幸存者有效的危机干预工具。

三、性暴力

（一）概述

性暴力是一个宽泛的概念，包括性侵犯、性骚扰、性伤害等种种词汇。世界卫生组织将性暴力界定为："无论当事人双方是何种关系，以及在何种情形下（不仅包括在家中和工作中），一方通过强迫手段使另一方与其发生任何形式的性行为。"强迫是指任何形式的暴力，"除躯体暴力外，还包括心理上的胁迫、勒索及其他形式的恐吓，如恐吓要进行躯体伤害，或者恐吓解雇对方或让求助者得不到工作。有时也发生在受害者出于酗酒、吸毒、熟睡和精神障碍等神志不清的状态下"等。性暴力包括生理暴力和心理暴力，其重点在"暴力"而不在于性。

笔记

（二）性暴力的后果

性暴力对受害者会造成很严重的身体与精神影响。与外伤一样，它与一系列的性和生殖健康问题有关。除了身体健康状况恶化，受害者的心理健康也会受到严重影响，如女性在受到性暴力攻击以后可能会表现出害怕性生活；感到羞耻、下贱、堕落；可以立即感受到生理和精神上的痛苦，也可长期饱受心灵的创伤；可能出现无法和异性建立健康的亲密关系；自责，并有犯罪感；可能会形成创伤后应激障碍（PTSD）；仇恨，经常有复仇或同归于尽的念头。她们通常需要经过 6 个月甚至更长的时间才能逐渐恢复心理平衡，即使如此，她们的生活也会发生一些变化，无法完全回到从前。

（三）性暴力心理干预内容

对性暴力受害者干预的目标包括：减少关于暴力的强迫性回忆、想法及噩梦；能够开始新的生活，能够产生新的人生经验；能进行满意的性活动；工作、心理和社会功能水平得到恢复。

对性暴力受害者的干预可以参考危机干预阶段模型中的六步骤法。第一步：确定问题（诊断和评估）。在与被害者的接触过程中，敏锐地观察其举止和表情，了解其受害程度和症状的严重程度，从而考虑有效的心理援助。第二步：提供安全感。对受害者实施必要的保护和监护措施，同时处理他们的情绪反应，如悲哀、愤怒、麻木、担心、焦虑和羞耻感。第三步：给予支持。危机干预工作者要以无条件积极关注的方式接纳受害者，不在乎回应。让受害者感受到危机干预工作者是可靠的支持者，会妥善处理危机事件。第四步：提出应对计划（方案）。在多数情况下性暴力的受害者的思维和认知会处于不灵活的状态，无法判断什么是最佳选择，有些人甚至认为无路可走了。危机干预工作者要帮助或引导受害者制定新的应对方式和计划。第五步：尝试开始新的生活。这是恢复他们的自制力，摆脱创伤经历的重要一步，只有这样他们才能逐步树立积极观念和增加社会的自信心。第六步：定期进行心理健康服务和辅导矫治，让受害者的身心逐步复原，消除焦虑、冲动和罪恶感，重塑健康的人格和行为。但正如前面任务模型所认为的那样，所有的心理创伤的愈合并不都是直线型的，往往会有反复，这时应该重复焦点任务。

另外，在对受害者进行心理危机干预的同时，要意识到性暴力对受害者的家属亲人也是一种伤害，可能也会引发他们的心理危机，他们可能需要与受害者相同的帮助。帮助受害者的家属亲人与受害者一起面对性暴力事件，共同制定应对计划，对受害者而言无疑有很大的帮助。

（庞晓华）

笔记

第十三章　　心理咨询师的自我成长

　　心理咨询师的自我成长是终生的任务，首先，他要系统学习心理学理论知识，接受规范训练，坚持进行案例实践以及接受继续教育培训，而且还要深入思考，刻苦磨炼，持续提升咨询技术并促进自身人格完善。不管环境条件多艰苦，也要坚持接受专业督导和自我体验。心理咨询师的专业水平是胜任能力的重要组成部分，心理咨询师专业的理论知识、咨询技术和能力，是许多咨询师自我肯定或相互认可的一个指标。如果要成为一个成熟的心理咨询师，主要的途径就是专业督导和自我体验。

第一节　心理咨询师应具备的条件

　　许多心理咨询师热衷于参加各类心理咨询培训项目，对咨询技术是求知若渴。不少培训教师也会遇到很多孜孜以求者，而这些咨询师在勤学苦练并初步实践后，又会向培训教师表达困惑，在理论和实践上脱节，技术应用中遇到瓶颈。大量的研究报告和咨询师的实践体会都证明：心理咨询中最关键的一个变量，就是心理咨询师自己。一个有经验的咨询师不仅要关注来访者，又要关注自己，还要关注和来访者的关系，而缺乏经验的咨询师往往只关注来访者。咨询师需要学会聚焦在"此时此地"，关注和处理来访者此时此地事件，关注自身当时的感受，并把这些作为重要的信息使用，这样能让来访者感受到一个活生生的咨询师形象，更好地开放自己。

一、咨询师的重要作用

　　柯瑞（Corey）指出：身为咨询师的最重要的工具，就是"身为一个人的自己"。作为咨询师的这个人，身为"一个人"以及身为"专业咨询师"是相互影响的缠绕在一起的实体，两者无法分开。阿佩尔（Appell）曾说，在咨询过程中，咨询师能带进咨询关系中最有意义的资源，就是他自己。

（一）咨询师是咨询关系中的示范者

　　心理咨询是建立在一个十分良好的关系基础上的专业活动，咨询师的理念、态度、甚至一言一行都会对来访者有所影响。咨询师的身份和地位，在来访者眼中，往往是具有威望和权威的，来访者会很自然地以咨询师作为自己为人处世的模板。事实上，越来越多的研究证明个案的成功很大程度上在于咨询师本身。

　　咨询关系是治疗能产生效果的基础和背景，在心理咨询中处于核心地位。无论一名咨询师本人的情况如何，来访者前来寻求咨询，就将咨询师推到一个生活导师的权威位置上，或者被来访者假设成一个权威。咨询师在咨询关系中的一言一行，与来访者的互动方式以及从中表现出来的思想观念、应对策略、对自己和他人的态度等，在来访者那里都起到示范或榜样作用，至少在来访者感到困惑的现实生活中是这样。

江光荣认为，咨询师在咨询中的角色是多重的，主要包括示范者、倾听者、支持者、研究者、督促者等五个方面。即使再加上一个治疗者的角色，示范者仍然是其中最基础的角色。咨询师在其他角色上的作为都是在告诉来访者"可以这样"甚至"应该这样"，在来访者那里产生一个潜在的学习。咨询中会出现来访者不同意咨询师的看法或做法，出现来访者有意无意地逃避对自己的探讨，来访者迟迟不见改变或者出现反复等现象，无论咨询师基于什么样的理论去解释或处理这些现象，首先就是一个怎样面对自己受到挑战和挫折的问题，并在其后的处理中透露出来，而且这些往往比咨询师采用的技术更为重要。

（二）咨询师是应用咨询理论与技术的主体

咨询师需要学习心理咨询的理论，需要练习心理咨询的技术，这是毋庸置疑的。不过理论和技术本身是一个外在的东西，对学习者来说只是一个客体，咨询师在学习和掌握这些理论与技术的过程中，有一个逐渐内化为自己理念、视角、思维和行动方式的过程。一名咨询师从入门前的学习和训练、见习、实习到正式投入咨询，一直是学习和应用所学理论和技术的主体。在咨询实务中所体现出的理论和技术，是把学习的客体转化为使用的主体的个人化的理念、视角、思维和行为方式的结果。理论是每一位咨询师所能理解和把握的一套观念系统，技术是每一位咨询师自己的一套行为方式，此物已非彼物。正是在此意义上，可以说每一位咨询师都是一位咨询理论家、一种咨询模式的创造者。

从这个意义上来讲，在咨询过程中，来访者是在和一位特定的咨询师"那个人"互动，是在受一位特定的咨询师"那个人"影响，而不仅仅是受到某个或折中了几个的咨询理论以及某种技术的影响。常常听到一些咨询师说，我就喜欢某种理论，我就对某种疗法感兴趣。一个"喜欢"，一个"兴趣"，足以使我们看到从中透露出来的咨询师个人的东西。

咨询中，相对于咨询师掌握的理论和咨询关系而言，咨询师"这个人"更加重要、更加关键。柯瑞对学习咨询的人们说：在准备进入咨询专业之前，你们将要学到人格与咨询的理论，学到诊断与干预的技术，学到人类行为的动力学。尽管这些知识与技术都是必备的，但单凭这些尚无法建立和维护有效的这些关系。在每次咨询中，咨询师的个人特质与过去的经验是双方在咨询交流中最强有力的因子之一。如果期望能够促进来访者的成长或改变，咨询师本身必须在生活中愿意促进自己的改变。我们带领来访者探索的深度，并不会深过我们作为咨询师对自己生活的探索。

总之，无论你愿不愿意、自觉不自觉，咨询师是将自己作为一个工具投入到咨询关系之中的，咨询中首要的是咨询师那个人。如果要问作为一名优秀的咨询师应该处于什么状态，每名咨询师都有不同的理解，而不容置疑的一点是：无论他作为生活中的普通人，还是作为一个专业工作者，都处于不断改变和不断成长的进程中。

二、咨询师的素质

作为要与人深入沟通的一个专业人员，咨询师需要具备一些基本的个人特质，其中有些是可以通过学习、培训、实践逐渐成长起来的，有些则和一些基本的个人特质、包括一些稳定的个人特质有关。也就是说，需要和这个专业的性质有一定的适配性，并不是所有努力投入地接受专业培训、认真实践的人，都可以成为一名成熟的咨询师。

（一）咨询师的个人禀赋

咨询师需要具备些个人特质，这些特质不是完全靠训练能够培养出来的，又很难说仅仅是遗传的结果，这里就称作禀赋。可以说，咨询师需要在一定的禀赋基础上接受专业训练，发展职业能力，容易成长为一个有胜任力的心理咨询师。

1. 对人类精神活动的感受性 任何咨询模式中都强调共情的重要性，咨询师需要对来访者的内心能感同身受；不仅如此，咨询中会涉及来访者个人深层的心理层面，即使不从这

笔记

个角度入手，也须对这些深层的内容能够发现、鉴别、澄清，这就是要求咨询师对自己和他人的内在情绪、感受较为敏感，而且具有良好的鉴别力。这一特质虽然可以通过训练有所提高，但又对个人的禀赋有很大的依赖。一些人对"物"的鉴别力很强，但对"人"的鉴别力较弱，可能非常适合去做科学研究、技术类的工作，但要成长为一名咨询师非常困难。比如数学家陈景润，具有对抽象的数字超常的鉴别力，但显然不适合去做心理咨询。如果要培养他成为一名咨询师，即使他再努力，可能最后的结果非常不理想。有些学校咨询的人会说：我对人感兴趣。其实仅有兴趣是不够的，缺乏对人心理层面的敏感度，可以去研究和探讨人的生理层面、或进行哲学思考、或将人变成数学模型等，但要在咨询室里和来访者探讨和处理他的内心苦恼和困惑，需要具备的条件是多方面的。

2. 丰富的想象力　库姆斯（Combs）认为，能够想象、意识到来访者的经历是咨询师应具备的主要能力。在咨询中，从来访者的只言片语、零散的叙述中，能够形象和直观的想象出来访者的生活状态，是非常重要的。在某种意义上，咨询师需要有艺术家一样的想象力，在咨询中能够不局限于来访者具体的事件轮廓，产生一定带有意境的想象。一方面可以促进自己对来访者的了解，另一方面可以促进来访者对自己的感悟。一名资深咨询师在首次会谈中听到来访者叙述自己的辛苦和压抑的事件后，回应道："听到你说的这些，我好像看到一个人，就他一个人，在看不到边的荒原上，背着沉重的包袱，喘喘地走着，不知何时是个头。"短短一句话，来访者停止了叙述："对，对，我就是这样的，我太累、太孤独……"咨询师和来访者一下子好像相通了，很快转入更深入的探讨。想象力虽然可以培养，不过也和个人禀赋有一定关系。至少，一个想象力贫乏的人，要成为一名成功的咨询师不太容易。

3. 思维的敏捷性与灵活性　咨询师是需要有反应的，所谓有反应是指对来访者的言行有即时的内在感应和外在回馈。要做到这一点，除了上述的对自己和他人内心世界的鉴别力外，速度和灵活也很重要。咨询中经常强调咨询师要会"跟"，能跟着来访者的思绪、感受浮动。这就需要反应快，包括咨询师头脑中内在的活动，以及需要的话及时回馈出去；还需要灵活而有弹性，能根据互动的具体情况适时地调整，变化方向或角度去探讨。无论什么咨询模式，都离不开咨询师的思考。思维能力的许多方面可以在后天的学习中提升，而敏捷度和灵活性相对和禀赋的关系要大些。

以上特点对一名成功的咨询师非常重要。之所以从禀赋的角度提出来，有两个原因：一是咨询师培养实践证明，的确有些人因个人特质的问题，不适合做咨询师。二是，即使有些人经培训和实践磨炼，可以在上述几方面有不错的提高，但相对要困难很多，而且费时很长。如果是这样，就带来一个问题，可能他们获得这些成长的同时，也耗费来访者的时间，所以，咨询专业化程度高的国家和地区，对学习咨询的人要从个人特质上进行筛选。即使如此，许多咨询教育家还发现，在就读咨询专业学位的人当中，有些人无法毕业，原因就在于他缺乏作为一名咨询员需要具备的一些基本个人特质，只能劝导就读其他学位。

（二）咨询师需要具备的态度和理念

许多学者都对成功的咨询师的个人特质进行了研究。如杰克逊和汤姆森（Jackson 和 Thompson）研究发现，最成功的咨询师对自己和来访者以及咨询工作都持较积极的态度，并且强调工作效果；迪默斯和苏维利（Demos & Zuwaylif）研究发现，成功的咨询师比其他咨询师更有能力和来访者建立亲密的关系。柯瑞在他的著作《心理咨询与治疗的理论和实务》中，每一版中都强调了成功咨询师的 14 个特质。总的来说，一名成功咨询师，在成长的过程中，需要在一些基本态度的基础上具备一些基本理念。

1. 基本态度

（1）真诚的、尊重的、有耐心的：他们表里一致、具有自发性，能够看到别人的价值、给别人以信任，并愿意给别人充分的时间去改变。

（2）可信赖的、温暖的：因为他们信任别人，别人也对他们感到放心、可以信赖，并从中感受到温暖。

（3）亲切与关心的：他们不以权威自居，将自己也看作普通人，并且愿意和人接触，接触时不自我中心，能设身处地考虑对方的处境和状态。

（4）开朗的、开通的，客观的、接纳的：他们不主观、不武断，即使和自己的观念对立，也能考虑到别人的实际情况，看到别人的想法、感受和行为是有他的道理的，不会拒绝与否定。

（5）平静的、不激动的：他们也是性情中人，会有情绪，并不是冷冰冰的，但他们不会过分激动，不会被过激的情绪所摆布，特别是在自己受到挑战的时候。

（6）欲提高对方的能力、鼓励并支持对方的：他们不喜欢指教别人，总是希望别人能找到自己的资源和力量去解决自己的问题，并鼓励和支持对方这样做。

（7）负责任的、有反应的：他们和人接触很投入、不敷衍，愿意停下自己去倾听、理解对方，并且有回应，他们重视承诺，只要选择了，就认真去做。

（8）敏感的、探究的：他们的内心是丰富的，会有深刻体验的，因为他们对别人的内心感受比较敏感，并相信每一个人的故事都是不同的，所以不会根据自己的感受和经验去给别人编故事，而是充满好奇地去了解。

2. **基本理念**

（1）认为人是可信赖、友善和有价值的：他们不会去怀疑来访者和别人，相信别人分享的想法、经验和感受，而且这些都不是针对自己的，不会感到威胁。无论别人的情况如何，都有一个人的尊严并在努力维护自己的尊严，所以能够看到每一个人的重要性，并认为是应该得到尊重的。

（2）相信人是有能力的：他们相信每个人都有自己的潜能和资源，能够解决自己的问题和管理自己的生活，而不是没有这种能力，所以他们对别人总是有信心的。

（3）愿意退后一步，让来访者自己解决自己的问题：基于上一点，他们不会急于指导来访者怎么做，即使他们觉得有很好的方法，也认为来访者可能会找到更适合自己的途径和方法去解决自己的问题，他们的耐心也来自于这一点。

（4）了解别人的感受，想象、意识到来访者的经历：他们不但对别人的内心较为敏感，而且较为准确地体会到别人的感受；不仅如此，他们从来访者的角度想象和意识到他们可能的经历，并且进一步体会到他们在这些经历中的感受。

（5）有别于一般人的自我概念和品质：他们的自我概念不仅是客观的、高自尊的、有价值的，并且有能力体认到自己的局限、不完美和错误，并相信自己能力去应对自己的挑战和处理其中的问题，也能这么去做，所以他们具有稳定的安全感，因此能够比一般人更富于自我坦露，更乐于成为他自己，而不是自我隐蔽。

（6）能够较全面地看问题：无论对自己或对别人，他们能够看到导致特别行为的根本冲突，能够看到人们在各种不同社会文化、风俗习惯和个人条件下的思想观念、行为表现和生活方式，并能够从别人的这些背景中去理解，而不是固守自己的某种主流文化的价值观和评价体系。

三、咨询师的专业培训

咨询师是一个专业人员，从事专业的助人工作。非专业人员可以对别人有一些帮助或提供心理支持，但咨询师专业标准是非常严格的。伊根（Egan）提出了一个包括了十个方面内容的全面发展的咨询师专业课程的模型（图 13-1）。下面介绍其中的主要内容。

笔记

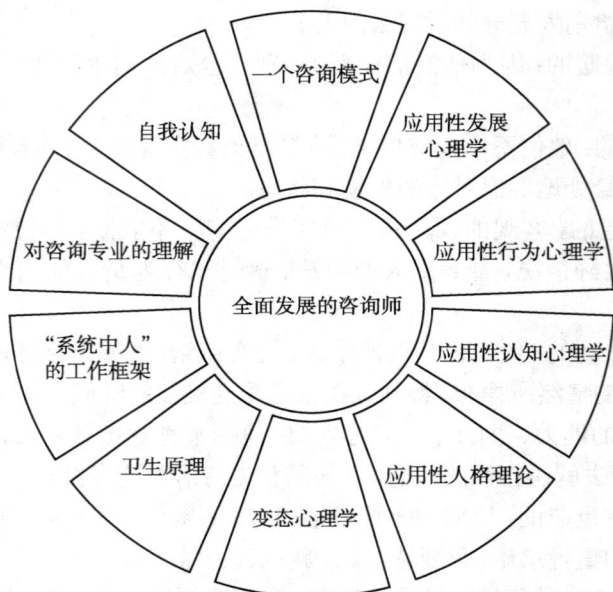

图 13-1　全面发展的咨询师专业课程的模型

（一）基础理论知识

1. 发展心理学　从应用的角度学习、理解和体会发展心理学，除了有关发展的基础理论外，要特别注重不同发展阶段的人的心理冲突、发展任务，以及从终身发展的角度看待不同发展阶段个体心理变化的意义和价值。

2. 行为心理学　这里并不仅指行为主义理论的学习，而是要了解个体和团体中的行为原理和规律，包括了社会心理学中的一些内容，以利于在咨询过程中应用行为原理。

3. 认知心理学　认知对人的整个心理、行为、发展、适应产生重要影响，无论从什么层面去处理人的问题，都无法摆脱人的认知。认知心理学可以帮助咨询师了解个体认知的原理，帮助咨询师去理解个体是怎样知觉、理解、解释外界和自己，怎样在头脑中构建了一个自己的世界。

4. 人格心理学理论　从应用的角度学习人格理论，了解各种人格理论对人性的假设，以及在此基础上提出的人格的构成要素，了解个体内在的动力、需求等，这是学习咨询的一门非常重要的基础课程。

5. 变态心理学　咨询师需要不仅了解人的常态发展和人格结构等，还要了解人的非常态表现、类型、特点以及其原因等。变态心理学提供了一个科学框架，可以让咨询师更好地理解人的心理异常现象的发生、发展和变化规律。

（二）专业理论及技能

1. 对咨询专业的理解　咨询师需要对咨询专业中的一些基本问题和内容有较深入地理解，对不同咨询派别的理论有一个全面的了解，无论自己从事什么方面的咨询工作，都能在专业理论指导下进行实践，按咨询的专业要求和伦理规范去帮助来访者。

2. 系统掌握"一个咨询模式"　成功的咨询师需要熟练地掌握一种咨询模式，从应用的角度接受过这一咨询模式的系统训练。有些咨询师在没有接受这种训练的基础上，声称自己是"折中派"是没有基础的，因为在不了解的背景下不可能有真正的折中和创新。

3. "系统中的人"的工作框架　咨询师需要能够将来访者放到他所处的系统中去看待；理解来访者与其生活的社会环境、文化背景及其变迁的密切联系，看到来访者和其所在的系统相互作用的关系，来访者的问题怎样体现出其系统中的问题，由于系统中每一个因子都处在不同的连接点上，咨询师更能够看到和理解每一个来访者都是不同的、独特的。这方面的学习和成长不局限于一门课程。

4. 自我认知 前面已经较为详细的讨论咨询师"个人"在咨询中的关键作用。咨询师的专业学习中，需要有专业的关于自我成长的课程，需要有接受咨询的经历，通过一些专业的途径获得自我的成长，对自己有更加客观的认知和了解，有更加清晰、自尊、有力量的自我概念。

如上所述，一名成功的咨询师要是作为"一个人"和作为一个"咨询师"的良好结合。可以说，一个人只要进入咨询专业，就进入了这样的一条成长之路，伴随着整个的职业生涯，不仅是初学者如此，所有的咨询师都是如此。

第二节 心理咨询师的成长

心理咨询师的职业生涯开始后，继续学习和继续教育非常必要。继续学习主要指的是专业理论知识更新和专业技术能力的提高，继续教育是指参加系统的培训和继续教育项目的学习。除此之外，心理咨询师在职业生涯发展过程中必须同时兼顾个人心理成长。专业水平的提高主要通过专业督导的形式来实现，个人心理成长主要通过自我体验的方式来实现。

一、专业督导

在学习成为心理咨询师的过程中，我们总会有各种各样的焦虑、失落、挫败等情绪。当遇到这些问题时，有些人便开始怀疑自己，部分可能表现为盲目的寻找适合自己的流派，部分可能表现为轮番地运用各种咨询技术等。这时，如果可以接受专业的督导，则可以有效地缓解焦虑和困惑，及时增强职业认同感。所以，心理咨询师在从业之初和从业期间，接受专业督导是十分必要的，这是帮助咨询师在专业技能方面快速提高的有效途径，也是衡量咨询师是否合格的标准之一，更是心理咨询师的职业要求。

（一）专业督导的概念

督导是指由上而下的察看，即在控制情境中观察并提供指导的活动。其字面上并无"心理"的意思，它是一个涵义非常广的概念，涉及教育领域的督导、临床医学领域的督导、行政领域的督导等诸多方面。在本书中，督导一词指的是专业督导。

在英国咨询与心理治疗联合会 (British Association for Counselling and Psychotherapy, BACP) 发布的相关信息通报里，专业督导（supervision）的定义：为咨询师安排一个正式的会谈，让他们与某个有咨询经验且有督导经验的督导师在一起，讨论他们的心理咨询工作。督导任务是在一个心理咨询的过程中，保证和发展咨访关系的有效性。会谈议程是在心理咨询工作的过程中同时体验感觉这个工作，外加督导师的情感反应、评论解释和情感对抗等。因此，督导就是维持心理咨询工作在一个合适的标准里，提供一个工作顾问的方法，帮助咨询师扩展提升经验水平的过程。

以人为中心的咨询将督导定义为：督导关心的是作为咨询师怎样和来访者建立关系，以及怎样加深理解咨询师和来访者之间的共情，同时还要保持咨询师所能做到的和谐一致，并向来访者表现出无条件的积极关注。

Hora 定义：督导是对长期从事心理咨询工作的心理咨询师职业化过程的专业指导，是一个由有经验的专业督导师来完成的复杂过程，其目的是培训资质尚浅的心理咨询师更有效地完成其当前任务。

综上所述，本书将专业督导定义为：专业督导（supervision）是心理咨询师在督导师的指导帮助下，学习新技巧，改进工作，提高自身专业水平的过程。

笔记

（二）专业督导的概况

"督导"是在 1902 年非正式的出现在精神分析的领域中，雏形是弗洛伊德在自己家里每周三举行的集体讨论。出席这个聚会的成员有精神分析的研究者、医生，甚至还有对精神分析感兴趣的门外汉。成员们在每次聚会的时候向其他人介绍自己的论文，主题是多种多样的，有时也会就一个具体案例展开讨论。弗洛伊德在团体中的权威地位是不容置疑的。这是最早出现的弗洛伊德式的传统督导模式。

经过 20 世纪百年的发展，其中费伦奇（Ferenczi）强调督导关系双方共同参与的重要性；巴林特（Balint）强调要真正接受和学会利用关系中的不对等的价值。欣赏这种关系中固有的不对等在督导中发挥的独特作用；以及如雨后春笋般出现的各大学术研究机构都发出了自己的声音，但弗洛伊德的传统观点在今日也仍然在一定程度上影响着督导的展开方式。

传统的观点认为，督导主要是指出被督导者咨询中的错误，并展示正确的咨询技巧，注重被督导者在咨询中对来访者问题的潜意识反应，而现在的观点认为督导的重点是去启发被督导者觉察自己在专业技术方面的问题，至于个人问题的解决则经由自我体验中去完成，而不是主要去探讨被督导者问题的潜意识动机。

关于督导工作的内容存在着不同的观点，在不同的督导模式中工作侧重点有所不同。通常人们提到的专业督导包括两方面内容：其一是帮助咨询师更好地掌握心理咨询的理论和技术。督导者经由不同的方式启发受督导者将理论应用于实践，提升咨询能力和助人技巧，在这里我们称其为专业督导。其二是促进被督导者的自我认识与个人成长，督导者协助被督导的咨询师觉察自己的表现，深化自我认识，澄清专业角色，促进个人成长，在这里称其为受督导的咨询师自我成长的过程。在国外关于督导的定义问题上，特指专业的督导，不包括咨询师自我成长的部分。从本质上说，督导过程是透过咨询师的职业表现关注促进咨询师专业的提升，根本目的在于促进受督导咨询师工作能力的提高。本节所提到的专业督导特指专业方面的提升和帮助。

（三）专业督导的模式

最初的督导模式是参考咨询理论而来的，例如来访者中心的督导模式、社会学习取向的督导模式、理性情绪学派的督导模式。

1. 发展性督导模式 发展的督导模式基于的假设是：第一，在提高能力的过程中，被督导者要经历一系列性质不同的阶段。第二，如果要使被督导者获得最佳的满意度和专业成长，就必须为被督导者经历的每一个阶段提供不同性质的督导环境。此模式主张督导者的督导架构与风格，要能配合受督导者身为咨询师的发展阶段。另外主张"人与环境适合"的体验学习模式，强调被督导者学习风格的个别差异，以建立适当的督导环境。

2. 社会角色督导模式 在这些模式中，督导者的地位是建立在一些角色上，这些角色涉及教师、顾问、推动者、讲师、评价者、监控者、示范者、管理者等，督导者一旦履行这些角色，即会形成一些期望、信念与态度。当督导者表现出符合期望的行为时，有助于被督导者感受到督导者的一致性和确定性。当咨询师熟悉这些督导者的角色之后，也会把这些模式当成发展性的工具来进行实务工作。

3. 循环式督导模式 循环模式由三个同心圆组成。每次督导，都是一个从外圆到中圆再到内圆的过程。在此过程中，督导师与被督导者于每个圆内共同协作，从而形成一个循环模型。在运动到内圆之前，被督导者都有机会看到自己对其本人和来访者做了些什么。然后，从这一点开始，督导又走向外圆，在外圆轨道上试着再次评估对来访者的新干预策略，并有可能发现对于自身和来访者的新认知地图。每一步的意图如下：

第一步：帮助被督导者收集其对来访者的理解；

第二步：理解被督导者所采用的干预手段；

第三步：探索和评估被督导者案例概念化的理论基础，在某些情况下对其进行修正和更改；

第四步：促进对干预计划的深度思考；

第五步：形成新的来访者地图。

对循环模式的特征最为贴切的描述如下：以督导者为中心，认知取向，泛理论取向，被督导者能持续获得进步，多种治疗取向的综合运用，对不同发展水平和理论背景的被督导者均可使用，目标明确，方向具体，易于操作。

（四）专业督导的形式

专业督导按照不同的标准可以划分为不同的形式。按被督导者的数量多少，分为个别督导和团体督导；按督导师的级别不同，分为上级督导和同辈督导。

1. 以被督导者的数量划分

（1）个别督导：个别督导是指一名咨询师接受一名督导师的督导。这种"一对一"的督导形式比较深入，受导者可以在理论上和技术上得到具体的指导，效果明显。由于我国训练有素的督导师比较缺乏，所以这种形式较为少见。

（2）团体督导：团体督导，也叫小组督导，是指一个团体（10～20人）同时接受某一个督导师的督导。这种"一对多"的督导形式督导问题带有普遍性，督导的效率比较高，在我国较为常见。

2. 以督导师的级别不同划分

（1）上级督导：上级督导是指督导资质"上对下"的督导，有资深的督导师督导资历尚浅的咨询师。年轻咨询师接受资深督导师的督导，可以学习到督导师的咨询经验，而且有人引导督导活动过程容易明确自己努力的方向。但是这种督导往往容易使年轻咨询师独立思考受到干扰，如果督导师不够成熟，就会影响受导者的自信心，助长依赖性。

（2）同辈督导：同辈督导是指"同级别"的督导，由两个或多个资质相似的咨询师相互督导。同辈督导会建立自己的团体，可以被看成是一种授权管理的形式，由专人或团体内的成员轮流组织督导。每次督导设置相应的主题，有主要的报告人，内容可以是学习某项技术或是报告案例。时长可以在半小时到一小时之间。一般是由成员自发组织，加入和退出都没有强制性。在任何情况下，讨论的焦点都应是专业问题。

（五）专业督导的过程

我国目前的督导形式以团体督导最为普遍。由于督导师的学派不同，因此采用的督导模式各有差异，督导的过程各有特色。本书以循环模式为理论基础展开督导过程，是因为该模式适用于不同理论流派的咨询师，既强调受督导的咨询师对个案概念化的能力，又关注受督导的咨询师咨询中的技巧，同时检视咨询师个人因素对咨询的阻碍，可以帮助咨询师获得全面的发展。

督导的过程分为三个阶段：

1. 第一阶段　督导前的准备，此阶段分两步：

（1）安排设置：包括督导时间、地点、次数、频率。

（2）营造氛围：制定规则、作出承诺、明确工作目标。

2. 第二阶段　团体成员轮流接受督导，此阶段分五步：

（1）报告个案：被督导者自愿报告个案，适合督导的个案有以下两种类型：一是被督导者自己咨询过程中遇到困难或脱落的案例；二是正在咨询进程中的案例，以便将督导中形成的新思路直接运用到后续咨询过程中。个案报告应按结构化内容要求书面提交，现场报告时最好脱稿，时间不要超过15分钟为宜。个案报告的内容包括：①人口学的基本情况；

②症状主诉；③成长史，主要是早年生活中的重大事件；④咨询师的心理学评估；⑤咨询过程中出现的特殊现象；⑥咨询师提出需要督导的问题。

（2）团体成员之间进行提问与讨论：其一，成员可以就有关个案的具体信息提问，增强对个案的全面了解，报告者对于疏漏的资料加以补充。其二，成员可以就咨询师对个案的感受提问。例如："个案给你最深的印象是什么"、"以前是否接过类似的案例"。

（3）对心理学评估的探讨：首先由成员发表意见，待大家意见趋于一致时，督导师结合理论归纳总结并澄清自己对个案的评估诊断，通过提问引导被督导的咨询师修正对个案的假设。例如："你的诊断依据是什么"、"你对个案有什么预期"、"你觉得个案今后怎样变化"、"有什么理论和技术可以解释个案的问题"、"你对个案的反移情是什么"。

（4）对心理学技术使用的探讨：首先由成员发表意见，待大家意见趋于一致时，督导师结合理论归纳总结，成员可以进一步提问咨询师使用的方法和技巧。例如："你对来访者的问题是如何回应的""你用了什么技术""以前是否用过同样的策略，用于何种评估"。督导师引导咨询师重新评估原来使用的策略和技术以提供更为恰当的处理技巧，团体成员就今后的个案进程及工作方向进行讨论。

3. 第三阶段督导后进行总结与分享 团体成员可以分享在督导过程中的感受，以及对督导者和团体的期待。

此督导过程是建立在将被督导者置于核心地位的理论假设之上的。它始于描述来访者的问题、情绪状态以及求助行为的特征，从而引出被督导者对来访者的知觉、反应和态度。通过这些程序可以帮助被督导者检查或评估其对案例的概念化，进而修正或改变其对来访者的假设。对思维的内省有助于被督导者拓宽知识面，也有助于其为下一阶段的咨询或是其他案例中的来访者制定出新的干预策略。

二、自我体验

咨询师以来访者的身份接受咨询，获得接受咨询的经验，是心理咨询师成长的必备条件之一，也是他们探索自己、确定自己能否协助别人的大好时机。咨询师自己接受咨询的经验可以提高自身的觉察能力，使其对工作中可能会忽视的问题保持敏感。在学习中，咨询师必须注重个人在生命哲学意义层面的成长，这种成长体验将会渗透在咨询师的实际工作中，对咨询效果产生影响。

（一）自我体验的概念

在广义上，自我体验 (self-experience) 是伴随自我认识而产生的内心体验，是自我意识在情感上的表现，即主我对客我所持有的一种态度。它反映了主我的需要与客我的现实之间的关系。客我满足了主我的要求，就会产生积极肯定的自我体验，即自我满足；反之，客我没有满足主我的要求，则会产生消极否定的自我体验，即自我责备。

在临床心理学上，自我体验与其有所不同。临床心理学上把自我体验的内涵限定在心理咨询师工作范围内，我们作出如下定义：自我体验是指咨询师自己作为来访者，向另一个咨询师就个人问题寻求心理咨询的过程。它是咨询师自己的心理成熟度、心理健康水平不断提高，形成更加清晰的自我认识和更加敏感的自我察觉的过程。

所谓心理成熟度不断提高，是指每一个人随着生理年龄的增长，其心理年龄也要随之增长，即心理年龄要与其生理年龄相当。人的一生可以划分为不同的成长阶段，每个年龄段都有其独特的发展任务。如果能够顺利完成其任务，则能够发展出与生理年龄相匹配的心理水平。如果在某一个年龄阶段，遇到了特殊的创伤性事件或体验，并固着于此，就会使心理发育迟滞。但人生总会遇到一些挫折、危机甚至丧失。如果能够克服这些问题，那么会在这个过程中发展出新的克服困扰的经验，提高自己应对生活、工作的能力。如果不能，则这些问题将会成为此人的未完成事件，影响之后的发展。

所谓心理健康水平不断提高，是指对自己的认识客观、清晰，对自己的体验、感情、能力等作出准确的判断和认知，同时具有稳定、统一的人格的动态发展过程。自我的内在冲突较少，即使产生，也可以平衡自己的心态，对自我有良好的调控能力。同时具有自我成长、发展的能力，能够积极适应和改善周围的环境。要达到这样的状态需要咨询师的不断修炼与自我成长。

（二）自我体验的意义

1. 自我体验是咨询师必然要经历的过程　从咨询师自身来讲，咨询师真正经历过心理咨询的过程，才能更敏锐地洞悉咨询室里发生了什么、会发生什么、才能更准确的共情，才能知道哪些因素对于咨询效果有助益，哪些因素干扰了咨询过程。

从外部标准来讲，国际临床心理咨询界要求一般的咨询师自我体验500小时，精神分析师需自我体验600小时，团体心理咨询师的团体自我体验300小时。

2. 自我体验可以提高咨询师的心理成熟度　咨询师通过自我体验可以从各个方面对自己有更深刻的认识，自我体验为咨询师提供了新的视角去看待自己，看待世界，促进其减少自身内部冲突、形成合理的观念、更从容的面对现实问题、提升心理自由度、勇于付诸有效行动、建立更和谐的人际关系等。心理咨询界有句话说"咨询师能走多远，就能带领来访者走多远"。可见，咨询师个人较高的心理成熟度是有效咨询的前提条件，那么，自我体验就是提高咨询师心理成熟度的快捷途径。

3. 自我体验是咨询师实践心理咨询理念的表现　心理咨询不仅是一门专业技术，更是一门生活哲学。心理咨询师便是实践这门哲学的先行者，也是来访者学习这些生活哲学的榜样。如果在生活中，咨询师本人都不能实践这一哲学，又怎能把这一哲学传递给来访者。心理咨询是一种对待生命与生活的理念、态度的传递。因此，咨询师的自我体验是实践心理咨询理念最好的表现。

（三）自我体验的内容

只有功能相对完备的人才有资格成为一个咨询师。咨询效果与咨询师本身能否有效地活出生命的意义相一致。咨询师自己才能够活出生命的意义，才能有效地使来访者的生命更有意义。因此，咨询师在自我体验过程中需要思考一些重大课题：

1. 个人的生命哲学观　咨询师自己对人性、对现实世界、对生命存在、生活的价值、个人生活态度等问题的一些假设和看法就是他的生命哲学观。

咨询师在咨询中不可能真正做到价值中立，即使他再注意将自己变得像一面空白的反射屏幕或镜子，再注意不将自己的价值观、人生观强加在来访者身上，但咨询师作为一个人，他自己如何看人，自己所持的对一个良好功能的人的看法，也会不可避免地制约着他对来访者的理解和咨询目标的确定。

咨询师有权利保持自己的价值观、人生观，但咨询师必须对自己个人的生命哲学观有清醒的觉察和澄清。柯瑞指出，对价值观的觉察，价值观从何而来与如何获得，以及咨询师价值观是如何影响来访者等问题对心理咨询教学和督导非常重要。在探索自己的历程中，一个焦点就是检查个人的价值观是如何影响到他身为咨询师的工作。

2. 对重大生活问题的态度　情与爱、生与死、性别角色与身份认同、权利地位与金钱、功利追求与精神追求、自由与规范等，都是人生中的一些重大问题，任何人都要对这些问题作出回答，任何人也在用自己的一生回答这些问题。人们几乎所有的心理困扰都和对这些问题的思考有关。所以，作为咨询师，我们自己回避不了这些问题，我们的工作也要求我们正视这些问题。

咨询师对这些问题要有明确的认识，要有积极探索的态度。面对这些问题，咨询师要学会看到自身,听到自己内心的声音,相信自己所发现的;要关注现在正发生的事情,而不是迷恋过去或憧憬未来;在与他人的关系中,努力追求自我存在的意义,而不是迎合别人的期望;要学会面对死亡和痛苦,不要逃避它们。

3. **个人生活中的"未完成事件"**(unfinished business) 未完成事件指个人生活中在情感上没有处理好的事情,包括悔恨、愤怒、怨恨、痛苦、焦虑、悲伤、罪恶、遗弃感等。这些事件常常与鲜明的记忆及想象联结在一起,徘徊于潜意识或意识中,会被不自觉地带入现实生活,影响个人对现实生活的知觉。未完成事件常常会一直持续存在,直至个人勇于面对并处理好它。

大量咨询实例告诉我们,来访者的问题或困难,许多和他们存在一些未完成事件有关。即使一些不注重来访者过往经验聚焦于当前问题解决的咨询模式,也承认这一点,只是咨询中不将精力花在回忆、重现这些事件方面。存在未完成事件提示一个人曾有的对困难的回避和压抑,存在旧的心理创伤。身为咨询师,如果自己的心理创伤未能治愈,或内心冲突没有得到解决,本身就是会带有很多问题,如果将这些带进咨询关系,不仅妨碍对来访者的理解、探讨,还会扰乱咨询关系,甚至对来访者造成伤害。

4. **自我概念与自我觉察** 心理咨询师的自我概念与来访者的成长有关。在优秀咨询师的自我概念中,对自己有比一般人更高的自我觉察,对自己更清楚、肯定,知道个人的长处,也不回避自己的短处。咨询师需要对自己有非常明确和肯定的自我概念。学者们指出:一个心理咨询师,如果不了解自己,只掌握了技术,那么他只可能是一个好的技师。如果他既懂得自己,又掌握了技术,那他才具备了咨询的能力。技师只会机械地完成每一个程序,而具有能力的咨询师,才可能有针对性地处理每一个不同的来访者,也才可能灵活地运用所学的技术。

在咨询过程中,咨询师能带进咨询关系中最有意义的资源,就是他自己。如果一个咨询师对自己的认识有偏差,那么他是无法为他的来访者提供积极有效的服务的。因此,健康的自我概念是成长为一名有效能的心理咨询师的必要条件。

咨询师的自我概念与他的自我觉察有极大关系。自我概念越确定、完整,他在工作中自我觉察就会更清晰、敏锐。在整个咨询生涯中,咨询师需要不断地问自己:我为什么要从事心理咨询工作?是什么使自己相信自己有权利去咨询别人?对那些在他们生命中寻觅挣扎的人,我能给他们提供些什么?要求别人做到的,自己在生活中做到了吗?此外,要保持咨询的有效性,咨询师必须对个人的需求、优缺点、内心冲突、常用的防卫机制、脆弱的人格特质、情绪状态、自己的心理创伤等各个方面经常保持清晰的自我觉察,并及时积极地进行处理。如果对这些事项的自我觉察不足,将会对其人生、工作、生活、人际关系、来访者产生不良影响。

心理咨询是建立在非常密切的关系基础上的工作,咨询关系也是产生疗效的关键。咨询师个人的人际关系会影响到咨询中的人际关系,而来访者中绝大部分的人都可能存在人际关系问题。所以,咨询师需要觉察来访者的人际关系,更需要觉察自己的人际关系的特点。

咨询师需要在个人的咨询生涯中不断地觉察来访者对自己的影响。许多来访者的问题和情绪都会引发咨询师自己的反应,这种反应又会影响到咨询过程和效果。如果我们意识不到我们的反应,就可能为了满足自己的需要而耽误了来访者的问题。

在咨询师自我体验中面临的这些重大课题里,每一类又包括了许多次一级具体的发展任务。完成这些主题和任务,是一个咨询师成长中不可避免的。具体到每一位咨询师,可能还会出现更加人性化的主题。需要特别指出的是,并不是完成上述所有的课题任务才可以成为一名有效能的咨询师,重要的是通过完成这些任务,进行自我探索,体验成长,逐步成熟。而且,这些任务的完成并非一蹴而就,而是咨询师在整个专业成长和工作实践历程中的持久性任务,会持续不断地显现于整个专业生涯发展之中。不断地处理与实现这些课题的目标,将会使咨询师获得发展而成长;反之,就很难成长为一名有效能的专业咨询师。

(四)自我体验的注意事项

自我体验是帮助咨询师调节心理状态,更加客观的了解自己,形成稳定统一的自我认识,学会识别自己的情绪、调节压力、拓展自我的成长过程。在这个时候,选择适合自己的咨询师就显得尤为重要。

首先,自我体验时选择的咨询师和本人的关系应该只是咨访关系,而不存在其他的像朋友、师生关系。这样设置的目的同心理咨询一样的道理,如果有了双重关系,就会对你自我体验的效果造成一些潜在的影响。

其次,自我体验时要选择适合自己的咨询师。如果觉得自己和咨询师不匹配,则需要和咨询师商量,停止咨访关系,寻找到更适合自己的咨询师。

最后,自我体验的过程尽量保证相对稳定,如果频繁更换咨询师,或者只是短短地进行几次都是不合适的。所以在这里,需要考虑自己的咨询师是否能够与本人进行长期、稳定的自我体验。

第三节 咨询师的自我保健

咨询师的专业生涯是相当艰苦的智力活动过程,也是对心态和意志的锻炼过程,若不能及时觉察和处理个人问题,或者不注意自我心理保健,就可能出现职业枯竭现象。

一、咨询师的职业枯竭

(一)职业枯竭及其表现

职业枯竭(professional burnout)简称枯竭,指咨询师出现的一种情感的疏离及怀疑自己的工作价值,在工作中出现身心失衡,感到倦怠、有无力感甚至崩溃感的状态;枯竭还可能是一种不自觉的处于持续性疲劳或挫折状态中的生活体验。莱默(D.Lemer)的调查研究证明,枯竭与个体的体能、与躯体健康相关的角色能力、活力、社交能力和心理健康 5 项因素有中等程度的正相关,认为枯竭是影响生活质量的一个因素。职业枯竭不仅表现为工作效率的下降和工作中的无意义感,同时对人的生活质量产生不良的影响。

枯竭被看作咨询师容易产生的一种心身困扰,表现为一组症候群。主要有:发现自己很厌烦,被掏空以及毫无热诚;感觉到被许多已失去意义的方案计划拖着走;感到自己必须提供给别人的建议或帮助,别人不是不想要、就是不接受;感到不被感激、不受重视、未受到认同,工作变成机械化的例行公事;虽然很努力,但往往看不到具体的结果或成效;常常感到被现行体制或机构中的要求所限制,无法发挥自己的创造性和人生价值。

(二)枯竭的原因

职业枯竭不是单一的原因造成的,而是各种因素的组合,包括了个人、人际及组织三方面的因素。

1. **个人方面** 完美主义、占有欲强等个人特质是产生枯竭的重要原因之一。这样的人更容易感到个人付出很多,但未获得足够的认可或其他正面的反应,缺乏成就感;另外,如果工作外个人有未获解决的冲突,例如婚姻问题、慢性疾病问题、经济问题等,一味地寻求在工作中补偿,又缺少督导和进修充电的机会;生活安排不当,对工作的时间与精力做不合理要求,都会陷入枯竭。

2. **人际方面** 总是处理难以应付或无力应付的来访者或问题,如抗拒性强、非自愿或毫无进步的来访者；工作团队中的冲突和紧张，同事间没有支持，而批判却很多；督导者和咨询师之间缺乏互信，导致内耗，而不是为有价值的目标共同努力等，会导致枯竭。

3. 组织方面　一些来自组织结构和机制的原因，使得咨询师承受着持续而强大的压力，必须不停地工作、执行有时间期限的要求，而这些许多是不切实际的；不给个人表达的机会或尝试新方法的机会，试验、改革与创新不但不被鼓励，而且会受到挫折，总是被要求做毫无变化的似乎显得毫无意义的同类型工作；工作中的角色冲突也会导致枯竭。

二、职业枯竭的预防与干预

（一）枯竭的发生

了解枯竭是怎么发生的，预防枯竭是有一定意义的。爱德维希（Edelwich）等将枯竭的典型症状分为 4 个阶段：

第一阶段：热情。工作者怀有过高的和不太现实的希望投身到新工作中，他们似乎有无穷的潜力。但正是因为这样，使得在第二阶段经受的压力容易变为过度劳累。这种情形常常是刚刚进入心理咨询专业的人最容易发生的问题。他们会以极大的热情投入工作，也不在意工作的回报，被助人的热情和崇高意义鼓舞着。研究者指出，那些非常投入的工作者是最容易出现工作枯竭的人。

第二阶段：停滞。当咨询师觉得自己个性的、经济的、职业的需要没有得到满足时，停滞就出现了。他们可能觉得自己升迁太慢，或不能满足家庭日益增加的开支，或缺乏做好工作的内在动力。而在此阶段，工作的繁琐和沉重也日益凸显。如果此时管理机构不能给予一些激励措施，如缩短加班时间，适当的增加报酬或完善工作制度，工作枯竭便会产生而且恶化升级。

第三阶段：失望。失望的产生表明咨询师已身陷困境。他们开始怀疑效率、价值观和他们为克服困难而付出的努力的意义。如果这时问题不能很好地解决，不能重新产生工作热情，最后一个阶段随之产生。咨询师可能表现为工作和人际关系的退缩，出现专业行为的偏差，咨询界限出现混乱，希望终止对个案的治疗等。

第四阶段：淡漠。淡漠是真正意义上的危机，这时个体处于一种失衡的状态，是一种对环境的冷漠和对自己做出的努力满不在乎的阶段。

（二）枯竭的干预策略

1. 加强自我觉察　让所有的咨询师能认识到这个问题，并随时评估自己的状态，主动地调整和改善工作中出现的枯竭。同时在进入这个专业之前以及在整个专业工作中，都提醒自己时刻关注可能出现的问题。

2. 投入真实生活　在咨询或工作历程以外，还有一个真实的生活存在。投入真实的生活，面对个人生活的挑战，而不是躲进工作中成为一个工作狂，以"奉献者"的悲剧形象来满足自己扩张的虚荣心，不对工作有过度要求，不从来访者那里获得个人需要的满足和个人缺失的补偿，才能真正在工作中投入"一个真实的人"的职业活力。

3. 通过专门的组织形式干预　为咨询师提供心理保健的支持系统也很重要。在枯竭出现的情况下，物质支持和精神支持都是很必要的。从学校来说，要尊重心理咨询工作的专业性和特殊性，为心理咨询教师提供合适的工作空间，不用常规教学的要求来制约他们的工作，尽可能不要让咨询教师承担多重角色等；从专业组织来说，可以建立正规的有专家介入的社会支持小组，咨询师在小组中的自我表达，可以使其避免困境中的无助感，并通过相互交流有关压力和感受，相互支持。

4. 对枯竭者的心理咨询　对陷入枯竭的咨询师，需要及早脱离咨询实务，防止因自身枯竭带来对来访者的伤害；同时，需要由督导师或其他专业咨询人员对他们进行咨询，以尽

笔记

快恢复，这不仅保证枯竭者的身心健康，也利于他们尽快返回咨询岗位。

三、咨询师自我心理保健的注意事项

心理咨询是一项充满挑战的工作，也是一项容易导致枯竭的工作。为了使这项工作更有效，咨询师需要加强自我的心理保健。心理咨询师的自我成长有系统的理论和实施方法。这些对咨询师的心理保健都是相当重要的。为了便于心理咨询师在实践中做好心理保健，这里强调以下几点重要提示：

1. **首先要把即将教给来访者的知识用于自己的实践**　在某种程度上来说，就是把咨询师要教给来访者的道理亲身实践一番。如果咨询师自己全身散发着烟味，又如何劝说来访者戒烟呢？如果咨询师传达的信息是"照我说的去做，而不是跟着我做"，那么你不可能是一名好的咨询师。

2. **照顾好自己**　注意休息，限制自己的工作量。咨询师要好好生活，在工作之余，建立更多的人际关系，培养自己的兴趣爱好。因为咨询师大部分时间都在说话和思考，所以在休息时，最好参加一些能调动感官触觉的休闲活动。如果我们不寻找释放压力的好办法，那么我们就会深受其害，所以一定要找些能让自己放松的事来做。

3. **寻找良好的支持系统**　咨询师要积极参与同行交流、接受督导。来自同事的安慰和建议对于一个咨询师来说相当重要。如果你想倾诉，同事们总是乐于倾听，这是一种比较和谐的状态。

4. **区分好工作和生活关系**　善于分清事业和情感。

5. **合理接待个案**　对超出能力范围的个案应该恰当地拒绝和转介。

6. **不要在双重关系下进行咨询**　咨询师要遵守职业道德，不要为任何有非咨访关系的人咨询，不要为亲戚做智力测验，不要好奇地为兄弟姐妹进行人格分析。对你所爱的人，你并非专家。不要轻易答应来访者的不合理要求，不应与来访者一起进餐，保持咨访关系清晰和稳定是重要的。

7. **不要预收咨询费用**　收费是心理咨询的重要环节，但是预收咨询费也要合理安排。有的心理咨询师一次收取多次咨询的费用，他就不得不在欠债状态下工作，这会加重心理负担和不可预见的时间冲突，导致偏离咨询师的立场，影响工作进展和咨询效果。

咨询师能带进咨询关系中最有意义的资源，就是他自己。身为咨询师，不管我们有无意识，我们都是全身心投入到咨询关系当中。而我们带领来访者探索的同时，也伴随着我们自身对生活的探索与思考。咨询师的专业水平和成长水平是相辅相成的。咨询师的自我成长是在整个专业成长和工作实践历程中的持久性任务，贯穿职业生涯始终。咨询师需要不断地进行自我体验、自我觉察。咨询师需要认真学习理论、不断地深入思考，不断在实践中探索，接受自我体验和督导，真正成为一个合格的心理咨询师。

（陶勒恒　夏艳梅）

推荐阅读

[1] 钱铭怡 . 变态心理学 . 北京：北京大学出版社，2015.

[2] 杨凤池 . 分析体验式心理咨询技术 . 北京：人民卫生出版社，2015.

[3] Harold SB. 团体心理治疗基础 . 鲁小华，译 . 北京：机械工业出版社，2016.

[4] James PT. 咨询师与团体：理论、培训与实践 . 邵瑾，译 . 北京：机械工业出版社，2017.

[5] Cormier S，Cormier B. 心理咨询师的问诊策略 . 张建新，译 . 北京：中国轻工业出版社，2000.

[6] Flanagan RS，Flanagan JS. 心理咨询与面谈技术 . 陈祉妍，译 . 北京：中国轻工业出版社，2000.

[7] Gilliland BE，James RK. 危机干预策略 . 肖水源，译 . 北京：中国轻工业出版社，2000.

[8] 杨凤池 . 杨凤池焦点咨询对话录 . 北京：人民卫生出版社，2006

[9] 曾文星 . 分析的学理与治疗过程 . 北京：北京医科大学出版社，2002.

[10] Irving BW. 心理治疗的法则 . 周博林，译 . 四川：四川人民出版社，2007

[11] Elizabeth RW，Lewis EP. 心理咨询的过程——多元理论取向的整合探索 . 高申春，译 . 北京：高等教育出版社，2009.

[12] 林家兴，王丽文 . 心理咨询与治疗进阶——心理分析取向的实务指南 . 北京：化学工业出版社，2009.

[13] Glen OG. 长程心理动力学心理治疗基础读本 . 徐勇，译 . 北京：人民卫生出版社，2010.

[14] Robert J.U，Stephen MS，Susan GL. 心理动力学心理治疗简明指南 . 徐勇，译 . 北京：人民卫生出版社，2010.

[15] 郑日昌 . 心理测验与评估 . 北京：高等教育出版社，2007.

[16] 李静，杨彦春 . 灾后本土化心理干预指南 . 北京：人民卫生出版社，2012.

[17] 樊富珉 . 团体心理辅导 . 上海：华东师范大学出版社，2010.

[18] 林崇德 . 发展心理学 . 北京：人民教育出版社，2009.

[19] 马莹 . 发展心理学 . 北京：人民卫生出版社，2013.

[20] Dale C. 卡内基沟通与人际关系 . 詹丽茹，译 . 北京：中信出版社 .2013.

[21] Judith SB. 认知疗法基础与应用，2 版 . 张怡，孙凌，王成怡，译 . 北京：中国轻工业出版社 .2013.

[22] 樊爱国，赵燕芬 . 婚姻家庭咨询师 . 北京：中国劳动社会保障出版社，2009.

[23] Salvador M，Michael PN. 回家 . 刘琼瑛，等译 . 太原：希望出版社，2010.

[24] Myla KZ，Jon KZ. 正念父母心 . 童慧琦，译 . 北京：北京联合出版公司，2016

中英文名词对照索引